근대 극장의 여자들

# 근대
# 극장의
# 여자들

백현미

연극과인간

## 책머리에

　근대 극장 이야기는 여전히 흥미진진하다. 극장 주변을 서성이다 보면 슬며시 공연 양식들의 생로병사가 궁금해지고, 드라마의 행적을 뒤지고 싶은 모험심이 발동한다. 나는 꽤 오래 음악극의 탄생 비화에 끌렸고, 연애와 결혼을 소재로 한 드라마에 마음을 뺏겼다. 그러다 몇 편의 논문을 쓰게 되었는데, 한데 모으니 문득 여자들이 보인다. 연애에 목숨 건 여자와 결혼에 성공한 여자, 소녀연예인과 여배우와 남장 여배우, 환호작약하며 손수건을 훔치는 여관객들. 예기치 않은 만남이다.

　근대 극장에서 여자들은 재현되는 허구의 인물로, 재현하는 배우로, 그리고 무대 또는 스크린에 보이는 세계상을 탐하는 관객으로 존재했다. 여배우와 여관객은 근대 극장에서 태어나고 성장했다. 그러니 근대 극장은 여성인물과 여배우와 여관객이 함께 어울리는, 낯선 신생의 공간이었던 셈이다. 이 근대 극장에 오른 가정극과 연애극, 소녀가극과 여성국극은 여자들을 전면에 내세우며 성장했다. 이 여자들과의 만남을 기리며, '근대 극장의 여자들'이라 이름하기로 한다.

1장에서는, 1910~1930년대 흥행한 가정극과 연애극에서 여성이 어떻게 재현되었는지를 살폈다. 근대 사회에서 탄생한 연애와 신가정의 문제는 뗄 수 없이 뒤얽혀 있지만, 드라마의 초점에 따라 연애의 곡절을 다루는 데 충실한 연애극과 결혼 전후의 가족 갈등을 다루는 데 충실한 가정극으로 나눠볼 수 있다. 연애극이라는 용어가 다소 낯설 수 있다. 이 시기 대중극들은 가정비극이나 화류비련극으로 뭉뚱그려 설명되곤 했는데, 여러 이유로 수정이 필요하다. 우선 가정을 소재로 한 극의 결말이 대개 해피엔딩이니 가정'비극'이라 하기 어렵다. 가정비극과 화류비련극이라는 용어는 대중극에 반영된 욕망을 슬픔과 눈물로 획일화하고 단순화한다. 또한 화류극은 '화류'라는 여성인물의 직업을 폄하하기 위해 동원된 표현일 뿐 극이 다루는 문제 상황을 드러내지 못한다. 가정극과 차별 없이 구별하자면, 화류극을 화류연애극으로 바꿔야 한다는 생각이다.

　　가족의 문제 상황을 다루는 가정극의 변별자질은 시대성을 드러내는 지표로 읽을 수 있다. 1910년대 가정극은, 교육의 세례를 받은 남녀 주인공들이 애정의 격변과 부모 노릇을 막는 내외적 장애를 극복하는 모습을 그리며 개량의 기치를 담아냈다. 1930년대 가정극에서는 기생 전력을 가진 여성인물과 시아버지가 기이하게 도드라지는 가운데, 혈육 간의 정과 지지를 강조했다. 기생을 연애가 아니라 결혼 생활의 주체자로 설정하는 건 자못 기이하다. 이 돌연변이를 가능케 한 시대 상황을 숙고했다.

　　연애극 열풍은 서양에서부터 불어왔다. 서양발 연애극을 대표하는 〈살로메〉와 〈카추샤〉, 〈카르멘〉과 〈춘희〉는, '결혼, 가족, 순결'에 구애되지 않는 연애를 다룬다. 이 서양발 연애극과 더불어 화류계 여자가 주인공인 창작극들이 화류비련극이라 불리며 흥행했다. 별도로 논의하지는 않았지만, 서양발 연애극에 나오는 여주인공의 신분(혹은 생계 활동)이 화류연애극과 크게 다르지 않다는 점은 주목을 요한다. 서양 발 연애극과 화류연애극은 작품의 초점과 사회에서 '소비'되는 방식이 달라 구별되지만, 부상한 시기가 같고 일정한 상관성을 예상할 수 있으니 연애극의 향방을 가늠하기 위해서는 이 두 부류를 함께 살펴야 한다.

2장에서는, 1920~30년대 레뷰(revue)와 가극 공연의 실상을 밝히며 소녀 연예인들의 등장에 주목했다. 레뷰와 가극이라는 명칭으로 불린 음악극 공연들은 현대 뮤지컬의 전신에 해당한다. 일본 레뷰의 수용과 조선 레뷰의 탄생 과정, 레뷰의 대중연예적 특성, 레뷰와 가극의 상관성, 레뷰와 영화의 상호교섭 등을 논의하는 과정에서 1929년 단성사에서 상영한 영화 〈몽 파리〉의 실체를 추적하기도 했다.

소녀 연예인이 참여한 공연의 문화사적 의미로 박람회 취향과 보이시 취향을 강조했다. 19세기 후반 폭증했던 박람회를 통해 인종과 젠더의 혼란스런 유형화가 이뤄지고 이국적 스펙터클과 코스모폴리탄적 감수성이 출현했다. 소녀 공연단은 박람회 취향을 연예물화하여 당대의 문화 아이콘이 되었다. 배구자의 신무용과 조선 소재 가극에서 보이는 '조선성'의 발견 역시도 차별 전시하며 과시하는 박람회 취향과 맞닿아 있었다. 한편 소녀가극단은 레뷰와 신무용 그리고 재즈풍 음악을 결합시키거나 나열하는 식으로 공연을 기획했고, 여자의 남성역 연기를 통해 또는 의상과 머리 모양을 통해 보이시 취향을 이끌었다. 사회적 실체로서의 소녀는 어린이도 여성도 소년도 아닌 삼중으로 타자화된 존재였지만, 소녀가극은 여성적 섹슈얼리티와 보이시 이미지를 생산하고 소모하는 국제화된 문화상품으로서 인기를 끌었다.

3장에서는 1940~50년대 여성국극의 레퍼토리와 관객 반응을 통해 여성의 욕망과 사회의 여성관이 충돌하며 긴장하는 양상을 살폈다. 여성국극은 '타락한 창극'으로 폄하되었지만, 여성국극의 흥망성쇠는 사회문화적 사건이라 할 정도로 선명했다. 여성국극의 레퍼토리는 비서구적 이국성을 강조하는 야사류의 서사들을 통해 전통적인 것과 도시적인 것이 갈등하는 현실로부터 이탈하는 시공간을 제공했고, 전쟁 상황을 주요 배경으로 한 해피엔딩의 플롯은 전쟁에 대한 추체험과 안도감을 불러일으켰다. 여성국극 레퍼토리의 서사는 '남성적 응시'에 의해 여성과 남성을 재현하는 경향이 있지만, 공연방식은 남성적 응시를 일관되게 강조하는 서사의 지향성을 교란시킨다. 남장을 한 여자배우에 의해 영웅적인 남자역이 연기되고 그 남자역을 향해 여성관객이 환호하는 수용상황 속에서 이성애 중심적 성관념에 대한 도전이 은밀하게 개입되기 때문이다.

이 책을 기획하면서, 이 책에 싣지 않을 논문을 쓰며 한 해를 보냈다. 여성국극의 출현 배경에 대한 논의를 진전시키지 못한 채 비슷한 얘기를 되풀이한 게 영 맘에 걸려, 여성국극 관련 증언에서 불쑥 튀어나오곤 하는 다카라즈카가극단의 잔영을 찾아 헤맸다. 그 결과 태평양전쟁기 다카라즈카가극단의 활동 반경과 레퍼토리의 특징을 밝힌 논문을 썼고, 이 논문에서 밝힌 다카라즈카가극단의 조선 공연에 대한 논의를 바탕으로 이 책에 실린 '여성국극의 성정치성(2)'의 2장을 수정했다. 이 외에도 책의 체제를 고려해 제목을 바꾸고 사진을 첨부하고 문장을 더러 손질했지만, 논지를 바꾸는 수정은 하지 않았다. 이 책에 실린 논문들은 발표 시기의 연구 상황을 반영한다.

논의 대상의 시기를 고려하다보니, 배치된 순서가 논문을 발표했던 순서와 정반대이다. 연애극과 가정극 관련 논문은 작년에야 겨우 마무리를 했는데 책의 앞에 놓였고, 여성국극에 대한 논문들은 10여 년 전에 썼는데 뒤에 배치되었다. 최근의 연구가 가장 앞서고 오래된 연구가 뒤에 놓인 셈이다. 앞에 배치된 논문에서 뒤에 있는 논문을 인용한 경우도 있으니, 배치된 순서대로 읽을 때 어지럼증이 날 수도 있겠다. 독자의 양해를 바란다.

모모는 폐허가 된 원형극장에 산다. 모모에게 극장은 회색신사들과의 싸움을 준비하는 아지트이고, 친구들과 어울릴 유일한 쉼터이다. 우리에게도 극장은 삶의 현장이고, 삶이 논의되는 아고라이고, 저마다 몸과 마음을 흔들며 만나는 놀이터이다.

근대 극장 나들이가 외롭지는 않았다. 앞서 다녀온 사람들이 남긴 기록과 최근 축적된 연구 성과들이 내 나들이의 행선지를 안내해주었다. 동행자를 느끼며 사는 건 큰 행운이다. 동행을 허락해준 모든 분들께 감사의 인사를 드린다.

나이를 알 수 없는 그 여자아이를 기억하며,
백현미

# 차 례

책머리에  5

## 1장 연애극과 가정극, 그리고 여자

**신파, '비절쾌절' 가정극의 탄생**                                17
1. 들어가는 글                                                 17
2. '비절쾌절' 가정극의 서사구조                                 21
    2.1. 움직이는 애정과 어머니 되기의 고통        21
    2.2. 앙얼과 회개의 통쾌한 결구                    27
3. '비절쾌절' 가정극의 도덕과 감정 과잉화 기제               31
    3.1. 박명/인내와 극장의 '비읍장'화                32
    3.2. 인정/의리와 극장의 동정 선동                 35
4. '비절쾌절' 가정극의 신문화 표상                           37
    4.1. 화양절충과 활극의 스펙터클                   38
    4.2. 은행업과 구세군의 호의적 전시               40
5. 나오는 글                                                 43


**번역된 서양의 연애/극**                                       47
1. 들어가는 글                                                 47
2. 서양 연애/극의 아이콘들                                      51
3. 번역된 연애의 지향성                                         67
    3.1. '요부'의 애와 '신성한 애                     67
    3.2. 가족주의와 순결 너머의 연애                   75
4. 번역된 연애극의 문제성                                       77
    4.1. 여성인물의 전경화와 여배우의 부상            77
    4.2. 신극과 대중극의 경계 불안                    83
5. 나가는 글                                                  87

## 기생-가정극이라는 돌연변이     91

1. 들어가는 글     91
2. 기생-가정극의 서사구조     95
    2.1. 움직이는 애정과 며느리 되기     95
    2.2. 통쾌한 결구의 부재     98
3. 기생-가정극의 도덕 감정 과잉화 기제     100
    3.1. 기생의 정절과 자부/억울     100
    3.2. 오빠/아들의 혈육지정과 희망     103
4. 기생-가정극의 신문화 표상과 구문화 소환     107
    4.1. 춘희와 춘향의 대치     107
    4.2. 스위트 홈과 가부장의 귀환     110
5. 나오는 글     114


## 2장 레뷰와 가극, 그리고 소녀 연예인


## 경성의 레뷰, 어트랙션의 몽타주와 모더니티     119

1. 들어가는 글     119
2. 〈몽 파리〉에서 레뷰 열풍으로     121
    2.1. 영화와 레뷰의 교차, 〈몽 파리〉 열풍     121
    2.2. 영화상설관의 레뷰와 가극 공연     126
3. 모더니티와 아지프로     133
    3.1. 모던 경성의 판타스마고리아     133
    3.2. 아지프로와 아방가르드의 흔적     137
4. 나오는 글     146


## 소녀 연예인과 소녀가극 취미     149

1. 들어가는 글     149
2. '박래' 연예단과 소녀 연예인     151

    2.1. 덴카스이치자와 스즈란자                                             151
    2.2. 레뷰 열풍과 소녀 연예인의 탄생                             155
  3. 동양극장과 소녀가극                                        161
    3.1. 경성 '신주쿠'의 '문명관', 동양극장                       161
    3.2. 배구자악극단, 낭랑좌, 도원경                           165
  4. 소녀 연예인과 소녀가극 취미                                171
    4.1. 이국과 조선의 박람회적 전시                           171
    4.2. 섹슈얼리티와 보이시                                     179
  5. 나오는 글                                                182

## 3장 남장한 여자들

**여성국극의 성정치성(1)**                                     187
  1. 들어가는 글                                          187
  2. 여성공연단체의 전통과 여성국극의 역사성              189
    2.1. 여성공연단체의 전통                              189
    2.2. 여성국극의 출현                                  194
  3. 여성국극과 '성정치성'                               198
    3.1. 낭만적 보상기제로서의 내러티브와 '남성적 응시'    198
    3.2. 복장도착의 극형식과 전복적 상상력          203
  4. 여성국극의 번성과 쇠퇴에 반영된 사회성         205
    4.1. 1950년대 사회문화 변동과 여성국극의 성장    206
    4.2. 1960년대 사회문화 변동과 여성국극의 쇠퇴    209
  5. 나오는 글                                             211

**여성국극의 성정치성(2)**                                     213
  1. 들어가는 글                                          213
  2. 무대에 등장한 남장여자들                             215
    2.1. '다카라즈카 쇼'의 조선 공연                      215
    2.2. 1948년 여성국악동호회 결성과 여성국극단의 추이    222

3. 시청각 표현의 대중적 치장     225
    3.1. 판소리로부터의 탈선     225
    3.2. 화려한 장관의 유혹     228
4. 남장여자들의 서사     230
    4.1. 야사극의 비서구적 이국성     230
    4.2. 환란의 추체험과 해피엔딩의 위안     236
    4.3. 영웅적인 남자의 눈물어린 구애     238
    4.4. 순종적 여성 역할에의 순응과 거부     241
    4.5. 성애 표현의 적극성과 일탈적 환상     245
5. 나가는 글     247


출처   250
주   251
참고문헌  303

# 1장

# 연애극과 가정극, 그리고 여자

# 신파, '비절쾌절' 가정극의 탄생
### ─이상협의 〈눈물〉을 중심으로

## 1. 들어가는 글

　신파극의 전성기는 1910년대 특히 1912년에서 1914년에 이르는 3년
동안이다.[1] 1912년, 경성 내 일본인 극장에서 신파극을 관람했던 임성
구가 혁신단을, 일본에서 신파극을 경험하고 돌아온 조중환이 문수성
을, 윤백남·이기세가 유일단을 각각 조직했다. 이 신파극단들이 3년
동안 서둘러 그리고 자주 예제를 바꾸며 신파극을 공연했다.

　이 신파극 전성기는 신소설 간행의 전성기 특히 번안 가정소설의
번성기였다. 1910년대 발표된 신소설 111편 중 83편이 1912년에서
1914년 사이에 나왔고,[2] 조중환과 이상협의 번안소설들과 가정소설들
도 대개 이 3년 동안 발표되었다. 조중환은 〈불여귀〉(1911), 〈쌍옥
루〉(1912), 〈장한몽〉(1913), 〈국의 향〉(1913), 〈단장록〉(1914), 〈비봉
담〉(1914), 〈속편 장한몽〉(1915)을, 이상협은 〈눈물〉(1913~1914), 〈정부
원〉(1914), 〈해왕성〉(1916), 〈무궁화〉(1918) 등을 발표했다. 조중환과 이
상협이 번안하거나 창작한 이 소설들은 거의 대부분 『매일신보』에 연

재되었고, 『매일신보』 연재소설 중 〈쌍옥루〉, 〈장한몽〉, 〈눈물〉, 〈단장록〉, 〈정부원〉은 신파극으로 각색되어 공연되었다.[3] 『매일신보』에 연재되지 않은 신소설이 신파극으로 공연된 경우도 있지만,[4] 신파극으로서 인기를 끈 대표적인 작품들은 『매일신보』에 연재한 가정소설의 각색본들이었다.

이렇게 신파극과 『매일신보』에 연재된 가정소설의 전성기가 일치하고, 신파극의 대표적인 레퍼토리 대부분이 『매일신보』에 연재된 소설의 각색본임을 고려할 때, 신파극과 『매일신보』 연재소설과의 상관성 속에서 신파성 논의를 시작할 수 있다. 신파라는 용어는 신파극에서 유래했지만, 신파성이 신파극적 특성으로 환원되는 건 아니다. 전성기의 대표적인 신파극 레퍼토리 대부분이 가정소설 각색본이라는 데서 보듯 신파성은 어느 한 재현형식을 통해서만 존재하지 않았다. 신파성은 재현형식의 차이를 관통하는 텍스트적 특성이다. 그렇다고 가정소설의 특징 일반이 신파성으로 환원되는 건 아니다. 신파성과 신파극의 상관성은 신파성과 가정소설의 상관성에 선행한다. 신파극과 무관한 가정소설은 신파성 논의의 대상으로 삼기 어렵다. 한편 『매일신보』 연재소설 중 신파극으로 각색되어 공연된 〈쌍옥루〉, 〈장한몽〉, 〈단장록〉, 〈정부원〉의 원작은 일본 메이지 30년대 초반의 베스트셀러 소설이었고 일본 최고의 신파극 흥행작이었다.[5] 그러므로 한국에서의 신파성 논의는, 일본 신파와의 상관성 속에서, 그리고 1910년대 전반기에 발표된 가정소설과 신파극을 관통하는 재현 특성을 통해 이뤄질 수 있다.

신파성은 오랫동안 '한국적인 멜로드라마성'이라는 관점에서 논의되었다. 그런데 멜로드라마적 특성을 확인하는 식으로 신파를 논의하는 것은, 역사와 발생 시기가 다른 서양 멜로드라마의 한국판으로 신파를 균질화 일반화시킬 가능성이 크다.[6] 신파성을 시대양식으로 보는 최근의 연구들은 신파성의 구성요소를 선정하여 전제하고, 다양한 문예작품의 예를 통해 이를 입증하는 식으로 논지를 전개한다. 그런데 연구자마다 신파성 구성요소로서 주목하는 것이 다르니, 논의 결과들이 상호 수렴되기 어렵다.[7] 최근 일본 신파극과 가정소설의 번안에 대한 연구가 점증했지만, 이 번안 연구가 신파성 논의로 이어지지는 않았다.[8]

본고는 한국 사회 문화 컨텍스트에서 신파성을 논하기 위해 신파 형성기(혹은 전성기)에 이상협이 발표한 〈눈물〉에 주목한다.[9] 조중환이 〈쌍옥루〉, 〈장한몽〉 등의 번안 가정소설 연재로 인기를 끌던 때,[10] 이상협은 〈눈물〉을 『매일신보』에 연재(1913. 7. 16 ~ 1914. 1. 21, 총 121회)했다. 〈눈물〉은 번안 가정소설과[11] 신파극 공연의 연계가 유기적으로

사진 1 『매일신보』, 1913. 7. 1.

사진 2 『매일신보』, 1913. 10. 28.

사진 3 『매일신보』, 1913. 10. 28.

사진 4 『매일신보』, 1913. 10. 28.

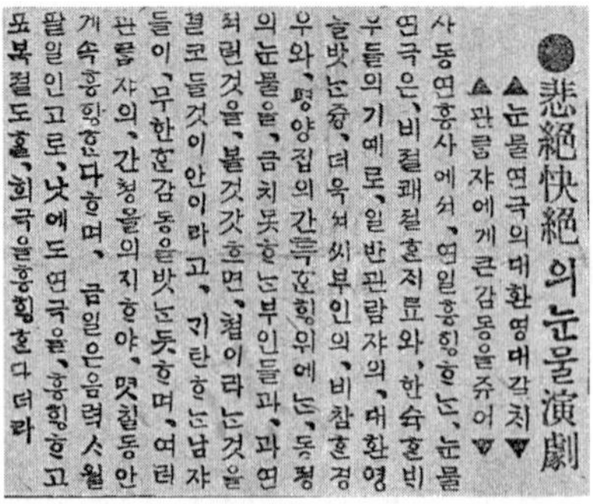

悲絶快絶의 눈물演劇

사동연흥사에서, '매일흥행호는,눈물,이라하는, '비극쾌절호처료와,한슈호비참룡의,기비로,일반관람쟈의,대환영을,눈물이,비참후경우와,덕양집의간흥흐눈물호눈,비참후경우의눈물은, '금치못하얏눈는, 동졍홀것이오라하고, '절이라하는남쟈의눈물이오, '볼것도하면, '첨이라, '무한혼감동을밧눈눈눈물이며, 여러관람쟈의, 간쟝을녹히며, 금일은음셩실월호게속흥행흔단후며, '낫에도연극을, '맛춰롱동실월, '말인고로, '심야에도연극을홍힝호다더라

사진 5 『매일신보』, 1914. 5. 2.

이뤄진 신파 텍스트이다. 〈눈물〉의 상편 연재가 끝나자 혁신단이 연흥사에서 1913년 10월 25일부터 29일까지 공연했고, 하편 연재가 끝나자 혁신단은 1914년 1월 26일부터 31일까지 상하 전편을 공연했다. 흥미롭게도 소설 〈눈물〉의 하편에서는 〈눈물〉 상편이 연극으로 공연되었던 연흥사 극장을 언급[12]함으로써 소설 속에서 연극 〈눈물〉을 환기하기도 했다. 그리고 1914년 5월 문수성이, 1915년 7월과 12월에는 혁신단이 다시 공연했다. 또한 〈눈물〉은 연재된 소설뿐 아니라, 1913년의 혁신단 공연 사진 세 컷과,[13] 1914년의 혁신단 공연에 대한 일본인 부인 河村若草의 공연 관람기가 있어,[14] 소설과 연극을 관통하는 내러티브 특성 논의가 가능하다. 본고는 신파극의 구치다테(口立て) 관습을 생각할 때, 그리고 대본과 소설을 뚜렷하게 구별하지 않았던 당시의 관습을 생각할 때, 소설 〈눈물〉을 통해 신파극 〈눈물〉의 내러티브를 논의할 수 있다고 본다.[15]

소설 〈눈물〉 분석에 연극 〈눈물〉 관련 사항을 부기하는 식으로, 본고는 1910년대 신파의 서사구조, 도덕 및 감정 과잉 기제, 신문화 표상 방향을 밝히고자 한다.[16] 신파극단 문수성의 〈눈물〉 공연에 대해 『매일신보』는 "悲絶快絶의 〈눈물〉 演劇"[17]이라고 광고한 바 있다. '비절쾌절'이라는 표현은 신파성의 서사구조를 간명하고 효과적으로 강조한다. 신파는 슬픔을 불러일으키는 고통스러운 사건과 고통의 통쾌한 해결을 보여주는 재현양식이다. 〈눈물〉 분석을 통해 신파가 주목하는 고통스러운 사건과 신파가 제시하는 고통 해소 방식, 그리고 선악관을 확인할 수 있다. 또한 등장인물의 행동 동기와 목표, 서술방식의 특이성에 주목하며 신파 서사의 도덕과 감정 과잉 기제에 접근하고자 한다. 신파는 눈물과 동정을 유도한 재현양식이다. 눈물이 강렬한 감정 발산의 행동 표지라면, 동정은 타인의 고통에 대한 이해를 바탕으로 한 도덕 감정이며 동시에 타인지향적 의지 행동이다.[18] 〈눈물〉 분석을 통해 이 도덕적 감정 행동의 생산과 유포를 위해 신파가 선택한 서사전략을 확인할 수 있다. 또한 신파는 지구화된 근대 제국주의 시대에 태어난, 이름대로 새로운 물결이었다. 신파 서사가 예민하게 반응한 신문화에 주목하며, 신파 서사의 역사적 정치적 위상을 논하겠다.


## 2. '비절쾌절' 가정극의 서사구조

### 2.1. 움직이는 애정과 어머니 되기의 고통

#### 2.1.1. 움직이는 애정과 기생

여주인공이 근대식 교육의 세례를 받지 않았다는 점에서 〈눈물〉은 1900년대 신소설보다는 고전소설과 잇닿아 있다. 1900년대에 이해조와 이인직이 발표한 신소설은, 1894년~1905년이라는 정치적 사회적 공간을 배경으로, 교육받은 혹은 교육에의 열정을 갖고 있는 미혼 남녀의 연애와 결혼 혹은 고부 갈등의 문제를 다루었고, 이를 매개로 사회 개혁을 웅변했다.[19] 반면 〈눈물〉은 유교식 교육을 받으며 자란 규수와 근대식 교육을 통해 신분 상승을 한 고아의 결혼을 다루는데, 이들의 연애와 결혼 과정에는 아무런 갈등이 없고 따라서 교육과 연애 모티브를 통해 사회 개혁이 논의될 가능성도 없다.

여주인공 서씨는 고전소설의 여주인공들처럼 가정에서 유교식 교육을 받으며 자란 현모양처감이고, 서씨의 배우자가 될 조필환은 신식 교육을 받은 근대적 엘리트이다. 향촌 농민의 아들인 조필환은 10세에 홀로 경성에 와 소학교를 다녔는데, 1년 사이에 부모가 병들어 세상을 떠나고 함께 지내던 누이와도 헤어지게 된다. 소학교의 방지기 노릇을 하며 공부해 이듬해 최우등으로 졸업하고, 신문사에서 노동을 하며 중학교 생활을 하던 중 서협판의 눈에 띄어 도움을 받게 된다. 중학교를 마친 후 상업을 공부하러 동경에 가 고등상업학교에 입학하여 만 4년 만에 우등 졸업하고 20세에 경성으로 귀환한다. 고아 조필환은 근대교육을 통해 자랑스런 사회인이 된다.

서씨와 조필환은 결혼하기 전, 나름 연애기를 거친다. 서씨와 조필환은 조필환이 서협판 집 서생 노릇을 하게 되었을 때 각각 11세와 15세의 나이로 처음 만났다. 서협판의 권유로 조필환이 서씨에게 글과 산법을 2년 남짓 가르쳤고, 첫눈에 서로를 인상깊게 기억했다. 이들은 조필환이 동경 유학을 마치고 돌아온 때부터 연애 감정에 휩싸인다. "사 년 전 뒷사랑에서 조석으로 보던 생각을 할 때에는 자연 아무 까닭 없이 가슴이 두근두근하여지며 두 뺨이 화끈화끈함을 스스로 깨닫지 못하니, 이 날에 그 규수는 불보다 뜨겁고 물보다 위태한 연애라 하는 것을 깨닫게"(100) 되었던 것이다. 그리고 이 연애 감정은 주인집 규수와 서생의 신분 격차와 빈부 격차를 훌쩍 뛰어넘는 확고한 디딤돌이 된다.[20]

그러나 연애가 결혼으로 이어지기 위해서는, 빈부와 귀천을 뛰어넘는 조필환의 사회적 능력이 보강되어야 한다. 근대식 결혼이야말로 거래가 아니었던가. 조필환은 동양은행 사무원이 되고, 이어 평양 지점장으로서 근무한 후 동양은행 본점 지배인이 되어 경성으로 돌아온다. 조필환은 "실업에 종사하는 청년 인물 중 수단의 민첩함과 재질의 총명으로 그 짝을 얻기 어렵다 하는 수재"(93)가 되어서 마침내 서씨와 결혼하여 계동 서협판 집에 들어가 살게 된다.[21] 서씨와 조필환의 결혼

생활은 부모 세대로부터 독립됨으로써 더욱 근대적이 된다. 딸이 결혼한 후 봉남이가 태어나자 서협판은 부인 김씨와 함께 개성으로 낙향하고, 한양 계동 집은 조필환과 서씨 그리고 봉남이로 이루어진 핵가족의 점유공간이 된다. 이로써 양반집 규수와 근대적 신분 상승을 한 고아가 '연애' 감정을 바탕으로 맺어진 단란한 '신' 가정이 완성된다.

신가정의 성립 과정이 흥미롭지만, 〈눈물〉의 새로움은 신가정의 내면 혹은 실상을 보인다는 점이다. 기존 신소설이 결혼까지의 수난을 다룬다면, 〈눈물〉은 연애 결혼을 바탕으로 한 신가정이 얼마나 깨지기 쉬운지를 보여준다. 서협판 부부가 개성으로 간 후부터 부인을 달리 대하던 조필환은 음란한 편지를 꼬투리 삼아 서씨를 쫓아낸다. 나중에 밝혀진 바에 따르면, 조필환이 평양 지점장으로 갔을 때 평양집의 미모와 계교에 빠지게 되었고, 조필환과 평양집이 공모하여 음해 편지를 보내 이를 빌미로 서씨를 축출했던 것이다.

조필환이 평양집에게 홀리는 것은 평양에서 기생 및 기생서방의 음모에 빠지는 고전소설 패턴을 잇는 것이지만, 기생의 근대적 서사는 여기서 멈추지 않고 애정과 돈의 관계를 적나라하게 보여주는 데로 나아간다. 서씨를 쫓아낸 후 평양집은 계동 집의 안주인이 되지만, 조필환과 평양집의 공생도 오래가지 않는다. 조필환이 경성에서 결혼하고 자식을 낳는 동안 평양에 있던 평양집에게는 장철수라는 기생서방이 생겼는데, 이 장철수가 경성에 와 평양집과 공모하여 조필환을 뒷사랑에 가두고 파수꾼을 붙여놓는다. 그러나 조필환의 재산과 집을 맘대로 처리하지 못해서 불만인 장철수는 화류계에 들락거리다 중부 상사골에서 밀매음도 하는 전주집 소화와 관계하게 된다. 평양집이 투기를 하자 장철수는 평양집도 사당에 가두고 전주집을 계동 집으로 불러들인다. 계동 집의 점유자는 '서씨 - 조필환'에서 '조필환 - 평양집'으로, '평양집 - 장철수'에서 '장철수 - 전주집'으로 바뀐 셈인데, 이렇게 애정이 움직인 것은 돈 때문이다. 조필환이 서씨를 내쫓은 것은 스스로 돈이 있기 때문이고, 평양집이 조필환을 가둔 것도 조필환의 돈을 빼돌리기 위해서였고, 장철수가 평양집을 버린 것도 평양집을 통해 더이상 돈을 얻을 수 없기 때문이다. 참으로 근대적이게도, 〈눈물〉에서 애정과 돈은 함께 움직인다.

1914년 혁신단의 〈눈물〉 공연 1막과 2막의 내용은 움직이는 애정과 기생의 서사를 다룬다. 1막은 소설의 시작처럼 혼인한 조필환 부부가 달구경하는 장면이다. 무대 왼편에 정자가 있고, 정담을 나누는 부부를 달이 비추고 있다. 소설의 도입부에 나오는 조필환의 성장과 결혼까지의 과정은, 연극에서는 아마도 전사로서 처리되었을 것이다. 2막은 "조씨가 평양기생의 감언에 취하고 그 기생을 제구로 쓰는 악한 신사의 간악한 계교에 빠지는 곳"[22]이다. 여기서 '평양기생을 제구로 쓰는 악한 신사'라고 명명된 사람은 소설의 장철수일 것이다. 연극 관객은 조필환과 서씨의 행복하고 다정한 결혼생활과, 평양집과 장철수의 음모를 눈여겨 보았을 것이다.

### 2.1.2. '어머니 되기'라는 과업

〈눈물〉은 움직이는 애정과 더불어 모자이합 모티브도 다룬다. 서씨는 2살짜리 아들 봉남과 헤어졌다가, 6년이 지난 후 비로소 함께 살게 된다. 모자이합이라는 소재는 번안 가정소설에 두루 보이는 것이지만,[23] 〈눈물〉은 모자이합 과정에서 아버지의 의사-부재와 어머니 되기의 역경을 보여주는 데 주력한다는 점에서 구별된다.

서씨는 집에서 쫓겨나 연못에 빠져 죽으려 하다 청지기 김영환을 만나고, 그의 권유로 개성 부모집으로 간다. 3년 후 김영환이 서울 계동 집에 들러서 봉남에게 왜떡을 사주고 돌아와 봉남의 표정과 행실이 변했음을 서씨에게 알린다. 봉남을 구하기 위해 경성에 온 서씨는, 봉남을 데려가려 하다가 평양집에게 들킨다. 평양집이 협박하자, "봉남은 사나운 계모를 두려워하는 생각이 정숙한 친모를 정답게 여기는 마음보다 더하여"(149) 친모 대신 평양집을 따른다.

그날 밤 다시 봉남을 보러왔던 서씨는 닫힌 문을 사이에 두고 다음날 만날 약속을 한 후 헤어져 돌아오다 김영환을 만나게 되고, 그의 설득에 승복하여 개성으로 돌아간다. 다음날 약속 시간에 엄마를 기다리던 봉남은 길거리로 나갔다가 인력거를 탄 젊은 여자를 좇아간다. 우연히 봉남을 데려가게 된 이 여자는 이참장의 며느리 남씨이다. 이참장은 봉남의 행실을 보고 저어하는 마음이 있지만, 남편을 여읜 지 3년이나 지난 남씨는 봉남을 제 자식처럼 돌본다. 한편 개성에 갔던 서씨는 편지를 남기고 다시 경성으로 돌아와 봉남이 행방불명인 것을 알게 되고, 우물에 빠져 죽으려 하다 한승지에게 구조된다. 한승지는 서씨를 데려다 딸처럼 함께 산다.

경성 안에서 서로의 상황을 모른 채 헤어져 살던 봉남과 서씨는, 뜻밖에도 이참장과 한승지가 매부지간이기에 만나는 기회를 갖게 된다. 그런데 봉남은 친모인 서씨를 보고도 남씨와 헤어지기 싫어 두 어머니랑 살고 싶다고 애원한다. 이에 서씨는 남씨에게 봉남의 교육을 부탁하고 떠난다.

다시 2년 후, 서씨는 계동 집이 불타고 남편이 죽게 생긴 꿈을 꾼 다음날 계동 집에 갔다가 우연히 김영환을 만난다. 김영환을 통해, 조필환이 편지 보낸 것을 알게 되고, 이 편지를 읽은 서씨는 편지를 부쳐준 원덕장이라는 자를 이용하기로 한다. 조필환을 지키던 김대식의 농간에 일이 꼬이긴 하지만, 김대식과 원덕장이의 회개로, 서씨는 불난 집에서 조필환을 구하게 된다. 거짓말도 하고 도둑질도 하던 봉남을 훌륭하게 변화시킨 남씨는 "목숨을 빼앗기는 듯 정신을 빼앗기는 듯"(272)한 고통을 무릅쓰고 봉남을 친어머니 손에 돌려보낸다.[24]

줄거리에서 보이듯, 〈눈물〉은 모자이합 과정에서 어머니 되기를 문제 삼는다. 서씨는 친모이지만, 어머니 역할을 빼앗기거나 유보해야 한다. 서씨는 조필환에게 봉남을 빼앗겼고, "꾀 많고 경력 있는"(170) 평양집에게서 봉남을 찾아오지 못한다. 남씨가 사랑과 교육을 실천하는 자격을 주장하며 자신이 봉남을 키우겠다고 했을 때 서씨는 이를 수긍한다. 서씨는 남편 조필환을 구했을 때야 비로소 남씨의 양보를 받고 봉남과 함께 살게 된다. 서씨가 어머니가 되려면, 어머니 역할을 하려는 평양집이나 남씨와 경쟁해야 하고, 아들 봉남의 선택과 인정을 받아야 한다.

여자의 어머니 되기 과정에, 남자들은 협조자가 아니다. 남편들은 시련의 계기를 제공하는 자이다. 동경 유학까지 다녀온 남씨의 남편은 부족증(不足症)으로 죽어 부재하고, 서씨의 남편은 평양집에게 빠져 서씨의 어머니 자리를 빼앗는다. 남씨나 서씨의 아버지뻘 세대(서협판 부부, 한승지 부부, 이참장 부부)는 경제적 여유와 사회적 지위를 지닌 존재들이지만,[25] 남씨나 서씨가 성취하고자 하는 '어머니 되기'라는 과업에는 별 관련이 없다. '어머니 되기'는 여자들의 고독한 과업이다.

1914년 혁신단의 연극 공연에서 어머니 되기의 역경을 다룬 부분은 3막과 4막이다. 3막은 "조씨가 부인을 고통케 하야 마침내 쫓아내이는 곳"[26]이다. 서씨가 쫓겨나는 참혹한 순간에 대한 소설의 묘사를[27] 연극에서 여실하게 장면화한 듯, 관객인 河村若草은 이 장면을 서씨가 "창밖으로 차떨러치며 무대가 반으로 돈다. 창밖에 업드러진 부인은 느껴가며 웁니다. 방안에는 가장 사랑하는 아들 봉남이가 어머니는 가는 줄 몰고 무심히 누어잡니다."라고 기록했다. 4막은 여러 해가 지나 아홉 살이 된 봉남이 계모에게 매일 학대를 당하는 데를 서씨가 찾아오는 장면이다. 3막과 4막에 대한 이 짧은 요약만으로는, 서협판과 한승지와 이참장, 그리고 남씨가 연극에서 어떻게 처리되었을지는

알 수 없다. 다만, 연극은 서씨와 봉남의 고통을 시각적으로 극대화시
켜 보여주는 데 초점을 맞췄을 가능성이 있다. 3막에서 조필환이 서
씨를 창밖으로 내던지는 장면을 설정한 것도 그렇고, 4막에서 봉남이
"눈 가운데에서 고초" 당하는 장면을 설정한 것도 그렇다. 소설에서는
봉남이 "눈 가운데에서 고초"를 겪는 장면이 없으니, 이는 서씨와 봉
남이 겪는 고통을 격렬하게 보여주기 위한 연극의 선택이었을 가능성
이 크다.

## 2.2. 앙얼과 회개의 통쾌한 결구

〈눈물〉은 '움직이는 애정'과 '어머니 되기의 고통'이라는 사건을 다
루지만, 불행으로 끝나지는 않는다. 고통을 야기한, 배신하거나 음모
를 꾸민 악한 사람들은 자신의 죄과에 상응하는 벌을 받거나 회개하게
되니, 통쾌한 결구이다.

### 2.2.1. 앙얼과 대명

'앙얼'[28]이란 지은 죄의 앙갚음으로 받는 재앙을 말한다. 조필환과
평양집은 자신이 타인에게 저지른 죄를 되받는 식으로 벌을 받는다.
평양집과 짜고 서씨를 모함하고 자식 교육에 무심했던 조필환은 봉남
이 행방불명된 후 평양집에게 배신당한 채 2년여 세월을 자기 집 뒷사
랑에 감금된 채 지낸다. 이 감금 생활은 조필환의 감옥 생활인 셈이고,
조필환은 자신이 한 일을 후회하며 그 감금 생활을 천벌로 인식한다.

"천벌 한 마디는 조필환의 가장 두려워하는 말이라. 조필환이가 무슨 죄
를 그다지 중하게 지었든지 세상없이 화기 분기가 발동되었을 때라도 천벌
이란 말만 들으면 고개가 수그러진다. 조필환이가 만일 천벌이 제 몸에 미

친다 함을 생각지 아니하였더면 분통이 터져 이미 죽은 지도 오랬으리라. 그러니 목전에 당하는 자기의 고생을 모두 자기가 지은 죄과의 갚음되는 천벌로 생각하면 조금도 분할 것이 없으며, 누구를 원망할 것도 없이 다만 기왕 일을 후회할 뿐이라."(196)

평양집도 나중에 장철수에게 배신 당하여 계동 집 사당에 갇히니, 자신이 저지른 죄(배신과 감금)의 앙갚음을 받는 셈이다.

한편 장철수에 대한 앙얼은 침책(侵責) 혹은 대명(代命)의 방식으로 이뤄진다.[29] 침책은 간접으로 관계되는 사람에게 책임을 추궁하는 것이고, 대명은 횡액에 걸려서 남의 죽음을 대신하는 것이다. 장철수는 평양집과 더불어 조필환을 감금했고, 평양집을 배신했으며, 평양집을 향해 육혈포를 쏘기도 하고 가두기도 했다. 그런데 이 장철수의 죄는 장철수가 가장 귀이 여기는 전주집의 '피' 혹은 병을 부른다. 장철수를 따라 조필환과 평양집이 감금된 곳을 갔던 전주집이 뭔가에 부딪쳐 '피'를 흘리게 되고, 얼마 후 아프기 시작한 "전주집은……장철수라는 말만 들어도 몸서리가 절로 난다. 이는 다른 까닭이 아니라 허한 일을 참 일보다 더 깊이 믿는 여자의 마음에 신병을 고치고자 무당 판수에게 운수를 물을 때마다 장철수와 관계를 끊지 않으면 석 달 안에 비명횡사의 액운을 면치 못하리라는 얘기를 들어서"(270)이다. 장철수가 피접을 떠난 전주집을 만나러 전주로 갔을 때, 전주집은 편지를 남긴 채 행방을 감춘다. 전주집은 대명의 위기감 속에서 장철수를 버리고 떠난 것이다. 그리고 이렇게 계동 집을 비운 사이, 파수 보던 김대식과 원덕장이가 장철수를 배신하고 조필환을 빼돌린다.

1914년 혁신단의 연극 〈눈물〉 5막과 6막은 앙얼을 당한 조필환이 구제되는 상황을 다룬다. 5막은 "못된 신사에게 재산을 모두 빼앗기고 비로소 잠을 깨인 조씨가 뉘우치는 마당"[30]이고, 6막은 "갇혀 있던 조씨는 부인과 충복의 구원"[31]으로 풀려나는 장면이다. 5막의 '못된 신사' 는 소설의 장철수일 것이니, 5막은 장철수에게 재산을 모두 빼앗기고 갇힌 채 자신의 잘못을 뉘우친 조필환이, 김영환과 서씨의 도움으로 구제되는 장면인 셈이다. 관극기에서, 장철수가 받은 앙얼이나 장철수 와 전주집의 관계 등이 장면화되었는지 여부는 확인할 수 없다.

### 2.2.2. 회개와 선행

〈눈물〉의 해피엔딩은 악인의 회개와 선행으로 표출되기도 한다. 〈눈물〉의 작가는 해피엔딩을 이끄는 이 새로운 방식을 목청 높여 소개 한다. "애독자 제군이여, 이 세상에 용납지 못할 큰 죄악을 지은 평양 집을 항상 타매하면서 혹독한 형벌을 반드시 당할줄로 일변 유쾌히 고대하였으리로다. 그러나 다시 한번 살펴건대 평양집인들 어찌 평생 의 마음이 악하여 그러리요."(236)라면서 평양집은 조필환과 다른 방식 으로 타인에게 고통을 준 그 '악'에서 벗어나리라 강조한다.

평양집은 구세군 마야 대좌와의 우연한 만남 때문에 회개와 선행의 기회를 갖는다. 장철수에게 버림받은 평양집이 "매 맞은 미친 개같이 기운이 없고 고통이 심하여 능히 일어나 걷지"(231) 못하고 있던 차에 평양집의 죄악을 "일시에 회개케 할 천사"(231)인 마야 대좌를 만난다. 이 서양사람은 "아, 누님은 죄를 지었구려. 하나님 앞에 지은 죄를 스 스로 하나님의 용서를 받지 못하고, 범한 죄에 고통을 받아 마음이 어 지러운 사람이 아니오? 불쌍한 누님이여! 이 단장을 드리니 여기 몸을 의지하여 일어나오. 당신이 아무리 죽이라고 소리를 질러도 당신을 죽 이려 올 사람은 없소. 자기의 범한 죄를 참마음으로 깨닫고 구원을 하 나님 문에 와서 부르짖지 아니하면 영원히 그 고통을 받는 것이 오."(232)라고 하며 하나님 앞에서 악한 일을 일일이 자복하고, 착한 일을 행하겠다 맹세하라고 권한다. 결국 평양집은 자복한 후, 장철수의 사죄서와 장철수가 빼돌린 조필환의 집 재산 남은 것을 조필환-서씨 부부에게 가져 오고, 구세군 대좌의 제자로 평생 구세군 노릇을 하며 살겠다고 한다.

〈눈물〉의 등장인물들은 기부라는 선행을 실행하기도 한다. 서협판은 평양집이 가져온 재산을 구세군에 기부한다. 장철수의 명을 받고 2년 동안이나 조필환을 감시했던 김대식과 원덕장이도 선행에 동참한다. 김대식은, 조필환의 처리를 놓고 장철수를 위협하여 2천원을 받고 김영환에게는 조필환을 빼내겠다면서 1천원을 받는 등 이중거래를 했던 인물이다. 그랬던 그가 돌연 "입때까지 못된 일 한 것을 한 번 씻을 셈"(263)으로 이름을 숨긴 채 대동자선원에 기부한다.

이렇게 회개와 선행이 통쾌한 결구의 한 축을 이루고 있지만, 회개와 선행이 인물들의 자기 성찰과 윤리적 결단에 입각한다고 보기는 어렵다. 장철수가 평양집에게 사죄서를 써줬다지만 어떤 과정을 거쳐 그리했는지는 서술되지 않았다. 돈을 받고 무고한 사람을 감시하던 김대식과 원덕장이는 자신들의 행위에 대한 성찰 없이, 서씨와 김영환을 도와 조필환을 빼내준 뒤 받은 1천원은 나눠 쓰기로 하고, 장철수에게서 받은 "돈 이천 원은 더러운 놈의 더러운 돈이니 한 푼도 쓰지 말고 좋은 사업에다가 기부"(263)를 하기로 한다.

회개와 선행이 자기 성찰 없이 가능한 것은, 그들이 저지른 악이 그들에게 속하는 본질적인 무엇이 아니기 때문이다. 소설 〈눈물〉의 첫 장면—조필환과 서씨가 달 구경을 하는데 검은 구름이 별안간 몰려와 달의 광채를 가리는 장면—은 작품 전체의 복선이 되는데, 여기서 서씨는 "밝은 달도 구름만 끼면 저렇게 광채를 잃어 그믐밤이 되는 셈으로, 사람도 아무리 마음이 착하더라도 몹쓸 악인이 허물을 뒤집어씌우면 그 담타기를 면할 수 없겠지요"(89)라고 한다. 여기서 악은 외부에 있는, 외부에서 덮쳐오는 무엇이다. 평양집에 대해 서술자는 다음과 같이 논평한다. "애독 제군이여, 이 세상에 용납지 못할 큰 죄악을 지은 평양집을 항상 타매하면서 혹독한 형벌을 반드시 당할 줄로 일변 유쾌히 고대하였으리로다. 그러나 다시 한번 살펴건대 평양집인들 어찌 평생의 마음이 악하여 그러리오. 사람의 마음이라는 것은 본래 착한 것을 외물의 장해로 그 착한 마음을 가리워 악한 일을 저치 아니하고 행할 때에도 미친 사람이 아니면 반드시 그 마음에는 행하는 바 악한 일이 옳지 못함을 깨닫나니 옳지 못함을 깨닫고도 오히려 악한 일을 행치 아니치 못함은 한 가지 물욕 좋지 못한 욕심에 끌림인고로 그 욕심 즉 바라는 바가 끊어지면 그 마음도 본래 착함으로 돌아오기 용이함이라."(236) 이에 따르면, 평양집은 좋지 못한 욕심에 끌린 것인데, 이 욕심은 '외물'일 뿐 욕심을 지닌 자에 속하는 무엇이 아니다.

관극기에 따르면 1914년 혁신단 연극의 마지막 7막에서 구세군이 된 기생과 신세가 영락하여 버림받게 된 악한 신사가 나와 조씨 부부에게 사죄하고, 봉남은 부친 조씨와 대면하게 된다.[32] 소설에서는 장철수가 쓴 사죄서를 평양집이 가져오는 것으로 설정했는데, 연극에서는 장철수가 직접 찾아가 사죄했다니, 장철수의 개심이 강조되었다 할 수 있다. 이 관극기만으로는 서협판이나 김대식의 기부 행위까지 연극화되었는지 여부는 알 수 없다.

## 3. '비절쾌절' 가정극의 도덕과 감정 과잉화 기제

〈눈물〉은 악행을 저지르는 사람으로 인해 고통 받는 세계를 그리는 동시에 통쾌한 결구를 통해 악행도 고통도 없는 세계가 회복될 수 있다고 한다. 이 회복을 위해 〈눈물〉은 두 가지 자질에 중요성을 부여한다. 하나는 고통 받는 사람들이 고통의 원인을 박명함에 두고 고통이

해소될 때까지 인내하는 것이고, 다른 하나는 인정과 의리로 고통 받는 사람의 지킴이가 되는 것이다. 그런데 〈눈물〉이 미덕으로 내세운 이 인내와 인정과 의리는 곧잘 감정 과잉을 야기한다.

### 3.1. 박명/인내와 극장의 '비읍장'화

상황 속에서 혹은 사건을 겪으며 인간이 느끼는 감정과 그 감정의 외화 방식에는 다양한 스펙트럼이 있을 것이다. 그런데 〈눈물〉에서는, 등장인물의 감정이 대부분 눈물로 외화된다. 〈눈물〉에는 슬픔의 눈물뿐 아니라, 후회의 눈물도[33] 있고, 감동의 눈물도[34] 있고 반가움의 눈물도[35] 있고, 분노의 눈물도[36] 있고, 질투의 눈물도 있고, 거짓으로 꾸민 눈물도[37] 있고, 애원의 눈물도[38] 있고, 위협의 눈물도[39] 있고, 회개의 눈물도[40] 동정의 눈물도 있다. 눈물을 일종의 감정 과잉 상태라 할 때, 〈눈물〉에서의 감정은 제어되지 않는 과도한 감정들로 표현되고 있는 것이다. 또한 눈물은 서씨나 남씨, 평양집 전주집 같은 여자들만 흘리는 게 아니다. 부모와 헤어진 어린 남자 아이인 봉남은 눈물 마를 날이 없고, 조필환과 청지기 김영환 등의 성인 남자들도 주저하지 않고 눈물을 흘린다. 눈물이 다양한 감정의 유일한 발산 방식처럼 여겨지고, 남녀노소가 시간과 장소를 가리지 않고 수시로 눈물을 흘리니, 감정의 과잉, 눈물의 과잉을 피할 수 없다.

등장인물이 고통을 대하는 방식 때문에 눈물의 과잉은 증폭된다. 〈눈물〉의 등장인물들은 자신들이 겪는 고통의 원인을 이성적으로 통찰하는 대신 박명으로 여기며 인내의 포즈를 취한다.[41] 서씨가 남편의 애정을 잃게 된 상황도, 2살 된 아들과 헤어지고 집에서 쫓겨난 상황도, 3년 동안이나 계모의 학대를 당하는 봉남의 상황도, 장철수의 간계 때문에 2년 동안이나 갇히게 된 조필환의 상황도, 남편에게 쫓겨난 서씨가 아들을 찾겠다고 부모와 영영 헤어지려 결심한 상황도 다 박명 때문으로 서술된다. 박명 또는 '운수 기박'(165)이라는 인식은 세계의 횡포에 대한 굴복과 순응을 전제한다. 그래서 서씨는 상황에 대한 명료한 의식적 각성을 바탕으로 고통의 원인을 제거하고자 행동하는 것이 아니라, 자학과 자기연민 속에서 자기를 파괴하거나 무기력하게 인내한다. 조필환에게 머리채를 잡힌 채 쫓겨났을 때 서씨는 "양친과 남편과 아들을 잊어버리고 평생에 씻지 못할 누명을 입은 원통하고 애매하고 억울한 여러 가지 슬픈 회포를 잊어버릴 마음으로"(116) 연못에 빠져 자살하려 한다. 서씨는, 조필환이 서협판에게 보낸 편지를 곧이 곧대로 믿으며, 의심이 풀려 부부 관계가 다시 회복될 것을 기대하며 개성 집에서 3년을 기다린다. 이후 서씨는 봉남을 몰래라도 데려오려 나서지만 봉남을 찾지 못하자 다시 우물에 빠져 죽으려 한다. 서씨는 인내하며 슬피 우는 자일 뿐, 성찰하고 행동하는 인물이 아니다.

〈눈물〉의 서술자는 독자의 감정을 단일하게 지시하고 '동정의 눈물'을 적극적으로 독려함으로써, 과잉의 가능성을 현실화시킨다. 〈눈물〉의 서술자는 스스로를 '기자'라 칭하며 서사 상황에 빈번히 개입하면서, 상황에 대한 감정을 지시한다. 서술자는 등장인물처럼 등장인물과 '대화'식 서술을 하기도 하고, "애독자 제군이여"라고 독자를 직접 호명하면서 상황에 대한 감정을 지시한다. 서술자는 현장감 있게 자신의 현존과 글쓰기의 현장을 내보이면서, 그리고 자신의 눈물 흘리는 행위를 선보이면서, 독자의 눈물을 재촉한다.

"서씨부인이 이 가련한 모양을 보면 그 마음이 과연 어떠할까? 피를 토하면서 그 자리에서 기절하기에 이르리로다. 기자가 이 사실을 기록하며, 이 근경을 생각하다가 홀연 두 눈으로부터 눈물이 종이 위에 떨어지니, 마르지 못한 먹을 임하여 글자의 형용을 알아보지 못하도록 번지고, 붓 잡은 손에 기운이 걷히며 눈물이 어린 두 눈에는 쇠잔한 등잔불이 둘씩 셋씩 되어 보이는 고로, 부득이 던지는 붓대가 책상 아래로 떨어짐을 돌아보지 않고 불쌍한 봉남이를 위하여 나오려 하는 눈물을 금치 아니하며 한 마디 탄식하노라…박명한 봉남아, 기자는 너를 위하여 감히 두 줄기 눈물을 아끼지 아니하며 더욱 나아가 여러 독자도 너를 위하여 기자와 같이 더운 눈물을 아끼지 않기를 바란다."(191~192)

그리고 텍스트 내부에서 서술자가 한 '동정의 눈물' 지시는, 텍스트 바깥에서도 반향한다.

1) (광고) "人情과 義理는 波瀾과 衝突을 惹起ㅎ고 悲懷와 熱淚는 同情과 注意를 集注ㅎ야 穩健흔 筆法은 無限흔 興味를 感홀지오 痛快흔 結構는 大흔 刺激을 與ㅎ리로다 薄命흔 부인의 徹骨흔 悲哀는 現代家庭의 活寫眞이오 不幸흔 小兒의 滿腔흔 熱淚는 ○賦 性情의 顯微鏡이라 其 錦心繡腸의 餘情은 ○生의 自然을 窺知홀지오 彫神縷骨의 寓意는 世態의 歸趣를 了解ㅎ리로다 其 健全흔 材料는 善良흔 家庭의 敎訓이 될지오 蘊奧흔 趣味는 薄命흔 男女의 慰安이 될지로다."(『매일신보』, 1913. 7. 1)

2) "눈물劇의 눈물場……〈눈물〉의 구경은 진실로 눈물이라. 짝업시 불상흔 서씨부인 모조의 비참흔 정경에 디ㅎ야는 동정ㅎ는 눈물을 흘니지 안이 ㅎ는 이가 없고 그 즁 부인석은 큰 련합 비읍장(悲泣場)을 이루엇는디 그 즁에는 꼿갓치 젊은 부인이 다슈흔 면목을 불게 ㅎ고 늣겨가며 우는 이가 만코 심지어 붉은 슈건으로 눈물을 씨서 얼골이 당홍으로 변흔 부인시지 잇셔 실로 눈물 연극은 눈물로 구경ㅎ는 듯ㅎ얏고"(『매일신보』, 1913. 10. 28)

1)은 소설 〈눈물〉의 광고이고 2)는 연극 〈눈물〉의 광고이다. 기자는, 독자와 관객이 박명한 남녀를 불쌍하고 가련하다고 느끼며 동정의 눈물을 흘리리라 예측하고, '비읍장(悲泣場)'이 된 관객석을 스케치한다. 이렇게 소설과 연극에 대한 광고와 기사들은 텍스트 수용의 장을 조정하고, 이를 통해 눈물을 강압적으로 사회화한다.

## 3.2. 인정/의리와 극장의 동정 선동

〈눈물〉에는 고통 받는 사람뿐 아니라, 이들에 대해 인정과 의리를 실천하는 사람들도 다수 등장한다. 〈눈물〉에서 인정 있는 사람은 자신의 부와 능력을 이용해 타인을 위한 동정 실천을 적극적으로 행한다. 서협판은 고아인 조필환의 품행이 바름을 알아보고 "동정을 표할 생각이 나서"(96) 자기 집에 머물게 하며 공부를 시킨다. 한승지는 우물에 빠져 죽으려 하는 서씨 부인을 데려다 돌봐준다. 이참장의 며느리 남씨는 봉남을 2년 동안이나 키운다. 구세군 마야 대좌가 평양집을 데려간 것도 일종의 동정 실천이다.

고통 받는 타인에 대한 인정의 발현으로 동정을 실천하지만, 이들의 동정 실천 과정이나 내용이 개연성 있게 드러난 것은 아니다. 한승지는 "궁교빈족과 기타 불쌍한 사람 구제에 열심인 사람"(204)으로, 그리고 "의리 있고 인정 있는 노인"(271)으로 소개되어 있다. 그러나 2년여 기간 한승지가 서씨를 어떻게 대접했는지, 서씨가 어찌 그리 오랜 기간 남의 집에 머무를 수 있는지가 현실적으로 드러나지 않아, 동정 행위의 설득력이 약하다. 남씨는 봉남의 친모인 서씨를 만났을 때조차 자신의 동정과 교육 능력을 자신할 만큼 자부심이 과도하다.

한승지, 남씨, 마야 대좌가 자신과 무관한 사람에 대한 인정으로 동정 실천을 한 경우라면, 서협판댁 청지기인 김영환은 주인에 대한 의리와 "부인을 불쌍히 여기는 생각이 뼛골에서 솟아나는 듯"(29)한 인정에 의해 움직인다. 김영환은 "성질이 매우 순후하여 윗사람의 명령을 순종하며 심지가 매우 고정하여 무슨 일이든지 진정으로 힘쓰는 고로, 서협판의 조부 생전부터 우금 삼십여 년이 되도록 하루같이 서협판집 일이라면 무엇이든지 힘을 아끼지 아니하여 그 공로가 적지 아니하므로 서협판 이하로 한 사람도 홀대하는 이가 없으며, 자기도 또한 오랜 은혜를 잊지 못하여 몸이 늙도록 오히려 서협판 집에 있어 주인의 일 보조하기를 게을리 아니하는"(121) 의리의 사나이다. 김영환은 봉남이를 찾겠다고 개성에 온 서씨에게, "만일 아씨께서 이 지경을 당하신 것을 뵈압고 소인이 구원하여 드리지 못하면 무슨 낯으로 다시 대감과 마님을 뵈옵겠습니까? 아씨께서 진정 생각을 돌리지 못하시면 소인도 아랫사람이 되어서 상전을 구하여 드리지 못하니까 이 자리에서 당장 목잡이라도 하여 죽을 터이니, 늙은 이놈의 죽는 것을 불쌍히 여기시는 마음이 계시거던 한번 생각을 고쳐 하십시오."(130)라며 목숨을 내걸고 하인으로서의 의리를 행한다.

　　그런데 김영환의 의리는 이 작품의 우연성과 곧잘 얽힌다. 서씨가 처음 집에서 쫓겨났을 때 만난 사람도 김영환이고, 3년 후 서씨가 봉남이 고생한다는 소식을 듣고 경성에 왔을 때 따라온 사람도 김영환이고, 다시 2년 후 서씨가 불난 계동 집에 갔을 때도 김영환을 만난다. 서씨와 김영환의 이 거듭되는 우연한 만남들이 때로 꿈을 계기로 삼고 있지만,[42] 꿈은 꿈일 뿐이어서 우연한 사건 연속이 불러일으키는 개연성 부족을 채우지는 못한다.

　　이렇게 〈눈물〉에서는 다양한 동정 행위가 모범처럼 제시되고 있지만, 인물 성격 구축이 미비한 채로 또는 플롯 상의 우연성을 봉합하지 못한 채로 동정 행위가 행해지고 있어 문제다. 개연성 없이 반복적으로 제시되는 행동은 의지적 결단에 대한 지지보다 비합리적 선동 효과를 내기 쉽기 때문이다.

『매일신보』의 광고는 동정을 선동하는 마지막 장치였다. 『매일신보』는 연극 〈눈물〉의 흥행이 사회적으로 "권선징악에 확실한 효과"[43]가 있다고 강조했으며, 자선이나 동정과 연결될 수 있도록 안배했다. 예를 들어 『매일신보』는 1914년 문수성이 연흥사에서 〈눈물〉을 공연하는 걸 기사화하면서 바로 옆에 혁신단 일행이 자선연주회를 개최하여 걸인 20명에게 의복 한 벌씩을 해 입힐 계획이라는 기사를[44] 실었다. 1915년 혁신단이 단성사에서 〈눈물〉을 공연할 때는, 공연에 대한 기사 바로 옆에 경성 부인들이 백이의국 과부고아 구제 자선연예회를 개최한 사정과 수입 570원 50전을 백이의국에 전달했다는 기사[45]가 실렸다. 이렇게 〈눈물〉과 『매일신보』는 함께 동정을 광고하고 선동했다.


## 4. '비절쾌절' 가정극의 신문화 표상

1910년대 발표된 소설의 시대적 배경은 대부분 1910년 이전 시기이다.[46] 그런데 〈눈물〉은 1910년 이후, 그것도 신문 연재 시기(1913~1914)보다 조금 앞선 미래를 시대적 배경으로 설정했다. 〈눈물〉의 첫 장면은 조필환과 서씨가 후원에서 달구경을 하는 데서 시작한다. 이때는, 서협판이 임인 계묘년(1902~1903)부터 실업계에 투신해 근 십년 전심갈력하여 거물이 된 후 조필환과 딸을 결혼시켰는데 이들 사이에서 이듬해 겨울 봉남이가 태어난 후 오백 일 정도 지난 시점이다. 그러니까 〈눈물〉의 현재시점은 1916년 전후인 셈이다. 이 첫 장면 이후 서씨가 쫓겨나고 이후 6년여 세월이 흐른 뒤 서씨가 남편을 구원하고 봉남과 함께 살게 되는 데서 대단원의 막이 내리니, 〈눈물〉의 시간 배경은 1920년대 초반까지 아우른다 하겠다. 이 가까운 미래의 지표로서 부각되는 것들을 살펴보자.

## 4.1. 화양절충과 활극의 스펙터클

소설 〈눈물〉은 개성과 경성의 근대문화 지표를 강조한다. 서협판이 낙향해 사는 개성 송악산 아래 탑대라는 동리는 서구식 건물들이 들어 선 근대적 풍경을 지닌 것으로 묘사된다. "풍경도 좋은 고로 풍치와 위상을 숭상하는 서양 사람의 집도 많이 있으며, 기타 기독교에 부속 된 학교 예배당 병원 등의 굉장한 양제집도 적지 아니하더라. 그 여러 양제집 중에 형상은 비록 작으나, 그 장식과 구조가 가장 아름다운 양 제집 한 채가 반은 푸른 공중에 솟아 있고 반은 붉은 꽃 속에 싸여 있으니, 이는 곧 개성 일경에서 모를 사람이 없는 서협판의 집"(91)이 다. 한편 경성에서 가장 자주 언급되는 공간은 기차 정거장이다. 조필 환은 일본 유학 차 경부선 열차를 타러 남대문 정거장으로, 서씨와 김 영환은 개성을 가느라 남대문 정거장이나 서대문 정거장으로 간다. 경 부선과 경의선 열차가 오가는 남대문 정거장은 조선인의 눈을 휘둥그 레 뜨게 한 근대의 이정표였다.

소설의 남성인물들은 서양풍으로 치장했다. 서협판이나 서협판 세 대 남성인물들의 입성은 서술되지 않았지만, 조필환과 장철수는 한껏 멋을 냈다. 조필환은 금테안경을 쓰고, 조끼 주머니에 줄로 이어진 금 시계를 넣고 다니고, 물소뿔로 된 단장을 들고 다닌다. 장철수도 금테 안경을 쓰고 여덟팔자로 수염을 기르고, 반고수머리를 윤이 흐르게 갈 라붙이고 다닌다.

연극 〈눈물〉 공연에서는 서양풍에 일본풍을 결합한 화양절충의 시 각적 표현이 두드러졌다. 1913년의 공연 사진을 보면 서씨는 한복에 히사시가미(庇髮) 머리를 했고, 1914년 일본인 부인의 관극기에서도

"조씨는 금테안경에 하이카라오 부인은 히사시의 칠보단장 일본머리"[47]라고 묘사했다. 서양식 트레머리라 할 수 있는 히사시가미는 1910년대부터 1920년대까지 여학생 사이에서 유행했던, 교육 받은 신여성을 상징하는 스타일이었다.[48] 서씨는 여학생이 아니었지만 이 머리 모양새 때문에 양복을 입고 금테안경을 쓴 조필환과 어울리는 신식의 이미지를 주었으니, 연극에서 서씨와 조필환의 결혼은 교육 받은 신여성과 신남성의 결합이라는 이미지를 주었을 것이다.

서양식 혹은 일본식 시각적 이미지에 의한 인물 표현은 무대장치에서 더욱 다채롭게 이뤄졌다. 1914년 일본인 부인의 관극기에 따르면 7막의 무대는 사쿠라가 난만하게 피어 있는 경치로 꾸며졌고, 군인과 프록코트 입은 신사가 나왔다고 했다. 서씨는 1막에서와 달리 한복을 벗어던지고 양식으로 치장해, "조선옷을 입었을 때에는 아래만 굽어보고 요조하신 부인이 고동색 양복에 서양 모자를 쓰고 두 손으로 허리를 짚고 있는 모양"[49]으로 무대 위에 섰다. 그리고 1913년의 공연사진을 보면 김영환은 한복 두루마기에 모자를 쓴 반양식 차림새였다. 이런 반양식 차림새는 신남성 의복으로 양복이 일반화되기 이전에 학생들이 즐겨 입던 스타일과 유사하니, 청지기 김영환도 근대적 이미지로 치장한 셈이다.

인물들의 거칠고 극단적인 행동도 〈눈물〉의 스펙터클이었다. 김영환은 주머니칼을 보이며 자신이 먼저 죽겠다고 하여, 자살하려던 서씨의 마음을 돌린다. 이후 서씨는 아들을 찾지 못하자 우물에 빠져죽으려다 구출된다. 조필환도 '번개 같은 긴 칼날이 감추어진' 단장을 들고 나선다. 평양집은 칼을 들어 자결하겠다고 하며 조필환의 마음을 얻고, 조필환이 결혼한 후에는 왼편 무명지 마디 하나를 자르며 위협해 어그러졌던 조필환과의 관계를 회복한다. 조필환을 뒷사랑에 감금하고 나중에는 평양집마저 사당에 감금하고 파수를 붙였던 장철수는 평

양집과 싸우다 육혈포를 쏜다. 이렇게 〈눈물〉은 칼과 육혈포, 자살 시
도와 자해, 미아 찾기와 감금과 뒷거래 등이 판치는 활극의 세계이다.

## 4.2. 은행업과 구세군의 호의적 전시

소설의 마지막 부분에서 서술자는 "평양집은 조선 여자구세군의 시
초로 사람 구제를 잘한다는 소문이 외국까지 나타난 바는 독자도 자세
히 알 바이라······여러 독자는 지금의 동양은행장 조필환씨의 말을 들
을 때마다 눈물을 반드시 연상하리로다"(275)라며, 조선 여자구세군 평
양집과 동양은행장 조필환을 독자도 알 만한 사람인 듯 서술한다. 이
런 인물 현존화 방식을 통해 은행업과 구세군은 시의성 있는 첨단 문
화로 전시된다.

〈눈물〉은 서사의 시대 배경이 되는 1910년대 후반을 '실업을 중히
여기는' 시기로 설정하며 은행업을 특권화한다. 재상가 아들로 태어나
궁내부 협판직을 봉직했던 서협판은 "환해(宦海)의 풍파는 날로 거칠
고 영욕과 화목을 믿고 기약키 어려운 위로 국가의 대세는 이미 관리
를 귀히 여기는 시대가 지나가고 사회의 풍조는 일반 실업을 중히 여
기는 조짐이 발생"(91)하자 실업계에 투신, "조선 실업이 금일 이만한
정도에 이름은 서협판의 조력에 의지함이 많았고, 몸에는 대은행, 대
회사의 명예 있는 중임(重任)을 많이 띠어 조선 실업계의 어려운 데는
서협판의 친필을 욕하기에 이르니, 이에 그 사업이 극히 크며, 그 이름
이 영화로운 지경"(92)에 미치게 된다. 문벌이나 가세가 아니라 '재목'
을 보고 딸의 사위를 고르겠다던 서협판은, 고아인 조필환을 교육시켜
실업계의 능력자로 키운다. 조필환은 일본 유학을 마치고 20세에 경성
으로 귀환해 동양은행 사무원이 된다. 조필환은 삼사 개월만에 평양
지점장이 되어 떠났다가, "불과 반 년 사이에 여러 가지 성적이 경성

본점보다 대단히 좋으며, 황평양서(黃平兩西)의 재정에 대한 실권이 그 지점으로 많이 돌아오매" 명성이 높아져 이듬해 봄 동양은행 본점 지배인이 되어 경성으로 돌아온다. 서협판은 동양은행 지배인이 된 조필환과 자신의 딸을 결혼시킨 후 조필환에게 "여러 회사와 은행에 있는 고본금(股本金)"을 주고 개성으로 낙향한다. 이렇게 은행업은 서협판에서 조필환으로 이어지는, 신 지배층 형성의 중요 매개가 된다.

이 은행업은 당대 문화의 한 국면을 예민하게 반영한 것이었다. 1913~1914년 당시 조선에 동양은행이라는 이름의 은행은 없었지만, 동양은행은 한성은행을, 서협판과 조필환은 당시의 은행가인 김종한과 한상룡을 각각 연상시킨다. 1897년 김종한을 비롯한 9명의 발기로 창립된 한성은행은 1911년 친일파의 은사공채(恩賜公債)를 인수하여 일거에 자본금이 300만원으로 증자되었고, 평양지점을 시작으로 각지에 지점을 개설했다.[50] 한성은행의 창립 발기인으로 참석한 김종한은 궁내부협판을 비롯한 다양한 관직을 맡았고, 철도회사와 권업주식회사 등을 창립하기도 한 사업가였다.[51] 한상룡은 가세가 기울어진 집안에 태어나 일찍 모친을 여의었고, 14세에 결혼하여 처가로부터 생계의 도움을 받으며 학업에 전념했고 3년여에 걸쳐 동경에서 유학했다. 한상룡은 1903년 한성은행이 합자회사 공립한성은행으로 개편될 당시 실무책임자인 우총무로 취임하면서 은행업계의 중심인물이 되었고, 1910년 국권 상실과 거의 동시에 주식회사 한성은행의 전무취체역(專務取締役)에 취임했다.

〈눈물〉에서 은행업은 '돈'의 '악'과는 무관한, 선망할만한 실업으로 그려진다. 〈눈물〉에서 돈에 대한 욕망은 악이다. 장철수는 돈을 얻기 위해 평양집과 공모하여 조필환을 감금하고 협박하며, 조필환의 돈을 갈취하는 데 평양집이 더 이상 필요 없게 되자 평양집을 버린다. 감금된 조필환을 지키는 김대식이나 원덕장이는 돈을 더 벌기 위해 서로를

속이고, 돈의 액수에 따라 이리저리 움직인다. 원덕장이의 말처럼 그들은 "괴한한테서든지 개한테서든지 돈만 생기면 제일이지, 의리니 인정은"(260) 알지 못한다. 그런데 조필환은 돈에 대한 욕망 때문이 아니라 애정이 움직였기 때문에 서씨를 버린다. 즉 서씨를 버린 조필환의 '악'은 돈과 무관하다. 조필환은 자신이 변절해 있는 동안 은행업에서 손을 뗀다. 조필환은 서씨를 내쫓고 서협판에게 보낸 편지에서 부인과 "다시 동거하기가 부끄러운 고로 은행 회사의 임무는 모두 폐지"하겠다고 했고, 서씨와 재결합한 후에야 동양은행장으로 복귀한다. 이로써 은행업은 돈에 대한 욕망이 불러일으키는 악과 무관한 무엇으로 포장된다. 동양은행은 악한 조필환과는 무관한, 선한 조필환의 능력이 발휘되는 직업이 되고, 은행은 친숙하면서 유익한 것, 사회 개량을 위해 필요한 것으로 인간화된다.

〈눈물〉에서 구세군은 평양집을 둘러싼 서사에서 중요한 구실을 한다. 장철수에게 쫓겨난 평양집이 박동 초입 수진궁 뒷담 밑에서 울고 있을 때, 칠십이 넘은 듯한 서양사람이 우연 평양집을 발견하고 인력거에 태워 새문 밖 자신의 집으로 데려간다. 이 서양사람은 "새문 구세군 영문에 수년 전부터 나와 있어 조선 구세군의 유명한 마야 대좌"(233)이다. 이 마야 대좌와 그 부인의 친절과 인도로 평양집은 자신의 죄를 자복하고 회개한다. 1914년 혁신단 연극에 대한 일본인 부인의 관극기에 따르면, 연극의 마지막 7막에 군인이 나오는데 이 군인 복장을 한 이는 아마도 군복을 입은 구세군 마야 대좌일 것이다.

마야 대좌는 조선 구세군 최초의 선교사인 영국인 허가두 정령을 연상시킨다. 조선에 구세군이 들어온 것은 1908년 10월이다. 1907년 구세군 창설자 윌리엄 부스(William Booth)가 일본에서 집회를 열었을 때 여기에 참가한 한국인 유학생들이 요청해, 이듬해 허가드(Colonel Robert Hoggard, 許嘉斗 또는 許加斗) 정령과 본윅(M. Bonwick, 班禹巨) 참령 일행이 조선에 파견되었다.[52] 서대문 밖 평동 일대에 터전을 잡은 구세군 본영은 곧 성문 안쪽인 야주현 흥화경매소(夜珠峴 興化競賣所) 자리로 옮겨 구원회를 열었고,[53] 1910년에는 통감의 기부를 받아 평동에 실업학교를 세우고,[54] 야주현에 영문(營門, Corps)을 신축하면서 이곳에 대학을 설립해 여학도 모집[55] 계획을 알린다.[56] 소설에서 언급된 '새문 구세군 영문'은 새문 곧 서대문 안쪽에 신축한 그 영문일 것이다.

이렇게 〈눈물〉은 1910년 이전을 시간 배경으로 삼았던 다른 당대 소설들과 달리 가까운 미래인 1910년대 중반 이후를 시간 배경으로 삼음으로써, 정치적 격변기의 민감한 담론들로부터 가볍게 이탈한다. 〈눈물〉은 실존 인물을 연상시키는 등장인물을 설정하여 당대 조선을 일본을 통해 들어온 자본주의와 서양 종교에 의해 개량되고 구제되는 사회로 그려내는 데 성공한다.


## 5. 나오는 글

1910년대 이래 신파극 공연이 활발했지만, 남아 있는 신파극 대본은 없다. 그래서 신파 서사에 대한 논의는, 신문에 실린 작품의 경개와 번안작 분석을 매개로 이뤄졌다. 본고는 신파 서사 분석을 위해 『매일신보』에 연재되었다가 신파극으로 공연된, 이상협의 〈눈물〉에 주목했다. 〈눈물〉에서 확인되는 서사구조, 도덕과 감정 과잉화 기제, 신문화 표상 방향을 통해 1910년대 신파 서사의 특징을 읽어내고자 했다. 일본 신파의 메신저였던 이상협이 발표한 〈눈물〉에는 번역과 번안을 통해 당대 조선에서 유통된 신파 서사의 큰 특징들이 교직되어 있다고 전제했다.

〈눈물〉을 보건대 신파 서사는 여성을 중심으로, 근대 신가정의 문제를 다룬다. 신가정 결성의 주춧돌은 연애감정과 교육과 경제적 능력이다. 조필환과 서씨는 혼인 전에 서로에게 연애감정을 키웠으니, 서협판이 혼인을 주도했다 해도 이들의 결혼은 연애결혼이다. 남성은, 조필환에서 보듯, 신분이나 관직이 아니라 교육과 실업적 능력을 갖췄기에 연애의 주인공이 된다. 〈눈물〉의 가정 서사에서 남성은 무능하거나 부재중이다. 가정 서사의 주인공인 여성은 그들이 처한 사회 조건에 따라 '가족 안 여성'과 '가족 밖 여성'으로 나뉘는데, 서씨(또는 남씨)가 전자라면 평양집과 전주집은 후자이다. 사회적 조건이 다르지만 이들의 욕망은 같다. 가족 안에서 가족 지킴이가 되는 것이다. 〈눈물〉은 '가족 안 여성'인 서씨가 '가족 밖 여성'과의 대결에서 빼앗기거나 잃어버린 가족을 되찾아 가정을 다시 세우는 과정을 다루는 가정 서사이다.

〈눈물〉은 비절쾌절을 지향한다. 조필환과 서씨 그리고 봉남은 움직이는 애정과 어머니 되기(혹은 찾기)의 고통 속에서 슬픔을 겪고, 이 고통스러운 상황을 초래한 인물들은 벌을 받거나 회개하여 선행을 베푸는 사람이 된다. 그런데 〈눈물〉의 서사를 멜로드라마처럼 '주인공의 미덕에 감화되어 참회하는 해피엔딩'으로 보기 어렵다. 〈눈물〉에서 죄를 지은 사람들은 앙얼을 받거나 회개하지만, 이러한 앙얼과 회개가 등장인물들의 관계 속에서 유기적으로 이뤄지지는 않는다. 평양댁이 회개를 하는 것도 마야 대좌를 우연히 만났기 때문이고, 장철수의 사죄서 작성이나 원덕장이와 김대식의 기부는 주인공 서씨의 미덕과 별반 관계가 없다. 〈눈물〉의 서사는 '통쾌한 결구에 이르는 슬픈 서사'가 아니라, '통쾌한 결구를 가진 슬픈 서사'이다. 이 〈눈물〉의 결구를 선악 양극화를 바탕으로 한 인과응보나 권선징악으로 설명하기도 어렵다. 조필환은 2년여 감금되는 벌을 받지만 서씨의 구원으로 다시 행복한 가정으로 돌아오고, 평양집도 장철수도 회개하거나 구원을 받는다. 악을 행한 인물들이 철저하게 징벌되지 않는 것은, 이 작품의 선악관이 선악 양극화에 있지 않기 때문이다. 첫 장면의 '구름에 가린 달' 은유에서 보듯, 이 작품은 착한 사람도 악의 유혹에 넘어갈 수 있지만 벌을 받고 회개하면 다시 착한 사람으로 돌아간다는 개량주의적 선악관을 따른다. 〈눈물〉의 '통쾌한 결구를 가진 슬픈 서사'는 개량주의적 선악관을 바탕으로 낙관주의를 표방하는, 그런데 해피엔딩의 개연성 부족으로 오히려 낙관주의의 틈을 생각해보게 하는 문제적 서사이다.

인내, 인정, 의리는 〈눈물〉이 초점화 하는 도덕이다. 〈눈물〉의 문제적 상황에서 고통을 겪는 인물들(서씨, 봉남)은 고통의 원인을 박명한 탓으로 여기며 인내할 뿐, 고통의 원인에 대한 각성이나 고통의 원인을 제거하려는 시도를 적극적으로 하지는 않는다. 한승지, 남씨, 김영환 등은 인정에 끌려 또는 의리를 지키려 고통을 겪는 인물들을 돕는 동정 행위를 한다. 그런데 이런 도덕을 행하는 과정에서 〈눈물〉의 등장인물들은 감정을 단순하고 과도하게 표출하고, 텍스트 내부의 서술자는 독자에게 직접적으로 기대 감정을 지시하고 유사 감정을 호소한다. 인내는 눈물짓는 행동으로, 인정과 의리는 동정에 따른 행동으로 정리되고, 이것은 곧 서술자를 통해 독자(관객)에게도 요구된다. 소설의 서술자가 한 역할을 연극에서는 공연 시작 전에 무대에 올라 줄거리를 소개해주는 사람이 했을 가능성이 있다. 신파극 공연의 관행대로 〈눈물〉을 공연할 때도 작품을 소개하고 설명하는 일종의 서술자가 있었다.[57] 그리고 『매일신보』는 기사를 통해 독자에게 느껴야 할 감정을 거듭 지시하고 선동했다. 이런 등장인물들의 감정 단순화와 단일화, 그리고 독자(관객)를 향한 직접적인 감정 지시를 통해, 신파 서사의 감정 과잉이 이뤄졌다. 등장인물들과 서술자의 거듭되는 눈물은 감정 과잉의 징후이자 결과였다. 신파는 눈물을 통해 감정 과잉을 조성하려는 사회, 동정을 표하고 실천하는 것을 강박적으로 권하는 사회의 산물이며 동시에 그런 사회를 만드는 매개였다.

〈눈물〉을 보건대 신파는 근대문물과 자본주의 문화라는 당시의 신문화에 예민했고, 그런 문화의 매개자인 일제와 서양 제국주의에 대해서는 개방적이었다. 1894년에서 1905년에 이르는 역사적 격변기를 시대적 배경으로 삼아 정치소설의 기능을 담당했던 1900년대 신소설들과[58] 달리, 번안소설이 대세가 된 1910년대에 발표된 〈눈물〉은 작품 발표 시기보다 몇 해 뒤의 미래를 시대적 배경으로 삼아 서양식 주택과 제도를 소개하고, 일본화한 유행들을 유통시키며, 은행업자를 신계층으로 부각시키고, 구세군으로서 전도에 나선 서양인을 친숙하게 표현하는 데 집중한다. 식민지화된 조선을 배경으로 했지만, 〈눈물〉에서 식민지조선의 흔적은 말끔하게 감춰진다. 서협판이 임인 계묘년(1902~3년)에 관직을 버리고 실업계로 뛰어드는 계기로서 '환해(宦海)의 풍파'와 '국가의 대세'를 거론하지만 이때의 풍파와 대세는 정치적 외교적 상황과 무관한, 개인적 경제적 상황과 관련된 것이다. 〈눈물〉의 서사는 외래 신문화와 자본주의에 대한 선망으로 분열되는 식민지 근대사회의 산물이었고, 정치성이 거세된 사회의 음화였다.

# 번역된 서양의 연애/극

## 1. 들어가는 글

살로메와 카추샤, 카르멘과 춘희는, 1910～1930년대 연극을 중심으로 한 대중문화계에서 가장 오래 그리고 가장 열렬히 호명된 서양 여자의 이름(혹은 닉네임)이었고 특히 '연애'의 여주인공이었다. 이들이 등장하는 작품의 원작은 희곡이거나 소설이었지만, 이들의 서사는 멜로드라마로 오페라로 영화로 만들어져 '서세동점'의 기류를 타고 유럽에서 동양으로 흘러들었다. 이들은 원소스멀티유즈 대중문화 확산의 경향 속에서 조선에 수용된, 연애 문화 시대의 서양발 아이콘들이었다.

이들이 주인공인 번역 문예물들은 '연애를 소재로' 한 '외래품'이라는 점에서 번안 문예물과 잇닿아 있지만, 서양의 원작과 저자를 밝힘으로써 번안 문예물의 '연애'와는 다른 '서양의 연애'를 전시했다. 1910년대 『매일신보』에 연재되었다가 신파극단에 의해 공연된 〈쌍옥루〉, 〈장한몽〉, 〈눈물〉, 〈정부원〉 등은 일본 번안소설의 번안 작으로, 이 번안 작들은 원작이나 번안 모본을 밝히지 않았다. 그런데 번역 문예물은 원작과 원저자를 대놓고 강조한다. 〈춘희〉와 〈부활〉은, 1910년대 전반기 번안소설들처럼 『매일신보』에 장기 연재되었고, 최초 번역 시 작품명을 각각 〈홍루〉(1917~1918)와 〈賈珠謝 哀話 海棠花〉(1918, 이하에서는 〈해당화〉)로 번안해 발표했지만,[1] 번안소설들과는 달리 서양의 원작과 저자를 표 나게 밝혔다. 〈홍루〉의 원작자는 "뒤마 씨"[2]이고 〈해당화〉의 원작자는 "톨쓰토이"[3]임을 광고했고, 〈춘희〉와 〈부활〉의 이름으로 영화가 상영되고 연극이 공연될 때도 저자의 이름이 가장 먼저 자랑스럽게 앞세워졌다. 〈살로메〉는 "영국의 시인 오스카 와일드 씨"[4]의 희곡으로, 〈카르멘〉은 "유명한 메리메의 소설을 각색한 것"[5]으로 밝혀졌다. 연애라는 어휘의 최초 경유지는 번안소설들이었다. 조일제의 〈쌍옥루〉(1912)에서 연애라는 어휘가 처음 사용되었고, 〈장한몽〉(1913)에서는 "런이라 ᄒᆞᄂᆞᆫ 신성ᄒᆞᆫ 물건"[6]을, 이상협의 〈눈물〉(1913~1914)에서는 "런희라 ᄒᆞᆫ 정회"[7]를 다뤘다. 번역 작품들도 '연애'를 키워드로 광고했다. 〈홍루〉는 "싱명보담도 중한 연애"[8]를, 〈해당화〉는 "런이라 ᄒᆞᄂᆞᆫ 문데"[9]를 다뤘고, 〈카르멘〉은 "불갓치 타는 사랑을 피로서 그려논 연애 비극"[10]으로 광고되었다. 번역 문예물들은 그들의 발생지와 저자가 서양으로 특기됨으로써, 번역 문예물의 '연애'는 전래의 연애와 구별되는 독특한 것이라는 아우라를 띠고 유통되었다. 살로메와 카르멘, 카추샤(〈부활〉)와 마르그리트(〈춘희〉)의 연애는 심순애(〈장한몽〉)와 서 씨(〈눈물〉)의 연애와는 다른, '이국적인 열정의 표상'으로 떠올랐다.

본고는 서양발 연애에 대한 흥미를 일으킨, 극이 주요 수용 매개로 사용되었던 작품들을 '서양발 연애극'[11]이라 명명하며, 번역된 서양의 연애가 지닌 경향성과 연극 문화사에서 이 연애극이 갖는 문제성을 가려 논의하려 한다.

식민지조선의 연애 문화에 대한 최근 연구들은 서양 문예물이 연애의 감수성을 키우는 매개체였음을 지적했지만,[12] 그 번역 문예물을 통해 상상된 연애가 무엇인지는 논의하지 않았다. 김지영은, 1920년대 청년 지식인들의 성 욕망과 사랑의 갈등을 다룬 김동인, 나도향, 현진건 등의 소설에서 투르게네프와 다눈치오, 존 파리스와 도스토옙스키 등이 연애의 아이디어를 제공한 소설가로 자주 언급되었음을 들어 번역 문예물이 연애에 대한 상상과 동경을 촉발했다고 지적했다.[13] 언급된 서양 소설가들의 작품 중 몇몇은 연극으로 공연되기도 하고 영화로 제작되기도 했지만, 수용의 다양성이나 지속성이 떨어져 연애 문화의 장에 미친 반향을 읽어내기 어렵다.[14] 반면, 1910년대 연애 문화의 장에 등장한 살로메와 카추샤, 춘희는 1920년대 새롭게 등장한 카르멘과 함께 연애의 향방을 보여주는 문제적 인물로서 다양하게 그리고 지속적으로 수용되었다. 〈살로메〉, 〈부활〉, 〈카르멘〉, 〈춘희〉는 1910년대부터 1930년대에 걸쳐 재구성 번역본 발표, 연극 공연과 영화 상영, 음반 녹음과 라디오 방송 등을 통해 축소·개작·번안되면서 연애 문화의 장에 지속적으로 존재했다. 이들은 남녀의 연애가 전경화되는 식으로 수용되었고 서양발 연애에 대한 인상을 주조했다. 그런데 이들을 함께 다뤄 서양발 연애의 향방을 논의한 연구는 없다. 〈부활〉과 〈살로메〉, 〈춘희〉는, '서양 소설/극 번역' 또는 '연애'를 키워드로 한 최근의 연구에서 주목을 받았지만[15] 수용 시기와 경로가 겹치거나 구별되는 점들이 고려되지 못한 채 별개로 논의되었다. 〈부활〉은 수용 경로와 문화 변용 등이 폭넓게 밝혀진 반면, 〈춘희〉는 1910년대 발표된 소설 〈홍루〉를 중심으로만 논의되었고, 공연 단체와 시기에 있어 〈부활〉·〈춘희〉와의 상관성이 높은 〈카르멘〉은 거의 주목 받지 못했다. 본고의 3장에서는 이 네 작품을 '함께' 다뤄, 연애 문화의 장에 남긴 서양발 연애의 경향성을 재구성하고자 한다.[16]

4장에서는 번역된 서양 연애가 특히 극 장르로 수용되는 과정에서 두드러지는 측면을 살펴, 근대 연극사에서 '번역된 연애극'의 문제성을 밝히고자 한다. 번역된 서양발 연애 서사는 극 장르로 수용되며 여주인공을 전경화하는 서사로 선회했고, 여배우의 등장을 견인했다. 번역된 연애극이 신극 단체에서도 공연되었지만 신극의 이념과는 줄곧 갈등했다는 점도 문제적이다. 조선에서 신극은 서양 근대극의 번역 공연과 '근대극다운 창작극' 공연을 의미했다. 서양 연애의 번역을 견인한 이 네 작품은, 취성좌와 삼천가극단 같은 대중극단뿐 아니라 신극 단체라고 자인했던 토월회와 극예술연구회, 신극과 흥행극의 '중간'을 표방한 중앙무대 등에 의해서도 공연되었다. 서양 연애극의 번역 공연이 공연 단체의 이념과 긴장하는 지점을 통해, 신극의 균열 지점, 신극과 대중극의 상호 견인 지점을 드러내고자 한다.

서양발 연애/극의 경향성을 다루기 위해 선택된 이 네 작품이 함께 다룰 만한 것인지에 대한 의문이 있을 수 있다. 원작 중심으로 본다면 오스카 와일드의 〈살로메〉(1893)와 톨스토이의 〈부활〉(1899)은, 그보다 약 50년 전에 발표된 〈카르멘〉(1845)이나 〈춘희〉(1852)와 달리 평가될 가능성이 크다. 〈살로메〉와 〈부활〉은 탐미주의나 인도주의 등 당대 문예사의 주요 이즘과 연루된 '최신'의 서양 문예물이었다. 그래서 『백조』의 편집자는 〈살로메〉를 "세계적 찬양을 밧는 희곡"[17]이라고 고평했고, 〈해당화〉의 서문에서 최남선은 〈부활〉이 '양심'의 가치를 다룬 시대성 있는 작품이라고 강조했다. 반면 발표 시기가 이른 〈카르멘〉과 〈춘희〉는 남녀의 애정 갈등이 서사의 근간으로, 당대 문예사의 신경향을 반영하는 시대성이 있다고 보기 어렵다. 그런데 이들 네 작품의 조선 수용은 당대 대중 매체들을 두루 경유하며 비슷한 시기에 상호영향을 받으며 이뤄졌고, 그에 따라 원작의 시차는 말끔히 묻혔다. 원작들의 시차와 이질성보다, 수용 시기와 수용 방식의 동질성이 수용의 내용을 결정했다.

서양발 연애/극의 식민지조선 수용 양상을 밝히려는 본고의 목적에 비추어 볼 때, 조선인 극단에 의한 공연이 없는 〈살로메〉를 함께 살피는 것이 타당한지도 논의거리가 된다. 다른 세 작품과 달리, 〈살로메〉는 1915년 일본 공연 단체인 덴카쓰이치자(天勝一座)와 게이주쓰자(藝術座)가 해외 공연 일환으로 조선에서 공연했을 뿐 조선인 단체가 공연한 적은 없었다. 그런데 〈살로메〉는 다른 세 작품보다 조선에서 빨리 공연된 번역극이며, 조선 관객을 상대로 한 일본 배우들의 연기는 번역물의 이국성을 극대화했다. 조선 왕궁인 경복궁에 세워진 연예관에서 대대적인 홍보와 함께 이뤄진 덴카쓰의 〈살로메〉 공연은 유래 없이 많은 조선인 관객을 끌었다. 〈살로메〉를 공연한 게이주쓰자의 활동은, 다른 세 작품(〈부활〉, 〈카르멘〉, 〈춘희〉)을 공연한 조선인 극단의 레퍼토리 선정 및 공연 이념 등과 긴밀히 연관되어, 일본 신극과 조선 신극의 연결 지점을 보여주고 있다. 〈살로메〉는 서양발 연애 문예가 대중 문예물로 수용되는 과정에서 부각되는 신극의 결렬 지점을 논할 때 고려해야 할 특수성을 징후적으로 보여주는 사례이다.


## 2. 서양 연애/극의 아이콘들

번역 문예물인 〈살로메〉와 〈카르멘〉, 〈부활〉과 〈춘희〉는 1차 원작이 소설이거나 희곡이었지만, 2차 원작으로 멜로드라마본이나 오페라본이 있었고, 3차 원작으로 영화도 있었다. 이 다양한 형태의 원작들이 일본을 거쳐 식민지조선에, 전래 시기와 방식을 제각각 달리한 채 수용되었다. 그래서 네 작품의 수용 상황은 사뭇 복잡하게 얽히고 겹쳐 있다. 이 장에서는, 3장과 4장의 논의를 펴기 위한 밑그림삼아, 난마 같은 수용상을 펼쳐 보이기로 한다.

〈살로메〉, 〈부활〉, 〈춘희〉, 〈카르멘〉 순서로 정리했는데, 이는 번역 연재를 통해서건 공연을 통해서건 식민지조선에 공식적으로 소개된 차례에 따른 것이다. 〈살로메〉와 〈카르멘〉의 최초 수용 경로는 공연이다. 〈살로메〉는 1915년 일본 극단이 식민지조선에서 공연한 이후에 원작의 번역 출판이 이뤄졌고, 1920년대 후반부터 공연된 〈카르멘〉은 1938년 중앙무대의 공연 때 신문에 자세한 '경개'가 실렸다. 〈부활〉과 〈춘희〉가 〈살로메〉나 〈카르멘〉보다 대중화되었던 것은, 이 두 작품이 『매일신보』에 몇 달씩 연재되었기 때문이다. 〈부활〉은 공연으로 주목을 끈 후 신문에 연재되었다. 1915년 일본 극단인 긴다이게키교카이(近代劇協會)와 게이주쓰자가, 1916년에는 조선의 극단인 예성좌가 각각 조선에서 공연했다. 1918년 축약번역본인 〈해당화〉(신문관)가 출간되었고 1922년에는 〈부활〉이라는 제목을 달고 『매일신보』에 연재되었다. 〈춘희〉는 〈부활〉보다 먼저 신문에 연재되었지만, 공연은 뒤늦다. 〈춘희〉는 〈홍루〉라는 이름으로 『매일신보』(1917)에 연재된 후 10년 경과한 1928년에서야 연극 공연이 성사되었다. 그리고 서양에서 무성영화로 제작된 〈부활〉과 〈춘희〉, 〈카르멘〉은 놀랍도록 빠른 속도로 경성의 극장가에서도 '봉절'되었다.

　이들 네 작품은 30여 년의 긴 기간에 걸쳐 지속적으로, 일본을 경유하며, 식민지조선에 들어왔다. 일본과의 연관성과 차이를 고려하기 위해 간략하게나마 일본의 수용 상황을 함께 살폈다. 서양발 연애극들은 번역 연재와 단행본 출판, 영화 상연과 연극 공연, 음반극 발매 등, 당대 대중문화 유통 매체를 두루 거치는 과정에서, 개작과 재구성, 축약과 번안이 자유롭게 이뤄졌다. 이 다양한 수용 이본들의 현황을, 수용의 상호 연관성과 이질성이 보이기를 기대하며, 가능한 한 세심하게 정리했다.

## * 일곱 베일의 춤을 추는 반라의 몸, 〈살로메〉

오스카 와일드의 희곡 〈살로메Salomé〉는 1893년 파리와 런던에서 프랑스어로 출간되었고 이듬해에는 오브리 비어즐리의 삽화를 곁들인 영역본이 출간되었다. 번역의 재빠름과 달리 파리에서의 연극 초연은 1896년에야 이뤄졌다. 1905년 12월 9일, 로취맨(Hedwig Lachmann)의 독일어 번역본을 바탕으로 리하르트 슈트라우스가 작곡한 오페라 〈살로메〉가 드레스덴 궁정 가극장에서 공연되었고, 이후 유럽 전역에서 열광적인 호응을 얻었다. 1910년 12월, 성서 모독의 이유로 공연이 금지되었던 영국에서도 오페라 〈살로메〉가 공연되었다. 〈살로메〉는 동생의 부인 헤로디아와 결혼한 헤롯왕과 세례 요한 참수 사건에 대한 성경의 내용을 퇴폐적으로 묘사했다는 이유로 상연이 금지되곤 했고, 또 그 때문에 대중적인 흥미를 끌었다.

1910년대 일본의 대표 극단들은 앞다투어 〈살로메〉를 공연했다. 1913년 9월 창단 공연을 한 게이주쓰자는 그해 12월 데이코쿠(帝國)극장에서 〈살로메〉(나카무라 기치조 번역·감독)를 1시간짜리로 개작해서 공연을 했는데 이때 마쓰이 스마코(松井順摩子)의 살로메 연기가 큰 인기를 끌었고,[18] 이어 1915년에 유라쿠자(遊樂座)에서 〈살로메〉를 공연할 때는 마쓰이 스마코의 '반나체'가 크게 논란거리가 됐다. 1915년 3월 긴다이게키교카이는 〈살로메〉를 극중극으로 구성한 〈배우의 아내(役者の妻)〉(이하라 세이세이엔 작)를 공연했고,[19] 1915년 5월 다카기 도쿠코(高木德子)가 안무하고 가와카미 사다얏코(川上貞奴)가 주연을 맡은 〈살로메〉 공연이 혼고자(本郷座)에서 있었다. 그리고 1915년 7월 쇼쿄쿠사이 덴카쓰(松旭齊天勝)의 〈살로메〉 공연이 유라쿠자에서 있었는데 이때 "은쟁반에 놓인 세례 요한의 목이 별안간 계단의 원기둥에 나타나서 껄껄 웃는 것"[20]처럼 한 마술이 인기를 끌었다. 아사쿠사 오페라를 이끈 다카기 도쿠코가 1916년 5월 말 인도무용을 도입해 춘 〈살로메 댄스)는 '다카기 도쿠코의 곡선미 춤'과 '에로티시즘'을 무기로 하여 크게 인기를 끌었다.[21] 1918년, 하라노부코(原信子)가극단의 〈살로메〉 공연에서는 17명의 오케스트라가 딸린 가운데, 다카다 마사오가 안무하고, 하라 노부코가 살로메를 맡았다.[22] 데이코쿠극장에서 기획한 '여배우극'(1919년 2월) 중에도 리하르트 슈트라우스의 〈살로메〉 공연이 있었다. 일본에서 〈살로메〉는 연극·마술쇼·무용·가극 등 다양한 방식으로 수용되었고, 살로메 역을 맡은 여배우들은 잔혹한 연기와 '일곱 베일의 춤'을 추는 반라의 몸으로 인기를 끌었다.[23]

1915년 일본 공연단체의 조선 공연을 통해, 일본에서의 살로메 대유행이 경성으로 옮겨왔다. 덴카스이치자가 1915년 '조선총독부의 시정5주년 기념 조선물산공진회'가 열리던 10월 10일부터 30일까지 21일 간 경복궁 안에 지어진 연예관과 일본인 극장인 유락관 2개의 극장에서 흥행했는데, 이때 모던댄스, 마술과 기술, 곡예와 서양악기 연주 등과 함께 연극 〈살로메〉를 공연했고 반라를 한 덴카쓰(天勝)의 자태가 수시로 광고되었다.[24] 해외 공연을 나섰던 게이주쓰자는[25] "〈카츄시야〉, 〈싸로메〉, 〈마구다〉와 기타 여러 가지 고상흔 사회극"[26]을 가지고 경성에 와 1915년 11월 9일부터 17일까지 경복궁 안에 지어진 연예관

사진1 덴카쓰의 살로메, 『매일신보』, 1915. 10. 13.

과 일본인 극장인 사쿠라좌, 수좌를 옮겨 다니며 9일 간 총 10회 공연을 했다. 조선 공연 팀에 있던 마쓰이 스마코는 카추샤와 살로메를 연기했다. 13일~15일 수좌에서의 〈살로메〉 공연 광고는 스마코의 살로메가 서양인 관객들에게 호평을 받은 것과 원작에 충실한 공연임을 강조했다.[27] 이렇게 조선에서 〈살로메〉는 덴카쓰의 퍼포먼스식 공연과 게이주쓰자의 '원작에 의거'한 공연을 통해 수용되었고, 두 공연 다 선정적인 춤과 여배우의 육체를 전시하며 인기를 끌었다.

〈살로메〉의 내용은 1915년 일본 극단의 조선 공연이 있던 당시 『매일신보』(1915. 10. 13)에 꽤 자세하게 실렸지만 희곡의 한글 번역은 1920년대 들어 탐미파 시인 박영희에 의해 이뤄졌다. 박영희는 "영국 유미주의자 와일드의 작으로 세계적 찬양을 밧는 희곡 〈사로메〉"를 "원문 그대로 조곰도 닷침이 업시 번역"[28]하여 『백조』 1호(1922년 1월)와 2호(1922년 5월)에 연재했고, 1923년 7월 양재명 번역의 〈살로메〉가 박문서관에서 발간되었다.[29] 1913년 12월 일본 데이코쿠극장에서 상연한 〈살로메〉에 단역으로 첫 무대를 밟았던[30] 게이주쓰자의 연구생 현철은, 귀국 후 『위생과 화장』 제2호(1926년 11월)에 〈살로메〉 번역을 시작했다.[31] 이렇게 희곡 번역이 이뤄졌고, '탐미파의 사도' 오스카 와일드에 대한 소개도[32] 이뤄졌지만, 조선인 단체의 공연은 끝내 이뤄지지 않았다.

## * 버림받은 농촌 처녀의 애화, 〈부활〉

톨스토이가 1899년 12월에 출간한 소설 〈부활Воскресéние〉은 곧 유럽 각국에서 번역되었다. 앙리 바타이유(Henry Bataille)가 희곡으로 개작한 〈부활〉(프롤로그+5막)은 1902년 가을 파리의 오데옹 극장(Théâtre de Odéon)에서 초연된 이후 이듬해에는 런던 히즈 마제스티 극장(His Majesty's Theatre)과 뉴욕 빅토리아 극장(Hammerstein's Victoria Theatre)에서 동시에 공연될 정도로 인기를 끌었다. 바타이유는 멜로드라마적으로 각색하면서 카추샤가 부르는 극중 삽입가를 프롤로그와 제4막에 추가했다. 프롤로그에서는 네플류도프가 카추샤에게 사랑을 맹세하며 노래를 불러달라고 부탁할 때 카추샤가 '카추샤의 노래'를 부른다. 그리고 제4막에서는 시베리아로 가게 된 카추샤가 자신의 소지품을 여죄수들에게 나누어 줄 때 보도샤가 '카추샤의 노래'를 부르고 카추샤도 따라 부른다.[33] 오페라 공연도[34] 있었지만 큰 반향은 없었다.

일본에서 〈부활〉(톨스토이 작, 앙리 바타이유 각색, 5막 7장, 시마무라 호게쓰 번역)은 게이주쓰자 제3회 레퍼토리로 선택되어 1914년 3월 26일~31일 데이코쿠 극장에서 공연되었고, 신극이 시작된 이래 최대의 관객 동원으로 문화계의 관심을 끌었다. 이 공연 직후 게이주쓰자는 〈부활〉, 〈살로메〉, 〈조소〉, 〈곰〉을 가지고 장기 순회공연을 했고, 우에노에서 열린 다이쇼박람회에서는 〈부활〉을 50전이라는 대중적인 요금으로 주야 2회 공연했다. 1916년 게이주쓰자는 제1회 신극보급흥행이라는 선전 문구 아래 〈부활〉과 〈살로메〉를 아사쿠사의 도키와자(常磐座)에서 저렴하게 공연했다.[35]

〈부활〉은 〈살로메〉와 더불어 게이주쓰자의 흥행을 견인하는 쌍두마차였다. 〈살로메〉가 춤과 에로티시즘으로 인기를 끌었다면 〈부활〉은 '카추샤의 노래(カチュ-シャの唄)'로 인기를 끌었다. 런던 유학 중 〈부활〉을 보았던 시마무라 호게쓰(島村抱月)는 〈부활〉 초연 전에 극중 삽입가인 '카추샤의 노래'의 가사와 악보를 신문에 게재했다. "사랑스러운 카추샤여! 이별의 쓰라림을 적어도 얇게 깔린 눈이 녹기 전에 잊혀지게 해 달라고 신에게 소원을 빌어 볼까요…"로 시작되는 극중 삽입가의 1절은 호게쓰가, 그 이하는 소마 교후가 각각 노랫말을 썼고, 나카야마 신페이(中山晉平)가 곡을 붙였다. 스마코가 취입한 '카추샤의 노래'는 일본 최초의 유행가가 되었다.[36] 신극에서 주제가라 할 수 있

는 노래를 삽입한 것은 이 무대가 처음이었고 게이주쓰자는 이후 연극에서 극중 삽입가를 자주 활용했다. 호게쓰가 각색한 〈부활〉은 1920년 이후 게이주쓰자가 아닌 다른 극단에 의해서도 공연되었다.

식민지조선에서 〈부활〉은 『청춘』(2호, 1914. 11)에 〈갱생〉이라는 제목 아래 줄거리가 요약 소개되는 식으로 수용되었다. 1915년에는, 두 일본 극단이 조선에서 〈부활〉을 공연했다. 가미야마 소진(上山草人)이 이끈 긴다이게키교카이가 1915년 1월 하순까지 중국·규슈·조선·만주·대만을 도는 순회공연을 했는데, 이때 〈노라〉, 〈고향〉(주더만 작), 〈부활〉을 공연했다. 그리고 곧이어 게이주쓰자도 〈마그다〉와 〈카추샤〉 그리고 〈살로메〉를 가지고 조선에서 공연했다.[37] 〈고향〉의 주인공이 마그다이고 〈부활〉의 주인공이 카추샤이니, 게이주쓰자의 공연 레퍼토리 중 두 편은 긴다이게키교카이의 레퍼토리와 같은 셈이고, 〈노라〉 대신 〈살로메〉를 첨가한 것이 다르다. 게이주쓰자가 일본에서 공연할 때는 〈부활〉과 〈고향〉이라고 작품명을 내세웠는데, 조선 공연에서는 〈부활〉 대신 〈카추샤〉로, 〈고향〉 대신 〈마구다〉로 여주인공 이름을 앞세웠다. 〈인형의 집〉 대신 〈노라〉라고 여주인공 이름을 앞세운 긴다이게키교카이의 전략을 차용하면서 구별하기 위해 공연 제목을 바꿨다 하겠다.[38] 게이주쓰자의 조선 공연을 통해 〈부활〉은 〈카추샤〉라는 이름으로 공연되기 시작했다.

이렇게 〈인형의 집(노라)〉, 〈고향(마구다)〉, 〈살로메〉, 〈부활(카추샤)〉 등이 거의 같은 시기에 일본 극단의 조선 공연에 의해 소개되었지만, 조선인 극단에 의한 공연이 즉각 이어진 것은 〈부활〉이다. 이기세와 윤백남이 조직한 예성좌는 1916년 4월 23일 단성사에서 공연할 때 공연 예제를 〈카추샤〉라고 했다. 당시 『매일신보』의 〈카추샤〉 공연 광고에서는 원작이 톨스토이의 〈부활〉이라는 사실과, 극중 삽입가인 '카추샤의 노래' 곡보와 전 5절의 주제가 가사, 그리고 카추샤로 여장한

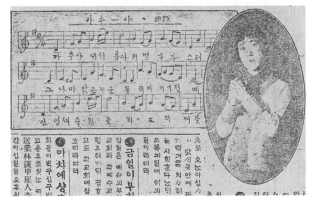

**사진 2** 카추샤의 노래 곡보와 카추샤로 분장한 고수철. 『매일신보』, 1916. 4. 23.

배우 고수철의 사진을 실었다.[39] 1919년 9월 신극좌도 '전기응용 키네
오라마극'으로 〈가쭈사〉를 공연했다.[40]

공연의 인기와 더불어 카추샤의 서사에 대한 관심도 커져, 박현환이
축역 재구성해 출판한 번역소설 〈해당화〉(1918, 신문관)는 1920년대 초
반까지 최소한 3판 이상 거듭 출판될 정도로 인기를 끌었다.[41] 김기진
은 어렸을 때 "육당이 간행한 〈해당화〉를 읽고서" 톨스토이를 읽었다
고 했다.[42] 이 번역소설 〈해당화〉에서는, 게이주쓰자가 영향을 받은 바
타이유 본처럼 '카추샤의 노래'가 두 번 불린다. 소설의 초입 네플류도
프가 카추샤에게 사랑을 속삭이며 노래를 불러보라고 청할 때 카추샤
가 노래를 부르고, 소설의 마지막 네플류도프와 카추샤가 마지막 이별
을 할 때 보도샤가 "처량흔 노래 소리"로 '카추샤 노래'를 부른다.[43] 그
리고 춘계생이[44] 우치다 로안의 일본어 번역을 한국어로 완역한 〈부
활〉을 『매일신보』(1922. 7. 15~1923. 3. 13, 223회)에 연재했는데, 이는
신문 연재소설로서는 처음으로 '완역 연재'[45]한 작품으로 광고되었다.
그리고 약 3년 후 마쓰모토 다케오(松本武雄)가 쓴 〈後のカチシャ〉를
이서구가 번역한 〈부활 후의 카추샤〉가 『매일신보』(1926. 6. 28~9. 26)

에 연재되었다.[46]

『매일신보』에 〈부활〉의 연재가 막 끝났을 무렵 토월회가 제2회 공연으로 〈부활〉을 공연했다. 〈부활〉 관련 연극 공연, 영화 상영, 라디오 방송, 음반 녹음 등을 정리하면 다음과 같다. 음반에 녹음된 극은 음반극으로 명명했다.

- 영화 〈카추샤〉. 우미관. '이테리 지벨-회사'의 대걸작. 1914년.[47]
- 연극 〈부활〉. 긴다이게키교카이 공연. 1915년.
- 연극 〈카추샤〉. 게이주쓰자 공연. 1915년.
- 연극 〈카추샤〉. 예성좌 공연. 단성사. 1916년.
- 연극 〈카추샤〉. 혁신단 공연. 1919년 7월 10일.
- 연극 〈카추샤〉. 신극좌 공연. 1919년 9월 23일.
- 연극 〈부활〉. 토월회 제2회 공연. 조선극장. 카추샤 - 이월화, 네플류도프 - 안석주, 노래 - 조택원. 1923년 9월 18일부터 21일까지 나누어 공연.[48] 태양극장으로 개명한 이후까지 고려하면, 토월회는 9회 이상 재공연을 함.[49]
- 영화 〈부활〉(1927년 작). 에드윈 카류(Edwin Carewe) 감독. 1929년.[50]
- 영화설명 〈부활〉. 음반번호 Columbia 40019, Columbia 40020. 네플류도프 - 이경손, 카추샤 - 복혜숙, 설명 김고성, 노래 유경이, 반주 조극관현악단. 1929년.
- 연극 〈카추샤〉. 취성좌 공연. 단성사. 3막. 천한수 번안. 이경운 이경환 주연. 1929년 8월 5일.[51]
- 음반극 〈지나간 그날 - 영화 '아리랑'에서〉. 음반번호 Polydor 19091. 왕평 신일선 박제행. 1933년 10월.
- 라디오 드라마 〈부활〉. 극예술연구회 라디오 방송. 함대훈 번안,

홍해성 지휘, 함대훈 해설, 극연효과부 효과, 카추샤 - 김영옥, 네 플류도프 - 이웅 등 23여 명의 등장인물이 출연. 1934년 2월 19일 ~22일 4일 간(165분).

- 영화설명레뷔 〈부활〉. 음반번호 Regal C.159. 영화설명 김영환, 노래 이애리수. 1934년.

- 음반극 스켓취 〈카츄사의 하소〉. 음반번호 Regal C.223. 도무, 이 리안. 피아노 바이올린 반주. 1934년.[52]

- 연극 〈신 카추샤〉. 신무대. 백연 각색. 1934년 3월.[53]

- 음반극 〈부활〉. 음반번호 Columbia 40604, Columbia 40608. 함대 훈 각색, 홍해성 지휘, 김영옥 · 김창기 · 김일영. 1935년 3월 20 일 발행.

- 음반극 〈그 여자의 일생(일명 카쥬샤)〉. 음반번호 Polydor 19335(전 편), Polydor 19346(후편). 카추샤 - 전옥, 마리아 - 왕수복. 해설 - 김용환. 1936년.[54]

- 연극 〈부활〉. 극예술연구회 제16회 공연. 부민관. 함대훈 편극, 서항석 연출. 1937년 4월 10일~11일.

- 라디오 드라마 〈카추샤〉. 극예술연구회 라디오 방송. 지휘 - 이준 규, 효과 - 백철민, 카추샤 - 김영옥, 네플류도프 - 이웅 등. 1937 년 4월 25일. 30분 방송.

- 연극 〈카추샤〉. 극예술연구회 제22회 공연. 부민관. 서항석 연출. 1939년 1월.

- 연극 〈카추샤〉. 중앙무대 제2회 공연. 부민관. 연학년 연출. 카추 샤 - 남궁선, 네프로도프 - 서월영, ㄲ몬스 - 심영. 1937년 11월 11 일~13일.[55]

## * 화류계 여자의 희생, 〈춘희〉

알렉상드르 뒤마 피스(Alexandre Dumas, fils)의 프랑스어 소설 〈동백꽃 여인La Dame aux Camélias〉(1852)이 발표된 이듬해인 1853년 3월 6일 오페라 〈라 트라비아타La Traviata〉[3막, 피아브(Francesco Maria Piave) 대본, 주세페 베르디(Giuseppe Verdi) 작곡가 베네치아의 훼니쩨 극장(the La Fenice Opera House)에서 초연했다. 소설의 제목 '동백꽃 여인(La Dame aux Camélias)'이 오페라에서는 '타락한 여자(La Traviata)'로 바뀌고, 여주인공 - 남주인공의 이름이 마르그리트 - 아르망에서 비올레타 - 알프레도로 바뀌었다.[56] 오페라 공연 시, 작품의 소재가 오페라 세리아임에도 현실의 이야기를 여과 없이 그대로 썼다는 것, 윤락녀를 여주인공으로 등장시킨 점, 그 여주인공이 폐병으로 죽는 장면이 있다는 것 등이 문제가 되었다.

일본에서 〈동백꽃 여인〉은 〈춘희(椿姬)〉로 번역/번안되어 공연되었다.[57] 프랑스 유학을 했던 오사다 슈토(長田秋濤)는 소설 〈춘희〉를 『萬朝報』(1902. 8. 30~10. 9, 총37회)에 연재하다 1903년 와세다대학출판부에서 단행본으로 출간했다. 신파극의 종주이면서 유럽 여행 후 번역극 공연을 중시했던 가와카미 오토지로는 오사카의 서양식 극장인 데이코쿠자(帝國座)에서 1907년 2월 소설을 번안한 〈춘희〉를 공연했다.[58] 그리고 데이코쿠극장은 제2회 공연으로 1911년 4월 마쓰이 쇼요(松居松葉)가 번안한 〈춘희〉와 〈최후의 아내(最愛の妻)〉(셰익스피어 작 〈말괄량이 길들이기〉)를 공연했다.[59] 이 초기 공연들은 소설 각색극이었는데, 곧 오페라도 공연되었다. 데이코쿠극장 부속 오페라단을 지도하던 로시(G.V. Rossi)는 1916년 오페라단이 해산할 때 해직되자 아사쿠사의 영화관을 사들여 로열관(ロ-ヤル)으로 개관했고, 1918년 2월 로열관의 개관 기념작으로 고마쓰 교쿠간(小松玉巖)이 번역한 오페라 〈춘희〉 공연을 추진했다.[60] 1930년대 쓰키지소극장에서의 공연은 소설 각색극이

**사진3-1** 영화 〈춘희〉의 한 장면. 『매일신보』, 1927. 12. 07.

**사진3-2** 영화 〈춘희〉의 한 장면. 『매일신보』, 1927. 12. 13.

었다. 1934년 3월 2일~10일 비주쓰자(美術座)가 〈춘희〉 5막(本庄桂輔 번안 연출, 小松清 작곡, 山田耕筰 편곡)을, 1937년 12월 2일~8일 게이주쓰(藝術)소극장이 〈춘희〉 5막(高橋邦太郎 번역, 北村喜八 연출, 菅原明朗 음악)을 각각 쓰키지소극장에서 공연했다.⁶¹

식민지조선에서 〈춘희〉는 소설을 번안 연재하는 형태로 먼저 수용되었다. 와세다대학 영문과 중퇴생이자 도쿄외국어학교 러시아어과 재학생이던 진학문이 『매일신보』(1917. 9. 21~1918. 1. 16, 89회)에 연재한 〈홍루(紅淚)〉는 오사다 슈토가 〈춘희〉라는 제목으로 연재한 것을 번역한 것이다.⁶² 〈홍루〉는 번안소설이어서 각종 고유명사는 다 바꿨지만, 구성은 뒤마 피스의 원작대로 여주인공이 이미 죽은 뒤 일인칭 화자인 내가 남주인공으로부터 여주인공과의 열애에 얽힌 이야기를 들은 것을 서술하고, 후반부에는 여주인공이 남긴 편지와 일기를 소개하는 식으로 짰였다. 오사다 슈토는 뒤마 피스가 단 제목을 존중하며 '춘희'라고 제목을 달았는데, 진학문은 신파극단이 공연해 큰 인기를 끈 〈쌍옥루〉을 의식한 듯 제목을 '홍루'로 바꾸고, 1910년대 번안소설처럼 『매일신보』를 통해 내용을 소개하고 독자의 흥미를 끄는 전략을 따랐다. 그러나 여타의 번안소설이나 번역소설들과 달리 연재 후 단행

본으로 출간되지 않았고,[63] 신파극단에
의해 공연되지도 않았다.

사진 4 〈춘희〉, 극예술연구회 회원 녹음.

〈춘희〉가 주목을 받은 것은 1920년
대 중후반 영화 상영을 통해서이고, 공
연의 경우 오페라본 공연과 소설 개작
본 공연이 함께 시도되었다. 아래 정리
한 공연 상황에서 취성좌는 공연명을
'튜라비아다'라고 했는데, 4막이 아닌 2
막이라니 오페라본을 축약 변형해 공
연했을 것이다. 1937년에는 중앙무대
가, 1938년에는 청춘좌가 각각 소설 각색본으로 공연했다.

- 영화 〈춘희〉(1921). 레이 스몰우드(Ray C. Smallwood) 감독. 미국
  메트로 사 제작. 1925년.[64]
- 영화 〈춘희〉. 이경손 감독. 1928년 6월 14일 개봉.
- 연극 〈튜라비아다〉(2막, 일명 〈춘희〉). 취성좌 공연. 조선극장. 취
  성좌 각색부 각색. 이애리수 · 이경환 주연. 1928년 8월 14일[65]
- 영화극 〈춘희〉. 음반번호 Columbia 40110, Columbia 40111. 김영
  환. 마르그리트 - 복혜숙. 1930년.
- 영화설명레뷔 〈춘희〉. 음반번호 Regal C.159. 영화설명 김영환.
  1934년.
- 음반극 〈춘희〉. 음반번호 Polydor 19159. 이응호 案, 춘희 - 고 이
  경설, 영철 - 왕평, 해설 - 신은봉. 1934년.[66]
- 음반극 〈춘희〉. 음반번호 Columbia 40715, Columbia 40724. 극예
  술연구회. 이헌구 번안, 홍해성 지휘. 김복진 · 김창기 · 홍정숙.
  1934년.

– 라디오 드라마 〈춘희〉. 전 4막 9장. 총 145분. 극예술연구회. 홍해
  성 지휘. 마르그리트 - 김복진, 아르망 - 이헌구 등. 노래 - 윤건영
  (테너)·김영철(바리톤), 합창 - 출연자, 음악반주 - 이승학·윤낙
  순, 효과 - 효과부. 1935년 4월 22일~24일.[67]
– 음반극 〈비련〉. 음반번호 Victor KJ1059. 서일성·신은봉. 1936년
  6월.[68]
– 연극 〈춘희〉(5막). 중앙무대 공연. 부민관. 연출 연학년. 아르망의
  부 - 서월영, 마르그리트 - 남궁선. 1937년 12월 21일~23일.[69]
– 연극 〈춘희〉. 청춘좌 공연. 부민관. 최독견 번안. 1938년 7월 2일
  ~4일[70]
– 음반극 〈춘희〉. 음반번호 Regal C460. 김다인 작. 마르그리트 -
  지경순, 아르망의 부 - 박세명. 1939년.


## * 집시 여인의 애욕, 〈카르멘〉

프라스터 메리메(Prosper Mérimée)의 프랑스어 소설 〈카르멘Carmen〉
(1845)이 발표된 후 30년이 지난 1875년 3월, 앙리 메이야크(Henri
Meilhac)와 뤼도비크 알레비(Ludovic Halévy)가 대본을 쓰고 비제(Bizet)
가 작곡한 오페라 〈카르멘〉(4막)이 오페라 꼬미끄(Opéra-Comique)에서
초연했다.

일본에서 〈카르멘〉 공연은 오페라와 소설 각색극 두 가지 방식으로
이뤄졌다. 1918년 3월 일본밴드맨(日本バンドマン)극단은 창단 공연 작
중의 하나로 가극 〈카르멘〉(에비나 사리키·바쿠요 다이헤이 번안)을 공연
했다.[71] 가부게키교카이(歌舞劇協會)는 1918년 9월 〈카르멘〉과 가극 〈沈
鐘〉(하우프트만 원작, 이바 다카시 각색, 다케우치 헤이키치 작곡)을 공연했는
데 다카기 도쿠코의 카르멘 역이 절찬을 받았다.[72] 네기시(根岸)가극단
은 1922년 3월 4막의 그랜드 오페라 〈카르멘〉을 둘로 나누어 2막씩

2회 분으로 무대에 올렸다.[73] 오페라 번역 공연과 별개로 소설 각색 공연도 이뤄졌다. 1918년 11월 호게쓰가 독감으로 세상을 떠난 후 게이주쓰자의 경영권이 쇼치쿠로 넘어간 상태에서, 게이주쓰자는 제12회 공연으로 1919년 1월 유라쿠자에서 〈肉店〉(기치조 작)과 〈카르멘〉(메리메 원작, 가와무라 가료 각색)을 공연했다. 카르멘을 연기했던 스마코는 '카르멘의 노래(カルメンの唄)'를 불러 큰 인기를 끌었는데, 공연 개시 5일째 되는 날인 1월 5일 목을 매 자살했다. 스마코의 죽음 이후 해체된 게이주쓰자가 신게이주쓰자(新藝術座)라는 이름으로 다시 창단하면서 1919년 3월 유라쿠자에서 다시 〈肉店〉과 〈카르멘〉을 공연했다.[74] 〈카르멘〉은 게이주쓰자와 여배우 스마코의 마지막 공연 기념작이었다.

1920년대 식민지조선에서는 토월회와 조선극우회, 취성좌, 삼천가극단이 〈카르멘〉을 공연했다. 토월회는 1924년 6월 창립 1주년 기념공연으로 조선극장에서 "서양 번역과 조선 것을 합하야 수십 가지를 흥행할 터"인데 그중 유명한 것이 '짠빨짠'과 '칼멘'이라고 광고했고,[75] 1924년 6월 30일과 7월 1일 이틀 동안 〈카르멘〉을 공연했다.[76] 1926년에는 광무대에서 '세계명작가극주간'에 〈신 데아보로〉, 〈곰〉과 함께 '메리메 원작 〈카르멘〉(2막)'[77]을 공연했다. 서월영의 증언에 따르면 1926년에는 토월회의 〈카르멘〉 공연에서 리카 중위역은 서월영이 하고 카르멘은 윤심덕이 맡았는데,[78] 이때 윤심덕이 많은 노래를 부를 예정이라고 광고되었으니[79] 게이주쓰자의 공연에서 스마코가 불렀던 '카르멘의 노래'가 불렸을 것이다. 토월회 출신 일부 회원들이 만든 조선극우회는 1926년 10월 16일 창립 기념작으로 단성사에서 〈新 칼맨〉(2막, 김호은 각색)을 공연했고[80] 취성좌도 1928년 8월 18일 〈新 칼맨〉(2막, 취성좌 각색부 각색)을 조선극장에서 공연했다.[81] 취성좌는 1929년 7월 21일에도 가극 〈新 칼맨〉(2막)을 단성사에서 공연했는데, 이때 주연을 이경환·이애리수·이경설이 맡았다고 하니,[82] '오르카' 역은

이애리수가 맡았을 것이다. 토월회는 1929
년 11월 1일부터 조선극장에서 희가극
〈질거운 인생〉(1막)과 악극 〈초생달〉(1막)
을 공연하는데, 이때 〈질거운 인생〉에는
"극중극으로 〈칼멘〉"[83]이 있었고 여기에
'조극(조선극장 - 필자) 레뷰단 소녀들'이 조
연으로 출연했다. 취성좌 해체 이후 김소
랑과 마호정이 조직 정비에 관여하며 조직
된 삼천가극단은 1930년 6월 단성사에서
"조선에서는 시험해본 적 없는 레뷰식 가
극과 희가극"이라고 선전하며, "가극 〈크
른다이크 칼멘〉(1경), 중국가극 〈뭇는 그림〉(1경), 희가극 〈돈과 벙거
지〉(1경)"[84]를 공연했다. 1920년대 〈카르멘〉 공연이 오페라 번역인지
소설 각색극인지 분명히 구별하기 어렵지만, 공연 광고에서 가극이라
는 양식명이 언급되고 여배우가 부를 노래를 강조하는 것을 볼 때, 오
페라를 축약 개작하는 식으로 기획되었을 것으로 보인다.

　1920년대에는 식민지조선에서 무성영화 〈카르멘〉도 상영되었다.
1925년에 독일 UFA 사가 제작한 에른스트 루비치(Ernst Lubitsch) 감독
의 〈카르멘〉(1918)이 상영되었고,[85] 1928년 3월에는 프랑스 알바트로스
사가 제작한 자끄 페데(Jacques Feyder) 감독의 〈카르멘〉(1926)이 단성사
에서 상영되었다.[86] "영화해설계의 거성 김영환의 필사적 노력의 칼
멘"(음반번호 Columbia 40092)이라는 선전문구를 붙인 음반이 단성사 상
영을 전후해 발매되었고,[87] 〈카르멘〉의 '경개'가 윤용갑 번역으로 『여
성시대』 창간호(1930. 8. 1)에 실렸다.[88]

　〈카르멘〉의 연극 공연은 1930년대 후반, 중앙무대에 의해 다시 이
뤄졌다. 중앙무대는 부민관에서 〈칼멘〉(메리메 원작, 4막, 한로단 각색 연

출, 1938년 8월 29일부터 3일간)을 공연할 때 이번 공연이 조선에서의 초연 공연이라며 내용을 자세히 소개했다.[89] 게이주쓰자처럼 메리메의 소설 원작을 각색한 공연이라는 점에서 '초연'이라고 한 것 같다. 1938년은 〈카르멘〉을 작곡한 비제의 탄생 100주년이 되는 해였고, 그래서 비제와 〈카르멘〉이 함께 주목되기도 했다.[90]


## 3. 번역된 연애의 지향성

### 3.1. '요부의 애'와 '신성한 애'

#### 3.1.1. 요부의 애

"이 연극은 영국의 시인 오스카 와일드 씨의 유명한 작으로 재료를 구약전서 마태전 중에서 취한 것이라. 형을 죽이고 그 왕비 헤로지아스를 아내로 삼아 스스로 유태국의 왕위에 오른 헤로드는 죽인 형과 비의 사이에 낳은 조카딸 살로메의 천연한 자태에 더러운 욕심을 두었는데 이전 남편의 원수되는 그 시아자비 지금의 임금과 옳지 못한 부부가 되어 마음에 부끄러운줄도 모르는 왕비의 피를 받은 왕녀 살로메는 연연 다정한 심사가 간절한 중에도 잔인한 기질이 아울러 있었더라. 당시 이 나라에 요한이라는 예언자가 나타나 여러 가지 불길한 예언을 주출함으로 왕은 이를 미워하여 이전 임금을 열두 해 동안이나 가두어 두었다하던 성안의 옛우물 속에 예언자를 감금하였더라. 하루는 밤에 성중에서 라마 황제의 사신을 접대하는 잔치가 벌어졌는데 마침 그날밤의 일이라 잔치 좌석에서 피해나간 살로메는 우연히 우물 쪽에서 새어나오는 예언자의 랑랑한 음성에 마음이 황홀하여 급히 얼굴을 보고 싶어 이전부터 자기에게 연연한 생각을 두던 근위사관 나라보스에게 정답게 말을 붙여 필경 예언자를 우물 속에서 끌어내게 하였더라. 살로메는 예언자의 잘생긴 것을 보고 불같이 뜨거운 정이 시키는 대로 입맞추기를 요구하였더라. 예언자는 모욕하는 말로 물리치고 다시 우물 속으로 들어가고 나라보스는 책임이 무서우며 또한 살로메의 무정에 실망하여 자살하였더라. 거기 헤로드왕과 비 헤로지아스가 나타나 취흥에 살로메의 춤을 강앙히 청구하여 살로메 살을 드러내이고 춤을 추었더라 춤을 마친 후에 살로메는 왕의게 예언자의 머리를 요구하였더라. 왕은 가장 무서워 하는 예언자를 어찌 죽이리오. 여러 가지로 살로메를 달래었으나 도무지 듣지 않는고로 필경 예언자의 머리를 베어 살로메에게 주었더라. 살로메는 그 머리를 안고 입을 맞추었더라. 잔혹한 왕도 이 모양을 보고 두려운 생각이 나서 병사로 하여금 살로메를 죽였다 하는 것이 대강의 이야기라"(「싸로메는 何오」, 『매일신보』, 1915. 10. 13)

"칼멘이란 이름은 너무나 유명하야 누구나 알지마는 이번이 조선에 있어서의 초연이니만치 극의 내용을 대략 소개하면 다음과 같다. 순진소박한 농촌청년인 동 토메는 청운의 뜻을 품고 세비라라는 도회로 나와 병영생활을 시작하였다. 그때 마침 연초공장의 여공인 집시의 계집 칼멘과 사랑을 속삭이기 시작하야 동 토메는 군인으로서의 의무 심지어 생명까지도 아끼지 않고 칼멘을 사랑했다. 그러나 칼멘이란 여자는 절대로 한 남자만으로 사랑의 만족을 느끼지는 못하는 여자엿다. 그리하야 칼멘은 모든 것을 희생하고 사랑을 구한 동 토메를 배척하고 용감한 투우사 에스카미리노를 사랑하게 된다. 칼멘에게 배척당한 토메는 울분을 참지 못해 칼멘을 칼로 찔러 죽이고 만다. 그때 투우에 승리를 한 에스카미리노는 군중들의 환성을 받으며 투우장에서 나오다가 칼멘의 시체를 발견하고 목석같이 서서 토메를 쳐다 보았다, 그러나 토메는 군중의 환성도 에스카미리노도 눈에 보이지는 않았다. 그는 힘엇이 서 혼자서 중얼거리는 것이엿다. '그여 내

손으로 죽이고 말았구나- 사랑하는 칼멘- 칼멘- 그리운 칼멘-"(「중앙무대 칼멘을 상연」, 『동아일보』, 1938. 8. 30)

〈부활〉과 〈춘희〉가 『매일신보』에 번역 연재된 것과 달리, 〈살로메〉와 〈카르멘〉은 『매일신보』에 번역 연재되지 않았다. 위에 인용한 것처럼, 공연 즈음 줄거리 요약인 '경개'가 신문에 실렸을 뿐이다. 작품의 공간 배경이 주는 강렬하고 생경한 이국성이 영향을 끼쳤을까. 〈부활〉과 〈춘희〉의 배경 국가가 러시아와 프랑스인 반면 〈살로메〉와 〈카르멘〉의 배경 국가는 "유태국"과 "투우의 나라 서반아"이다.

이 이국성 짙은 살로메와 카르멘은 치명적인 미모와 폭력적 관능의 소유자이다. 근위사관도, 의붓아비인 헤롯왕도 살로메의 자태에 매료된다. 살로메는 "자기에게 연연한 생각을 두던 근위사관 나라보스에게 정답게 말을 붙여" 요한을 우물에서 끌어내고, 요한이 "잘생긴 것을 보고 불같이 뜨거운 정이 시키는 대로 입 맞추기를 요구"한다. 카르멘은 돈 호세를 유혹한 후 투우사 에스카리노를 사랑하게 된다. 카르멘은 "한 남자만으로 사랑의 만족을 느끼지는 못하는 여자"이다. 이들의 매력은 '나쁜 피'로 물들어 있다. 살로메는 남편과 이혼하고 그의 동생과 결혼한 부정한 여인 헤로디아의 딸이다. 카르멘은 "연초공장의 여공인 집시의 계집"이다.

살로메와 카르멘은 남자를 헤어날 수 없는 정념의 늪으로 밀어 넣는 요부이다. 육감적인 외모와 성적인 상상력, 성적 욕망으로 이미지화된 이들의 정념은 남자 주인공을 파멸로 이끌고 나쁜 피의 충동은 도덕적 자의식을 능가한다. 살로메는 헤롯왕의 요구대로 '일곱 베일의 춤'을 추고 그 대가로 요한의 목을 베어 달라 요구하고, 그 머리를 안고 입을 맞춘다. 〈카르멘〉에서 돈 호세는 카르멘의 유혹에 빠져 호송 중이던 카르멘을 방면하고, 약혼자와의 신의를 버리고, 결국 배신한 카르멘을 죽인다.[91] 살로메와 카르멘에 빠졌던 남자들은 이렇게 파멸한다.

조선인에 의한 〈살로메〉 공연은 없었지만, 살로메의 이미지는 강렬했다. 『극예술』 편집진이 극예술연구회 회원들에게 자신이 여자라면 어떤 역을 하겠냐고 설문을 했는데, 김일영, 김광섭, 이웅은 살로메 역을 하고 싶다고 했다. 김일영은 살로메가 '모-던 남성을 뇌살시킬 위대한 요부 역'이라고 했다.[92] 이태준의 장편소설 〈화관〉(1937)에서 김동옥에게 육욕의 애를 성급하게 실현하려는 황재하는 "사로메 세리후에 왜 이런 말이 있지 안습니까? '저 달 좀 봐요! 저런 달이 어딧어요? 똑 무덤 속에서 나온 여자 같네. 죽은 여자 얼굴같이 뵈네' 하는…"[93]을 읊조리고, 동옥은 "전 사로메 안야요"라며 선을 긋는다. 여기서 살로메는 데카당한 육체적 욕망의 대상을 의미한다. 박향민이 쓴 '연극경연수상 희곡'인 〈上下의 집〉(10)에는 살로메 대본을 두고 역을 나눠 읽는 장면이 설정되기도 했다.[94]

카르멘의 요부 이미지는 공연을 통해 더욱 강력하게 각인되었다. 토월회는 "한 적은 게집으로 말미암아 수염 난 남아들이 얼마나 롱락되며 나라를 기우리는 미인의 최후"[95]를 보인다고 선전했다. 〈카르멘〉의 공연을 지배하는 이미지는 '불갓치 타는 사랑을 피로서 그려논 연애 비극'[96]이고 '춤과 노래와 애욕의 트리오'[97]이었다. 〈카르멘〉의 소설 번역은 없지만, 무성영화 상연과 연극 공연 등을 통해 카르멘은 "카추샤라는 이름만큼 세계적으로 유명해진 소설 작품 중의 여성으로 카르멘이라 하면 남자를 수중에 넣고 휘두르며 싫증이 날 때에는 애인을 버리기를 헌신짝같이 하는 세상의 요부의 일반적 대명사"[98]가 되었다. 그래서 카르멘은 남자를 유혹하는 매춘가의 여인[99] 또는 변심한 여자[100] 혹은 변심한 남자 가슴에 칼을 꽂는 열정녀[101]로 여겨졌다.

## 3.1.2. 신성한 애

홍루 애독자로 말ᄒ면 전 반도에 물론 만켓지요 그러ᄂ 그 애독이란 愛
字가 참으로 의미잇ᄂ 애자인지요 혹은 통속의 의미에 지나지 못ᄒ난지요
아·곽매경의 애야말로 참 신성ᄒ 애올시다 그야말로 참 진이요 선이요 미
라 ᄒ겟슴니다 유영만과 곽미경 사이의 연애가 과연 엇더ᄒ엿슴닛가 그
러나 곽미경은 그 싱명보담도 중ᄒ 연애를 버렷슴니다 유영만은 그것을
이해ᄒ 능력이 업섯슴니다 畢竟 유영만의 애는 성욕적에 지ᄂ지 못ᄒ엿슴
니다 아·곽미경의 애 그 신성ᄒ 애 그 진이요 선이요 미인 애는 畢竟 유영
만의 애 그 성욕의 애 그 가면의 애를 정복ᄒ고 말앗슴니다 유영만이가
저자를 차져와서 「민려화젼」 쳥구ᄒ던 이후의 생활이 엇더ᄒ엿슴닛가 그
이후의 유영만의 애는 전일의 유영만의 애와는 동일로 논ᄒ기 어려울 것이
올시다 곽미경의 애에 지지 안ᄒ 것이올시다.(유흥식, 「讀者의 聲」(〈홍루〉
87회), 『매일신보』, 1918. 1. 16)

〈홍루〉를 읽은 독자 유흥식의 글은 서양발 연애가 당대 사회문화에
서 어떤 언어로 수용되었는지를 보여준다. 인용한 위 글에 따르면, '성
욕의 애'와 달리 '신성한 애'는 애를 생명보다 중요하게 여기면서도 이
를 포기하는, 희생적인 애이다. '성욕의 애'도 회개와 이해를 거치면
'신성한 애'가 될 수 있다.[102] 〈부활〉과 〈춘희〉는 여주인공이 창녀이지
만 이들의 사랑은 성욕의 애라기보다 신성한 애이다. 그녀들은 살로메
나 카르멘과 달리, 한 남자를 사랑하며 그 남자를 위해서 자신을 희생
한다.

〈부활〉의 유통 과정에서 카추샤는 남자에게 희생당한 순수한 시골
여자로, 창녀가 되어 퇴폐적인 생활을 하다 억울한 누명을 쓰고 감옥에
갇힌 불쌍한 여자로, 회개한 네플류도프를 용서해주는 여자로 강조된

**사진6** 영화 〈아리랑〉 중 현구와 영희.

다. 1926년 나운규가 감독한 영화 〈아리랑〉에서 〈부활〉의 주인공 카추샤는 대학생에게 버림받은 시골처녀로 '인용'되었다. 〈아리랑〉에는, 현구(남궁운 분)가 영희(신일선 분)에게 카추샤에 대한 이야기를 들려주는 장면(〈사진6〉)이 있고, 이어 영희가 네플류도프와 카추샤의 이별 장면과 동일시하며 자기가 현구와 이별하는 환영을 떠올리는 장면(〈사진7〉)이 있다. 영희는 "네류덕이가 카추샤를 파노보에 쓸쓸히 홀로 남겨 노코 영원이 차저주지 안는 거와갓치 현구도 나를 이 쓸쓸한 롱촌에 바려노코 써나가서 다시 영원이 차저주지 안는다 할 것 갓흐면 좃아츰 달저녁을 나는 그의 올 째를 기다리면서 원망과 탄식의 일생을 마치고 말겟지"[103]라며 탄식한다. 음반극 〈지나간 그날 - 영화 '아리랑'에서〉(음반번호 Polydor 19091)에서는 영화 〈아리랑〉에서 영희 역을 맡았던 신일선이 바로 이 부분을 재연한다. 에드윈 카류(Edwin Carewe)가 감독한 무성영화 〈부활〉(1927년 작)이 경성의 극장에서 상영된 1929년, '영화설명 〈부활〉'(음반번호 Columbia 40019, Columbia 40020)이 발매됐는데, 이 영화설명은 3년을 기다리던 카추샤가 전쟁터로 나가기 전날에 들른 네플류도프와 하룻밤을 보내는 장면과, 회개한 네플류도프가 감옥에 있는 카추샤를 찾아와 용서를 비는 장면으로 짜였다. 1934년 발매된 스케치 〈카추샤의 하소〉(Regal C223)는 카추샤와 네플류도프가 처음 만나는 부분과 카추샤가 "내 일신을 망쳐"놓은 네플류도프를 원망하며 신세 한탄을 하는 내용을 살리면서,

**사진7** 영화 〈아리랑〉 중 영희의 환영 장면.

'카추샤의 노래'를 사이사이 넣었다. 1936년 발매된 음반극 〈그 여자의 일생(일명 카쥬샤)〉(음반번호 Polydor 19335 - 전편, Polydor 19346 - 후편)의 전편은, 카추샤가 마리아에게 남자에 대한 원망과 자신의 가엾은 신세를 애기하는 식으로 구성되었다. 해설(김용환)도 "여긔는 모스코바 감옥 여감방 세상을 비웃고 남자들을 원망하는 가엽슨 여죄수들의 눈물겨운 이약이!! 백합과가티 쌧끗하고 어엽부든 카쥬샤도 지금은 안몰에 마춰가 되고 세파에 부서진 몸이 되어 세상을 등진 이 철창 속에서 빗업는 태양을 마지하는 신세니 아-이것이 과연 누구의 잘못이엿나!"라고 카추샤의 눈물겨운 신세를 한탄한다.

〈춘희〉에서 마르그리트와 아르망은 첫눈에 사랑에 빠지고, 사랑에 빠지자마자 육체적 욕망을 실현하고, 이 사랑의 맹목에 빠져 아르망은 집에서 나오고 춘희는 매춘부 일을 그만둔다. 경제적 빈곤이 문제가 되긴 하지만, 이 두 인물 사이에 별 갈등은 없다. 그런데 아르망의 아버지가 마르그리트에게 나타나면서 가족과의 갈등이 첨예화된다. 마르그리트는 아르망의 아버지가 가정 수호라는 명분을 내세웠을 때 아르망과의 이별을 각오한다. 마르그리트의 이 희생은 〈춘희〉의 수용과정에서 특히 강조되었다. 1928년 6월 14일 개봉한 이경손 감독의 무성영화 〈춘희〉는 자신의 아들 수홍을 사랑한다면 물러나 달라고 하는 수홍의 아버지 김목사와 기생 옥선의 갈등을 다룬다.[104] 1930년 김영환이 해설하고 복혜숙이 마르그리트를 녹음한 음반극 〈춘희〉(음반번호 Columbia 40110, Columbia 40111)는 마르그리트가 아르망과 생활하면서 온갖 보석들을 다 팔아버리는 부분, 아르망 아버지의 부탁에 따라 마르그리트가 아르망과 멀어진 부분, 아르망의 오해 속에서 폐병으로 죽어가는 마르그리트를 강조한다.[105] 그리고 1939년에 녹음된 음반극 〈춘희〉(음반번호 Regal C460)에는 아예 춘희와 아르망의 아버지만 출연한다. 아르망의 아버지는 춘희에게 아르망의 행복을 위해 그리고 아르망 누이동생의 결혼을 위해 희생해 달라고 하고, 춘희는 아르망의 아버지에게 '아버지'란 말 한 마디를 허락해달라고 한다.[106] 춘희는 화류계 여자이지만 아르망과 사랑하게 되었을 때 자신의 폐물을 팔아서 생활을 하는 '희생'을 하며, 아르망의 아버지가 가정을 지킬 수 있도록 도와달라고 했을 때 자신의 사랑을 '희생'하여 아르망에게서 떠난다. 춘희는 이렇게 가정의 일원이 되기를 선망하는 자이며, 가정을 지키기 위해 자신을 희생하는 자이다.

춘희 마르그리트는 마농 레스코를 신성화하며 선망한, 마농 레스코의 후예이다. 뒤마 피스의 소설 〈춘희〉는 1인칭 화자가 우연히 마르그리트의 유품 경매에서 〈마농 레스코〉를 사고, 이 책을 찾아온 아르망에게서 마르그리트와 아르망의 애정사를 듣게 된 내용을 서술하는 식으로 구성되었다. 〈홍루〉 연재를 예고한 기사에서 언급된 '곽매경이 남긴 책 한 권'[107]이 바로 〈마농 레스코〉이고, 앞서 인용한 독자 유흥식의 투고에서 언급한 〈민려화전(閔麗華傳)〉이 〈마농 레스코〉이다. 〈홍루〉 번역 연재가 끝난 후 춘계생 번역의 〈마란희(馬蘭姬)〉(『매일신보』,

1923. 4. 11~8. 13, 122회)가 연재되었는데, 이 〈마란희〉가 바로 아베 프레보(Abbe Prevost)의 대표작인 〈마농 레스코Manon Lescaut〉(1731)를 번역한 것이다. 〈마농 레스코〉라는 소설을 소장했던 소설의 여주인공 마르그리트는 마농 레스코와는 달리 사랑을 위해 자신을 '희생'하며 차별화를 꾀했다. 춘희의 이 차별화 전략이 식민지조선에서는 특히 유효했다. 그녀는 '신성한 애'의 아이콘이 되었다.[108]

## 3.2. 가족주의와 순결 너머의 연애

살로메와 카르멘은 마농 레스코처럼 정열 속에서 파멸하는 반면, 카추샤와 춘희는 마농 레스코와 달리 희생을 당하거나 자발적으로 희생을 함으로써 성스러워진다. 이런 결정적인 차이에도 불구하고 〈살로메〉, 〈부활〉, 〈춘희〉, 〈카르멘〉에서 다뤄지는 이들의 연애는 '가족주의'와 '순결'에 대한 강박과 거리를 두고 있다는 점에서 동질적이다.

네 작품의 연애는 사회적 인정을 받는 '가족에 속한 남자'와 '가족질서에서 배제된 여자' 사이의 연애이다. 카추샤의 상대역인 네플류도프는 공작 집안 출신 대학생이고, 카르멘의 상대역인 돈 후안은 군인이고, 춘희의 상대역인 아르망은 신망 있는 집안의 자식이다. 살로메의 상대역은 세례 요한과 유대왕이다. 반면 살로메를 빼면 여성 인물은 사회적 신분이 미천하고, 가족의 보호를 받지 못하는 인물들이다. 카추샤는 부모가 죽은 후 농촌에서 하녀 생활을 하는 존재이고 담배공장 여공인 카르멘과 매춘부인 춘희의 경우 가족 관계가 언급조차되지 않는다. 유대의 공주 살로메는, 가족 질서에서 포용할 수 없는 '나쁜 피'의 소유자이다. 살로메의 엄마는 전남편을 죽인 시동생과 결혼했고, 왕이 된 그 시동생이 조카인 살로메를 넘보고 있다.

여성인물들은 순결하지도 무구하지도 않다. 카추샤와 춘희는 매춘부이고, 카르멘과 살로메는 주변 남자들의 성적 욕망의 대상이면서 그녀들도 자발적으로 자신들의 성적 욕망을 드러내는 인물이다. 카르멘의 욕망은 오페라 아리아인 '하바네라의 노래'에서처럼 길들여지지 않고, 그녀의 정열은 돈 호세에서 에스카미오에게로 옮겨간다. 살로메는 의붓아버지인 현 유대왕이 자신을 쳐다보는 시선에 불편함을 느끼지만 유대왕이 원하는 대로 '일곱 베일의 춤'을 춘다.

가족 질서 밖에 내던져진 여성인물들은 남성인물들에게 경제적으로 의탁하지도, 사회적 지위를 탐내지도, 가족 관계를 만들려 하지도 않는다. 〈해당화〉의 카추샤는 "아아 저는 당신을 스랑흡니다. 지극히 스랑흡니다. 스랑흠으로 저는 당신과 결혼을 샤졀흡니다"(〈해당화〉, 132)라고 한다. 카추샤는 몸을 팔고 살인을 한 죄인이기에 "저 가치 쳔흔 몸이 엇지 남의 졍실이 되겟습닛가"(〈해당화〉, 128)라고 반문하며 네플류도프의 결혼 제안을 끝내 받아들이지 않는다. 자신의 살림살이를 팔아서 아르망과의 연애생활 비용을 대던 마르그리트는, 아르망을 가족의 품으로 보내는 데 동의한다. 카르멘과 살로메는 결혼이나 가족 형성에 괘념치 않은 채 본능과 정념에 몰두한다.

가족의 울타리 안에 있는 남자와 가족의 울타리 밖에 있는 여자의 연애는 가족 질서 밖의 유토피아를 꿈꾼다. 여성인물에 매료된 남성인물들은 가족과의 유대를 끊는 모험을 감행한다. 돈 후안은 약혼녀와의 약속을 어기고(〈카르멘〉), 아르망은 집에서 나오고(〈춘희〉), 네플류도프는 "디위던지 직산이던지 다 내여노코 한 평민이 될 작뎡"(〈해당화〉, 89)을 한다. 남성인물들은 가족이 제공하는 경제적 지원과 사회적 위상을 내던지고 사랑에 투신한다. 남성인물들은 여성의 순결 여부를 문제 삼지 않는다. 돈 후안은 카르멘의 변심에 상처를 받지만, 카르멘의 육체적 순결 훼손 여부에 연연하지 않는다. 아르망은 춘희가 사교계의 유명한 매춘부임을 알고 관계를 시작했고, 춘희의 희생적 사랑을 뒤늦게 깨닫는다. 네플류도프는 카추샤가 창녀이면서 살인죄로 기소된 상황에서 스스로를 갱신하는 사랑을 시작한다.

그러므로 이들의 연애는 가족 형성과 분리된, 가족 밖에서 이뤄지는 연애이다. 이 연애는 사랑에의 몰입을 통해 가족이 내포한 전통적 윤리와 대결하는 한편, 동시에 신가족의 대중적 이미지였던 '스위트 홈'과도 거리를 둔다. '스위트 홈'은 새로운 가족상 즉 연애에 의해 맺어진 일대일의 남녀가 혼인이라는 제도를 통해 건전한 성관계에 의해 자식을 낳아 양육하는 핵가족의 대중화된 이미지이다. 서양발 연애 서사는, 연애와 결혼 혹은 연애와 가족 형성을 분리시킴으로써, 순결에 대한 강박을 떨쳐내고 스위트 홈에 대한 기대도 벗어던진다, 그래서 이들의 연애는 탈사회적이다.


## 4. 번역된 연애극의 문제성

### 4.1. 여성인물의 전경화와 여배우의 부상

서양발 연애 서사는 특히 '극'(연극, 방송극, 음반극, 영화)으로 각색되면서 여성인물을 전경화한다. 〈춘희〉와 〈카르멘〉은 원작 소설에 있는 남성 화자가 공연본에서 제거됨에 따라 그런 현상이 가속화된 경우이다. 소설 〈춘희〉는, 마르그리트의 유물인 책을 한 권 소장하게 된 화자 '나'가 이 책을 찾으러 온 아르망으로부터 아르망과 마르그리트 사이의 사연을 듣고 이를 기록하는 식으로 쓰였다. 1인칭 화자가 '나'라는 남자이고 '나'에게 이야기를 전해준 사람도 아르망이니, 소설 〈춘희〉는 남자들의 기억과 기록을 통해 재구성되는 춘희 이야기라 할 수 있다. 소설 〈카르멘〉의 서술 방식도 소설 〈춘희〉와 유사하다. 1인칭 화자로 설정된 고고학자가 스페인의 안달루시아 지역을 여행하던 중 만난 산적 돈 호세에게서 돈 호세와 카르멘의 이야기를 듣고 이를 기록하는 식으로 서술되었다. 그런데 〈춘희〉와 〈카르멘〉의 오페라 대본에는 소설에서의 1인칭 남성 화자가 없다. 소설을 공연본으로 각색하는 과정에서 자신이 들은 이야기를 기록하는 '나'라는 남성 화자는 사라지고 이들에게 이야기를 한 남자 주인공 아르망과 돈 호세의 주도성도 약화된다. 오페라 〈춘희〉는 알프레도(아르망)와 비올레타(마르그리트)의 정열과 오해와 뒤늦은 후회를, 오페라 〈카르멘〉은 돈 호세와 카르멘시타의 뒤얽힌 애정 관계를 초점화한다.[109] 이는 조선에서의 공연본에서도 확인된다. 소설 〈춘희〉의 번역 연재본인 〈홍루〉에서는 '나'가 존재하지만, 〈춘희〉의 공연 연계 텍스트들에서는 이 1인칭 화자 '나'가 보이지 않는다. 메리메의 소설을 각색한 〈카르멘〉의 공연 관련 기록들에서도 1인칭 화자인 '고고학자'는 없다. 소설의 서술을 주도한 1인칭 남성 화자가 사라지면서 애정의 당사자들이 초점화되고, 남성이 후경화되자 상대적으로 여성인물이 전경화되는 것이다.

〈부활〉은 소설의 서술들이 극화 과정에서 생략되거나 조정되기 때문에 남성인물의 주도성이 위축된 경우이다. 극 텍스트는 묘사와 설명 없이 갈등의 현장을 재현해야 한다. 3인칭 관찰자 시점을 사용한 소설 〈부활〉은 사회개혁론을 탐구하던 지식인인 네플류도프가 자기 인식을 통해 다른 사람으로 개조되는 과정이 서사를 주도한다. 〈부활〉의 번역본인 〈해당화〉의 서문을 쓴 최남선도, 이 소설이 네플류도프를 통해 양심의 형벌 앞에서는 금력도 학력도 지력도 무용지물임을 보여주고 있음을 강조했다. 그런데 공연본에서는 지식인 네플류도프가 사회와 인간에 대해 성찰하는 과정은 약화되고, 고아인 시골 처녀 카추샤가 불행과 타락에 빠졌다가 회개를 한 참사람으로 거듭난 후 숭고한 행위를 하는 과정에 주목한다.[110]

이렇게 서양발 연애극은 여성 주인공을 초점화한 이국적인 서사를 앞세우면서, 공연에 있어서도 전통적인 여성 재현과는 다른 재현 가능성에 대한 기대를 불러일으켰다. 특히 서양발 연애극의 여성인물 역은 노래를 부르거나 춤을 추는, 과감한 신체 노출도 마다하지 않는, 육체성이 강화된 역이었다. 여성의 육체적 매력을 여실하게 현시해야 할 필요성 증가는 여배우의 등장을 이끌었다.

**사진8** 마쓰이 스마코, 『매일신보』, 1915. 11. 9.

흥미롭게도, 식민지조선의 극장 무대에 처음 등장한 여배우는 서양발 연애극의 여성 역할을 하는 일본 여배우였다. 1915년 일본 극단인 긴다이게키교카이와 게이주쓰자, 덴카스이치자가 조선 공연을 했고, 이때 덴카쓰의 살로메, 마쓰이 스마코의 살로메와 카추샤 연기가 특히 주목을 끌었다. 1916년 식민지조선 극단인 예성좌가 〈부활〉을 공연할 때는 카추샤 역을 여형배우인 고수철이 했다. 고수철의 여형 연기는 인상적이었지만, 여형 연기는 곧 거부되었다.[111] 그리고 여배우가 등장했다. 신극좌 공연을 통해 데뷔했던 이월화는 〈부활〉의 카추샤 역을 맡으면서 '조선 최초의 여배우'로 각인되었다. 취성좌에 이애리수와 이경설 그리고 신은봉이 여배우로 소속되었던 1928년 무렵, 취성좌는 레뷰와 가극 등을 공연했고 이때 〈부활〉과 〈튜라비아다〉도 공연되었다. 이월화에서 복혜숙으로, 이애리수와 이경설로 이어지는 여배우의 춘추 전국시대는 서양발 연애극의 인기와 연동되었다.

식민지조선에서 여배우들은 팔려간 딸의 역할도, 풍파를 이겨내는 어머니 역할도 했지만, 여배우의 신체에 각인된 대표적 이미지는 서양발 연애의 여주인공이었다. 그래서 여배우들은 사후 혹은 은퇴 후 이

연애극의 여주인공으로 기억되었다.

이월화는 비련의 카추샤였고 요부 같은 카르멘이었다. 토월회는 1923년 9월 18일부터 21일까지 조선극장에서 〈부활〉을 나누어 공연했고, 이때 카추샤 역을 한 이월화가 큰 인기를 끌었다. 이월화는 토월회 대표 박승희와의 애정문제로 연극계를 떠났고, 상하이로 건너가서 댄서로 일하면서 일본계 중국인과 결혼했다. 1933년 모친이 위독하다는 소식을 듣고 귀국했다가 상하이로 돌아가는 길에 일본 모지(門司)에서 사망했다. 사인은 심근경색으로 발표되었다.[112] 이월화의 부고 기사는 이월화를 '비련의 갓쥬샤'[113]로, '조선의 칼멘'으로 소개했다.[114] 부고 기사에서 이월화가 카추샤와 카르멘 역으로 인기가 있었다고 했지만, 이월화가 카르멘 역을 맡아 공연한 상황은 아직 확인되지 않았다. 그럼에도 이월화는 소문난 연애 사건과 댄서 경력 때문에 카르멘의 이미지와 연결되었다. 그녀는 '요부같이 남성의 역을 한 입에 삼켜버리는'[115] 여자였다.

연예계에 등장하기 전, 복혜숙(1904~1982)은 경성의 이화학당을 다니다 일본으로 가 요코하마에 있는 기예학교, 시와모리 모리노 무용소 등에서 연구생 생활을 했고, 아버지의 강권으로 금화학교 교사를 했다. 복혜숙은 신극좌 토월회 신무대 중앙무대 등의 극단에서 연극 활동을 했고, 〈농중조〉(1926), 〈낙화유수〉(1927)를 시작으로 〈춘풍〉(1936)에 이르기까지 영화배우 활동도 계속했다. 이렇게 여배우를 하며 권번(용동권번)의 기적에 이름을 올렸고[116] 카페 비너스를 운영했다. 비너스 운영 시절 연애하게 된 의사 김성진과 1933년 결혼한 후 잠시 연예계를 떠나기도 했지만, 곧 연예계 활동을 재개했고 연예인으로서 죽었다.

복혜숙은 카르멘, 춘희, 카추샤 역을 두루 맡았는데, 그녀의 인생역

전은 특히 카추샤의 삶과 동일시되었다. 복혜숙은 1926년 조선극우회의 〈신 칼멘〉 공연에서 이국적인 분장을 한 채 몸매를 드러내고, "요부같고도 인정 있고 사랑을 파는 것 같으나 참사랑을 그윽히 기대하는 것 같은"[117] 인물을 표현했다. 1928년 6월 14일 이경손 감독의 무성영화 〈춘희〉가 개봉된 즈음, 김영환의 해설로 녹음된 '영화극 〈춘희〉'(음반번호 Columbia 40110, C.40111)에서는 복혜숙이 마르그리트 역을 녹음했다. 한편, 토월회의 최고 인기작인 〈카추샤〉에서 카추샤 역을 맡은 이후 "일본의 카쥬샤를 마쓰이 스마코라 하면 조선의 카쥬샤는 이 복혜숙 양"이라고 칭송되었다.[118] 무성영화 〈부활〉(1927)이 조선에서 상영되던 1929년 무렵 녹음 발매된 '영화극 〈부활〉'(음반번호 Columbia 40019, Columbia 40020)에서 카추샤 역을 맡아 녹음했다. 그리고 1934년 3월 신무대가 〈신 카추샤〉(백연 각색)를 공연할 때 카추샤 역을 맡았다.[119] 『삼천리』에 실린 「우리들의 카쥬사」라는 글은 복혜숙을 카추샤와 동일시한다. "그는 무엇이 동기가 되어 몸을 휘날려 인천 어썬 권번에 적을 걸고 기생으로 변하고 마럿는가? 그의 네프류드 백작은 누구엿스며 그의 부활제날 밤은 어느날 밤이엇든지?"라는 문장에 이어 그

사진 11 이애리수. '까페의 노래' 가
사지.

녀와 관련된 가십을 자세하게 기술하고, "석
일에 무대 여배우로 오직 혼자인 것처럼 빗
나던 복양은 지금은 인천을 쒸여나서 대 경
성의 중심 종로의 '바 비너쓰'의 홍등 청등
아래서 야반의 취객에게 애교를 발산하면서
잇다니 째째로는 그의 붉은 입술에서는 그
리운 컬럼비아의 레코드에 맞추어 '가쥬샤
내사랑'이 흘러나오지나 안는지"[120]라며 여
운을 남긴다.

이애리수는 '황성의 적' 등 민족적 정서를 담은 노래를 부른 가수였
지만, 동시에 춘희와 카르멘 그리고 카추샤의 이미지가 각인된 배우이
기도 했다. 그녀는 1928년 "양극(洋劇)" 〈튜라비아다〉의 주인공을 맡았
다. '튜라비아다'라는 오페라 이름을 사용했지만 오페라가 원래 3막인
데 2막이라고 했으니 오페라본을 대폭 축소 공연했을 것이다. 취성좌
가 1929년 7월 21일 단성사에서 〈신 칼맨〉을 공연할 때 주연을 이경환,
이애리수, 이경설이 맡았다고 하니,[121] '오르카' 역은 이애리수가 맡았
을 것이다. 이애리수는 유행소곡 '부활'(음반번호 C.40162-A., 1931)을 녹
음했는데,[122] 이 유행소곡 '부활'을 영화설명레뷰 〈부활〉(음반번호 Regal
C159B. 해설 - 김영환. 1934)에서도 부른다. 유행소곡 '부활'은 이월화가
불렀던 '카추샤의 노래'와 노랫말도 곡도 다르지만, 카추샤 이야기와
연결되었기에 카추샤의 또 다른 노래로 수용되었을 것이다. 1933년과
1935년에 음독자살 소동을 벌이기도 하였던 이애리수는 22살에 연희
전문학교 학생이던 배동필과 결혼한 후에 은퇴했는데, 은퇴 무렵인
1935년 퇴폐와 관능이 넘실대는 유행소곡 '까페의 노래'[123]를 녹음하기
도 했다.

이경설은 이애리수·신은봉과 더불어 취성좌를 대표하는 여배우였

고, 이애리수와 더불어 음반 취입을 했던 가
수였다. 이경설은 30편이 넘는 가요를 녹음
했었는데, 1932년 발표한 '세기말의 노래'(음
반번호 Polydor 19024-A)가 특히 유명했다. 그
녀는 취성좌가 1929년 〈카추샤〉(천한수 번안
각본)를 공연할 때 카추샤 역을 맡았지만, 그
녀의 이른 죽음 때문에 춘희로서 더 오래 기
억되었다. 이경설은 지병이었던 결핵이 악
화되어 1934년 8월 28일 22세로 생애를 마

**사진 11** 이경설. '세기말의 노래 가
사지.

감했는데, 그녀가 사망한 다음 달인 1934년 9월 포리도루레코드사가
이경설의 유작 음반극 〈춘희〉(음반번호 Polydor 19159)를 발매했다. "一
代 名優 故 李景雪 양의 눈물의 遺作!"이라고 광고된 이 음반극은 춘희
서사를 번안하며 등장인물의 이름을 춘희와 영철로 바꾸고, 춘희가 영
철에게 하소연하는 장면과 영철에게 편지를 쓰고 죽는 장면을 녹음했
다.[124] 이경설은 생전에 춘희의 역을 하지 못했지만, 생전에 녹음한 춘
희로서의 목소리는 오래 사랑을 받았다. 춘희가 폐병으로 죽은 것처럼
이경설은 결핵으로 죽었다. 이 죽음의 방식이 특히 이경설을 춘희로
기억하게 했다.[125]

## 4.2. 신극과 대중극의 경계 불안

일본과 식민지조선에서, 신극 즉 근대극의 기치를 내건 연극인들은
상업적인 가치보다 문학적이고 예술적인 가치를 지닌 연극을 공연하
고자 했고, 대중극과의 차이를 주장했다. 이들은 19세기 말엽 서양의
근대극 운동을 이념태로 제시했고, 서양 작품의 번역을 통해 신극 운
동의 뿌리를 내리고자 했다. 일본에서 오사나이 가오루(小山內薰)가 이

끈 지유게이죠(自由劇場)는 단체 이름부터 앙드레 앙투완의 떼아트르 리브르(Théâtre Livre)에 대한 추종을 분명히 했고, 게이주쓰자는 창립 기념작으로 입센의 〈바다의 여인〉을 선택했다. 그리고 쓰키지소극장 (1924~1928)은 비상업성을 이념으로 내세우며 번역극 공연에 주력, 쓰키지소극장 공연작 117편 중 일본희곡 27편을 제외한 나머지를 다 외국 번역극으로 채웠다. 조선에서도, 박승희가 이끈 토월회, 홍해성과 유치진이 이끈 극예술연구회는 사실주의풍 위주의 번역극 공연에 주력하며 신극 공연의 선편을 잡았다.

문학적이고 예술적인 연극, 서양의 사실주의 연극운동의 정신을 계승한 연극이 신극의 이념태로 제시되었지만, 현실태로서의 신극은 대중극과 명료하게 구별되지 않았다. 김우진 등의 신극 운동가들이 신극의 이념태를 강조한 반면, 연극계에서 사용되는 신극은 '구극이나 신파극과 구별되는 새로운 극'을 의미하는 경우가 허다했고 특히 서양 작품의 번역극이 곧 신극으로 여겨지는 경우도 흔했다. 신극이라는 용어와 신극의 개념이 선언적으로 주장되면서 신극이냐 대중극이냐 식의 이항대립적 언어 사용이 일반화되었지만, 신극의 이념태와 현실태 사이에는 좀처럼 채워지지 않는 간극이 있었다.

서양발 연애극의 공연 상황과 이를 둘러싼 논란들은, 신극과 대중극의 경계가 불안정한 지점을 흥미롭게 드러낸다. 서양발 연애극은, 공연 단체를 고려할 때, 신극이나 대중극에 배타적으로 속하지 않았다. 일본에서 가미야마 소진(上山草人)은 1915년 긴다이게키교카이라는 이름을 내걸고, '살로메'를 극중극으로 구성한 〈배우의 아내〉와 〈부활〉을 공연했다. 그리고 〈살로메〉, 〈부활〉, 〈카르멘〉을 공연해 주목을 끌었던 게이주쓰자는 신극 단체임을 표명했었다. 반면, 〈춘희〉는 가와카미 오토지로처럼 신극 운동과는 동떨어진 연극인에 의해 공연되기도 했고, 로시가 오페라로 공연하기도 했다. 신극단이나 대중극단에 의해 배타적으로 공연되지 않은 상황은 식민지조선에서도 재연되었다. 〈부활〉은 예성좌·토월회·취성좌·극예술연구회·중앙무대가, 〈카르멘〉은 토월회·조선극우회·취성좌·삼천가극단·중앙무대가, 〈춘희〉는 취성좌·극예술연구회·중앙무대·청춘좌 등이 공연했다. 신극 단체임을 내세웠던 토월회와 극예술연구회뿐 아니라 취성좌·삼천가극단·중앙무대·청춘좌 등의 대중극단들도 공연했던 것이다.

신극단이건 대중극단이건 서양발 연애극을 공연한 단체들은 번역극 공연을 중시하는 한편, 특히 음악·노래·춤의 삽입과 가극류의 레퍼토리 개발에 민감했다. 게이주쓰자는 〈부활〉에서 '카추샤의 노래'가 인기를 끈 후, 극중 삽입가를 넣은 작품을 자주 만들었다. 〈카르멘〉에서도 '카르멘의 노래'(기타하라 하쿠슈 작사, 나카야마 신페이 작곡)가 인기를 끌었고 이외에도 1915년 4월 데이게키에서 공연된 〈그 전날 밤(その前夜)〉(투르게네프 작, 구스야마 마사오 번역 각본)에서 '곤도라의 노래(ゴンドラの唄)'가, 1917년 10월 메이지자에서 공연된 〈산송장〉(톨스토이 작, 시마무라 호게쓰·가와무라 가료 번역 보완) 중 '유랑의 노래(さすらいの唄)'(기타하라 하쿠슈 작사, 나카야마 신페이 작곡)가 특히 인기를 끌었다.[126] 그리고 〈살로메〉, 〈부활〉, 〈카르멘〉은 가부게키쿄카이·하라노부코극단·네기시가극단 등의 각종 가극단이 앞다투어 공연했다.

식민지조선에서 서양발 연애극을 공연했던 예성좌·토월회·극예술연구회·중앙무대는 서양 작품의 번역극 공연을 각 극단의 정체성으로 앞세웠던 단체들이다. 1916년 "서양에서 유명ㅎ던 연극"[127] 〈코-시카의 형뎨〉로 창립 공연을 했던 예성좌는 〈카추샤〉 공연을 '예성좌의 근대극'[128]이라고 홍보했다. 1920년대 토월회와 1930년대 극예술연구회, 중앙무대도 서양 문예물의 번역 공연 실천을 천명했던 대표적인 단체들이다. 그리고 이들은 음악과 노래의 호소력과 가극 수용의 필요성에 예민했다. 1924년 〈카르멘〉을 최초 공연한 토월회는 1926년에는

'세계명작가극 기예주간'이라는 기획명을 내걸고 〈카르멘〉을 공연했다. 이때 카르멘 역을 맡은 "윤심덕 양 득의의 노래"[129]는 일본 게이주쓰자의 마쓰이 스마코가 불렀던 '카르멘의 노래'였을 것이다. 취성좌는 1928년 8월에 〈튜라비아다〉와 〈신 칼멘〉을 공연했고[130] 삼천가극단은 1930년 '가극 〈크른다이크 칼멘〉(1경)'을 공연했다.[131] 가극의 어수선한 도입기를 지난 1930년대에는, 극예술연구회와 중앙무대가 소설 각색극으로 〈부활〉과 〈춘희〉를 공연했는데, 이들은 오페라 번안극이 아니라 소설 각색극이었음에도 사실주의적 언어극에서 벗어나는 시도를 추가했다. 극예술연구회가 1935년 4월 〈춘희〉를 라디오 방송했는데, 소설 각색본을 이용한 이 방송에서도 테너와 바리톤 가수의 노래가 딸렸다. 극예술연구회 제16회 〈카추샤〉(1937년 4월) 공연에서는 '카추샤의 노래'를 4막에서 합창으로[132] 불렀다.[133] 신극계에서이건 대중극계에서이건 서양 작품의 번역과 가극류의 표현 수용은 중요한 과제였다. 서양발 연애극들은 그러한 과제 수행의 효과적인 매개였던 것이다.

신극과 대중극이 공히 서양 작품의 번역과 음악극 표현방식에 개방적이었지만, 서양발 연애극 공연은 신극계 내부에 논란을 일으켰다. 일본에서 게이주쓰자는 1914년 3월 〈부활〉을 공연하여 흥행에 성공한 후, '신극 보급 흥행'의 기치를 내걸고 다이쇼박람회에서 그리고 아사쿠사에서 〈부활〉을 싼 입장료를 받고 공연했다. 오사나이 가오루는 게이주쓰자의 〈부활〉 흥행을 신극 타락의 원흉이라고 비판했지만[134] 게이주쓰자를 이끈 시마무라 호게쓰는 이원의 길, 즉 경제적인 기초를 확립하기 위한 대중적인 공연과 선택된 관객을 위한 예술적인 공연이라는 이원의 길을 주장했다. 오사나이 가오루가 대중극과 신극을 대립항으로 놓았다면, 호게쓰는 대중적인 공연과 예술적인 공연이 신극의 우산 아래 양립할 수 있다고 본 셈이다. 이런 논란 속에서 〈부활〉은 '근대 연극'인지는 의문이지만 '가부키도 신파도 아닌 새로운 연극'으로 수용되었다.[135] 1937년 게이주쓰쇼게키죠(藝術小劇場)가 〈춘희〉를 공연할 때, 연출가는 이 작품이 귀족사회의 여성관 도덕관에 대한 격렬한 저항을 포함한 사회극이며, 표현적 리얼리즘 형식을 실천한 작품이라는 논리를 세웠다. 연애 비극이라는 세간의 평가에 대응하는 신극적 논리가 필요했던 것이다.[136]

식민지조선에서도 서양발 연애극은 논란을 일으켰다. 1920년대 토월회는 "손님에게 호감을 줄 것을 그리고 극장이 터지도록 손님을 넣어"[137] 보려는 의도로 〈카추샤〉 공연을 추진했고 이어 〈카르멘〉도 공연했는데, 김우진과 홍해성은 토월회를 "新派客을 만히 끌어야 수지가 맛겟다는 한 便 눈과 新劇이라는 하이가라에 취해서 오는 소수의 劇靑年의 歡心을 살여는 다른 便 눈과를 한거번에 마춀야다가 만"[138] 단체라고 비판했다. 극예술연구회의 〈부활〉 공연도 "흥행 가치"[139]만을 좇는다는 의혹을 샀다. 신극과 흥행극의 '중간극'을 표방한 중앙무대[140]가 부민관에서 〈헬겔란드의 해적〉과 〈칼멘〉을 공연하자, 이서향은 "소위 중간극의 상연이었으나 동양극장의 신파극보다도 오히려 졸렬한 신파"였다고 비판했고,[141] 박향민은 흥행극으로 전락했던 중앙무대의 연극이 신극류로 회귀했다고 평가했다.[142] 같은 공연에 대해 한 사람은 대중극이라고 한 사람은 신극이라고 평했던 것이다. 이렇게 서양발 연애극들은 신극과 대중극의 경계 짓기가 쉽지 않음을 예민하게 보여주고 있었다.


## 5. 나가는 글

살로메와 카추샤, 카르멘과 춘희는 '연애의 시대'를 주름잡은 서양발 아이콘이었다. 이들을 주인공으로 한 연애 서사는 원작의 번역 연재나 요약 소개, 무성영화 상영을 통해 이뤄졌고, 연극 공연과 음반극 발매 등을 통해 다층적으로 수용되었다. 본고는, 서양 문예물의 번역 수용을 통해 들어온 연애의 경향성을 밝히는 한편 서양발 연애극이 식민지조선의 연극계에 일으킨 파장을 살폈다.

서양발 연애 서사에서 '애'는 '요부의 애'와 '신성한 애'로 구별된다. 이들은 번안 문예물에 없는 번역 문예물의 특별한 '애'이다. 고전 문예 물이나 번안 문예물에서 요부가 주인공인 경우는 별로 없고, 요부의 '애'가 중심사건이 되는 경우는 더욱 없다. 사랑 때문에 희생을 하며 비참한 최후에 이르는 서사 즉 '신성한 애'의 서사를 다룬 고전 문예물 이나 번안 문예물이 없는 것은 아니나 그 신성한 애의 주체가 기생이 나 창부인 경우는 없었다. 신성한 애와 창부를 결부시키는 상상력은 번역 문예물의 것이다.

'요부의 애'와 '신성한 애'는 결혼 제도에서 벗어난 '애'로서, 가족주 의와 여성의 순결을 중시하는 가치관과 일정한 거리를 둔다. 서양발 연애 서사는 결혼과 가정의 탐구, 여성과 남성의 권리에 대한 논쟁이 아니라, 여자의 정열과 여자의 희생을 흥미롭게 진열한다. 남녀 주인 공은 순결을 문제 삼지 않으며 연애에 몰두하고, 이들의 연애는 결혼 으로 연결되지 않으며, 스위트 홈을 짓지도 않는다. 이국풍 감정에의 몰입은 있지만, 이국풍 생활의 설계는 없었다. 서양발 연애극은 '결혼, 가족, 순결'에 구애되지 않는 연애를 다룬, 온전하게 연애에 집중한 연 애 서사이다. 이 비사회적인 연애 서사에 대한 대중의 지지는 이국의 산물에 대한 낭만적 향수 속에서 요동쳤다.

서양발 연애극은 여성인물을 전경화했고, 이것이 여배우의 등장을 추동했다. 그리고 서양발 연애극의 여주인공과 여배우의 이미지를 결 합시키며 소비하는 문화가 조성되었다. 연애극은 '연애하는 여자' 상 에 '서양의' '최신의' 이미지를 부여했고, 현실에서는 여배우에 대한 대중적 흥미를 촉발했다.

서양발 연애극은 신극과 대중극의 이항대립적 구별 짓기가 불가능함을 흥미롭게 보여준다. 서양발 연애극 공연은 대중극계에서뿐 아니라 신극계에서도 공연되었다. 대중극계에서건 신극계에서건 서양 작품의 번역과 가극류의 표현 수용이 중요한 과제였던 것이다. 신극 단체들은 서양 근대극을 번역 공연하는 전략을 내세웠지만, 이들의 공연에서 주목을 받은 것은 서양 연애극의 번역 공연이었다. 그럼에도 서양발 연애극들은 신극이 아니라는 식의 비판에 지속적으로 직면했다. 번역된 서양 연애극들은 신극의 비대중성과 언어중심성을 예민하게 보여주는 계기판이었고, 대중성과 비언어적 표현에 대한 신극계의 선망과 고민을 보여주는 상황판이었다.

# 기생-가정극이라는 돌연변이
## – 〈사랑에 속고 돈에 울고〉와 〈어머니의 힘〉을 중심으로

## 1. 들어가는 글

　기생-가정극은 기생이 연애를 매개로 결혼하여 가정을 꾸리는 주인 공으로 설정된 극을 통칭한다. 1910년대 신파 가정극의 여주인공은 규 수이거나 여학생이었고, 기생은 가정 '밖'의 가정 파괴범이었다. 기생 이 연애의 여주인공이 된 1920~30년대 화류비련극은 기생의 서사가 결혼과 가족 형성까지 이어지지 않는다는 점에서 가정극이 아니라 연 애극이었다. 1930년대 들어서야 기생은 연애 및 가족과 관련한 문예물 의 새 주인공이 되었다. 본고는 기생이 가정극의 주인공으로 설정된 〈사랑에 속고 돈에 울고〉(1936, 이하에서는 〈사랑에-〉)와 〈어머니의 힘〉(1937)을 통해, 1910년대 신파 가정극이나 1920~30년대 화류비련 극과 구별되는 1930년대 가정극의 특징을 밝히고자 한다.

　연애를 매개로 한 결혼과 가족 형성을 소재로 한 가정극은 1910년 대 일본 가정소설(극)의 번안작들을 통해 신파극의 이름으로 대중화 되었다. 이 신파 가정극의 여주인공은, 직업과 경제력을 갖추고 교육을 통한 개량을 지지하는, 고아나 고학생을 후원할 정도로 인정도 있는 그런 아버지들의 보살핌을 받으며 성장한 인물들이다. 반면 신파 가정극의 남자 주인공은 대체로 고아로 성장했지만, 교육을 받아 경제력과 사회적 지위를 지니게 된 인물들이다. 〈장한몽〉의 조실부모한 천애 고아 이수일은 심순애가 '김산은행 평양지점장'인 김중배와 결혼하자 고리대금업자가 된다. 〈눈물〉의 조필환은 고아나 다름없지만 동경 유학 후 동양은행의 평양 지점장이 된다. 〈쌍옥루〉의 정욱조는 명문거족의 후예이지만 모친이 일찍 별세하여 계모 수하에서 자랐고, 일본 유학 후 종이품 학부협판의 직에 오른다. 그리고 이들 신파 가정극에서 기생은 돈의 향방에 따른 애정의 유전을 보여주는 매개였고, 결혼한 남자를 유혹하는 가정 파괴의 원흉이었고, 때로 회개하거나 변치 않는 사랑을 하기도 했지만, 항상 가정 밖 존재였다. 〈장한몽〉에서 평양기생 옥향은 속양해 주겠다는 김중배를 물리치고, 고소당하여 궁지에 몰린 최원보와 정사를 하려 한다. 〈눈물〉의 평양집은 조필환과 짜고 서씨를 몰아내 서씨의 가정을 파괴했지만, 나중에 회개하고 구세군이 된다. 어느 경우든 신파 가정극의 기생은 가정 '밖' 존재였고, 그래서 기생의 사랑은 결혼으로 이어지지 않았다.[1]

'연애의 시대'[2]로 불린 1920~30년대, 화류비련극과 서양발 연애극의 각축 속에서 연애와 가족 형성을 연결시키는 가정극은 오히려 쇠퇴했다. '팔려간 딸'인 기생이 좌절하는 사랑 이야기를 다룬 화류비련극은,[3] 서양발 연애극처럼, 연애와 연애의 파국을 다루는 데 충실하다는 점에서 가정극이 아니라 연애극이었다.[4] 화류비련극에서 여성인물은 가난 때문에 화류계 생활을 한 반면, 남성인물은 가족의 경제적 사회적 지원을 받으며 별 어려움 없이 성장한 경우가 많다. 화류계 여성과 부잣집 남자의 연애를 다룬 작품들에서는 신분 차이를 극복하기 힘들다는 패배의식이 두 남녀를 짓누르고, 때문에 자탄과 비애의 감정이

자주 출몰한다.[5] 〈카르멘〉, 〈부활〉, 〈춘희〉로 대표되는 서양발 연애극도 가족에 속한 남자와 가족 질서에서 배제된 여자의 연애를 다룬다는 점에서 화류비련극과 닮았다. 담배 공장 여공인 카르멘은 집시 여인이고, 고아인 카추샤는 농촌에서 하녀로 지내다 나중엔 매춘까지 하게 된 비운의 여자이고, 춘희라고 불린 마르그리트는 고급 매춘부이다. 반면, 그들의 상대역인 돈 후앙은 약혼녀가 있는 군인이고, 네플류도프는 공작 집안 출신 대학생이고, 사교계에 첫발을 디딘 아르망은 신망 있는 집안의 자식이다.[6] 화류비련극과 서양발 연애극이 큰 특징을 공유하는 것은, 서양 작품의 번안 재구성 과정에서 화류비련극 식의 윤색이 가해진 경우가 많았던 것과 무관하지 않다. 예를 들어 토월회의 〈犧牲하든 날 밤〉(1925)은 가브리엘 다눈치오의 작품을, "사랑을 기생에게서 차즈랴다가 무참한 절망을 하고 맛츰내 그 기생을 죽여버리는, 요사히 조선화류계를 대조 삼은 현대극"[7]으로 번안한 것이다.

1910년대 신파 가정극과 1920~30년대 화류비련극 및 서양발 연애극을 구별 짓는 논의를 장황하게 한 것은, 연애와 여성을 키워드로 한 대중 서사의 변곡점에 대한 본고의 의도를 선명하게 보이기 위함이다. 1930년대 〈사랑에-〉는 연애극이 아니라 결혼 이후의 상황을 다루는 가정극이다.[8] 그런데 대중 서사에 대한 논의에서 〈사랑에-〉는 화류비련극을 대표하는 일종의 연애극으로서 주목받았고, 1910년대 신파 가정극과의 상관성은 깊이 있게 탐구되지 않은 채 '기녀신분갈등형' 애정소설과의 연관성이 오히려 강조되었다.[9] 근대 이후 대중 서사와의 관계를 고려한 연구들도 신파적 또는 멜로드라마적 특성을 주목할 뿐 대중 서사의 변이 상황을 의미있게 구별하지 않았다.[10] 한편, 대중 서사의 계보를 작성하는 연구들이 〈사랑에-〉만 초점을 맞추면서, 1930년대 대중극의 비극적 결말과 자탄의 감정 표현을 강조하고 '모성멜로'는 1950~60년대에 등장했다는 식으로 논의한 것도 문제이다.[11] 이는

1910년대 신파 가정극이 '모자이합'과 '모성'이라는 소재를 흥미롭게 탐험했고 1930년대 〈어머니의 힘〉을 통해 '모성멜로'다운 극적 특성이 이미 대중화되었다는 점, 이들 '모자이합'을 소재로 한 작품들은 결말이 비극적이지 않다는 점들을 간과한 것이다. 본고는 〈사랑에-〉와 〈어머니의 힘〉을 함께 다룰 때, 그리고 1910년대 신파 가정극, 1920~30년대 화류비련극 및 서양발 연애극과의 상관성과 차이를 고려할 때 1930년대 기생-가정극의 특징이 선명해진다고 본다.

본고는 〈사랑에 속고 돈에 울고〉(임선규 작, 1936년 청춘좌 공연)와 〈어머니의 힘〉(이서구 작, 1937년 호화선 공연)의 서사적 특성, 도덕 감정 과잉화 기제, 그리고 신/구 문화 표상을 나눠 살피겠다. 이 두 작품은 동양극장 전속극단인 청춘좌와 호화선이 여러 차례 공연했고, 중계 방송되거나 영화로 상영되어 인기를 이어갔다. 1938년 6월 5일 경성 부민관에서 공연한 〈어머니의 힘〉(극단 호화선, 연출 박진, 민옥엽 - 최선, 이용규 - 장진, 이영구 - 엄미화, 이상식 - 서일성) 2막이 라디오 방송으로 중계되었고,[12] 1939년에는 동양극장과 고려영화사가 합동으로 영화 〈사랑에 속고 돈에 울고〉를 제작해 동양극장과 부민관에서 상영했고, 음반극이 발매되기도 했다. 주요 분석 텍스트는 희곡이지만[13] 1939년에 나온 두 작품의 음반극과 주제가도 두루 참고했다.[14] 논의 과정에서 1910년대 신파 가정극으로는 〈눈물〉과 1920~30년대 화류비련극이나 서양발 연애극의 경향을 대표한 것으로는 〈춘희〉와 자주 견줄 것이다. 이상협의 〈눈물〉은[15] 조중환의 〈쌍옥루〉, 〈장한몽〉과 더불어 1910년대 신파 서사의 중요한 특징들을 포괄적으로 보이고 있다.[16] 〈춘희〉는 〈사랑에-〉의 등장인물인 혜숙이 언급할 정도로 유명한 1910~30년대 대표적인 서양발 연애극 작품으로 화류비련극다운 측면이 강조되면서 수용되었다.

## 2. 기생-가정극의 서사구조

### 2.1. 움직이는 애정과 며느리 되기

〈사랑에-〉가 '연애-허락받은 결혼-가족 내 진입-가족으로부터의 축출'의 서사라면, 〈어머니의 힘〉은 '(연애)-허락받지 않은 동거-아들을 매개로 한 가족 내 진입'의 서사이다. 이 둘은 연애를 한 남녀가 결혼이나 자녀를 두게 되었을 때 일어남직한 사건을 주로 다룬다는 점에서 연애 서사라기보다 가정 서사이다.

〈사랑에-〉(4막 6장)와 〈어머니의 힘〉(5막 8장)의 1막은 기생과 명문가 집안 남자의 연애가 부딪친 장애를 보여준다. 〈사랑에-〉에서 홍도와 철수의 수난 원인은 부모 없는 오누이의 가난과 홍도의 기생 전력이다. 기생 노릇을 하며 오빠 철수를 뒷바라지한 홍도는 철수의 친구 광호와 사랑에 빠졌다. 연애 당사자들에게 기생 전력이 문제되지 않으나, 광호네 식구들은 기생을 들일 수 없다 하고, 광호의 약혼녀 혜숙은 자신의 우선권을 주장하고, 중실(광호와 철수의 친구이자 혜숙의 오빠)은 기생과 기생 오라비를 모욕한다. 〈어머니의 힘〉의 1막은 기생 정옥과 정혼녀가 있는 명규가 부모의 허락 없이 덜컥 살림을 차린 상황에서 시작한다. 명규의 친구 홍철의 말에 따르면, 이들은 "신구사상이 엇갈리는 틈바구니에서 자유 결혼의 신성한 꿈을 성취한 모범적 가정"(94)을 꾸민 셈이고, 정옥은 임신했다. 그러나 이들의 가정은 경제적 토대도 빈약하고 사회적 인정도 받지 못한 사상누각이다. 화가인 명규는 수입이 변변치 않아 폐병 치료도 못한다. 부모들은 이들이 꾸린 가정을 인정하지 않는다. 명규의 아버지 이은직은 명규가 정혼녀인 김보국집 딸과 혼인하면 정옥에게는 "매삭 시량범절"을 보내겠다고 하고, 정옥의 엄마는 옥주사와 정옥의 만남을 주선한다.

여성인물이 맞부딪치는 갈등 상황과 그 갈등의 해결과정에서 두드러지는 목표는 남자쪽 집안에서 승인을 받는 것, 즉 며느리가 되는 것이다.[17] 〈사랑에―〉는 며느리 되기의 고통을 여자들 간의 갈등을 통해, 〈어머니의 힘〉은 명예와 재산을 지키려는 남자들과의 갈등을 통해 다룬다. 결혼한 며느리 홍도의 자리를 흔드는 것은, 시어머니와 시누이 그리고 그들을 속삭거리는 전 약혼녀 혜숙이다. 혜숙은, 광호가 홍도와 결혼한 후에도 홍도의 시어머니와 시누이에게 선물을 보내어 마음을 얻고 홍도에 대한 의심과 미움을 충동질하며, 월초에게 거짓 약속(봉옥과의 결혼을 도와주겠다는)을 하며 홍도에게 가짜 애정 편지를 보내 홍도를 쫓아내도록 하고, 광호에게 보내는 홍도의 편지를 가로채고 대신 자신이 쓴 편지를 광호에게 보낸다. 홍도의 자리는 쉽게 손상된다. 기생은 본래 가정 '밖'의 존재인데 가정 '안'으로 들어왔으니 그렇고, 약혼녀 있는 남자를 가로챈 셈이니 더욱 그렇다. 〈어머니의 힘〉의 2막부터는 명규가 죽은 지 8년 후의 상황으로, 명규의 아들 영구와 정옥이 시댁의 인정을 받느냐 하는 문제를 다룬다. 정옥이 명규의 아내가 되느냐가 아니라 이은직의 며느리가 되느냐의 문제인 것이다. 이은직은 명근 홍규와의 갈등을 해결한 후 영구를 교육시키기 위해 받아들이고, 영구를 위해 영구의 엄마 정옥을 며느리로 받아들인다.

가정극에서 며느리 되기가 문제가 되었다는 것은 결혼에서 시댁의 위상이 중요해졌다는 것을 의미한다. 기생-가정극에서는 남자쪽 집안이 명망가나 재력가인 반면 여자쪽 집안은 딸이 기생 노릇을 할 정도로 가난하다. 이 사회적 경제적 격차는 남자 쪽에 중심이 쏠리는 결혼의 관행을 더욱 극대화한다. 1910년대 신파 가정극에서는 남자가 주로 고아여서, 남녀가 결혼해도 며느리 되기는 전혀 문제가 되지 않았다. 〈눈물〉에서 서협판의 딸 서씨는 고아나 다름없는 조필환과 혼인을 하니 시댁 식구가 아예 없는 셈이다. 〈눈물〉의 문제 상황은 모자이합과 어머니 되기의 어려움이다.[18] 어린 아들 옥남은 누구를 어머니로 따르 겠냐는 질문, 즉 서씨냐 평양집이냐, 서씨냐 남씨냐를 묻는 상황에 직 면했을 때, 무서워서건 떠날 수 없어서건, 적어도 일시적으로는 친모 인 서씨가 아니라 평양집과 남씨를 선택했다. 서씨는 불타는 집과 조 필환을 구하게 되었을 때 아들과 함께 살 수 있게 된다. 시련 극복의 능력을 확인받은 여자만이 신가정의 어머니가 되는 것이다.[19]

기생-가정극이 며느리 되기의 문제를 새롭게 다뤘다고 해서, 어머 니 되기의 문제가 없어진 것은 아니다. 〈어머니의 힘〉에서는, 〈눈물〉 에서처럼, 자식을 위한 희생 여부와 교육을 시킬 능력 여부가 어머니 의 자격으로 강조된다. 정옥은 삯바느질을 하며 자식을 공부시키고 자식의 장래를 위해 모정을 억제하는 희생을 하고, "어머니 되는 분의 교육이 좋으신 덕"(123)이라는 주변의 인정을 받으면서 마침내 며느리 가 된다.[20]

한편, 기생-가정극에서 1910년대 가정극의 중요 화소였던 '움직이는 애정'의 문제는 축소되거나 '남자들의 돈과 명분 다툼'의 문제로 대체 된다. 〈눈물〉의 서씨가 '변함없는 애정'을 견지한 규수로서 '움직이는 애정'을 구현한 기생들이나 남편 조필환과 대치했다면, 기생-가정극에 서는 기생이 변함없는 애정의 주체가 되어 남자의 변심과 남자들의 명분 다툼의 피해자가 된다. 〈사랑에―〉에서 광호는, 〈눈물〉의 조필환 처럼 '움직이는 애정'을 구현한다. 조필환은 부인 서씨를 떠나 평양집 과 전주집을 전전했다. 광호는 약혼녀 혜숙을 떠나 기생 홍도와 연애 하고 결혼했다. 그리고 결혼 후 북경으로 떠난 사이, 위조된 편지만 믿고 홍도를 마음에서 버리고, 매일 편지를 보내준 혜숙과의 관계를 회복한다. 광호는 월초의 말대로 "여자를 일 년도 못 되어서 둘씩이나 갈아들이는"(339) 자이다. 광호는 스스로를 변함없는 애정의 주체자로 자처하며 홍도를 의심하고 모욕한다는 점에서 화류비련극의 남성인물과 같다.[21] 한편, 〈어머니의 힘〉에서 움직이는 애정을 대체하는 문제 상황은, 남자를 움직이는 돈과 명분이다. 명근과 홍규가 상속 때문에 영구를 납치하려 하고, 돈으로 정옥을 사려 했던 옥주사는 돈을 받기 위해 영구를 자기 아들이라고 주장한다. 시아버지는 명예와 옛법이라 는 명분을 지키려 영구를 민적에 올리지 않은 채 8년을 버틴다.

## 2.2. 통쾌한 결구의 부재

멜로드라마의 결구는, 주인공이 승리하느냐 패배하느냐에 따라, 해 피엔딩일 수도 비해피엔딩일 수도 있다. 도덕적 양극화를 설정하고 선 의 승리를 낙관하는 해피엔딩의 멜로드라마도 있고, 허구적 재난을 설 정하여 주인공의 고난과 불행에 눈물을 흘리도록 하는 비해피엔딩의 멜로드라마도 있다.[22] 결구 양상의 또 다른 변수는 죄나 악의 처리 문 제이다. 특히 도덕적 양극화를 설정한 경우, 선인의 향방뿐 아니라 악 인의 향방도 중요하다. 해피엔딩의 극이 꼭 악에 대한 강력하고 명료 한 처리를 동반하는 건 아니다. 악의 처리를 동반한 해피엔딩의 멜로 드라마가 통쾌의 최대치를 보여준다.

1910년대 신파 가정극에서는 자신의 행동에 의해 벌을 받거나 자신 의 허물을 회개하는 장면들이 폭넓게 설정된다. 신파 가정극의 '결점 있는 인물'들은 자신들의 허물과 죄에 직면한다. 또한 악의 축으로 설 정된 인물들도 '앙얼'(죄의 앙갚음으로 받는 재앙)을 받거나 회개할 기회 를 갖는다. 〈눈물〉의 서씨는 허물이 없는데도 수난에 처하는 사례이 지만, 〈눈물〉의 서사를 받치고 있는 다른 두 인물인 남편 조필환과 평 양댁은 거짓 편지와 아내 축출과 감금 등의 죄를 범한다. 조필환은 자 신이 한 행동의 벌을 받아 온갖 고생을 다 하며, 평양집도 회개한 후 구세군이 된다. 〈쌍옥루〉의 이경자는 아이까지 낳은 후에 순결한 처녀 행세를 해 결혼했는데, 그 남편 정옥조는 "이미 자기의 죄를 회개한 데 대하여서는 예수 그리스도 이하로 각항 종교가 모두 죄를 용서"(455)한다는 사실을 확인하면서 아내를 용서한다. 〈장한몽〉의 심순애는 "항상 동독의 니음식가 코아릐에 써나지 못ᄒ야 수일을 스량ᄒᄂᆫ 마음은 간졀ᄒ되 흔편으로ᄂᆫ 직물을 욕심ᄒᄂᆫ 마음도 젹지 안이ᄒ"여(409) 김중배와 결혼했지만, 정혼자를 배반했다는 죄책감으로 실성하게 된다. 고리대금업은 죄를 짓는 일이어서, 이수일의 주인이었던 김경연은 미친 노파가 일으킨 화재로 죽는 벌을 받게 되고, 이수일은 고리대금업을 폐지하기로 결심하면서 "여섯힛 동안의 타낙ᄒ엿던 죄"(687)를 회개한다. 이렇게 신파 가정극은 '움직이는 연애'와 '모자이합' 때문에 겪는 고통을 촘촘히 그리면서 '비절(悲絶)'의 감정 상태를 조장할 뿐 아니라, 도덕적 양극화를 수행하여 악을 구별해내고 그 악이 앙얼과 회개를 통해 일소되도록 하여 '쾌절(快絶)'의 감정 상태 또한 이끌어낸다. 이 결구의 통쾌함은 개량주의 문예물인 신파 가정극의 특징이다.[23]

반면, 1930년대 기생-가정극에서는, 해피엔딩의 멜로드라마건 비해피엔딩의 멜로드라마건, 허물 있는 자의 회개나 처벌을 명료하게 보이지 않는다. 광호와 홍도, 명규와 정옥은 자신들의 허물에 대한 자각이 없다. 광호와 명규는 각각 약혼자와 정녀가 있었다. 홍도와 정옥은 어느 때인가 이를 알았다. 그런데 홍도와 정옥도, 광호와 명규도 이에 대해 마음 쓰지 않은 채 자신들의 사랑에 몰두하고, 자신들의 사랑에 지고의 가치를 부여함으로써 이를 훼방 놓는 것을 악으로 설정하고 스스로 선한 희생자의 자리를 차지한다. 도덕적 양극화를 실행하는 과잉의 수사가 성공하는 것이다. 그러나 이들 작품에서 악에 대한 처리는 분명하지 않다. 〈사랑에 ㅡ〉에서 악의 축은 시어머니와 시누이, 혜숙과 월초이다. 홍도가 혜숙을 찌르지만, 이 행동은 악에 대한 통쾌한 처리가 되지 못한 채 오히려 홍도의 불행을 가속화한다. 시어머니와 시누이, 월초도 혜숙과 공모했음이 드러나지만, 그들은 처벌 받지 않고 그들이 회개했는지도 알 수 없다. 〈어머니의 힘〉은 해피엔딩이지만, 이 해피엔딩이 악인의 회개나 처벌과 연계되지 않는다. 그악스럽게 정옥에게 누명을 씌우던 명근과 홍규는 은직이 재산을 준다는 말에 슬그머니 그 악행을 그만둔다. 목표를 얻었으니 그만 둔 것이지 그가 회개했다고 볼 수는 없다. 옥주사의 처리도 그렇다. 기생-가정극은 죄와 허물에 대한 인지 기회를 따로 두지 않는다. 악인의 음모가 천재지변처럼 기생을 공격하여 고통을 야기한다. 배신하거나 음모를 꾸민 악인들은 자신의 죄에 상응하는 벌을 받지도 회개하지도 않는다.

## 3. 기생-가정극의 도덕 감정 과잉화 기제

과잉은 논리성과 관계없이 특정 도덕과 감정을 재생하도록 부추길 때 생긴다. 비약과 우연성을 허용해서라도 어떤 장면을 확대하는 의지, 남김없이 드러내려는 열망이 과잉을 부른다.[24] 여기서는 기생-가정극에서 논리성을 희생하면서 두드러지는, 반복적으로 과도하게 드러나는 도덕 가치와 감정에 주목하자.

### 3.1. 기생의 정절과 자부/억울

신파 가정극에서 인정과 의리는 도덕적 양극화가 진행되는 세상에서 악과 대항하고 악을 방어하는 유효한 무기이자 도덕으로 제시되었다. 또한 신파 가정극에서는, 상황에서 느낄 감정을 단순하고 단일하게 지정하며 반복함으로써, 감정 과잉을 실천했다. 반면, 주변의 협조자도 없이 인정도 의리도 없는 세상에 내던져진 화류비련극 여주인공은 순결도 정절도 내세울 수 없는 처지여서 곧 좌절에 빠지고 비애에 젖는다. 화류비련극에 신세 한탄의 눈물은 있지만 옹호되는 도덕 가치는 없다.

반면 기생-가정극에서 여성인물들은, 결혼 전에는 기생임에도 불구하고 '변함없는 사랑'과 '순결'을 지닌 자로 결혼 후에는 정절을 수호하는 자로 살아남고, 남자들에게 인정받음으로써 가정 진입에 성공한다. 〈사랑에-〉의 1막에서 오빠도 홍도도 광호도 그리고 시아버지도 '사랑'을 결혼 자격으로 내세운다. 홍도는 변함없는 사랑을 한다는 자기 확신을 지닌 자이고 이에 대한 남자들(오빠, 광호, 시아버지)의 인정을 매개로 가정 밖 존재에서 가정 안 존재로 변화한다. 〈어머니의 힘〉에서 결혼의 자격은 '순결'이다. 명규는 '정옥이는 말만 기생이지 깨끗한 처녀'였다는 점을 강조하고, 은직은 아들 명규의 이 말을 믿고 영구를 자신의 손자로 받아들인다. 결혼 또는 사실혼 상황에서는 정절이 변함없는 사랑과 순결을 대신한다. 〈사랑에-〉는 가짜 편지에 의해 쉽게 정절을 의심받는 상황을, 〈어머니의 힘〉은 정옥의 모친인 박소사가 옥주사를 데려와 부자사위 덕을 봐야겠다고 압박하는 상황을 보임으로써, 정절을 지키기 위한 여성인물의 사투를 보여준다.

올곧게 사랑과 순결과 정절을 지켜냈다는 자의식을 지닌 홍도나 정옥의 감정적 태도는 여타 화류비련극의 여성인물이 보이는 태도와 다르다. 화류비련극의 여성인물들은 주변의 모독과 의심으로부터 자신을 옹호할 명분도 증거도 없기에 자탄으로 빠진다. 가정 진입의 예견된 불가능성에 따른 불안이 싹틔운 자탄이다. 반면 기생-가정극은 강렬한 자의식을 바탕으로 한 여성인물의 자부심과 억울함을 강조한다. 여성인물들에게는 정절을 지켰다는 명분과, 그 정절을 증거해 줄 일기와 편지(〈사랑에-〉), 그리고 남자들(남편, 시아버지, 감역, 선달 등)의 인정

**사진 1** 주제가 '사랑에 속고 돈에 울고'
를 부른 남일연.

**사진 2** 주제가 '엄마의 노래'를 부른
남일연.

(〈어머니의 힘〉)이 있다. 홍도와 정옥은 자신을 옹호할 명분과 증거가
있다는 자부심으로 세상을 버틴다. 그들은 줄곧 세상의 의심을 사기에
눈물을 흘리는데, 이 눈물은 자탄이라기보다 자부심에 비례해 커진 억
울함의 눈물이다. 여성인물은 자부심과 억울함이라는 사회적 감정[25]으
로 스스로를 위로하며, 억압적 세계를 버틴다.

화류비련극의 자탄과는 다른 이 자부심과 억울함은 주제가에서도
거듭 강조된다. 〈사랑에-〉와 〈어머니의 힘〉은 주제가도 두 곡씩 레코
딩 되었다. 〈사랑에-〉에서는 '사랑에 속고 돈에 울고'와 '홍도야 울지
마라'가, 〈어머니의 힘〉에서는 '엄마의 노래'와 '아가의 노래'가 그것이
다. 이중 홍도와 정옥이 화자로 설정된 '사랑에 속고 돈에 울고'와 '엄마
의 노래'의 노랫말은, 화자 자신을 더러운 세상과 구별해내는 논리를
편다. 1) '사랑에-'에서 세상은 짓궂은 비바람이 부는 곳이고, 화자는
높은 뜻을 지닌 꽃이다. 2) '엄마의 노래'에서 세상은 체모를 내세우며
상대를 천하다고 구별해내는 포악한 논리가 지배하는 곳이고, 화자는
아들을 위해 아들과의 헤어짐을 감수하는 지고한 희생자이다. 이 두
주제가에서 홍도와 정옥은 자신들이 견지한 가치에 대한 자의식을 앞세

우며, 자신들의 가치를 인정받지 못한 억울함을 반복적으로 노래한다.

1) 〈사랑에 속고 돈에 울고〉 주제가 '사랑에 속고 돈에 울고'(음반번호 Columbia 40855A)[26]

거리에 핀꽃이라 푸대접마오 마음은 풀은하늘 힌구름같소
짓구즌 비바람에 고닯어우다 사랑에 속았다오 돈에우렀소
사랑도 믿지못할 쓰라린세상 무엇을 믿으렀가 아득하구료
억울한 하소연도 설은사정도 가슴에 서려담고 울고살닛가
계집의 높은뜻이 꺽이는날에 무엇이 앗가우랴 거리끼겠소
눈물도 인정조차 식은세상의 때않인 시달림에 꽃은집니다


2) 〈어머니의 힘〉 주제가 '엄마의 노래'(음반번호 Columbia 40865A)[27]

아가야 잘가거라 보채지마라 울고가는 네얼골이 눈에발피면
이에미 이에미는 어찌살라니 에미가 불상커든 웃고가거라
아가야 잘가거라 보채지마라 가문좋고 재산있는 큰댁에가도
이에미 이에미는 잊지마러라 피눈물 흘리면서 너를보낸다
에미의 몸이천해 리별이란다 귀족에 체모끄려 생리별이다
이에미 이에미는 어찌되든지 너하나 잘되기만 축수를하마

## 3.2. 오빠/아들의 혈육지정과 희망

신파 가정극에서는 주변 인물의 인정과 의리가 강조되고, 화류비련극에서는 외로운 자탄이 지배적이었다. 반면 기생-가정극에서는 가족 내 인물의 혈육지정을 도덕 가치로 살려내며 희망을 노래한다.

〈사랑에―〉와 〈어머니의 힘〉에서 죽거나 부재하는 남편을 대신해 홍도와 정옥 곁에 있는 남자는 오빠와[28] 아들이다. 이들은 누이의 정절

을 믿어주거나 엄마의 정절을 증거하는 존재로서, 누이와 엄마가 견지한 가치를 보조하거나 지지한다. 이 보조와 지지는, 화류비련극에서 순결을 잃은 누이/여자에 대해 오빠/남자가 보이는 의심이나 분노와 다르다. 화류비련극에서 오빠/남자가 민족의 치욕이자 가부장의 치욕으로 누이/여자를 표상하고 이에 분노했다면,[29] 기생-가정극에서 오빠/아들은 누이/엄마와 동일시함으로써 민족의 치욕이자 가부장의 치욕으로부터 누이/엄마를 구출한다.

〈사랑에-〉는 홍도의 서사일 뿐 아니라 홍도와 철수 남매의 서사이다. 비중을 봐도, 철수는 홍도만큼이나 중요하다. 철수네 집이 배경인 1막과 3막은 홍도와 철수 중심의 이야기이고, 광호네 집이 배경인 2막과 4막에도 철수가 등장한다. 2막에서는 시댁 어른들에게 홍도를 부탁하고 광호에게 변치 않는 사랑을 부탁하기 위해, 4막에서는 홍도를 잡아가기 위해 철수가 광호네 집에 방문한 것이다. 이 극에서 홍도와 철수는 욕망 동일체이다. 홍도가 기생임에도 결혼할 욕망이 있었던 것처럼 철수는 홍도와 광호의 결혼을 욕망했다. 그래서 홍도가 가난과 기생 전력 때문에 고통을 받듯 철수도 가난한 기생 오라비이기 때문에 고통을 겪는다. 홍도가 봉옥에게 "오빠를 꼬여다 놓구 그 가운데에서 돈을 먹을라고 한 계획"(215)이라고 모욕을 당하듯, 철수는 중실에게 "홍도를 내세워 가지고 광호에게 돈을 울궈 먹으려는 수작"(218)이라는 모욕을 당한다. 욕망 동일체인 이들은 서로를 모방한다. 3막의 초입에서 홍도의 억울한 사연을 들은 철수는 단도를 들고 홍도의 시집으로 가려고 한다. 4막의 끝에서 홍도는 철수가 보여줬던 행동, 단도를 들고 억울함을 호소하는 그 행동을 실천한다. 또한 이들은 서로의 삶을 지탱하는 둘로 나뉜 하나이다. 홍도는 한강에 투신하려다 돌아와 쓴 일기에 "내 한 목숨 죽는 것은 원통치 않지만 불쌍하신 우리 오빠가 죽은 영령 앞에 와 목을 놓고 홍도야 홍도야 부르면서 우실 생각을 하니까 내가 죽을 수가 없구나"(256)라고 썼다. 홍도와 철수는 혈육지정으로 묶인 일체이다.

**사진 3** 주제가 '홍도야 우지마라'를 부른 김영춘.

그런데 〈사랑에-〉는 혈육지정을 거듭 확인하는 데서 나아가 오빠의 지지와 희망을 새롭게 강조한다. 아래 인용한, 오빠 철수가 화자인 3) '홍도야 우지 마라'는 혈육지정을 확인하는 노래이고, 희망을 확인하는 노래이다. 이 노래에서 오빠는 홍도처럼 세상의 악에 의해 홍도의 높은 뜻이 꺾였다고 생각하며, 홍도 곁에서 세상의 악이 드러날 언젠가를 함께 기다리겠다고 다짐한다. 오빠는 세상의 악과 싸울 힘은 없지만, 홍도 곁에서 홍도를 지지해주며 '즐겁게 우슬 날'을 함께 희망하는 존재이다. 이런 철수의 희망은, 텍스트에서 자연스럽게 배태되는 것이 아니라서, 순사가 된 철수가 살인을 저지른 홍도를 데리고 가는 것으로 끝나는 극의 대단원이 불러일으키는 감정과는 어긋난다. 극의 대단원은 홍도에게 아무런 도움을 주지 못하는 오빠의 무능과 오누이의 가엾은 신세를 강조하는데, 노래는 오빠의 지지와 희망을 앞세우기 때문이다.

〈사랑에-〉에서 오누이의 혈육지정과 오빠의 희망이 얼마나 강력한 호소력을 발휘했는지는, 1939년 발매된 음반극 〈사랑에 속고 돈에 울고〉(음반번호 Regal C2001, C2002)[30]가 홍도와 철수 중심으로 짜였다는 데서도 알 수 있다. C2001은 철수가 기생 오라비라는 모욕을 받으며 홍도와 함께 애통해하는 장면을, C2002는 철수가 시집에서 쫓겨 온 홍도에게서 '못된 짓'을 안 했다는 대답을 듣고 광호가 오기를 기다리며 참자고 하는 장면을 담았다. 그리고 이 음반극은 두 주제가 중 철수의 노래인 3) '홍도야 우지 마라'를 김영춘이 노래하는 것으로 마무리된

花 美 嚴
圖樂絃管아리랑를 伴伴

**사진 4** 주제가 '아가의 노래'를 부른 엄미화.

다. 오누이의 혈육지정에 대한 강한 호소는, 1940년에 발매된 또 다른 유행가 '홍도의 고백'(음반번호 Columbia C2031-A)[31]에서도 강조된다. '참사랑에 벌을 받는 화류의 나비' 홍도는 오빠에게 무죄를 하소연하며, 오빠를 믿으며 살고자 한다.

아래 인용한 〈어머니의 힘〉의 주제가 4) '아가의 노래'는 훨씬 더 강력하게 혈육지정과 영구의 소망을 내세운다. 정옥과 영구는, 엄마와 아들 사이이니 혈육지정이 남다른, 남편이자 아버지인 명구와의 관계를 세상에서 인정받지 못하는 운명 동일체이다. 동일체인 이들은 한쪽이 사라지는 결핍을 견딜 수 없다. 정옥은 경제력과 사회적 지위가 있는 곳으로 영구를 보내지만 아들은 정옥을 떠나서 살 수 없기 때문이다. 이 모자의 정은 해피엔딩을 가능하게 할 정도로 강력하다.

1939년에 발매된 음반극 〈어머니의 힘〉(음반번호 Regal C2003, C2004)[32] 역시 혈육지정을 선명하게 강조한다. 음반극에는 재산 때문에 영구를 해코지하려는 친척들이 나오지 않았으니 이은직 집안의 상속 갈등 등은 문제상황에서 제외된 셈이다. 그런 가운데 빠짐없이 강조되는 것은 모녀지정, 부자지정이다. 돈많은 사위를 얻겠다는 옥엽모(정옥모)는 자살하겠다는 얘기를 듣더니 다시는 몸값 이야기를 안 하겠다고 물러서며 "요년은 미웠다 입벗다"한다면서 모녀지정을 확인한다. 용규(명규)에게 "너는 사랑에 살고 나는 대의 명분에 살자"라며 단절을 선언했던 백작(이은직)이 자신의 손자와 옥엽(정옥)을 받아들이기로 하면서 "이제는 가문도 체모도 다 버리고 따뜻한 인정에 저저 살겠다"고 한다. 죽은 아들과 화해하고 살아있는 손자를 받아들이는 이 인정이 바로 혈육지정이다.

3) 〈사랑에 속고 돈에 울고〉 주제가 '홍도야 우지 마라'(음반번호 Columbia 40855B)[33]

사랑을 팔고사는 꽃바람속에 너혼자 직히랴는 순정의등불
홍도야 우지마라 오빠가있다 안해의 나갈길을 너는직혜라
구름에 싸힌달을 너는보았지 세상은 구름이오 홍도는달빛
하눌이 믿으시는 네사랑에는 구름을 걷어주는 바람이분다
홍도야 우지마라 굿세게살자 진흙에 핀곳에도 향기는높다
네마음 네행실만 높게가즈면 즐겁게 우슬날이 찾어오리라

4) 〈어머니의 힘〉 주제가 '아가의 노래'(음반번호 Columbia 40865B)[34]
엄마엄마 어듸있소 어서오세요 밥도싫고 옷도싫고 엄마가좋아
엄마품에 안겨서 어리광피게
엄마엄마 보고싶어 눈물이나요 길을 몰라 가지못해 울고있서요
얼는와서 꺼안고 달래주세요
엄마엄마 어듸있소 대답좀해요 엄마하나 아들하나 같이살다가
나혼자만 떠러져 살수없세요

## 4. 기생-가정극의 신문화 표상과 구문화 소환

### 4.1. 춘희와 춘향의 대치

혜숙  당신은 저 유명한 〈춘희〉란 소설을 읽어보지도 못했나요? (중략) 아
르맨은 아무리 말크랜을 사랑했다 할지라도 그 사랑은 절대로 성립

이 되지 않았을 뿐더러 결국에는 아르맨은 죽음의 눈물밖에 돌아오는 것이 없지를 않았어요. 자기의 환경을 모르는 사랑에는 결국 눈물밖에 돌아오지 않는다는 것을 어째 당신은 모르나요?

**홍도** 쳇·(코웃음) 가장 당신은 유식하다고 하는 당신이면서 외국의 〈춘희〉란 소설만 봤지 어째 우리 동방예의지국의 열녀 춘향이는 모르시나요?

**혜숙** 춘향이라고?

**홍도** 그렇지. 당신네들은 남의 나라 말만 할 줄 알았지, 가장 유명한 우리나라 옛이야기 〈춘향전〉을 못 읽어 봤소? 남원의 월매 딸 성춘향이를, 기생의 몸으로 대감의 아들 이 도령을 사랑했다가 별안간 그 도련님을 잃고 신관 사또 변학도의 수청을 거절하고 죽을 목숨을 가지고서도 굳은 절개를 지켜 오다가 결국에는 이 도령의 품으로 돌아가서 열녀 비석을 세운 열녀 성춘향이를 어째 모르는가 말이야. (306~307)

위 인용은 〈사랑에-〉 1막의 한 장면이다. 혜숙은, 기생 홍도와 광호의 연애를 〈춘희〉의 고급 창부 마르그리트와 아르망의 연애에 비유하며 그 연애의 비극적 결말을 강조한다. 〈춘향전〉을 언급하는 홍도는, 춘향이 '우리나라' '옛' 이야기 속 인물로 '절개'를 지킨 열녀로서 이도령과 재회하게 된다고 대응 논리를 편다. 외국/조선, 근래/옛, (문란)/절개의 대립항을 가정하는 홍도에게 춘향은 '조선 - 옛 - 절개' 가치를 구현한 모델이다. 춘향을 소환하는 홍도는, '외국 - 근래 - (문란)'에 대한 대항자로서 자신의 소임을 설정한다. 홍도는 '절개'라는 가부장제 여성에게 부가된 억압적 가치의 체현자임을 자부하며, 스스로 구문화의 아이콘이 되고자 한다.

홍도는 '조선의 옛' 가치인 절개를 내세움으로써, 자유연애와 영육

일치의 유행 속에서 만들어진 기생 이미지에서 가까스로 자신을 구별해낸다. 1910년대 자유연애의 상대가 신여성이었다면, 1920년대 상대는 영육일치의 유행과 맞물려 기생으로 바뀌었다. 신여성과의 자유연애가 계몽의 기치 속에 있었다면, 기생과의 자유연애는 성욕이라는 비전통적인 것을 탐험한다는 점에서 서양적이며 근대적이었다. 그래서 기생과의 자유연애는 '가정'을 꿈꾸지 않았다. 춘희 마르그리트가 그랬던 것처럼, 성욕의 탐험은 절개와 공존하지 않기 때문이다.

홍도가 1920~30년대 연애 문화의 장에서 통용되던 기생 이미지와 투쟁한다면, 혜숙 역시 신여성의 이미지와 투쟁한다. 연애 문화의 장에서 신여성은 애정을 바탕으로 하는 낭만적 가정의 구현 가능자로서 청년 지식인들의 상상력을 자극하는 존재였고, 성욕과 물욕에 현혹되어 남성을 몰락시키는 존재였다.[35] 혜숙은 박대감의 딸로, 동경음악학교를 졸업한 성악 전공자인 신여성이다. 혜숙은 신여성인 듯하지만, 기생 때문에 혼약이 깨지게 된 처지는 신여성들과의 자유연애 바람에 남편으로부터 파혼을 통고받던 구여성의 처지와 흡사하다. 그녀가 구여성처럼 행동하는 건 아니다. 그녀는 기생들이 했던 방식을 전유한다. 〈눈물〉에서 평양집이 조필환의 부인 서씨를 내쫓기 위해 가짜 편지를 이용했던 것처럼. 혜숙은 광호의 부인이 된 홍도를 내쫓기 위해 가짜 편지를 이용한다. 혜숙은 가짜 편지로 홍도를 절개가 없는 여자로 만들고, 광호에게 자신의 편지를 지속적으로 보냄으로써 혜숙 자신을 절개 있는 여자로서 이미지화한다. 혜숙 역시 가부장제 속에 안정적으로 진입하기 위해 절개라는 전통적 가치를 내세우며, 구문화의 체현자가 되기 위해 투쟁하는 존재이다.

따라서 홍도가 혜숙을 찌르는 것은, 구문화 수호자와 신문화 수호자의 대결이 아니라, 구문화 수호자들 사이의 내분이다. 이들은 자신들을 억압하고 배제한 가부장 사회로 진입하기 위해 다툰다. 기생 홍도건 신여성 혜숙이건 그들은 낭만적 사랑의 주체자가 되고자 했으나, 오히려 옛 가치에 매달렸다. 이 내분은 근대 국가 민족 담론의 가부장 이데올로기에 부합하기 위해 몸부림치는 여자들의 가열 찬 욕망과, 그 욕망 실현의 예정된 불가능성을 보여준다. 기생이 결혼과 가정 형성의 주인공이 된다는 설정은 가부장 이데올로기에 대한 추종이 밑받침된 '허구'이다. 구문화 수호자들의 내분은 그 허구가 배태한 불안의 징후인 것이다.

## 4.2. 스위트 홈과 가부장의 귀환

> 이은직 집 정원.
> 중앙에 2층 노대(露臺)가 있고 그 아래로 본관 출입문. 정원 잔디밭에는 의자 몇 개, 테이블이 놓여 있다. 바른편으로 목책이 둘려 있고 조그마한 출입문이 달려 있다.(121)

위 인용은 〈어머니의 힘〉의 5막 배경 지문이다. 〈어머니의 힘〉은 이명규의 집(1막) – 동대문 밖 홍수동 길거리(2막) – 홍수동 초가집 뒤채(3막) – 이은직의 주택 뒷담을 낀 골목(4막) – 이은직 주택 정원(5막)으로 배경이 바뀐다. 2막과 4막의 배경은 홍규가 영구를 납치하려다 홍철과 정감역 때문에 실패하게 되는 상황을 보이기 위해 설정된 '길거리'와 '골목'이다. 1막, 3막, 5막은 집의 변화를 통해 정옥과 영구의 상황 변화를 보여준다. 정옥은 명규가 죽은 후 최선달의 홍수동 초가집 뒤채에서 어렵게 살다가 이은직의 주택으로 들어간다. 위 인용에서 보듯, 이은직 집은 2층 노대가 있는, 서양식 잔디밭이 깔린 양식 주택이다. 정옥과 영구의 이야기는 초가집을 나와 양옥으로 입성하는 성공담이다.
이 양식 주택은, 부부 중심의 핵가족과 안락한 이국풍 생활양식이 결합된[36] 스위트 홈의 이미지를 연상시킨다. 그런데 이 양옥은 젊은 남녀가 신가정을 꾸리는 거처가 아니라 시아버지라는 큰 가부장과 며느리가 살 집이다. 그러니, 스위트 홈의 이미지를 전시하는 이 양옥은 큰 가부장 혹은 가부장 중심주의의 귀환을 알리는 스펙터클인 셈이다.

기생-가정극에서 연애 상대자인 남성인물의 자질은 신파 가정극과 선명하게 구별된다. 신파 가정극에서 연애의 한 축인 남자는 고아로 성장한 경우가 많고, 이들은 교육의 수혜를 받고 근대적 경제 행위를 하는 사회인으로 성장한다. 반면, 화류비련극에서도 대체로 그렇지만, 기생-가정극에서 남자 주인공은 하나같이 번듯한 집안의 자식이고 예술가이다. 〈사랑에─〉의 광호는 부잣집 자식이고 〈어머니의 힘〉의 명규는 이판서댁 종손이고 은행두취의 아들이다. 광호와 명규는 화가이지만 그림이 팔리지 않으니 그림 그리는 것을 직업이라고 하기도 그렇다. 서사에서 차지하는 중요도도 다르다. 신파 가정극이나 화류비련극에서 연애하는 남녀는 극의 상황에 지속적으로 연루되는 반면 기생-가정극에서 남자는 줄곧 부재한다. 광호는 북경으로 유학을 가서 수개월 있다가 돌아오고, 명규는 펫병으로 죽어 1막 이후에는 등장하지 않는다.

기생-가정극에서 중요하게 부각되는 남성인물은 시아버지이다. 시아버지는 집안의 명실상부한 가부장이다. 경제적으로 무능했던 남편들과 달리, 여성인물을 곤궁한 처지에 내몬 가난에서 너끈히 이끌어낼 재력도 갖고 있다. 신파 가정극인 〈눈물〉에서 서씨의 아버지뻘 세대(서협판 부부, 한승지 부부, 이참정 부부) 역시 사회적 지위와 경제력을 갖고 일정한 역할을 하지만, 서사의 중심축은 연애와 결혼 당사자인 조필환과 서씨이다. 그런데 기생-가정극에서는 시아버지가 부재하는 남편을 대신해 서사의 중심축으로 들어온다.

이 경제력 있는 시아버지는 기생의 사랑을 인정하고 기생을 아들의 애인 혹은 결혼 상대자로 승낙함으로써, 기생의 든든한 버팀목이 되어준다. 〈사랑에-〉의 광호의 아버지는 자신이 기생과 결혼했기에 홍도의 기생 전력을 문제 삼지 않으며, 광호와 홍도에게서 각각 사랑한다는 말을 듣고 이내 결혼을 승낙한다. 광호의 아버지 즉 홍도의 시아버지는 홍도의 시집살이에서 홍도의 유일한 편이며, 거짓 편지 때문에 의심을 받을 때도 홍도를 믿어준다. 〈어머니의 힘〉에서 이은직은 명규와 정옥의 살림집에 와, 정옥의 사랑을 확인하고 정옥에게 명규 모친이 며느리에게 줄 예물로 남겨둔 것을 전한다. 이은직은 기생 며느리를 들일 수 없다고 하지만, 사랑의 주체로서의 기생은 인정한 것이다. 홍도와 정옥이 기대는 존재는 경제적으로 무능하고 부재하는 남편이 아니라 사랑의 주체자로서 기생을 인정한 경제력 있는 시아버지, 가정 밖 존재였던 자신을 가족의 일원으로 품어줄 큰 가부장이다.

아들의 사랑을 인정하지만 가족 수호를 위해 아들을 돌려달라고 점잖게 요구하는 시아버지상은 우리의 이야기 전통에서 낯설다. 이 시기 대중매체를 통해 활발하게 수용되었던 〈춘향전〉에서도 이몽룡의 아버지는 기생의 딸 춘향에게 빠져 있는 아들을 꾸짖는 존재이고, 〈숙영낭자전〉에서 숙영낭자를 의심하여 죄를 묻는 것은 시아버지이다. 그런데 남녀의 사랑을 인정하며 지지하는 시아버지상의 흔적은 대중화된 서양 텍스트인 〈춘희〉에서 쉽게 찾을 수 있다. 〈춘희〉의 원작은 알렉상드르 뒤마 피스(Alexandre Dumas, fils)의 프랑스어 소설 〈동백꽃 여인 *La Dame aux Camélias*〉(1852)인데, 여기서 아르망의 아버지는 춘희 마르그리트를 찾아가 그들의 사랑을 인정하지만 아르망을 위해서 그리고 아르망 여동생의 결혼을 위해서 물러나 달라고 정중하게 부탁한다. 이 원작은 일본을 거쳐 식민지조선에 들어왔던 바, 1910년대에는 『매일신보』 연재로, 1920년대에는 영화 상영을 통해, 그리고 1920년대 후반부터는 연극 공연과 음반극 발매 등을 통해 다각도로 수용되었다. 홍미롭게도 극예술연구회가 녹음한 음반극 〈춘희〉와 라디오 방송에서는 '아르망의 부'를 강조하지 않은 반면 보다 대중적 매체를 통해 소개된 〈춘희〉에서는 하나같이 '아르망의 부'를 아르망만큼 때로 아르망보다 더 강조했다.[37]

그런데 스위트 홈을 연상시키는 양식 주택의 주인이 대가족의 가부장이듯이, 양식 이미지를 띤 시아버지상의 실체는 '씨'를 잇고 조상을 모시는 가부장 질서 유지에 충실한 인물이다. 이은직이 8년이나 지나 영구와 정옥을 받아들이면서 "오늘부터는 가문이니 옛법이니 모두 잊고 오직 따뜻한 인정에 젖어 살겠다"라고 한 마지막 대사는, 가문과 옛법과 체면이라는 구가치가 사랑이라는 신가치에게 뒤서게 되었음을 승인하는 대사처럼 보이지만, 이은직의 행동이 가문과 옛법의 가치와 대치하는 것은 아니다. 이은직은 아들에게 정혼자인 김보국집 딸과 결혼하면 정옥에게 매삭 시량범절을 보내주겠다고 회유하며 가문의 명예와 체면을 지키고자 했고, 기생의 자식이 조상을 받들게 할 수 없다는 친척들의 논리를 옛법으로 존중했다. 명규가 죽은 후 정옥이가 처녀라고 한 명규의 말에 대한 믿음으로 영구를 민적에 올리고, 정옥이가 영구를 어렵게 기르면서 정숙하게 사는 모습을 8년여 지켜본 후, 즉 순결했던 정옥이 남편 사후에도 정절을 지키는 모습을 확인한 후 정옥을 며느리로 받아들인다. 이은직은 가문의 대를 잇는 '씨'를 살리는 최선의 선택을 한, 가부장 질서 수호자이다.

이렇게 기생-가정극은 서양 이미지를 은연중 앞세우지만 실제로는 구문화와 봉건적 가치를 때로 은밀하게 때로 노골적으로 환기한다. 화류비련극이 속절없이 자살하는 여주인공들을 통해 완고한 봉건적 질서 속에서 패배하는 개인의 비애를 보였다면, 기생-가정극은 정절을 지킨 자이자 희생자라는 자의식으로 무장한 기생들의 완고한 버티기를 통해 봉건 이데올로기에의 추종과 봉건 이데올로기에 대한 희망을 내적으로 확인한다. 봉건적인 가족 제도 이데올로기를 소환한 기생-가정극은 낭만적 환상의 불가능성에 대한 불안을 단단하게 봉합한다.


## 5. 나오는 글

1930년대 후반에 공연되어 대중적인 인기를 끌었던 〈사랑에―〉와 〈어머니의 힘〉은 화류비련극의 대표작으로 다뤄져 왔는데, 본고에서는 기생-가정극이라고 명명하며 화류비련극과 구별했다. 기생-가정극이라는 용어는, '가정 밖' 기생의 연애를 문제 상황으로 다룬 연애극으로서의 화류비련극과 기생의 '가정 내' 진입을 문제 상황으로 다룬 1930년대 가정극의 차이를 드러내기 위해, 또한 기생이 가정극의 여주인공이 된 예외적 경우임을 강조하기 위해 사용했다.

연애와 여성을 키워드로 볼 때, 화류비련극이 사랑을 선택한 화류계 여자의 패배를 다뤘다면, 기생-가정극은 정절이라는 전통적 가치를 고수한 기생의 몰락 또는 승리를 다뤘다. 신파 가정극에서 기생이 '움직이는 애정'의 구현자였다면, 기생-가정극은 애정의 주체자가 된 기생이 가족의 안주인이 되는 과정의 어려움 즉 며느리 되기의 문제를 새롭게 제기했다. 신파 가정극에서는 죄의 인지와 회개가 동반하는 통쾌한 결구가 강조되는 반면 기생-가정극에서는 악의 회개와 처벌이 생략되거나 유보됨으로써, 해피엔딩이냐 비해피엔딩이냐와 무관하게, 결구의 통쾌함이 미약하다. 기생-가정극은 악과 죄에 대한 내적 인지와 사회적인 개량 의지가 누락된 서사이다.

등장인물의 행동 동기와 목표를 통해 강조되는 도덕이나 감정을 볼 때, 신파 가정극이 인정 의리 등의 사회적 도덕 감정을 내세운 반면 기생-가정극에서는 전통적이면서 사적인 도덕을 강조했다. 여자에게는 '변함없는 사랑'과 순결과 정절을, 남자들(오빠와 아들 그리고 아버지)에게는 혈육지정을 추종할 가치로 요구했다. 여자는 높은 뜻을 지닌 자부심과 이를 의심받는 데서 오는 억울함을 힘주어 강조했고, 혈연지간인 남자들은 여자와의 감정 동일체로서 여자의 자부심과 억울함에 공명하며 희망을 노래했다. 기생-가정극은 전통적이고 사적인 도덕을 수호하는 자들의 자부심과 억울함 그리고 희망 같은, 화류비련극에서는 좀처럼 보기 힘든 낯선 감정을 새롭게 부각시켰다.

기생-가정극은 신문화의 외관을 강조했지만 실질적으로는 며느리의 정절과 희생, 경제력 있는 시아버지의 역할 확대를 통해 가부장 질서의 도래를 명료하게 암시했다. 기생-가정극은 금지된 소망의 영역에 기생이 성공적으로 편입해 들어가는 것을 허용함으로써 부재하는 것을 현실화하려는 대중의 욕망에 반응했을 뿐 아니라, 또한 정절을 지키는 며느리와 경제력 있는 시아버지의 유대를 통해 소망의 현실화 가능성을 강력하게 보여주었다. 식민지조선이 며느리라는 여자로 일제가 시아버지라는 큰 가부장으로 배치되었다고 본다면, 기생-가정극은 식민화가 일상화된 1930년대 후반의 사회상을 은연중 반영한, 동시에 가부장 이데올로기와 식민 이데올로기의 공조를 희망의 노래와 접목시킨, 예외적인 텍스트인 셈이다.

2장

# 레뷰와 가극, 그리고 소녀 연예인

# 경성의 레뷰, 어트랙션의 몽타주와 모더니티

## 1. 들어가는 글

본고는 1920년대 후반 경성의 영화상설관에서 공연되거나 상연된 레뷰와 가극에 주목하며, 이들의 연극사적 의미를 논하고자 한다.

이 시기의 가극과 레뷰는, '막간'과 음악극 연구에서 지엽적으로 다뤄졌다. 1920년대 초반까지만 해도 극장의 프로그램은 대개 다양한 공연성 어트랙션의 모음으로 짜여졌고 볼거리영화cinema of attractions[1]들이 이들 어트랙션 중의 하나로 상영되었다. 그런데 영화 상영이 보다 대중화되면서 영화 상영 중에 공연성 어트랙션이 끼어드는 식으로 변했다. 필름 교체 시간에 춤과 노래, 곡예, 촌극 등의 공연을 끼워 넣는 식으로 흥행했던 것이다. 이 춤과 노래 그리고 촌극 등의 어트랙션들은 가극과 레뷰가 탄생하기 직전의 모습으로 보인다. 기존 연구에서는 이런 흥행을 1930년대 성행하게 된 막간의 초기 형태로 보았을 뿐[2] 그 개별성을 주목하지 않았다. 음악극 연구에서는 가극 혹은 악극이라는 용어가 딸린 공연들에 대해 논의를 했지만[3] 레뷰는 거의 주목하지 않았다. 레뷰는 '군무가 많이 포함된 춤을 추는 코너'⁴를 가리키는 것으로 여겨졌고, 레뷰와 가극, 레뷰와 여타 대중문화의 상호 연관성은 고려되지 않았다. 본고는 가극과 레뷰의 상호 연관성을 강조하며, 이들이 영화를 중심으로 한 대중예술의 확산과 연관된 양상에 주목한다.

가극과 레뷰의 연극사적 의미에 대한 논의는 극장의 대중적 모더니티에 대한 연구들⁵과 상통하면서, 카프의 연극대중화론과도⁶ 연계된다. 가극과 레뷰는 서양의 음악과 춤을 조합하여 화려하게 현시하는 볼거리로서 대중적 모더니티의 첨단 상품이 되었다. 그런데 첨단의 퇴폐문화로 분류되곤 하는 이 가극과 레뷰에 대해, 카프 소속 문예인들이 다양한 논의를 펼쳤다. 이 논의들을 따라가면, 레뷰와 가극을 중심으로 한 경성의 극장문화를 둘러싸고 근대주의와 사회주의가 혼류하고 갈등하는 양상을 살필 수 있다.

논의 대상 시기를 1927~1930년 무렵으로 제한한 것은 가극, 특히 레뷰의 '탄생' 순간을 특화하기 위해서이다. 레뷰는 이후에 등장한 스케치·난센스·만담 등과 함께 점차 '막간' 중의 하나가 되었고, 탄생 시기의 논란을 다시는 불러일으키지 못했다. 1927~1930년은 레뷰의 탄생 시기이면서 레뷰의 이름으로 논란의 대상이 된 거의 유일한 시기였다.

가극이라는 용어는 1920년대 초반부터 사용되었고, 희가극·레뷰·악극이라는 용어는 1920년대 후반에 앞다투어 등장했다. 이 용어들은 함께 등장할 만큼 상호 연관성이 높고, 용어들의 함의는 고정되지도 서로 명료하게 분리되지도 않았다. 언어와 현상의 불일치야말로, 혼돈스러운 모던 풍경이었다.

## 2. 〈몽 파리〉에서 레뷰 열풍으로

### 2.1. 영화와 레뷰의 교차, 〈몽 파리〉 열풍

식민지 경성의 1920년대 극장은 대중적 버라이어티 극장이었다. 노래, 춤, 촌극, 곡예 등의 여러 오락적 대중 연예가 한 공간에서 함께 공연되었다. 전통 공연물의 극장 공연을 주도했던 광무대의 1928년 9월 1일의 프로그램은, '승무, 남도입창, 남녀독창, 가야금, 단가, 수심가, 창가, 활극, 검무, 평양다리굿, 경성 무녀가, 줄타기' 등의 전통적 공연물과 '바이올린, 꼽박연주, 댄스, 철봉, 짜푸팅'처럼 서양에서 유래한 악기 연주와 영화, 댄스와 운동 등을 보여주는 신 공연물의 조합으로 짜여졌다.[7] 가극과 레뷰도 이 버라이어티 극장의 연예물로 등장했다.

식민지조선에서는 가극이라 이름 붙인 공연이 레뷰라고 이름 붙인 공연보다 훨씬 먼저 있었고 두 명칭이 서로 달리 사용되어, 이 두 공연 양식은 상호 별 관계가 없는 듯 보인다. 레뷰는 외래어를 그대로 쓴 반면, 가극은 오페라나 오페레타 또는 뮤지컬 플레이나 레뷰의 번역어로서 일본에서 사용되던 단어 가게키(歌劇)를 한국식으로 음독했기 때문에, 둘 사이의 이질성이 더욱 강조되었다. 또한 조선에서 레뷰는 영화 〈몽 파리〉[8]의 단성사 상영 이후에야 공연물로서 성행했기 때문에, 레뷰는 영화와 보다 관련된 극장 문화로 보이기도 한다. 그런데 〈몽 파리〉라는 영화의 원래 제목이 〈레뷰의 레뷰 *La Revue des Revues*〉인데, 일본에서 상영될 때 〈몽 파리(モン・パリ)〉가 되었고 그것이 경성에 들어올 때 〈몽 파리〉가 되었다는 것, 그리고 '몽 파리'는 일본 다카라즈카(寶塚)가극단이 '일본 최초의 레뷰'로 선전한 공연의 이름이라는 것을 생각하면, 레뷰와 가극, 레뷰와 영화, 그리고 이들이 서양 및 일본의 대중예술과 갖는 관계가 자못 복잡하다는 걸 알 수 있다. 이 장에서는

식민지조선에서 〈몽 파리〉가 레뷰 열풍으로 이어지는 맥락을, 서양 및 일본의 경우와 연결해 살펴보자.

　프랑스에서 레뷰는 음악과 전문적 재주 그리고 예쁜 소녀들을 특징으로 삼는 풍자적 여흥물이다. '카지노 드 파리(Le Casino de Paris)'와 '폴리베르제르(Folies Bergère)' '물랭루즈(Moulin Rouge)' 같은 뮤직홀에서, 레뷰는 댄스와 재즈음악 그리고 스케치⁹를 흥미롭게 조합한 흥행 형식으로 자리 잡았고, 미국으로 퍼져나갔다. 미국 레뷰의 기본 요소는 민스트럴(minstrelsy)이나 벌레스크(burlesque), 보드빌(vaudeville), 스펙터클(spectacle/extravaganza) 같은 버라이어티 쇼의 기본 요소와 유사했지만, 그 요소들을 사용하는 방식이 달랐다. 즉 레뷰에서는, 다양한 요소들이 '쇼의 컨셉을 드러내도록 고안된, 고양된 절정의 점증적인 시퀀스'를 조직하도록 하는 '단일한 통합력'이 있었다. 이 통합력은 플로렌즈 지그펠드(Florenz Ziegfeld) 같은 사람일 수도, 통일주의 같은 사고방식일 수도, 극장 길드 같은 조직일 수도 있다. 미국의 레뷰는 두 방향으로 전개되었다. 레뷰 초기에는 화려한 스펙터클 속에서 아름다운 소녀들을 보여주는 데 초점이 있었다. 플로렌즈 지그펠드는 1907년부터 1931년까지 23개의 〈지그펠드 폴리스*The Ziegfeld Follies*〉를 공연했는데 그 중 1927년의 〈지그펠드 폴리스〉는 반원형 계단을 따라 14대의 피아노를 배치하고 미국 소녀들의 우아함을 한껏 과시하며 마지막 장관을 클라이맥스로 끌어올렸다. 스펙터클보다 '스케치, 생생한 음악, 리릭, 공연자들의 조화'를 중시하는 레뷰의 흐름도 있다. 예를 들어 〈그랜드 스트리트 폴리스*The Grand Street Follies*〉(1924)는 화려함을 절제하거나 제거하고 대신 위트와 풍자 그리고 단순함과 정교함을 강조했다. 벌레스크와 보드빌의 거칠고 저급한 코미디를 정교하고 풍자적인 코미디로 대체했으며, 작곡가의 중요성을 일깨웠다.¹⁰

　프랑스와 영국의 코믹 오페라나 오페레타도 미국에서 공연되어 인기를 끌고 레뷰와 더불어 새로운 음악극으로 부상했다. 코믹 오페라들은 대중적인 음악과 구어의 사용, 경쾌한 주제와 코믹 막간 그리고 해피엔딩을 특징으로 한다. 코믹 오페라가 설득력 있는 상황, 소극, 언어적 위트를 탐험하는 반면, 오페레타는 감각에 호소했다. 오페레타에서는 영웅들이 이국적인 시각적 장관 속에서 사랑에 빠지고 갈등을 겪고 재결합한다.[11]

레뷰와 코믹 오페라 같은 무대극의 새로운 경향은 미국에서 〈쇼 보트*Show Boat*〉(1927) 같은 뮤지컬의 성공으로 이어지는 한편, 20세기 대중예술로 부상한 영화와 조응했다. 프랑스의 조에 프랑시스(Joë Francis) 감독은 프랑스 뮤직홀 레뷰를 드라마와 연결시킨 무성영화 〈레뷰의 레뷰〉(1927), 〈폴리베르제르의 여인들*Die Frauen von Folies Bergère*〉(1927), 〈특선 폴리*La Folie du Jour*〉(1929)를 제작해 인기를 끌었다. 〈레뷰의 레뷰〉는 파리 고급 패션샵의 봉제공 견습생으로 일하는 여주인공이 레뷰쇼의 댄서가 되는 꿈을 이루는 과정을 다룬 영화로, 당시 파리 최고의 뮤직홀인 '팔래Plais', '물랭루즈', 그리고 '폴리베르제르'의 레뷰 공연을 다이나믹하게 보여주었다. 최초의 토키 영화라 일컬어지는 워너 브라더스(Warner Brothers)의 〈재즈 가수*The Jazz Singer*〉(1927)의 대중적 성공 이후, MGM이 제작한 〈브로드웨이 멜로디*The Broadway Melody*〉(1929)는 작은 도시의 보드빌 가수 자매의 이야기와 관련된 '뮤지컬 넘버들'을 영화 상영 중 성공적으로 들려줌으로써 토키 영화사에서 기념비적인 작품이 되었다.[12] 1920년대 영화 제작에서, 파리나 뉴욕 브로드웨이의 쇼 비즈니스를 소재로 삼고, 재즈와 보드빌, 폴리스(follies)[13]의 몸과

**사진 1** 〈레뷰의 레뷰〉.

레뷰를 활용하는 것이 유행이 되었다.

일본에서도 가극과 레뷰가 대중연예물로서 기획되고 부상했다. 1913년 고바야시 이치조(小林一三)가 한큐전철의 종착역인 다카라즈카(寶塚)의 온천 영업 차원에서 16명의 소녀들을 모아 다카라즈카창가대(寶塚唱歌隊)를 조직했고, 이 창가대는 1919년 다카라즈카소녀가극단(寶塚少女歌劇團)으로 확대 개칭되었다. 이 성공에 자극을 받은 쇼치쿠(松竹)가 1920년에는 오사카에서, 1928년에는 도쿄에서 쇼치쿠악극부(松竹樂劇部)를 설립했다. 다카라즈카가 레뷰 공연의 선편을 잡았다. 1927년 9월 다카기 가즈오(高木和夫)가 작곡한 〈몽・파리 我が巴里よ〉를 공연하며 '일본 최초의 레뷰'라고 선전했다. 아시아와 유럽을 여행하고 돌아온 기시다 신야(岸田辰彌)가 자신의 경험을 바탕으로 쓴 이 작품은, 백 명을 넘는 배우가 출연해 1시간 30분 지속하는, 대계단을 이용한 스펙터클과 라인댄스를 호화롭게 선보인, 다카라즈카 레뷰의 기념비적 공연이었다. 이 작품에서 한 여행가가 중국・스리랑카・이집트를 거쳐 파리에 도착하게 되는 여정이 16장으로 나뉘어 펼쳐지는데, 여기서 중국・스리랑카・이집트 등의 아시아는 정적이고 비근대적으로, 마지막 두 장에서 보이는 파리는 근대적 도시적으로 표현함으로써 서구 근대 문명을 찬양했다. 23명의 배우들이 팔짱을 끼고 하얀 바지를 입은 다리를 쭉쭉 뻗으면서 증기기차가 달리는 모습을 표현한 이른바 '기차 댄스'는, 서구 기술문명의 진보에 대한 확신과 찬사였다.[14] 또한 유럽에서 유행하던 빈센트 스콧(Vincent Scotto)의 곡에 가사를 붙인 주제가 〈아름다운 추억, 몽 파리(うるわしの思ひ出 モン・パリ)〉는 서양 작품을 '번역' 또는 '번안'하는 다카라즈카 레퍼토리의 한 측면을 효과적으로 대중화하였다.[15] 이렇게 다카라즈카 레뷰는 춤과 노래 그리고 드라마를 혼합한 예술 형식으로서, 공간과 시간, 지리와 역사를 압축하여 몽타주했다. 다카라즈카에서 레뷰는 가게키(歌劇)와 엄격

하게 구별되지 않았다. 다카라즈카 레뷰는 곧 다카라즈카 가극이었다.

한편 앞서 소개한 조에 프랑시스 감독의 레뷰 소재 영화인 〈레뷰의 레뷰〉가 유럽 개봉 2년 만인 1929년 2월 일본 아사쿠사(淺草) 지역 영화관들에서 〈モン・パリ-La Revue des Revues〉라는 이름으로 개봉했다. 일본에서 상영할 때 원제목 〈레뷰의 레뷰〉에 'モン・パリ'를 부기했는데, 이는 2년 전 공연되었던 다카라즈카의 〈モン・パリ〉가 '레뷰'라는 용어를 선점했고, 레뷰와 관련해 'モン・パリ'라는 공연명이 대중적으로 알려졌기 때문이었을 것이다. 이 영화 개봉 즈음, 일본에 레뷰 댄스홀들이 문을 열었다. '카지노 포리(かカジノフォ-リ-)'가 1929년 일본 최초의 레뷰 극장으로 아사쿠사에 문을 열었는데, 이 '카지노 포리'라는 이름은 프랑스 파리의 유명 레뷰 댄스홀인 '카지노 드 파리'와 '폴리베르제르'를 합한 것으로 파리 레뷰의 모방을 지향했다. 1931년 아사쿠사 오페라의 무대를 밟았던 사사키 센리(佐佐木千里)가 신주쿠(新宿)에 '무랑루즈(ム-ラン-ル-ジュ)'를 열었다.[16]

〈레뷰의 레뷰〉는 식민지 조선의 경성 극장가에서도 놀라운 인기를 끌었다. 1929년 5월 "佛國 스타 필님 에테이슌 〈몬 파리〉"[17]라는 이름으로 광고되며 경성의 단성사에서 상연되었고, 이 영화의 상영 전후 레뷰는 경성의 대중문화를 대표하는 유행어가 되었다.[18] 〈몽 파리〉는 '카지노 드 파리'와 '폴리베르제르' '물랭루즈' 같은 파리 뮤직홀의 레뷰

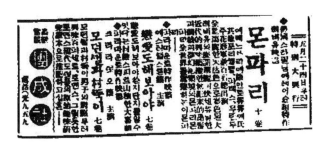

사진 2 〈몽 파리〉 신문광고. 『조선일보』, 1929. 5. 27.

를 "極彩色 그대로" 보여주어 "만 가지 꽃이 일시에 피는 것 같은 歡美의 絶對境"을 선사한다고 선전되었다.[19] 조선에서 상연된 최초의 본격적인 발성영화 중에도 레뷰 영화가 있었다.[20] 1930년 1월 27일 단성사에서는 "가정의 활극 〈명일의 결혼〉, 레비유 활비극 〈순회극단〉, 만화희극 〈최후의 일책〉, 〈엉터리 낚시질〉 네 가지"[21]의 발성영화를 개봉했다. 대사가 있는 '레비유 활비극'도 영화로 상영되었던 것이다. 서양의 한 공연 연예물인 레뷰는 이렇게 스크린의 이미지를 통해 소개되면서, 1920년대 말 식민지 경성의 유행어가 되었다.

## 2.2. 영화상설관의 레뷰와 가극 공연

### 2.2.1. 조선극장의 레뷰단

가극은 레뷰 영화가 경성을 달구기 전부터 경성의 극장가에 출현했다. 3·1운동 직후 활발하게 조직된 소년회들이 '공회당이나 학교 강당, 예배당'에서 동화(구연)회, 소인극 공연, 동요대회, 그리고 각종 가극대회를 개최한데서 알 수 있듯[22] 아마추어 집단이 기금 마련을 목적으로 창가를 곁들여 한 공연도 가극이라 선전되었다. 음악 연주와 댄스가 공연문화로서 독립할 정도로 성장했고, 일본 가극단들이 경성에서 공연하기도 했다.[23] 그리고 음악 연주와 댄스 및 가극은, 영화상설관의 영화 사이사이에 중요 어트랙션으로서 공연되기도 했다.

조선극장은 1922년에 지어진 3층짜리 현대식 영화상설관인데, 대중극단이 대관 공연을 하기도 했고 연극인이 극장 경영에 참여하기도 했다. 1927년 현철은 조선극장의 경영에 관여하면서 자신이 경영하던 조선배우학교를 연예학교로 개명하여 '무대배우와 활동배우'를 양성하는 한편, 소녀가극단을 설치하려 했고[24] 실제로 '조선소녀'들을 모아 일본 보총 즉 다카라즈카 견학을 계획하기도 했다.[25] 현철이 연예학교 운영을 통해 배우를 양성하는 기획을 추진한 것은 1910년대 이래 간헐적으로 진행되었지만, '소녀가극'과 다카라즈카를 언급한 것은 이례적이다. 다카라즈카는 오사카 북쪽의 한 지방 이름이며, 그 지방의 극장 이름이며, 무엇보다 소녀가극단을 의미했다. 1913년 다카라즈카에서 온천 흥행의 차원에서 소녀가극 공연을 시작했던 고바야시는 1924년 다카라즈카에 2000석이 넘는 극장을 세웠다.

현철의 경영 참여 기간이 짧았기 때문에 현철의 기획이 1927년에 실행되었는지 여부는 불분명하다. 그러나 영화상설관에서 영화 상연 사이의 '여흥'을 위한 조직을 필요로 했고, 이를 추진했다는 점은 주목을 요한다. 이전, 그러니까 1910년대나 20년대 전반기의 극장은 대개 다목적 공연장이었고, 그 공연장이 연극 극장처럼 전속극단이나 전속 창우들을 두기도 했다. 그런데 조선극장은 영화상설관이고, 단편 무성영화 사이의 여흥을 제공하기 위해, 춤과 노래 음악을 버라이어티하게 보여줄 공연단을 필요로 했던 것이다.

이 조선극장 소속 공연단은 '레뷰단'으로 호칭되었다. 1929년 단성사에서 레뷰 영화 〈몽 파리〉가 상영된 이후 조선극장은 '십여 명의 레뷰걸'을 양성하여 "조선에서는 새로운 시험 레뷰를 시작"했고, 째즈 밴드도 조직했다.[26] 이 조선극장 레뷰단은 대중극단의 조선극장 공연 시 찬조 출연하기도 했고, 1929년 9월과 10월에는 〈경성야곡〉(1장), 〈다란떼라〉(1장), 〈夜半의 체금〉(1장), 〈북악산 폭기〉 등을 독자적으로 공연하기도 했다.[27]

### 2.2.2. 대중극단의 무용부와 음악부

극장뿐 아니라 극단도 가극과 레뷰에 민감했다. 김소랑이 이끄는 취성좌는 1928년 7월부터 2개월 간 조선극장에서 "신극, 가극, 무도, 성악, 소극 등을 오일 간격으로 藝題 交換"[28]하며 흥행을 했다. 취성좌는 공연물을 버라이어티하게 구성하는 가운데, 가극 〈극락조〉, 가극 〈초로인생〉(1막), 가극 〈해군생활〉(1막), 가극 〈화차생활〉(1막), 희가극 〈동경〉(1막, 임생원 제공)과 희가극 〈병처(病妻)〉(1막, 김희향 작, 마호정 주연) 등을 시도했다.

취성좌의 흥행 레퍼토리에서 보이는 장르명 중 희가극이라는 용어가 눈에 띈다. 가극이라는 명칭은 1920년대 이미 광범위하게 사용되었지만, 희가극은 거의 사용되지 않았었다. 희가극이라는 명칭은 1920년대 후반 즈음부터 대중극단의 음악극 공연에서 자주 사용되고 '희가극 레뷰' 식으로 변용되기도 한다. 희가극이 레뷰와 거의 비슷한 시기에 사용되었음을 생각할 때, 희가극은 코믹 오페라나 코믹 오페레타, 그리고 노래와 음악이 곁들인 스케치 류의 작품에 대한 번역어였을 가능성이 있다. 1930년대 유성기에 녹음된 대중극단 공연물의 장르명으로는, 희가극이 사용된 경우는 거의 없고, 대신 '스케치'와 '넌센스'라는 외래어가 유행했다. 노래와 음악이 곁들인 스케치 류의 공연을 희가극으로 칭하다가, 1930년대에 '에로 그로' 같은 외래어들이 번성하게 되면서 희가극 대신 스케치와 넌센스라는 외래어를 대놓고 사용하게 되었을 가능성이 있다. 희가극이라는 명칭을 스케치라는 외래어로 되돌리는 것은 유성기 음반에 '레코딩'한다는 모던한 기술에 어울리는 선택일 수 있었던 것이다.

취성좌는 〈몽 파리〉의 단성사 상영 직후인 1929년 6월부터 단성사에서 다시 장기공연을 하는데, 이때부터 레뷰도 공연했다. 취성좌는 희가극 레뷰극 〈부세(浮世) 행진곡〉(1막7장, 신불출 원작 각색),[29] 희가극 〈미인 포스타〉(1막 2장, 신불출 작), 대희가극 〈인간병원〉(1막 9장), 희가극 〈妖艶 데아도로〉(천한수 각색, 2막), 가극 〈월광곡〉(취성좌 소녀반 출연, 이애리수 주연),[30] 가극 〈요지경〉(1막, 신불출 제공), 가극 〈라이프 오푸 쎄일러〉(1막, 화반 월반 총출연), 가극 〈벨데나의 탄식〉(1막) 등을 공연했다.[31] 이어 11월과 12월에는 가극 〈야구시험〉, 〈경성 행진곡〉(신불출 작, 1막2장), 〈세빌나의 이발사〉 등을 간헐적으로 공연했다.

여기서 '취성좌 소녀반' 또는 '화반 월반'이라는 용어는 여자들의 구성이 특화되었음을 시사한다. 다카라즈카의 '화반(花班)과 월반(月班)'을 연상시키는 이들 소녀반들의 존재를 통해, 취성좌 공연에서 소녀들의 군무가 중요하게 부각되었으리라 추측할 수 있다. 또한 취성좌 공연 광고에서 '청년무용가' 안세민이 '대무용'[32]을 지휘했다거나, '무답(舞踏) 찰스톤 안세민 지휘'[33]로 표기된 점도 주목할 필요가 있다. '대무용'은 레뷰의 군무 장면을 언급한 것이고, '무답 찰스톤'은 식민지조선에서 〈몽 파리〉라는 이름으로 상영된 영화 〈레뷰의 레뷰〉에서 조세핀 베이커(Josephine Baker)가 춰 크게 인기를 끈 찰스턴(charleston)일 것이다. 또한 '지휘'자의 존재는 군무가 대형화 전문화되었음을 시사한다.

취성좌가 단성사로 옮겨가 공연할 즈음 조선극장에서는 토월회가 공연을 했다. "조선극장 경영주인 안봉호 신용희 양씨의 두터운 이해와 후원을 엇게"[34] 된 토월회는 제1회 부흥공연으로 1929년 11월 1일부터 조선극장에서 희가극 〈질거운 인생〉(1막)과 악극 〈초생달〉(1막)을 공연했다. 〈질거운 인생〉에는 "극중극으로 〈칼맨〉"이 있고, 〈초생달〉은 "이태리 羅馬의 궁전에서 이러나는 奇劇"을 다뤘으니,[35] 두 작품 모두 서구적 이국성을 전면화하며, 희가극 혹은 악극답게 '조극 레뷰단의 소녀들'이 조연 출연하여[36] 춤과 노래의 연극적 효과를 강조했다. 이외 토월회는 〈謀叛의血〉(1막)과 희가극 〈목신의 작난〉(1막), 희가극 〈品行調査〉(1막), 그리고 〈희생〉(2막)을 공연했다.

**사진 3** 〈레뷰의 레뷰〉 중 조세핀 베이커.

조선극장에서의 토월회 공연은 영화들이 상연되는 틈틈이 어트랙션으로서 추진되었다. 토월회의 대표이자 연출가인 박승희는 "활동사진을 영사하는 중간에 레뷰와 가티 공연을 하는 것"은 구차하지만, 토월회가 공연하기 위해서는 불가피하다고 했다.[37] 토월회에는 조택원이 이끄는 무용부 조직이 있었다. 이시이 바쿠(石井漠)에게서 신무용을 배운 조택원은, 1929년 11월 토월회가 비극 〈희생〉을 공연할 때 레뷰라는 명목으로 자신이 안무한 〈흐르는 물결을 찾아서〉(1장)를 추었고, 〈여군도〉에서는 〈왈츠〉를 추었다.[38]

1929년 12월 4일 취성좌가 공식적으로 해체한 직후 취성좌 단원들이 조선연극사를 창단했다. 조선연극사는 1929년 12월 21일 첫 공연으로 비극 〈눈먼 동생〉(1막), 대희극 〈오만원의 財寶〉(2막), 희가극 〈카푸에의 짜스〉(1막, 강범득 각색)를 단성사에서 공연했다. 1930년 1월에는 희가극 〈코스모스 호텔〉과 희가극 〈경성 야화〉를, 2월에는 희가극 〈경성 행진곡〉(천한수 각색, 1막)을,[39] 그리고 12월에는 레뷰 희가극인 〈춘하추동 아리랑〉(신불출 각색·연출, 4막8장)을[40] 각각 공연했다.

음악부를 둔[41] 조선연극사의 공연은 일찍부터 라디오로 방송되었다. 〈경성 행진곡〉은 1930년 2월 23일~26일 JODK 라디오로 방송되었고,[42] 1930년 4월 28일에는 희가극 〈극락행 주문〉(1막)과 희가극 〈도회의 一景〉이 각각 라디오로 방송되었다.

### 2.2.3. 무용단과 가극단의 출현

토월회 같은 대중극단에 무용부가 조직될 즈음, 여성 무용가가 자신들의 이름을 내건 단체를 만들고, 가극과 레뷰를 공연하는 일이 빈번해졌다.

당시 가장 이름이 높은 여성 무용가는 최승희였다. 1926년 이시이 바쿠 연구소의 조선 공연을 보고 일본으로 건너갔던 최승희는, 1929년

9월 스승을 떠나 경성으로 돌아와 최승희무용예술연구소를 열었다. 1929년 12월 조선극장에서 열린 찬영회의 "무용·극·영화의 밤" 행사에 찬조 출연을 한 이래, 1930년 2월과 10월에 각각 신작 무용 발표회를 열었다.[43] 조선인 무용가의 발표회가 대중적 인지도를 높이며 독립적인 공연으로서 지위를 얻기 시작했다.

또 다른 여성 무용가로 배구자를 들 수 있다. 배구자는 쇼쿄쿠사이 덴카쓰(松旭齊天勝)의 수양딸로 덴카쓰이치자(天勝一座)에 소속되어 활동했다. 덴카쓰이치자는 일본의 대표적인 곡예단으로서 무용·음악·곡예·연극·가극 등을 공연했고, 조선을 거쳐[44] 만주 러시아 유럽까지 순회공연을 다녔다. 배구자는 1926년 6월 경성에 돌아와 배구자예술연구소를 차렸고, 1929년 들어 이 연구소 이름으로 2회 공연을 했다. 1929년 11월에는 배구자무용단으로 개명했고, 단성사에서 신작 무용과 가극 〈잠자는 신〉 등을 공연했다.[45] 이어 1930년 11월에는 조선극장에서 동화극 〈인형제〉, 촌극 〈붉은 꽃 흰 꽃〉과 〈모쁘 모껠〉, 비극 〈무궁화〉, 레뷰 〈스피드 세계일주〉 등을 공연했다.

한편, 일본 다카라즈카에서 남자역 전문 배우로 활동했고 조선극장 레뷰단의 일원이기도 했던 권금성도[46] 1929년 12월 금성오페라단을 창립하고[47] 20일부터 조선극장에서 연애비극 〈천국〉(전3막), 무용 〈눈뜨는 봄〉, 〈인형춤〉, 〈취뢰스통〉, 가사 〈笑乃藥〉, 가극 〈결혼 일중주〉를 공연했다. 권금성은 권삼천으로 개명한 후 단체명도 삼천가극단으로 고치고 조직을 정비, 주간에 김소랑, 감독에 마호정, 단장에 권삼천, 각본부에 신불출, 연출부에 임생원이 각각 자리를 잡았다. 권삼천은 취성좌를 이끌던 김소랑의 처 마호정의 친척이었고, 마침 취성좌가 해체된 후였으니, 삼천가극단은 레뷰 또는 가극을 공연하던 취성좌와 간접적으로 연결된 단체였다고도 볼 수 있다. 삼천가극단은 1930년 6월 단성사에서, "조선에서는 시험해 본 적이 없는 레뷰식 가극과 희가극"[48]을 50명이나 되는 단원이 총출연하여 제1회 공연을 했다.[49] 이어 8월에는 조선극장에서 한 달 동안 장기공연을 하였다. 희가극, 비가극, 무용, 풍자극, 탐정극 등의 장르명이 붙은 작품들을 다양하게 묶어서 흥행했는데,[50] 이중 〈병처〉나 〈경성 행진곡〉은 이전에 취성좌에서 공연한 바 있는 예제여서 취성좌와의 상호 연관성을 엿볼 수 있다.

### 2.2.4. 미나도좌의 영화, 연극, 레뷰

1930년 8월, 일본인 미나토야 히사키치(港谷久吉)가 경성 시내 동대문 근처에 건설한 유원지 내에 미나도좌라는 극장을 완공하고, '미나도좌 신극부'를 두었다. 미나도좌는 일본인을 주로 상대하는 영화상설관이었는데, 1930년 9월부터 10월에 이르는 동안 이례적으로 조선인들의 연극을 공연했다. 이때 연출은 최승일이나 이백수가 맡고, 심영·석금성·나운규 등이 배우로 출연하여, 〈구두〉, 〈하차〉, 〈산중의 일야〉, 〈산〉, 〈언덕을 오르는 사람〉, 〈이층의 사나이〉와 레뷰극 〈어느 날 밤〉 등을 며칠씩 차례로 공연했다.[51]

이 미나도좌 신극부의 공연은, 공연물들이 프로연극과 관련되어 논란거리가 되었다. 〈하차〉(웃토 뮤라 작)는 1929년 조선프롤레타리아예술동맹 동경지부가 조선 순회극 공연을 위해 준비한 작품이었고,[52] 〈이층의 사나이〉(업튼 싱클레어 원작, 이백수 연출)는 1925년 일본프롤레타리아문예연맹 연극부 '트렁크극장'의 상연 목록으로 채택된 이래 조선과 일본 프로연극의 주요 레퍼토리로 각광받았던 작품이다. 또한 〈산〉은 르 메르텐의 〈탄광부〉에 달리 제목을 붙인 것으로, 검열에서 통과하지 못해 여러 차례 공연이 좌절되었던 작품이다.[53] 이중 〈하차〉와 〈산〉을 최승일이 연출했다. 당시 카프 연극부 위원이었던 최승일이 프로연극과 관련된 작품을 미나도좌라는 합법적 극장에서 공연한 셈이다.

영화배우이자 감독으로 명성을 얻었던 나운규의 관여도 눈에 띈다. 1929년 중순 나운규프로덕션이 분열한 후 나운규는 조선키네마에서 영화감독을 하기도 했고, 미나도좌의 연극 공연에 배우로 출연하기도 했다. 그리고 이들 공연 중의 일부는 나운규가 만든 영화와 병행하도록 편성되었다. 연극 〈언덕을 오르는 사람〉(1막)은 나운규프러덕션이 제작한 영화 〈벙어리 삼룡〉과 같은 날 공연했고, 레뷰극 〈어느 날 밤〉(6경)은 조선키네마가 제작하고 나운규가 감독한 영화 〈금붕어〉와 동시 상연되었다.

## 3. 모더니티와 아지프로

앞 장에서, 1920년대 후반 〈몽 파리〉 상연을 전후한 경성의 극장 공연을 가극과 레뷰 중심으로 살펴보았다. 가극과 레뷰는 각기 독립된 장르명을 사용했지만, 함께 나란히 편성되곤 했다. 가극이건 레뷰건 음악과 노래를 중요 표현 요소로 사용하는데, 레뷰 공연은 댄스 특히 여자들(소녀들)의 댄스를 중시하는 경향 때문에 차별화되었다. 여기서는 이들 공연의 의미를 공연 자체의 경향과 그 공연을 둘러싼 담론의 경향을 통해 논의하겠다.

### 3.1. 모던 경성의 판타스마고리아

이 시기 가극과 레뷰가 공연되던 극장은 영화상설관이었다. 가극과 레뷰의 등장과 활성화는 영화의 대중적 흥행과도 연결되었다. 조선극장이 '레뷰단'을 자체적으로 운영했다거나, 조선극장에서 서양영화 상영 사이사이에 토월회가 가극과 레뷰를 공연했다거나, 미나도좌에서 조선영화 상영 사이사이에 연극 공연을 편성했다는 것이 그 예이다. 극단 조직에 음악부와 무용부가 신설되었고, 여자 무용수는 자신의 이름을 내걸고 공연단체를 조직해 무용과 가극 발표회를 추진했다. 가극과 레뷰는 음악과 무용, 유행가와 재즈댄스가 대중화되는 즈음 번성했고, 그러한 요소들을 집약적 전문적으로 혼합시킨 공연 양식으로서, 영화상설관에 출현했던 것이다.

가극과 레뷰는 일종의 '세계' 취미를 자극했다. 유럽과 미국의 레뷰와 레뷰 영화는 별 시차 없이 도쿄와 경성에서 경험되면서, 스피드하게 하나가 되는 '세계'에 대한 착각을 불러일으켰다. 영화 〈몽 파리〉를 소개하는 글은 "격렬한 향락적 기분 속에서 생활하는 파리짠들의 현실의 辱氣를 보는 영광을 가질 따름이다. 누구든지 이 一九二九년대의 지구의 공기를 호흡하는 사람치고 이 짜쓰와 근대를 구별할 것이며 또 누구가 감히 그들이 짜내는 아름다운 꿈의 조각을 거부할 것이냐"고 단언한다. 파리의 뮤직홀을 보는 것은 지구의 공기를 호흡하는 일이었고, 경성을 벗어나 세계적으로 공유되는 감수성에 빨려드는 일었다. 이탈리아 기극으로 소개된 토월회의 〈초생달〉, 외국 이름이나 지명을 앞세운 제목의 가극들(취성좌의 〈벨네다의 탄식〉과 〈세빌나의 이발사〉, 조선연극사의 〈코스모스 호텔〉 등)은 경성 밖의 세계에 대한 환상을 자극했다. 취성좌가 공연한 가극 〈화차생활〉이나 〈라이프 오푸 쎄일러〉는 화차와 배라는 근대 교통수단을 소재로 이동 공간의 확장을 상상하게 했고, 배구자무용단은 레뷰 〈스피드 세계일주〉로 간접 경험을 선사했다. 그 세계상이 '부세(浮世)'[54] 즉 뜬세상일지라도.

레뷰와 레뷰 영화 그리고 가극은, 활동사진이라는 기계 문명의 총아가 위세를 자랑하는 공간에서 도시문명을 효과적으로 전시해주는 무성영화들과[55] 함께 공연되었던, '도시 행진곡'이었다. 조선극장 레뷰단의 〈경성 야곡〉, 취성좌의 가극 〈경성 행진곡〉, 조선연극사의 희가극

〈경성 야화〉 등은 '대경성 파노라마'[56]를 노래했다. 〈경성 행진곡〉(천한 수 각색, 1막, 희가극)은 1930년 2월 23일~26일 JODK 라디오로 방송되었다. 촌노인이 서울의 밤을 구경하려고 카페에 들어가, 낮같이 빛나는 전등 아래 '에푸론'을 걸치고 돌아다니는 여급과 이야기도 하고 유성기에서 흘러나오는 재즈를 들으며 신기해하는 내용이다.[57] 경성의 밤을 별건곤으로 만드는 전등 빛과 재즈 소리는 시골에서 올라온 할아버지를 조롱거리로 만든다. 이 〈경성 행진곡〉은 경성에서 불린 '도시 행진곡'의 단적인 예일 뿐이다. 경성에서는 〈도쿄 행진곡〉도 유행했다. "조선 서울에 안저서 동경 행진곡을 부르고, 유부녀로서 〈기미고히시-〉를 부르고 다 쓰러저가는 초가지벵서 〈몽 파리〉를 부르는 것이 요사히 '모던-껄'들이다. 이리하야, 그네들이 둘만 모혀도 밤중 삼경 오경에 세상이 떠나가도록 쇠되인 목청으로 그러한 잡소래를 놉히 부른다."[58] 경성의 밤풍경을 소개한 이 만문(漫文)에서 언급한 '동경 행진곡'은 아마도 1929년 닛카츠가 제작한 영화 〈도쿄 행진곡〉의 주제가일 것이다. 잡지 『킹』에 연재되었던 기쿠치 간(菊池寬)의 소설 〈도쿄 행진곡〉이 닛카츠에서 영화화되었는데, 이때 주제가를 사이조 야소(西條八十)가 작시했고 사토 치야코(佐藤千夜子)가 노래해 인기를 끌었다. 빅터에서 발매한 〈도쿄 행진곡〉의 노랫말은,[59] 도쿄 번화가인 마루노우치와 아사쿠사와 신주쿠, 이 번화가의 백화점과 시네마, 재즈와 댄서, 오다큐(전철)와 버스에 대한 쓸쓸한 찬미이다.

레뷰는 또한 배우의 육체와 미장센 그리고 재즈를 공연의 중심으로 삼는다.[60] 〈몽 파리〉에서 거듭 강조되는 것은 댄서의 몸으로 표현되는 율동감과 템포이다. "쪼세핀 쎼-카의 짜스딴쓰…… 露西亞 출생의 '리라 니콜스카'의 풍만한 賦因이 짜놋는 곡선의 波流"는 '艶景'이라 찬미된다.[61] '쪼세핀 쎼-카' 즉 조세핀 베이커는 미국 출신의 흑인 댄서이자 가수로, 1925년 샹젤리제 극장의 '흑인의 레뷰'에서 찰스턴을 추어 센

세이션을 일으켰다. 발을 올려
차듯이 하면서 추는 이 쾌활한
댄스는 순식간에 사람들의 마음
을 사로잡아 누구나 찰스턴에
몰두했다. 조세핀 베이커의 댄
스가 포함된 〈몽 파리〉는 경성
에도 찰스턴의 대유행을 불러일
으켰다. "얼골의 선택 육테미의
선택보다도 모던 걸, 모던 보이
들은 이 찰스톤 선수를 찾는다.
느그로도 조타. 아모래도 조타.
찰스톤이 다 이리하야 1931년에

**사진 4** 「新映畵 REVIEW 春文幻醉 몬·파리와 機械都市 메트로포리쓰」, 『조선문예』 1, 1929. 5.

는 흔들기 조하하는 남녀들은 집을 용수철 우헤 짓고, 용수철로 가구를 맨들고서 찰스톤 바람에 흔들다가 시들 모양"[62]이라고 야유된다. 이서구의 표현에 따르면 '재즈 취미'는 '고속도 문명의 부산물로서 현대인의 병적 향락 생활[63]을 드러내는 것이었다.

　외국영화의 여배우를 통해 간접적으로 노출된 여성의 몸과 육감적인 댄스는 20년대 극장 무대에서 다양한 방식으로 모방되고 변형되어 향유되었다.[64] 조선극장 레뷰단의 소녀들이 출연한 토월회의 악극 〈초생달〉(1막) 무대 사진에는, 무대 오른편 계단 위에 무희들이 도열한 채 전면에서 춤추는 무희들을 쳐다보고 있다.[65] 이 춤추는 '레뷰-껄'들은, 1920년대 초반 연극과 영화에 등장하기 시작한 '여배우'들을 잇는, 근대 대중 연예시장의 신상품이었다. 노출이 극대화된 옷을 유니폼처럼 입은 이들은 대량생산된 인공물의 이미지를 퍼뜨렸다. '레뷰-껄'들은 '반나의 궁둥이'와 '다리'로 표상되며, 비인격화되었다. 레뷰는 물화된 도시를 물화된 몸으로 보여주는, 자본주의의 오락 연예물이었다.

사진 5 〈초생달〉 공연 사진. 『조선일보』, 1929. 11. 1.

이런 영화상설관의 레뷰와 가극은 모던 경성의 판타스마고리아 (phantasmagoria)[66]였다. 이 레뷰와 가극이라는 요술 환등들이 비추는 도시의 황홀경은 아름다우면서도 야만적이다. 속도를 중시하는 사회의 '찰나적 향락과 도발적 자극성'[67]을 보여주는, 자극과 중독의 향연이었다. 또한 이 환등은 도시에 존재하는 계급 관계와 생산 관계를 은폐하고, 식민지 도시 경성의 정체를 외면하게 하는 강력한 매혹이었다. 조선의 '레뷰-껄'들은 밤벚꽃놀이가 한창인 창경원에도 나타나, "겨우 가리울 데만 얄팍하게 가리운" 채 "다리춤"[68]을 추었다. 조선의 궁궐인 창경궁이 창경원으로 개조되어 일본의 벚꽃 풍경을 즐기는 밤놀이 장소가 되어버렸다는 슬픈 현실은, 다리춤을 보기 위해 "펭귄이란 새떼가티" 몰려든 군중들의 외침 속에서 유쾌하게 잊혀졌다.

## 3.2. 아지프로와 아방가르드의 흔적

1927~1930년에 이르는 시기, 현실에 대한 계급적 분석과 계몽성을

사진 6 「몽파리 나녀」, 『조선일보』, 1929. 7. 27.

연결시킨 논의가 부상했다. 이 프로 문예운동에 관여한 이들은 사회주의 자이며 동시에 근대주의자들이었다. 프로문예운동에 참여했던 인물들의 상당수가 대중 공연 예술과 영화에 깊게 관여했고, 논쟁적으로 의견을 개진했다. 새로이 대중 연극으로 부상한 가극과 레뷰에 대한 논의도 카프와 직간접적으로 관계된 사람들이 주도했다.

소설가 심훈의 경우도 한 예이다. 1922년 최승일, 김영팔, 송영 등과 함께 무산계급 해방을 내세운 염군사를 조직했던 심훈은, 1926년 『동아일보』에 영화소설 〈탈춤〉을 연재한 것이 계기가 되어 영화계에 투신, 이듬해 일본으로 건너갔다가 돌아와 영화 〈먼동이 틀 때〉를 감독했고 연극에 대한 글도 썼다.

築地소극장의 무대에서는 시험관에다가 광물질을 쓸리는 냄새가 나고 帝劇에서는 난숙한 쌀르조아 계집들의 살냄새가 풍기며 新國劇에서는 대중의 땀냄새와 더운 김이 훅쓴하고 마터진다. 극단에는 각기 독특한 공기와 분위기를 우리의 취각으로도 맛들 수 잇슬만치 발전하고 잇는 것이다. (심훈, 「토월회에 일언함」, 『조선일보』, 1929. 11. 5~6)

이 글에서 데이게키帝劇는 데이코쿠(帝國)극장이다. 1911년 준공된 일본 최초의 본격 서양풍 극장인 데이코쿠극장은 러일전쟁 후 도쿄 최대의 영화관 거리가 된 아사쿠사(淺草)에 세워졌고, 전통 오페라에서부터 각종 잡다한 오페레타와 레뷰 등 각양각색의 음악극을 공연했다. 데이코쿠극장은 '서양식이며 육체적 자극에 개방적인' '아사쿠사 오페라'를 상징했다.[69] 심훈은 '난숙한 쑤르조아 계집들의 살냄새를 풍기는 데이코쿠극장을 특별히 비판하지는 않으며 '독특한 공기와 분위기'를 지닌 것으로 승인한다.[70]

심훈이 비판하는 것은 정체성 없는 추종이다. 그는 토월회의 〈질거운 인생〉(가극)과 〈초생달〉(악극)을 보고서 서양 것도 아니요 일본 것도 아니요 또한 조선 것도 아닌, 소화하기 어려운 '부빔밥' 극본을 선택한 것을 비판했다. "조선의 신극운동자가 무대를 이용하야 민중에게 엇더한 이데올로기를 주문식힐 수 잇겟느냐? 하는 문제는 莫論하고라도……특수한 교양이 업는 관중에게 썩둑썩둑한 서양극 번안물을 보히는 이보다 腸胃에 맛는 김치 깍둑이를 먹이되 그 속에 자양물과 소화제를 양념으로 겻드려주기에 전력을 경주하자"[71]고 제안했다.

번역극 상연을 비판하며 민중에 대한 연극의 역할을 강조하는 경향은 윤갑용의 글에서도 확인된다. 윤갑용은 토월회의 〈아리랑 고개〉가 조선의 현실을 담았다는 점을 높이 사면서도, '농촌이 피폐하게 된 원인과 유랑민이 되기까지의 과정에 대한 사회적 근거를 명확히 밝히지 않아, 의식적 적극적으로 계급투쟁을 표현하지 못한 것'을 한계로 지적했다. 윤갑용은 〈아리랑 고개〉에 춤과 노래가 들어간 점도 적극 비판했다. "가극을 표방하지 않는 이 연극에 잇서서의 노래와 춤의 삽입에는 또한 작자 겸 연출자인 박승희 씨의 의도에 적지 아니 의심을 나는 가진다. 요컨대 처녀들의 의상이 남치마 노랑저고리로 통일된 것이라든지 노인의 신에 겨운 춤이라든지 아리랑노래의 합창이라든지 가극 아닌 이 〈아리랑고개〉的 애수를 돌이어 감쇄하지 안핫슬가. 좀더 고언을 들이면-이것이 가튼갑세 여배우의 얼굴 보고 말소리 듯고 춤

보고 놀애 듯고 하니 헐하다는 관객 흡인책에서 안출된 흥행정책이라면 이것은 신극적 진로로서는 사도라 아니할 수 업다"[72]라고 했다. 윤갑용은 토월회의 〈여군도〉를 "모던샌이에게나 소용될 레뷰-화한 소시민적 자미의 통속성과 타협"한 공연이라고 비판했다.[73]

춤과 노래가 관객 계몽책이 아니라 관객 흡인책으로 사용되고 있음을 지적하고 우려했던 윤갑용은, 1930년 들어 당대의 레뷰를 비판하는 한편 정치적 민중적 레뷰를 대안으로 제시한다.

기계가 예술을 변화시킨다든가-혹은 모든 예술이 점점 기계화해가고 있다든가 하는 말은 예술이 사회계급에 의해서 결정된다는 소위 「이데올로기」 문제와 함께 우리를 전율시키는 문제가 아니면 안 될 것이다. 그것은 확실히 일체의 예술에 있어서의 「기술적 혁명」이다.……극장과 무대와 배우를 그 표현○○으로 삼아온 연극에 있어서도 기계문명의 침범으로 말미암은 표현형식의 변화는 면할 수 없는 일이었다. 그것은 「라디오 · 드라마」와 「모-숀 · 픽츄어」가 연극-종합예술로서의 연극형태의 분해를 가능하게 만들어 놓은 데서부터 시작된다.……정지할줄 모르는 근대과학은 다시 「토-키-」라는 아직 미완성한 예술이니 그것의 장래를 지금 앉어서 결정적으로 논단할 수 없으나 그것은 확실히 예술의 기술적 일대 혁명이 아니면 안이 된다.……모든 예술이 그 시대의 시대상을 반영하는 것인 만큼 현대에 잇서서의 예술도 현대의 사회상을 반영하기 위하야 그 표현 형식에까지 어느 변화를 보이게 된 것은 오히려 당연하다고 볼 수 잇스니 현대의 喧騷한 세상을 여실히 나타내인 연극 형식의 하나 '레뷰'가 그것이다.……진기한 무대장치와 눈이 부신 무대조명과 華裝燦爛한 의상과 均整된 여자의 육체와 때로는 나체에 가까운 남녀의 무용과 유모러스한 세리후와 노래-그것은 리듬이컬하게 움직이는 육체의 집단이다. 이와같이 레뷰는 현대인의 감각에 호소하여 현대의 급속한 템포와 보조를 같이 하는 점에 있어 오페렛

타나 뮤지칼 코메디나 보드빌 보다 훨씬 신시대적이다. 그러나 결코 푸로
레타리아적인 것은 아니다. 그렇치만 향락적이요 감각적인 반면에 또 우리
가 신시대에 요구하는 어느 건강성을 가진 밝은 맛이 있긴 하다. 오락예술
로서의 레뷰는 부르조아적이라손 치더래도 현대사회의 사회상을 여실히
나타내인 점으로 보아 우리들 극장인의 흥미 있는 연구의 대상일 것이다.
푸로레타리아 연극에 있어서도 레뷰의 형식은 고찰할 만한 요소를 가지고
있을 것을 믿는다.……관객의 귀와 눈을 기쁘게 해가면서 시사풍자를 던
져주는 곳에 레뷰로서는 새로운 進展性이 있는 것이다.(윤갑용, 「연극의 표
현형식의 진화에 대한 일고찰」, 『대중공론』 7, 1930. 6)

윤갑용의 위 글은, 근대 기술의 혁신에 대한 찬미와 프롤레타리아
예술의 변혁 가능성에 대한 기대를 연결시키는 시도를 보여준다. 그는
유물관이 예술 내용의 변혁을, 근대과학이 예술 표현형식의 혁신을 요
구한다고 전제한 후, '말의 예술'로서의 라디오드라마와 '동작의 예술'
로서의 활동사진, 그리고 이 두 예술이 결합된 '토-키'의 출현을 지적하
며, 이 모든 변화를 '정지할 줄 모르는 근대과학'에 의한 '예술의 기술
적 일대 혁명'이라고 찬양한다. 이때 레뷰는 현대의 템포를 반영한 연
극 표현형식으로 주목된다. '리듬이컬하게 움직이는 육체의 집단'을
보여주는 레뷰는 신시대에 요구하는 '건강성'이 있으며, 시사풍자를 살
려냄으로써 더욱 '진전'될 것이라고 했다. 그는 근대과학의 발전에 의
한 연극 표현형식의 '진화'를, 미디어의 변화와 레뷰의 출현에서 확인
하고 있는 것이다. 그리고 윤갑용은 이 진화의 산물인 레뷰가 프롤레
타리아 연극 형식이 될 수도 있다고 기대한다.

레뷰와 프롤레타리아 연극을 연결시키려는 논의는 당대 국제 연극
소식을 다룬 민병휘의 글에서도 간접적으로 확인된다. 민병휘는 독일
인 노동자 혁명극단이 노동자연예대회에서 공연한 레뷰에 주목, 관객

이 공연의 정치적 당위성과 의의를 평가하면서 극에 적극적으로 개입했던 상황을 흥미롭게 보고하고 있다.[74]

윤갑용의 견해와 민병휘의 관심은, 유럽 버라이어티 극장의 공연문화와 아방가르드가 조우하는 지점을 생각하게 한다. 유럽에서 비내러티브 퍼포먼스를 내세운 버라이어티 극장은 화려한 스펙터클 속에 감각적 심리적 충격을 받으며 함께 노래하고 아우성치는 곳이었다. 일부 예술가들은 이런 극장 문화에 영화와 신체예술에 대한 선호, 절대적 현재성에 대한 믿음이 직접적으로 반영되어 있다고 보았다.[75] 그리고 이런 극장 문화에 대한 선호는 러시아 혁명 이후 1932~33년까지 러시아와 동독에서 크게 활성화된 아지프로극(선동극)으로도 이어졌다.[76] 대중의 이해와 흥미를 위해 서커스, 판토마임, 곡예, 카바레 등 흥행물의 기교를 차용했던 아지프로극은 관객에게 충격을 주며 기존 공연문법을 타파하려 했다는 점에서 아방가르드적이었다. 아방가르드 연극은 관객의 지각 방식, 경험방식들을 급진적으로 새롭게 구조화하고자 했으며, 관객들에게 새로운 지각의 성취를 요구하여 궁극적으로 이들을 '새로운' 인간으로 변모시키고자 했다. 아방가르드 연극은 관객에게 직접적인 영향을 미치기에 적합하다고 여겨지는 연극 기호와 연극 요소들의 스펙트럼을 확장했던 것이다.[77]

프롤레타리아 예술에 대해 특별한 관심과 열의를 가졌던 윤갑용이나 민병휘는 또한 근대주의자이기도 했다. 레뷰는 시각적 장식적 특성 때문에 기술과 돈이 많이 드는 소비형 공연이었다. 레뷰가 부르주아적임에도 불구하고 프롤레타리아 연극 형식이 될 수 있다고 논리를 세우는 저변에는, 레뷰의 풍요한 이미지와 속도가 불러일으키는 '모던'한 풍경에 대한 거부할 수 없는 끌림이 있었을 것이다. 그리고 인종과 문화를 콜라주하며 세계주의의 감각을 자극했던 레뷰의 대중성과 사회 풍자에서 아지프로의 성공적 수행 가능성을 보았을 것이다.

그러나 식민지 경성에서 실제로 공연되는 레뷰에서는 사회풍자가 결여된 채 스펙터클만이 주목을 끌었다. 카프의 조직원이었던 김기진과 신고송은 프로파간다 연극으로서 레뷰의 부적절함을 자각하고, 음악 그 중에서도 노래의 활용 가능성을 강조하는 식으로 선회한다. 김기진은 음악의 차원에서 계급적으로 〈아리랑〉을 개작할 것을 제시했고,[78] 신고송은 '대중적 오케스트라를 조직할 자원도, 이천원짜리 피아노를 살 자원도, 전문적 기술을 전공할 여유도 없는' 현실에서 가능한 대안으로 '시의 민요화와 성악화'를[79] 주창한다. 레뷰의 가능성을 주목했던 민병휘도 민요를 이용한 가극에서 실현 가능성을 찾는다. "우리들의 입에서 잘되어 나오는 곡조를 널리 들리어주고 불려진 곡조를 택해서 그를 가극화하는 것이 대중적으로 아지푸로의 효과를 준다. 이러한 의미에 잇어서 나는 〈아리랑을 부르는 이들〉이란 가극을 썼다."[80]고 했다.

이렇게 김기진과 신고송이 프로문예의 대중화 방법으로 민요와 가극을 주목하던 1930년, 앞장에서 거론했듯 또 다른 카프 조직원이었던 최승일은 영화감독이자 배우인 나운규와 함께 미나도좌에서 프로연극 작품으로 분류되는 번역극들과 레뷰를 공연했다. 1930년 9월 미나도 좌에서 공연된 '레부劇' 〈어느 날 밤〉(전6경)은 "조선서 처음 생긴 레부 극. 발랄한 넌센쓰. 1930년도식 스피트.. 우리는 어느 날 밤 어느 곳에서 무엇을 볼른가. 백퍼센트의 급템포 레부극은 이곳에서 전개된다. 새로운 우리에 감각은 이곳에서 모힌다. 모히여야 된다."라는 광고문을 달았고, 기생 - 석금성, 청년 - 심영, 정남(情男) - 나운규, 얏이 - 엄시중, 여급 - 김덕희가 각각 배역을 맡았다.[81] 최승희의 오빠인 최승일은 1930년 당시 여배우 석금성과 결혼하여 연극계에서 함께 활동하고 있었고, 최승희의 무용발표회를 기획하기도 했다. 같은 카프 조직원으로서 최승일과 막역한 사이였던 박영희와 안막도[82] 대중 공연에 주목했다.[83] 최승일 연출로 공연한 〈하차〉[84]에 대해 박영희와 안막은 각각 "조선 최초의 프롤레타리아연극 상연"[85]이며 "프롤레타리아연극의 첫 행진"[86]이라고 고평했다.

이러한 미나도좌에서의 공연은 민병휘에 의해 신랄한 비판을 받았다. 민병휘는 "공연한 희곡이 푸로레타리아(사회주의 색채를 띤) 작품"이라 규정해도, 검열 때문에 노동자 농민을 아지프로 하기 위한 연극은 전혀 하지 못하는 상태에서 "최군이란 소불조아층이" "미나도좌라는 커다란 극장 안에서 중산계급의 자제, 기생, 부랑자, 모던 보이, 변호사, 신문기자 등을 대상으로"[87] 한 공연을 프롤레타리아 연극이라고 할 수 있는지 따졌다. 민병휘는 1931년 무렵 카프 내부 갈등 속에서, '카프 중앙 간부들의 인텔리겐차적 경향'을 신랄하게 비판했던 것이다. 카프 조직원인 신고송도 "현재의 프로연극운동이 인텔리적 경향에 빠진 노동자 농민 대중을 도외시한 〈하차〉의 상연으로 만족하고 있다"고 비판했다.[88]

이후 레뷰가 연극 예술 종사자들 사이에서 비중 있게 논의된 경우는 거의 없었다. 1930년대에 레뷰는 '고속도레뷰희가극' 또는 '넌센스레뷰'처럼 새로운 유행어들과 조합되어 공연을 이어갔고,[89] 레뷰에 대한 논의는 막간이나 넌센스, 가극이나 악극에 대한 논의 속에 스며서 이뤄지게 된다. 1934년 발표된 유치진의 글도 그렇다.

오늘 막간이 연극 속에 끼여서 기생하고 있는 것은 막간 연기자들의 불미소를 말하는 외에 아무것도 아니다. 앞에 말한 바와 같이 막간은 정히 흥행계의 총아이다. 그리고 총아가 될 만한 사회적 배경을 충분히 가진다. 막간 지지자는 행낭뒷골목에 야시장의 어중이떼들 가운데에 수두룩한 까닭이다. 막간을 독립시켜라! 이종철 임생원 신카나리아 小君 友子 그 외에 창졸히 기억나지 않으나 유능한 막간 연주자 제씨는 대동단결하라. 그리하여 막간에서 본격적 레뷰로 진출할 의기를 가져라. 막간으로 하여금 레뷰로서의 독립적 체면을 가지게 하여라. 그렇게 되면 말초적이나마 예술형식의 하나로서 당신들의 연기는 본격적 지반에 설 것이다. 나는 레뷰의 예술적 가치를 인정하려는 자의 하나이다. 레뷰는 그랜드 오페라식만이 레뷰가 아니다. 우리 생활의 시사적 모멘트를 풍자적으로 야유하는 데 그의 충분한 넌센스적 지위를 가지는 것이 아니라! 희가극도 좋다! 코메디칼 넌센스도 좋다! 일본의 「에노 켕」은 흥행계의 대인기아다. 동경에는 신년부터 오페라, 레뷰 전문의 대극장이 수백만원의 자금으로 陸續 개관되고 있지 않나? 이 사실은 막간 寄食者에게 무슨 자극이 되지는 않을까? 오늘의 조선의 막간! 이것은 끝끝내 카지노 포리 같은 조그마한 전문 레뷰단으로 독립되지는 못할 것인가?(유치진, 「梨園漫步」, 『중앙』 4, 1934. 2)

소녀가극 및 레뷰로 유명한 다카라즈카가극단이 1934년에는 도쿄에 극장을 신축했다. 위 글에서 도쿄에 신축한 '오페라 레뷰 전문 대극장'이란 아마도 이 도쿄다카라즈카극장을 말할 것이다. 카지노 포리는 1929년 도쿄 아사쿠사 지역에 문을 연 레뷰 댄스홀이고, '에노 켕'은 카지노 포리에서 희극배우로 유명했던 에노모토 겐이치(榎本健一)를 말한다. 이렇게 이 글은 도쿄의 레뷰 문화를 언급하면서, '막간'이 '시사적 모멘트를 풍자적으로 야유하는 희가극이나 코메디칼 넌센스'로서 독립한다면 오히려 본격적 레뷰가 될 수 있다고 제안한다. 막간이 '시사 풍자 레뷰'로 독립될 것을 주장한 것이다.

그러나 프로문예운동을 했던 사람들도 거듭 주창했던 이 '시사 풍자 레뷰'는 레뷰의 이름으로는 끝내 현실화되지 않았던 것으로 보인다. 1930년대 대중극으로 부상한 스케치와 넌센스에서 '시사 풍자 레뷰'의 흔적을, 대형화된 악극 공연에서 '스펙터클 레뷰'의 흔적을 발견할 수 있을 뿐이다.

## 4. 나오는 글

본고는 1927~1930년 무렵의 극장 문화에 주목했다. 이 시기는 대중적 모더니티가 확대되어 가던 때이며, 프로예술운동 논의가 활발했던 때이며, 전시체제로 개편되기 직전이었다. 그러니까 대중 공연문화의 활성화 속에서 근대주의로서 사회주의적 입장이 보편화된 시기이고, 파시즘의 여운이 느껴지는 시기였다.[90] 이 무렵 극장문화도 공연 중심에서 영화 상영 중심으로 바뀌었고, 주요 상영 영화도 볼거리영화에서 서사영화로, 무성영화에서 유성영화로 변화했다.[91] 그리고 1930년대 초반에 황금좌, 명치좌, 약초영화극장 같은 대형 '영화 전당'들이 황금정(현 을지로)과 본정(현 충무로) 중심의 경성 신시가지에 앞다투어 신축되기에 이른다.

이 1920년대 말 경성의 극장은 '버라이어티를 공연하는 영화관'이었고, 가극과 레뷰는 버라이어티 극장의 공연물을 대표했다. 이들은 각종 어트랙션의 몽타주로서, 도시와 육체를 찬미하고, 인종과 문화를 통합하며, 춤과 노래로 대중적 감성을 자극했다. 레뷰는 1930년대 들어 새롭게 일반화된 '에로 그로 넌센스 그리고 스케치'라는 용어들보다 일찍 경성에서 유행했던, 1920년대 산 최첨단의 외래어였다.

1920년대 후반 가극과 레뷰는 영화와 라디오 같은 근대 예술 미디어와 조우하며 기계문명의 힘과 템포를 보여주는 예로서 각광을 받았다. 춤과 노래가 곁들인 풍요로운 어트랙션의 기묘하고 공교한 조합 편성은, 상품이 진열된 쇼윈도우처럼 근대 자본주의화된 도시 이미지와 조응할 수 있었다. 카프 맹원들도 가극과 레뷰를 근대 아방가르드한 예술형식으로서, 새로운 대중적 아지프로 방식으로서 주목했다. 관객의 눈과 귀를 기쁘게 하면서 현대사회의 사회상을 풍자할 수 있다는 '새로운' 가능성을 높이 산 것이다.

그러나 식민지 경성의 레뷰는 스펙터클 레뷰도 시사 풍자 레뷰도 아니었다. 풍요로운 이미지를 초라하게 보여주는 형식, 시사 풍자의 훈련된 정치성을 수행하지 못하는 형식, 그래서 정체성이 미약하고 토착화되지 못한 형식이었다. 조선에서 레뷰는 최첨단의 이국적 모던감을 풍기는 잠깐의 유행어였다. 레뷰 영화인 〈몽 파리〉의 영향 속에서 경성 모던걸의 의상들이 눈에 띄게 달라져 화젯거리가 되었지만, 레뷰 공연 자체가 활성화되었던 건 아니었다. 레뷰 공연 없이도 레뷰라는 용어가 문화적 화젯거리가 되었으니, 레뷰의 유행이 아니라 레뷰라는 용어의 유행이었다. 이렇게 실체가 미약한 채 유행하던 외래어는 '데파트먼트'나 '에로 그로 넌센스' 같은 신흥 외래어의 등장과 함께 신속하게 사라졌다.

# 소녀 연예인과 소녀가극 취미

## 1. 들어가는 글

식민지조선에서 '소녀'는 실체로서의 소녀 집단과는 연관성이 미약했던, '박래' 용어였다. 어린이와 성인 여성 사이의 시간대에 놓인 존재로서의 소녀는 보통 취학기에서부터 여학교 졸업까지의 연령대에 속하는 여성을 일컫는다. 소녀의 출현은 근대 교육의 출현과 밀접하게 연루되었던 바, 영국에서는 학교 제도 교육이 여자아이들에게 확대된 19세기 말에 소녀 시기(girlhood)라는 개념이[1] 등장했다. 근대 교육 제도가 생기고 사회적 공간에서 활동하는 여성들이 늘어나면서, 아이와 어른 중간에 소녀 시기가 새로이 생기게 된 것이다. 그런데 1910~30년대 조선에서 학교 교육을 받은 여학생들은 극히 드물었고, 이 여학생들조차 소녀라기보다 신여성이라 불렀다.[2] 조선 소녀는 '신여성'과 '소년', '청년', '어린이'처럼 근대 들어 등장했지만, '소녀'로서 주목받지는 못했다.[3]

식민지조선 근대 사회에서 실체로서의 소녀 집단을 상정하긴 어렵지만, 문화예술계에서는 소녀의 이름으로 또는 예기라 불리며 소녀가 성장하고 있었다. 1910년대에는 10대 초반의 예기들이[4] 자신들이 속한 기생조합의 연주회에서 춤과 노래, 그리고 〈춘향가〉 등을 연극으로 꾸며 공연했다. 1910~20년대, 외국 공연단들이 경성에서 '소녀의 재주와 기술'을 상품으로 광고하며 공연했고, 1920년대에는 조선의 각종 소년회들이 문화 선전과 풍속 개량 등을 표방하며 학교와 공회당에서 '소년소녀대회'[5]를 개최했다. '소녀'는 이렇게 전통의 영역에서, 신 대중 연예의 영역에서, 그리고 교육과 계몽의 영역에서 간헐적으로 등장했다.

본고는 소녀의 이름으로 호명되고 광고된 소녀 연예인의 탄생과 성장에 주목한다.[6] 1910년대 문화계에 등장한 소녀 연예인이 1930년대 소녀가극의 주역이 되는 문화적 흐름을 밝히며, 소녀 연예인과 소녀가극 애호에 반영된 취향을 논하고자 한다. 소녀와 가극이 융합해 소녀가극(단)이라는 문화 아이콘이 형성되는 과정에는 식민지조선의 근대 문화가 두루 연루되었지만, 대중 연예계에서 활동하는 소녀 연예인에 주목하기 위해 조선에서 공연한 외국 공연단과 1929년의 레뷰 열풍, 1935년 동양극장의 신축과 소녀가극의 상관성 등에 초점을 맞출 것이다. 한편, 소녀 연예인과 소녀가극의 공연 레퍼토리와 표현 방식 그리고 소비에서 드러나는 경향성을 '취미'라 명명하겠다. 소녀처럼 '취미'도 근대 초기 문화 생산과 수용의 장에서 새롭게 내포가 형성된 근대의 어휘이다. 교양과 유의어로 사용된, 앎의 한 형식을 가리키는 말이었던 취미는 때로 연예나 대중적 오락과 동의어로 쓰이기도 했으며 더러는 개인적 취향(taste) 또는 그와 관련된 여가 활동(hobby)을 의미했다.[7] 소녀 연예인과 소녀가극은 '박래'의 새로운 취향으로서, 전문화된 대중 연예이자 오락의 영역에 존재한 1910~30년대의 독특한 '취미'였다.

본고는 '소녀'라는 주제어로 근대 초기 연예문화 장을 살핌으로써 식민지 시기 공연문화 연구 및 여성문화 연구의 빈틈을 새롭게 비출

것이라 기대한다. 본고는 여성공연단체사의 맥락을 재구성하는 시도
이다. 근대 여성공연단으로는 1910년대에 생긴 기생조합과 1940년대
후반에 생긴 여성국악동호회 및 1950년대 여성국극단이 주목을 받았
고, 이들 사이의 연속성과 시대적 차이 등이 논의되어 왔다.[8] 근대 초
기 소녀들의 연예 활동은 여성 연예 활동의 하나로 혹은 여성 연예
활동의 시작 단계로 언급되었을 뿐이다.[9] 기생조합뿐 아니라 본고에서
다룰 소녀 중심의 여성공연단 활동을 함께 살펴야 1950년대 여성국극
단의 번성과 표현양식의 특이성을 역사적으로 설명할 수 있다. 또한
본 연구는 근대 초기 악극 혹은 가극과 1930년대 동양극장의 연관성을
구체적으로 살핌으로써 동양극장의 문화사적 위상을 새롭게 조망하고
자 한다. 동양극장은 문명관이라는 이름으로 기공식을 할 때부터 소녀
가극으로 대표되는 대중 흥행극과 밀접하게 연관된 극장이었음을 밝
힐 것이다. 더불어 본 연구는 1929년 영화 〈몽 파리〉의 흥행을 전후해
인기를 끈, 한때 사회 풍자의 예술적 방법으로 옹호되기도 했던 레뷰
의 향방을 드러낼 것이다. 경제공황의 여파 속에서 보수적 분위기가
강화되고 개인주의적 경향이 득세하는 1930년대에, 레뷰는 소녀가극
으로 수렴되고, 레뷰의 노출 패션과 재즈음악과 찰스턴 댄스는 모던
걸 문화로 대중화되었던 것으로 보인다.[10]


## 2. '박래' 연예단과 소녀 연예인

### 2.1. 덴카스이치자와 스즈란자

1910년대 기생조합에 소속되었던 기생들이 대부분 10대였지만, 이
들은 '소녀'로서 주목되지 않았다. 식민지조선의 소녀 연예인은 1910

**사진1** 덴카스이치자 공연 예제.    **사진2** 덴카스이치자. 『매일신보』, 1921. 5. 22.
『매일신보』. 1921. 5. 20.

년대 덴카스이치자(天勝一座)와 1920년대 스즈란자(鈴蘭座)를 통해 대
중 문화계에 등장했다.

　러일전쟁 후 도쿄 아사쿠사에는 '아사쿠사 오페라'[11]라는 말이 유행
할 정도로 각종 흥행물과 음악극이 번성했다. 미모의 쇼쿄쿠사이 덴카
쓰(松旭齊天勝)[12]가 이끈 일본의 대표적인 곡예단인 덴카스이치자(天勝
一座)와, 이 단체의 일원이었던 쇼쿄쿠사이 덴카(松旭齊天華)가 독립하
여 조직한 '쇼쿄쿠사이 덴카 일행'이 인기를 끈 것도 아사쿠사였다. 이
들은 기기묘묘한 기술과 마술, 서양춤과 가극을 중심으로 한 미국식
버라이어티쇼를 유행시켰다. 1911년 도쿄에 오페라 극장을 표방하며
데이코쿠(帝國)극장이 신축되었는데, 이 극장에서 인기를 끈 오페라
스타 다카기 도쿠코(高木德子)도 보드빌 전성시대의 미국에서 노래와
댄스, 마임 등을 배워 온 쇼 댄서였다. 미국식 버라이어티 쇼는, 오사
카 북쪽의 온천 도시인 다카라즈카(寶塚)에 다카라즈카창가대(寶塚唱歌
隊)가 조직되면서 소녀가극으로 이어졌다. 1913년 고바야시 이치조(小
林一三)가 한큐전철의 종착역인 다카라즈카의 온천 영업 차원에서 16
명의 소녀들을 모아 다카라즈카창가대를 조직했고, 이 창가대는 1919
년 다카라즈카소녀가극단(寶塚少女歌劇團)으로 확대 개칭되었다. 이 성
공에 자극을 받은 쇼치쿠(松竹)가 1920년에는 오사카에서, 1928년에는

도쿄에서 소녀들을 모아 쇼치쿠악극부(松竹樂劇部)를 설립했다.[13] 이렇게 일본에서는 1920년을 전후해 소녀를 앞세운 대중 연예물이 아메리카 열풍 속에서 극적으로 확장되었고, 소녀가극단이 급속히 증가했다.

이들 덴카스이치자와 쇼쿄쿠사이 덴카 일행, 그리고 소녀가극단들은 자주 해외 공연에 나섰고, 조선에서도 수시로 공연했다. 덴카스이치자는 1913년부터, 쇼쿄쿠사이 덴카 일행은 1919년 무렵부터 각각 조선을 방문했고,[14] 각종 '기술'을 장기로 내걸면서 댄스와 연극, 양악 합주와 독창 등을 공연했다. 일본 소녀가극단의 '조종(祖宗)'임을 내세우는 동경소녀가극단은 1924년 경성에서 공연했고[15] 1925년 11월에는 중국의 대련·무순·봉천·안동현 등지에서 흥행을 마친 후 경성에 들어왔다.[16]

식민지조선의 소녀 배구자는 9세 무렵 덴카스이치자에 입단했고,[17] 조선 공연에서 특히 주목을 받았다. 1918년 5월 덴카스이치자가 부산의 황금관에서 공연할 때 11세의 나이로 "꽃같은 얼굴 단풍같은 손 빈 손에서 나오는 여러 가지 기빨"[18] 묘기를 선보였다. 덴카스이치자가 1921년 5월 경성 황금관에서 공연할 때는 배구자가 〈소공자〉의 주연으로 인기를 끌었다고 소개되며,[19] 송욱제구자(松旭齊龜子)라는 예명으

**사진 3** 배구자. 『매일신보』, 1918. 5. 14.　**사진 4** 배구자의 기술. 『매일신보』, 1918. 5. 30.

로 출연하기도 했다.[20]

다국적 소녀가극단이라 할 스즈란자(鈴蘭座)에도 8명의 조선 소녀들이 참가했다. 1921년에 중국 대련(大連)에서 대련소녀가극단이 조직되었는데 이 단체가 4년 후 스즈란자로 개명하여[21] 일본 벳푸를 중심으로 순회 흥행을 했다.[22] 1925년 스즈란자가 경성 조선극장에서 동화무용극 〈인형의 혼〉, 무언극 〈예술가의 꿈〉, 희가극 〈원족〉 등과 여러 가지 댄스를 공연했는데, 이때 이 스즈란자 단원 17명 중에는 '8살에서 15살에 이르는 조선 소녀' 8명이 참가하고 있었다. '권익남(14), 백복동(15), 김숙재(14), 김소군(13), 김옥순(12), 김옥희(9), 박순자(8), 서복순(10)'[23]이 그들이다.

덴카스이치자와 스즈란자는 대중 흥행 단체로서, 10세 안팎의 소녀

**사진 5** 스즈란자. 『매일신보』, 1925. 10. 11.

**사진 6** 스즈란자. 『동아일보』, 1925. 12. 2.

를 앞세웠다. 이 단체들의 흥행 초점이 되었던 '소녀'는 당시 조선의 대중 연예계에서 막 자리를 잡아간 여배우들과는 연령대가 달랐다. 예를 들어 1921년 조직된 예술협회는 여배우를 공모할 때 "학력 보통학교 졸업 정도 이상, 연령 17세 이상 22세 이하. 단 품행이 단정한 독신자에 한함"[24]이라고 명시했다. 1922년 최승일 중심으로 조직된 극문회는 연예부원을 모집할 때 "남 만 18세 이상 30세까지, 여 만 16세 이상 25세까지. 학력 중등 정도 이상의 품행방정한 자로 모집함"[25]이라고 자격 조건을 제시했다. 이 과정에서 일정 정도의 학력을 갖춘 만 16세 이상의 여자들이 최초의 여배우 대열에 합류했다. 이월화와 복혜숙 등이 그렇다. 이 무렵 '청년여자'라고 불리는 이들도 소녀와는 연령대가 달랐을 것이다. 1921년 군산에서는 "여자가 남자로 분장하야 무대 우에서 활동"[26]하는 여자동광단이 조직되었는데, 이 극단은 "사계의 유지 김춘교 등 청년여자 십여인"[27]이 중심이 된 '신파여자극단'이었다.[28]

예술협회나 극문회의 여배우 모집과 여자동광단의 활동이 1920년대 전반기 '여자' 연예인들이 문명과 교육의 이미지를 지닌 대중문화의 아이콘으로 부상하는 경위를 보여준다면, 덴카스이치자나 스즈란자에서 활동한 조선 '소녀'는 학력과 국경에 구애받지 않는 신생의 육체 이미지를 초점화하는 경향을 보여준다. 1920년대 대중 연예 공간에, 문명/교육 이미지를 내세운 여자 연예인들과 학력/국가 경계를 넘어 활동하는 소녀 연예인들이 함께 등장했던 것이다.

## 2.2. 레뷰 열풍과 소녀 연예인의 탄생

이렇게 조선 소녀들이 덴카스이치자와 스즈란자 등의 일본(혹은 다국적) 공연단체에 소속되어 활동하는 것과 무관하게, 1920년대 후반에는 조선의 극장이나 극단에서도 소녀가극과 관련된 이런저런 기획이 추진되었다. 1927년 조선극장에서는 현철 주도로 소녀가극단을 설치하려 했고, 일본 다카라즈카 견학을 계획하기도 했다. 이듬해인 1928년에는 김소랑이 이끄는 취성좌가 조선극장에서 최초의 가극 공연임을 광고하며, 가극 〈극락조〉·〈화차생활〉 등을 공연했다.

가극 또는 소녀가극에 대한 흥행계의 모색은 1929년 5월 단성사에서 레뷰 영화 〈몽 파리〉가 상영된 이후 순식간에 가시화된다.[29] 취성좌는 〈몽 파리〉의 상영 직후인 1929년 6월 단성사에서 장기공연을 하던 중 '취성좌 소녀반'의 가극과 레뷰를 공연했고, 조선극장은 1929년 9월 무렵 '조선극장 레뷰단'을, 그리고 토월회와 조선연극사는 당시 신무용가로 알려지기 시작한 조택원과 안세민이 참가한 무용부를 두었다.[30] 각종 권번들도 댄스와 레뷰 공연을 했다. 1929년 9월 12일부터 10월 31일까지 경복궁에서 개최된 조선박람회 "연예관 안의 각 권번 흥행이 거의 댄스로"[31] 짜여졌다. 1930년대에는 평양기생 레뷰단, 한성기생 레뷰단, 종로권번 레뷰부 등이 단성사나 도화관에서 공연했다.[32]

이렇게 레뷰 영화 〈몽 파리〉가 기폭제가 되어 소녀와 어린 기생들의 레뷰와 댄스, 가극과 신무용 공연이 활발해지면서, 급기야 소녀들을 중심으로 한 단체가 조직되기에 이른다. 일본에서 데이코쿠극장의 오페라와 다카라즈카의 레뷰와 가극 그리고 이시이 바쿠의 무용이 상호 배타적이지 않았듯, 조선에서도 레뷰와 댄스, 가극과 신무용은 서로 연결되며 다양한 모던 연예물들을 만들어냈다. 특히 레뷰는 다카라즈카 소녀가극과 구별되지 않았고, 조선에서 레뷰 열풍은 곧 가극 공연, 특히 소녀 중심 가극 공연의 부상으로 이어졌다. 1920년대 전반기까지 일본(또는 다국적) 공연단에 소속되어 활동했던 '조선 소녀'들 즉 덴카스이치자의 배구자와 스즈란자의 권익남과 김소군 등이, 소속되었던 단체를 나와 자신의 이름을 내건 공연단체를 만들고 춤과 노래 그리고 소녀가극들을 공연하기 시작한 것이다.

배구자는 1926년 6월 4일 평양 해락관 공연을 마치고 덴카스이치자에서 나온다.[33] 배구자가 독립한 후 처음 시도한 것은 '기술'이 아니라 노래와 무용이었다. 1926년 6월 18일, 19일 기독교청년회관에서 열린 근화여학교후원회 주최 남량연극대회에서 배구자는 〈내가 어찌 할까〉를 독창했을 뿐인데, 이 공연의 광고에서는 "天勝에서 이름난 배구자도 나오는" 것을 표나게 선전했고, 일본 단체에 속해 있다가 나온 배구자를 "古巢에 歸하는 小鳥"라고 칭했다.[34] 이후 활동이 잠잠하다가, 음악전문출판사인 백장미사를 설립하고 OK레코드 회사를 경영하던 이철의 기획으로 1927년 4월 21일 장곡천정 공회당에서 '은퇴 복귀' 공연을 한다. 배구자는 〈유모레스크〉, 〈집시댄스〉, 〈셀리(水夫)〉, 〈인형〉, 〈아리랑〉, 〈사의 백조〉, 〈櫻·櫻〉을 추었고, 노래로는 『백장미』 1집에 실린 '〈횃살 아이 두〉'의 번역곡인 〈어이하리〉를 불렀다.[35]

이렇게 무용과 노래로 자신의 존재를 알리기 시작한 배구자는 경성에 레뷰 열풍이 한창이던 1929년, 신당리 문화촌에 배구자예술연구소를 열고 소녀들을 모았다. 배구자일행(또는 배구자예술연구소일행)은 9월 19일부터 영락정 중앙관에서 공연한 후 평양, 인천, 대구에서 공연했고,[36] 11월 15일부터는 경성의 단성사에서 〈오리엔탈〉, 〈봄이 오며는〉

**사진7** 배구자무용연구소 제1회. 『동아일보』, 1929. 9. 18.

등의 신작무용과 가극 〈잠자는 신〉 등을 공연했다.[37] 이어 12월부터 1930년 2월까지 수원, 청주, 부산, 대구, 공주 등을 돌며 공연했다. 가극의 명칭을 붙인 것은 〈잠자는 신〉 정도였지만, 〈잠자는 신〉 이후의 수원과 청주 공연 광고에서는 배구자가극단이라는 용어를 사용했다. 1930년 3월 예술연구소 소속 20여 명과 함께 일본 큐슈 순회공연을 떠났다.[38]

일본에서 돌아온 후 배구자예술연구소는 본격적으로 가극과 레뷰 그리고 가무극 공연에 나섰다. 1930년 11월 4일부터 조선극장에서 "비가극 〈무궁화〉, 희가극 〈라 말세이유〉, 〈세계일주무용〉, 촌극 〈모가 모보〉, 〈홍장미백장미〉"[39]를 공연했다. 배구자예술연구소는 조선 민요를 무용화하여 신작 무용을 발표할 뿐 아니라 가무극부를 설치하여 가무극 〈복수의 검〉(2막)과 〈파계〉(1막)를 1931년 1월 13일부터 27일까지 단성사에서 공연했다. 이후 1931년 3월부터 4월까지 『동아일보』 후원 하에 안동, 선천, 정주, 원산, 회령, 청진 등지에서 공연했고, 5월에는 나운규와 영화 〈십년〉을 촬영했다.[40] 1932년부터는 일본에서 공연했다.[41]

한편 배구자예술연구소가 문을 연 1929년, 권금성도 자신의 이름을 내걸고 금성오페라단을 창단한다. 금성오페라단을 창단한 권금성은 1920년대 전반기에 스즈란자에 소속되었던 소녀 권익남일 것이다. 이 서구에 따르면 권금성은 열 살 되던 해 일본 교토의 소녀가극단 스즈란자에 소속되었다가 17세에 경성으로 돌아왔고, 조선극장 레뷰단에 가담해 신인 지도와 무대 연출에 공헌하다 레뷰단이 해산하자 금성오페라단을 창단했다.[42] 앞서 살폈듯 스즈란자가 1925년 경성의 조선극장에서 공연할 때 그 단원 중에는 "낙원동 십삼번지 김조성 씨의 질녀 권익남(14세)"[43]이 있었다. 김조성은 조선극장의 인기 변사로 1926년에는 조선극장의 경영에 참여하기도 했다. 김조성의 질녀 권익남은 스즈란자에서 활동하다 1928년 무렵 경성으로 돌아왔고, 1929년 조선극장 레뷰단에 참여했다가 예명을 내걸고 금성오페라단을 창단했던 것이다.[44]

**사진8** 권삼천, 〈만국부인〉 1932. 10.

1929년 12월 20일 우미관에서 열린 금성오페라단의 창립 공연은, "남녀 스타 42명의 놀라운 대집단으로 조선서 처음 되는 가극단"임을 내세우며, 연애비극 〈천국〉(김조성 각색, 3막), 권금성의 무용 〈눈 뜨는 봄〉(1장), 〈인형춤〉(1장), 〈촤뢰스통〉(1장), 임생원과 권금성의 합창, 가사 〈笑乃藥〉(1장), 가극 〈결혼 삼중주〉(임생원 제공, 권금성 각색, 전1막)[45]를 공연했다. 권금성은 가극 〈결혼 삼중주〉에 참가하고 몇몇 댄스를 추었는데, 이 댄스 중의 〈촤뢰스통〉은 〈몽 파리〉에서 조세핀 베이커(Josephine Baker)가 춘 찰스턴(charleston)이었을 것이다.

금성오페라단은 대구에서 공연을 할 때 각본 내용이 불온하다는 이유로 해산 당하게 되자, 삼천가극단으로 단체 이름을 바꿨다. 삼천가극단은 취성좌의 대표였던 김소랑이 주간을 담당했고, 1930년 6월에는 단성사에서 "권삼천 양 외 소녀배우 50여 명이"[46] 총출연하여 "조선에서는 시험해 본 적이 없는 레뷰식 가극과 희가극"을 공연했고, 이어 8월에는 "무용과 레뷰와 가극을 전부 전에 보지 못하든 새로운 것"으로 꾸몄다고 광고하며 〈경성 행진곡〉(신불출 작, 1막 2장) 등을 조선극장에서 한 달 간 장기 공연했다.[47] 8월에 공연한 작품 중에는 "권삼천 안무 중국무도 〈난무곡(亂舞曲)〉(소녀반 총출연)"이 있으니,[48] '소녀반'이 별도 운영되고 있었음을 알 수 있다.

1920년대 전반기 조선에서 공연한 스즈란자의 흔적은 1933년 조선극장에서 희락좌의 막간 공연으로 데뷔한 김소군(21)과 김능자(18) 자매에게서도 발견된다. 이들이 "열한 살에 고향을 떠나 일본을 건너가서 10년 동안 무용을 공부"[49]했다고 하니, 김소군은 1925년 당시 13세의 나이로 스즈란자에 소속되어 경성극장에서 공연했던 그 김소군일 것이다.[50]

이렇게 1929년부터 활동한 배구자예술연구소나 금성오페라단(또는 삼천가극단)은 여자 연예인 중심의 레뷰 및 가극류의 공연을 했다. 이 단체를 이끈 배구자와 권삼천이 이미 소녀가 아니었기에 자신들의 공연단체명에 '소녀'를 앞세우지는 않았지만 주로 소녀들을 모아서 단체를 운영했고 금성오페라단은 '소녀반'을 따로 두기도 했다. 이 두 단체처럼 여자가 단체장이 되어 레뷰와 가극류의 공연을 한 경우는 이후에도 간헐적으로 이어진다. 1920년대 중반부터 연극 영화에 출연했던 이월화가 1930년 무렵 오양가극단을 조직했고,[51] 1930년에 함흥의 동명극장 관주가 소녀 50여 명을 모아 해송소녀가극단을 조직하기도 했다.[52] 그리고 1934년에는 조선어류가극단도 공연했다.[53]

이상의 논의에서, 소녀 연예인의 탄생이 서구지향적인 '박래' 연예물의 대중화 과정과 연계되는 양상을 살필 수 있었다. 배구자, 권익남(권금성, 권삼천), 김소군 등의 조선 소녀들은 일본을 중심으로 태평양과 국가의 경계를 넘어 국제적으로 활동하던 단체에서 공연활동을 시작했다. 이들은 1929년 무렵 각각 자신의 이름을 내건 단체를 조직해 무용, 음악, 레뷰, 가극 등을 버라이어티하게 공연했다. 1929년 영화 〈몽파리〉의 상영을 계기로 이른바 레뷰 열풍이 형성되었고, 1931년에는 잡지 『신여성』의 '신유행어 사전편'에 '레뷰'가 등재되기에 이른다.[54] 이 새로운 열풍 속에서 소녀들 중심의 가극단이 조직되었던 것이다.

## 3. 동양극장과 소녀가극

### 3.1. 경성 '신주크'의 '문명관', 동양극장

1934년 11월, 구서대문 바로 아래 길 동편에 문명관(文明館)을 짓는 정초식이 거행되었다.[55] 그리고 약 1년 후인 1935년 11월 문명관은 동양극장으로 개명하여 개관했다.[56] 당시 대부분의 조선인 극장들이 일본인 소유주에게 사글세를 지불하는 극장이었던 반면, 동양극장은 조선인을 소유주로 내세운, 흥행을 목적으로 한 공연 전문 극장이었다. 평북 의주 출신으로 평양철도호텔에서 근무했던 홍순원과 배구자가 요시모토(吉本) 흥업을 통해서 알게 된 일본인 흥행업자 와케시마 슈지(分島周次郎)를 알선자로 내세워 상업은행으로부터 건축비를 융자받아 지었다.[57]

동양극장은 북촌도 남촌도 아닌, 도시의 발전축에서 살짝 빗겨난 서대문 밖 죽첨정에 세워졌다. 1930년대에는 일본인 극장인 황금좌, 약초영화극장, 명치좌 등이 남촌의 황금정과 본정으로 이어지는 가로축위에, 부민관이 태평통으로 상징되는 세로축 위에, 각각 대형의 위용을 과시하며 신축되었다. 조선인 극장인 단성사 조선극장 우미관 등은, 조선 시대에는 문화의 중심지였으나 경성의 중심축이 바뀌자 외곽지역이 되어버린 북촌의 종로 주변에 몰려 있었다. 동양극장이 지어진 죽첨정은 경성의 이 신구 중심지 어디에도 속하지 않는 곳이었다.

그렇다면 이 동양극장이 지향한 공간적 문화적 정체성은 무엇이었을까. 아래 글을 참고해보자.

서울 서대문 박 露西亞 정교회 잇는 부근에 꼬림빗 아담한 단장으로 나타난 3층 호화한 전당! 속 모르는 이가 지나다가 보면 黑西哥의 어느 왕궁

갓기도 하고 또는 엇더케 보면 나일강가의 아담한 빌네지갓기도 한 이 집!
이 집이 이 겨레에 새로 이러서는 영화연극의 모태가 되려 하는 동양극장
의 전모이다.……들니는 말에 이 극장은 5만원의 자본금을 드리어 장차
동경에 비하면 新宿一帶와 가치 크게 발전성이 보이는 서대문 일대의 樞要
地를 卜하야 기공한 것으로 작년 가을부터 땅골느기에 착수하여 약 10개월
사이에 완미한 전당을 세우게 되어 이제는 11월 1일의 개관일을 손꼽아
기다리게까지 되엇는데……극장 전체의 외관은 동경 丸之內에 잇는 동보
극장을 압축하여 논 듯한 모양으로 네귀 번듯한 升型 속에 東南 隅에는 3
층의 큰 구멍을 내어노아 신선한 라이트식 건물이 되야 보는 사람의 마음
을 깨끗하게 한다.……장내는 관객석이 약 800석인데 연극에 치중한다느
니만치 무대면을 돌닐 여유로 약 60여평의 광활한 지면을 그에 충당하엿
다. 지하실이 잇서 무대면을 돌닐 모든 공작을 하도록 되어 잇섯다. 장차로
는 전기단추를 한낫만 눌느면 사꾸라꼿 만발한 봄경치가 나왓다가도 다시
일순간이면 백설이 凱凱한 거울로 될 수 잇스리라. 그러니 이직 무대회전
을 전기로 하는 시설을 하자면 너무 비용이 만히 들기에 전신선만 요처요
처에 꾜을 시설을 하여 두엇슬 뿐이라 한다. 그리고 토-키 영화상영을 위하
야 약 1만원을 너허 기계장치 등을 하엿다고 한다.[58]

동양극장이 들어선 서대문 지역은 대한제국 시기 이래 각국의 대사
관과 공사관, 교회 등 서구식 건물들이 경성 어느 지역보다 많이 들어
선 곳으로, 서양의 각종 문화가 재빨리 소개되는 곳이었다.[59] 위 글을
쓴 이는 동양극장이 들어선 서대문 지역을 일본 도쿄 서부 지역인 신
주크(新宿)에 비유하며, 관동대지진 이후 크게 발전한 신주크처럼 서
대문 지역도 신흥 발전구역이 되리라 기대한다.

'신선한 라이트식 건물'이라는 서술에서는 서구식 근대 건축에 대한
열망을 엿볼 수 있다. 여기서 언급한 '라이트'는 도쿄의 제국호텔을 건

축했던 미국인 건축가 프랭크 로이드 라이트(Frank Lloyd Wright)일 가능
성이 크다. 모더니즘 건축의 창시자로 일컬어지는 라이트는,[60] 1910년
대 후반부터 일본에 머물면서 1923년에 완공한 제국호텔을 설계했다.
마야 문명의 이미지를 디자인에 적용하고 콘크리트 블록과 오야 지방
의 화강암을 이용해 건축한 이 호텔은 1923년의 관동대지진 속에서도
파괴되지 않았고, 라이트는 일본에서 가장 저명한 서양 근대 건축가로
서 명성을 날리게 되었다.[61] '신선한 라이트식 건물'은 일본문화의 영향
을 모던 건축으로 표현한, 서양적(이국적) 건물에 대한 찬사였다. 실제
로 철근 콘크리트조에 벽돌을 덧붙인 외관에 3개의 원형창을 갖춘 동
양극장은 모더니즘 건축의 정형을 두루 갖춘 것으로 평가된다.[62]

   한편 극장의 외관을 도쿄 마루노우치의 동보극장에 비유하고 있는
데, 동보극장은 배구자의 남편인 극장주 홍순언이 지향했던 극장이기
도 했다.[63] 동양극장을 실질적으로 경영했던 최독견의 증언에 따르면,
경기도 경찰부 보안과에 건축 허가 신청을 낼 때 홍순언이 가지고 있
던 도쿄 다카라즈카(東京宝塚) 즉 동보(東宝) 극장 사진을 냈다고 한
다.[64] 이 도쿄 다카라즈카극장은 다카라즈카 소녀가극의 도쿄 공연 거

**사진9** 동양극장. 『삼천리』, 1936. 4.

점 극장으로, 1934년 동양극장이 문명관의 이름으로 경성에 기공할 무렵 완성되었고, 다양한 소녀가극류의 공연물과 각종 정극들을 흥행했다. 도쿄 다카라즈카극장은 3층의 객석을 지닌 수용 관객이 2810명에 이르는 대극장으로, 프로시니엄 아치 높이가 30척, 무대 앞에서 안쪽까지의 길이가 51척인 대형 무대가 있고, 무대와 객석 사이에는 오케스트라석이 있어 당시 레뷰로 불리던 대규모 음악극 공연을 하는 데 최적이었다.

도쿄 다카라즈카극장과 '라이트식 건물'이라는 비유가 선망의 이미지였다면, 현실체로서의 동양극장은 축소-모방된 '호화전당'이었다. 동양극장의 전체적인 규모는 대지 4백 88평에 건평 3백 73평(2층), 객석 648석의 중형극장으로,[65] 1930년대 경성에 지어진 일본인 극장들 대부분이 1000석을 넘는 대형극장이었음을 생각할 때 규모를 자랑하기는 어려웠다. 이 극장의 프로시니엄형 50평 무대에는 요시모토 흥업에서 기증한 상하 개폐식 막이 쳐졌다. 주명실은 2층의 양편 끝에 있었고, 객석은 약간 경사가 진 개인좌석이었다. 추가요금을 내야 했던 2층 특별석에는 넓고 푹신한 소파형 의자가 있었고, 일반석과 달리 남자석과 부인석의 구별이 없었다. 무대에는 회전무대가 있도록 설계되었고, 호리존트가 설치되었으며,[66] 무대 밑에 기관실이 있어 스팀이 들어왔고 두 곳에 표 파는 창구가 있었다.[67] 극장 뒤에는 목조로 된 별채가 있어, 배우들의 휴게실 겸 분장실, 소도구 제작실, 의상실, 화장실 등이 갖추어졌다. 당시 관객 대부분은 청량리에서 서대문을 지나 마포에 이르는 노선의 전차를 타고 서대문정거장에서 내려, 비포장도로를 걸어 동양극장에 도착했다. 동양극장은 경성에 세워진 조선인 상대 극장으로는 유래 없이 넓고 깊은 무대를 갖춘 본격적인 공연 전문 극장이었지만, 무대 설치 비용과 전기료 때문에 회전무대 이용은 실질적으로 불가능했다.

## 3.2. 배구자악극단, 낭랑좌, 도원경

1935년 동양극장 개관 즈음, 일본의 다카라즈카소녀가극단이 조선에 와서 공연할지 모른다는 소문이 돌고 있었다.[68] 이에 호응하듯, 소녀가극 공연을 선도한 도쿄의 다카라즈카극장에 대한 선망 속에서 지어진, 그리고 신흥 발전 구역의 '라이트식' '문명관'이 되기를 희망했던 동양극장은, 개관과 더불어 소녀가극 공연을 기획한다. 1930년대 중반에 결성된 배구자악극단, 소녀악극단 낭랑좌와 도원경은 1920년대 배구자예술연구소와 금성오페라단을 잇는 소녀 중심 공연단체였다. 이들 단체들은 대부분 동양극장에서 창단 공연을 했다. 1930년대 동양극장을 중심으로 한 대중연극의 번창과 소녀가극은 그렇게 연루되어 있었다. 자세히 살피면 다음과 같다.

배구자는 동양극장이 한참 건축 중이던 1935년 무렵 일본에서 돌아왔고, 자신이 이끄는 단체 이름을 배구자악극단으로 바꾸었다. 배구자악극단은 11월 1일부터 일주일간 동양극장 개관 공연으로 '향토방문대공연'을 했고, 그 다음 주에는 '석별흥행주간'이라 광고하며 공연한 후, 12월쯤에는 일본 순회 공연 차 조선을 떠났다.[69] 다음은 배구자악극단이 1935년 11월에 동양극장에서 한 공연인데, '소녀관현악단'의 무대 연주가 특히 이채를 띠었다.

1935. 11. 1～11. 7. 배구자악극단. 漫劇 〈멍청구리 제2세〉 5경, 촌극 〈월급날〉 1경, 무용극 〈汲水婦〉 1경, 그외 20여명으로 조직된 소녀관현악단의 무대 연주(朝洋曲) 수종, 무용(클라식·짜즈·덥푸) 5종, 조선무용 〈아리랑〉, 독창, 합창, 뮤-직 플레이[70]

1935. 11. 8～11. 12. 배구자악극단. 악극 〈파리의 기적〉(최독견 작), 악극 〈雙童의 결혼〉(동극 문예부 제공) 2경, 촌극 〈아첨하다 봉변〉 1경, 소녀관

현악단 무대 연주, 무용 청춘송, 〈에크로바틱댄스〉, 조선신무용 〈창부타령〉, 신무용 〈도라지 캐는 처녀〉[71]

배구자악극단이 일본에 가고 없던 1936년 3월, 소녀악극단 낭랑좌가 "寶塚이나 東寶의 소녀가극단" 같은 단체가 되기를 희망하며, 동양극장에서 창립 공연을 했다. 낭랑좌는 "노래와 딴스로서 조선 예원에 데뷔하려는 뜻을 품고 현해탄을 건너갔던"[72] 나선교 · 권서추 · 박옥초 · 김소파 · 조영숙 · 마현숙 · 권보숙 등이 주축이 되고 경성에서 새로운 여단원 7명을 모집해 합숙하며 공연을 준비했다. 낭랑좌의 구성원들은 낭랑좌 조직 전에 이미 제각각 춤이나 노래, 연기로 이름이 났었다. 나선교는 1933년 무렵 시에론 레코드 회사의 전속가수로 이름이 높았고,[73] 김소파는 1934년 무렵 최승희 무용단에 속해 있었으며,[74] 조영숙도 최승희의 수제자였고[75] 박옥초는 신무대 소속 배우였다. 낭랑좌는 창립공연 후 곧 평양 해주 등 순회공연에 나섰고, 이후로도 지방과 만주 등지를 돌며 공연했다.[76] 낭랑좌 해산 후에도 단원들은 개별적으로 극단 활동을 했다.[77] 다음은 1936년 4월 낭랑좌의 동양극장 공연 상황이다.

**사진 10** 낭랑좌. 우부터 마현숙, 김소파, 나선교, 박옥초. 『삼천리』, 1936. 6.

1936. 4. 11~16. 악극단 낭랑좌. 넌센스 〈처녀 행진곡〉, 버라이어티쇼, 악극 〈고독의 비가〉(7경)

1936. 4. 17~18. 악극단 낭랑좌. 희가극 〈몽상의 가인〉(홍토무 편, 전8 경), 희가극 〈감자와 처녀〉(전초 작, 1막), 촌극 〈맛있는 술〉(홍토무 편, 1경)

낭랑좌가 동양극장에서 공연하던 1936년에도 배구자의 일본 활동 소식이 종종 알려졌던 바, 도쿄 신주쿠 제국관에서 공연한 배구자는 〈아리랑〉을 PCL에서 영화로 촬영할 예정이어서 3월 29일 아사쿠사의 화월(花月)극장에서 〈아리랑〉, 〈춘향의 춤〉 등의 단편 테스트 공연을 했다.[78] 1936년 5월에는 배구자악극단이 경성 동양극장에서 공연했다.

1936. 5. 5~5. 10. 배구자악극단. 악극 〈마음의 등불〉, 레뷰 〈꽃시집〉 15경, 바리에테 〈안녕합쇼 서울〉 15경[79]

1936. 5. 11~5. 15. 배구자악극단. 대레뷰 16경, 가극 〈인형제〉 1막, 스 켓취 〈방울꽃 情話〉 2경, 째즈 〈白井權八〉 2경

1936. 5. 16~5. 20. 배구자악극단. 호화레뷰 〈잘있거라 서울 10경〉, 악 극 〈사랑은 허무하기 물거품 갓드라〉 4장, 청춘좌 연극 〈가정비극 쌍옥누〉 2막3장[80]

**사진 11** 낭랑좌의 〈고독의 비가〉. 『삼천리』, 1936. 6.

**사진12** 배구자악극단. 『조선중앙일보』, 1936. 5. 20.

**사진13** 배구자악극단. 『매일신보』, 1936. 6. 15.

　배구자악극단은 경성 공연을 끝낸 이후 6월 9일 10일에는 『동아일보』 후원으로 만주에서 공연했고,[81] 6월 17일에는 경성 부민관에서 "논스톱 레뷰 20경. 배구자 고별 대공연"을 했다.[82] 7월에는 『동아일보』나 『조선중앙일보』의 후원을 받으며 김천, 청진, 성진, 함흥, 신포 등을 돌며 공연했고,[83] 이후 일본으로 떠났다.

　배구자악극단이 일본으로 떠난 후에는, 동양극장 전속극단인 호화선이 '오페렛타쑈'라는 이름을 내걸고 공연했다. 요시모토에서 일하던 정태성이 조선으로 돌아올 때 일본 음악극 대본을 몇 개 가지고 와 우리 실정에 맞도록 번안해 공연했다고 하는데,[84] 오페레타라고 강조한 이 공연들이 배구자악극단이 했던 레뷰나 가극과 크게 달랐을 것 같지는 않다. 특히 〈스타가 될 때까지〉에는 유계선, 이정순, 변성희, 지계순 등 여배우만이 출연했으니, 소녀가극과 유사했을 것이다. 그리고 이 무렵 동양극장의 또다른 전속극단인 청춘좌의 낮 공연에서 조선권번 연예부가 "쑈, 막간, 레뷰"[85]를 하기도 했다.

1936. 10. 13~10. 18. 호화선. 제4주 공연 오페렛타쑈 〈스타가 될 때까지〉(정태성 각색) 4경

1936. 10. 19~10. 23. 호화선. 제5주 공연 오페렛타쑈 〈스타가 될 때까지〉(정태성 각색) 4경

1936. 10. 24~10. 28. 호화선. 제6주 공연 쑈쏘트 〈최멍텅구리와 킹콩〉(정태성 편) 4경

1936. 10. 29~10. 31. 호화선. 제7주 공연 쑈쏘트 〈최멍텅구리와 킹콩〉(정태성 편) 4경

1936. 12. 31~1937. 1. 4. 호화선. 신년특별공연 1월 1일부터 부민관에서 3일간 공연. 그중 오페랏타 쑈 〈멕시코 장미〉(정태성 작) 9경

1937. 2. 17~2. 20. 호화선. 오페랏타 쑈 〈멕시코 장미〉(정태성 작. 연출) 9경

1937. 2. 21~2. 25. 호화선. 오페랏타 〈오전 2시부터 9시까지〉(정태성 각색, 연출) 2장

배구자는 1937년 1월 일본 순연 중 홍순언이 급사하자 경성으로 돌아와 장례를 치뤘다. 홍순언 사후 극장 소유권을 둘러싼 내분이 있었

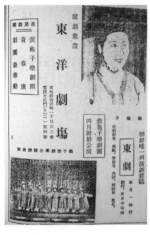

사진14 동양극장과 배구자악극단. 『삼천리』, 1937. 1.

고,[86] 동양극장의 직속극단으로 '배구자악극단, 청춘좌, 극단 호화선'을 거명한 광고지에서는 배구자악극단이 1937년 4월 다시 조선에서 공연을 하리라고 광고하고 있지만[87] 실제 공연 여부는 확인되지 않는다.[88] 1937년 7월 25일 동양극장은 사장으로 배정자, 중역 사원으로 배구이, 배석태, 홍종걸, 지배인으로 최상덕을 신고하며 합명회사로 등록했다.[89] 배구자 자신의 스캔들[90]과 경영권 문제[91] 등으로 극장이 분란에 휩싸인 이후 배구자

악극단은 동양극장에서 공연하지 않았던 것으로 보인다. 1938년 3월에는 개성에서 공연했다는 소식이 전하고,[92] 8월에는 일본 도쿄에도 무용연구소를 낼 계획이고,[93] 도쿄 화월극장에서 아우 배정자에게 예명 습명을 시키기도 했다.[94]

1938년에는 악극단 도원경이 동양극장에서 창립 공연을 했다. 1938년 5월 17일, 18일, 강정옥·공작희·전숙선·노재신·이성희 등의 여배우가 참여해, 희가극 〈청춘호텔〉(이서구 작) 1경, 희가극 〈사랑의 꽃다발〉(이영 작) 3경, 퍼레이드 〈춘소몽〉 15경[95] 등을 공연했다. 낭랑좌가 그랬듯 도원경도 오래 지속되지 못했다.[96]

동양극장의 가극류 공연에 주목한다면, 조선성악연구회의 '조선가극'들도 함께 거론할 수 있다. 1936년부터 동양극장에서 조선성악연구회의 창극 공연이 자주 열렸는데, 이 조선성악연구회의 창극은 전통예술인의 가무악이 연극으로 재구성된 것으로 당시에 창극은 외국에서 '박래'한 레뷰나 오페레타 가극 등과 구별되는 '조선가극'이라고 선전되었다. 이외 동양극장에서는 天華大一座(1936. 3. 14~16), 天勝大一座

(1937. 4. 8~17, 1938. 4. 11~14), 동경소녀가극단(1935. 12. 5), 일본 大一
座(吉本興業 專屬)(1937. 6. 17~18) 등, 소녀들 중심의 노래와 춤 그리고
기술(마술)을 주로 하는 단체들이 자주 공연했다.[97] 동양극장은 설립
초기부터 레뷰와 소녀가극을 다양하게 그리고 지속적으로 공연한, 소
녀가극 부흥의 거점 극장이었다.


## 4. 소녀 연예인과 소녀가극 취미

### 4.1. 이국과 조선의 박람회적 전시

1910년대 후반 덴카스이치자의 경성 공연과 1925년 스즈란자의 경
성 공연에 참여한 '조선 소녀' 배구자, 권익남, 김소군 등은, 1920년대
후반 자신이 속해 있던 단체를 나와 자신들의 이름을 내건 단체를 결
성했다. 1929년 레뷰 열풍 속에서 가극, 춤, 노래 등이 조합된 버라이
어티 공연이 번성했고, 악극단 낭랑좌, 악극단 도원경, 화랑악극단 등
소녀를 앞세운 공연단이 1935년 신축된 동양극장의 무대에 올랐다.

이들 소녀 연예인의 출현과 소녀가극 활동은 근대 초기 일본과 중
국 그리고 태평양 건너 미국을 오가며 유통되던 대중 문화의 흐름 속
에서 이뤄졌다. 배구자가 있었던 덴카스이치자는 미국 순회 공연을 할
때 미국인 10여 명을 단원으로 두고 음악과 댄스를 공연하기도 했다.[98]
1925년 권익남과 김소군이 참여하고 있던 스즈란자는 본래 중국 대련
에서 창단된 단체였으니, 1925년 당시 15명의 단원 중 조선 소녀 7명
을 뺀 나머지는 일본 소녀나 중국 소녀였을 가능성이 크다.[99] 이들이
자신들의 연예 기량을 습득한 곳도 일본이었다. 김소군은 동생 김능자
와 함께 "일본에 건너가 처음에는 무용가로 유명한 石井幕의 동생 石

井行康 씨에게서 무용을 배우고 댄스계의 명인 浪速喜美子에게서 재즈댄스, 레뷰 등 첨단적 신무용을 배웠다."[100] 김능자는 일본에 건너가서 노력한 끝에 쇼치쿠 악극부 일원으로 그랜드 레뷰에 출연하기도 했다.[101] 1936년 결성된 낭랑좌는 "노래와 댄스로서 조선 예원에 데뷔하려는 뜻을 품고 현해탄을 건너갔던"[102] 나선교・권서추・박옥초・김소파・조영숙・마현숙・권보숙 등이 주축이 되어 1936년 결성했다. 낭랑좌의 단원들은 일본에 건너 가서 필요한 연예를 익히고 2년 후에 돌아와 단체를 결성했던 것이다.[103] 이들 단체의 활동 반경은 조선에 국한되지 않았다. 다국적 구성원이 있던 단체에서 활동했던 이들은 국가 경계를 넘나들며 활동했다. 배구자는 덴카스이치자를 따라 미국으로 건너가 로스앤젤레스・시카고・뉴욕 등지를 순회 공연했고, 독립해 단체를 만든 후에도 배구자는 주로 일본에서 활동했다. 낭랑좌도 흥행하기 좋아 일본 순회 공연을 기획하곤 했다. 이렇게 소녀 연예인들은 다국적 성격이 강한 단체에서 일본이나 서양의 춤과 노래 기술을 배우는 식으로 연예 활동을 시작했고, 이들이 결성한 공연단은 국가 경계를 넘어서 활동했다.

국제적이라는 외연을 지닌 이 조선 소녀 연예인들의 등장 과정은 흥미롭게도 19세기 후반 세계적으로 이뤄진 박람회 문화의 부흥과 연결된다. 박람회는 1851년 런던에서 사상 최초로 개최된 이후 구미 각국의 국가적 제전이 되었고, 일본도 곧 이 국가적 프로젝트에 뛰어들어 1910년부터 1940년까지 30년 동안 100개가 넘는 박람회와 공진회를 열었다.[104] 조선은 1893년 시카고세계박람회에, 대한제국은 1900년 파리세계박람회에 참가했고, 일제강점기 식민지조선은 일본에서 열린 박람회에 대만, 만주, 사할린 등과 함께 전시관을 세웠다.[105] 그리고 조선에서도 1915년과 1929년, 그리고 1940년에 대규모의 박람회가 열렸다.

박람회는 근대적 산업을 전시하고 선전하는 동시에 제국주의적으로 문화를 타자화했는데, 그 기능은 박람회 연예장의 공연을 통해서도 수행되었다. 1893년 개최된 미국 시카고세계박람회에서 처음 등장한 미드웨이(midway)는[106] 각종 쇼 등의 유흥과 볼거리를 제공하며 인종과 문화를 전시했다. 이 시카고박람회에서 '리틀 이집트'라 불린 이국적 무희의 배꼽춤이 인기를 끌었고, 시카고 출신인 플로렌즈 지그펠드(Florenz Ziegfeld)는 자기 아버지를 도우며 쇼 감각을 키웠다. 이 지그펠드는 1907년 뉴욕 브로드웨이에서 레뷰 〈지그펠드 폴리스The Ziegfeld Follies〉를 최초로 히트시킨 이래 1931년까지 이 시리즈로 명성을 쌓았다. 〈지그펠드 폴리스〉는 '지그펠드 소녀들(Ziegfeld girls)'로 불리는 소녀들이 화려한 의상을 입고 계단 위에 늘어서서 행진하는 장면들로 인기를 끌었다.

조선에서 공진회나 박람회가 열릴 때도 연예관에서는 기생들의 공연과 각종 쇼와 연극 공연이 벌어졌다. 1913년 진남포에서 열린 서선물산공진회에서는 각처에서 온 기생단이 여흥을 제공했고,[107] 1915년에 열린 조선물산공진회의 연예관에서는 조선 거주 일본 권번 소속 기생과 조선인 기생조합 소속 기생들이 조를 짜서 1일 2회의 무용을 공연했다.[108] 덴카스이치자의 조선 공연이 이뤄진 것도 이 공진회 기간이었다. 덴카스이치자의 첫 조선 공연은 1913년 11월 서선물산공진회가 열리고 있을 때 수좌에서[109] 이뤄졌고, 1915년에는 조선물산공진회의 연예관에서 10월 10일부터 19일까지 〈살로메〉라는 연극과 〈羽衣舞〉와 각종 마술을, 그리고 10월 27일부터 31일까지 가극 〈새롭게 나타난 호궁〉과 기묘한 마술을 대대적으로 공연했다.[110] 일본 공연단인 덴카스이치자가 조선에서 서양의 살로메를 소재로 한 연극 〈살로메〉와 일본 전통의 나무꾼과 선녀 전설을 소재로 한 〈羽衣舞〉를 공연하는 것은, 여러 인종과 국가의 문화를 전시하는 박람회의 취지를 십분 반

**사진 15** 1915년 조선물산공진회 연예관, 이각규, 『한국의 근대 박람회』, 241쪽.

영하는 것이었다.

경성박람회 행사 중 연예관의 기획 공연은 소녀가극과 유사해지기도 했다. 1929년, 배구자예술연구소와 금성오페라단(삼천가극단)이 발족되던 해에 경성박람회가 열렸다. 경성박람회는 조선에서 조선총독부가 직접 주최한 두 번째 박람회로, 1929년 9월 12일부터 10월 31일까지 경복궁 뒷터에서 열렸다. 경성협찬회가 3만원의 경비를 투자해 연예관을 건설했고, 경성부 내 6개 권번(조선권번, 한성권번, 한남권번, 경성권번, 본권번, 신정권번)에 소속된 일본기생과 조선기생 602명이 개장 2개월 전부터 수련을 하여 50일간 다양한 공연을 했다. 이 기생들의 공연 중에는 일종의 기획 공연도 있었다. 조선의 명승지 10곳의 풍경을 묘사한 〈조선 10경〉이 그것이다.[111] 그런데 이 〈조선 10경〉의 구성은 당시 유행하던 레뷰와 흡사하다. 다카라즈카가 '일본 최초의 레뷰'라고 선전하며 1927년 9월에 공연한 〈モン・パリ 我が巴里よ〉는 한 여행가가 중국과 스리랑카, 이집트를 거쳐 파리에 도착하는 여정을 16개의 장으로 나눠 보여주었다.[112] 배구자예술연구소가 1930년 11월에 공연한 〈세계일주무용〉은 "일본 장면, 미국, 폴랜드, 에집트, 러시아, 지

**사진16** 1929년 경성박람회 연예관(외부). 이각규, 앞의 책, 435쪽.

**사진17** 1929년 경성박람회 연예관(내부). 이각규, 앞의 책, 435쪽.

나, 조선 등으로 장면(레뷰 식으로 템포 빠르게)"[113]을 나눠 보여주었다. 이들 레뷰와 무용이 여러 나라의 이미지를 전시하듯 보여주었다면, 〈조선 10경〉은 조선 각지의 자연과 문화를 전시한 셈이다. 배구자악극단이 1936년 5월에 동양극장에서 공연한 '바리에테 〈안녕합쇼 서울 15경〉'과 '호화레뷰 〈잘있거라 서울 10경〉'도 비슷한 구성이었을 것으로 보인다.

박람회가 그랬듯, 소녀가극이라 불리기도 했던 레뷰는 다른 나라 문

사진18 1929년 경성박람회 조선10경 중 '조선신궁의여름새벽'(위)과 '의주
통군정의 원망'(아래). 이각규, 앞의 책, 465쪽.

사진19 1929년 경성박람회 조선10경 중 '평양 모란대의 환상'. 이각규, 앞
의 책, 465쪽.

화를 고착화하거나 자국 중심적으로 전유하기도 했다. 경성박람회의
〈조선 10경〉 중 '조선 신궁의 여름 새벽'과 '조선박람회의 성관' '창경원
의 꽃'은 일본 전통 의상을 입은 본권번 소속 기생들이 공연했다. 기모
노를 입은 일본 기생들이 조선 신궁이나 창경원 벚꽃을 배경으로 추는
무용은, 조선의 '경치'에 대한 선별과 해석이 스민 것이었다.

조선 소녀(혹은 여자) 연예인들도 '조선적인 것'을 표현코자 했다. 배
구자의 경우 일본의 후지마 시즈에(藤間靜江)가 고유의 일본 무용에 서

**사진 20** 1929년 경성박람회 조선10경 중 '조선박람회의 성관'. 이각규, 앞의 책, 465쪽.

**사진 21** 1929년 경성박람회 조선10경 중 '신정권번 창경원의 꽃'. 이각규, 앞의 책, 465쪽.

양 댄스를 가미하여 새로운 춤을 지어내는 것처럼 조선춤에 서양식을 조금 첨가하여 '조선예술을 시대적으로 부흥'시키고자 했다.[114] 조선적인 것에 서양적인 것을 첨가하는 것이 조선적인 것을 그 시대에 맞게 살려내는 방식이라 생각했던 것이다. 배구자는 1927년에 '조선노래를 무용화한' 〈아리랑〉을 공연했고, 가무극부를 설치한 후 1931년 1월에 "순 조선 정조를 표현하는 새 선물로 노래와 춤과 연극의 종합 작품"[115]인 〈복수의 검〉과 〈파계〉를 공연했고, 1935년에는 〈창부타령〉, 〈도라지 캐는 처녀〉 등 민요의 무용화를 시도하면서 이를 신무용이라 했다.

낭랑좌의 나선교는 〈춘향전〉 같은 조선의 고전예술을 캐어내 이것을 악극화하고 싶다고 포부를 밝혔다.[116]

그런데 이 '조선성'의 공연도 다양한 국가와 민족의 문화를 차별 전시하는 박람회의 제국주의적 경향에서 자유롭지 않았다. 즉 '조선성'의 공연도 일본 박람회 조선관에 진열된 전시품처럼 소비될 수 있었다. 일본은 자국 내에서 열리는 박람회에서 자국민의 이국적 취향을 만족시키기 위해 각 식민지관에 해당 지역의 전통 양식을 채용했다. 또한 일제에 의해 개최된 경성박람회의 직영관에 사용된 조선 양식도 조선 문화에 대한 존중에서 비롯된 것이 아니라, 전통적 건축양식을 통해 서구화된 일본과의 거리를 강조함과 동시에 일본인의 이국적 취미를 만족시키는 것이었다.[117] 소녀가극을 했던 사람들은 대부분 일본에서 '조선 소녀'로서 공연했고, 그 정체성에 상응하는 연예물로서 조선적인 것의 표현이 요구되었다. 이렇게 일본에서 '조선성'을 앞세우며 한 공연들이 소녀의 상품화된 몸을 통해 조선을 여리고 비근대적인 것으로 이미지화하게 될 가능성이 있었던 것이다. 인종과 국가를 초월한 박람회의 전시가 인종과 국가를 구별하고 차별하는 것처럼.

박람회의 세계적 유행 속에서 소녀 연예인들이 참여한 공연이 활발해졌고, 소녀 연예인들은 인종과 국가를 '박람'케 하는 레퍼토리를 공연했다. 소녀가극의 경향성은 '만국박람회의 연예물화', '연예물의 박람회 취향화'라 할 만큼 박람회 흥행과도 밀접하게 연결되었다. 경성박람회라는 조선 최대의 박람회가 열렸던 1929년에 소녀 공연단이 결성되었다는 이 공교한 우연 속에는 박람회 문화를 통해 활성화되고 소녀가극에 반영되었던 취향, 국가와 인종을 볼거리로 전시하며 오락화하는 취향이 스며 있었다. 근대화에 따른 물질주의적 욕망과 제국주의적 욕구가 소녀의 육체로 물신화하여 지구적 문화상품의 형태로 유통되었고, 소녀가극은 이국적인 것과 조선적인 것을 조합한 대중오락적 흥행 상품으로서 제국주의 시대의 문화정치에 흡수되어 있었던 것이다.

## 4.2. 섹슈얼리티와 보이시

1920년대 신여성이라는 용어는 학교 교육을 받은 여학생을 지칭하는 식으로 쓰이다, 사회에 진출한 직업여성까지 포함하여 지칭하게 되었다. 곧이어 모던 걸이라는 용어가 등장하자 신여성과 모던 걸은 구별없이 뒤섞였다. 사회의 공적 공간을 활보하는 교육받은 신여성은, 규범이나 관습의 껍질을 타파하는 근대 도시의 전위적 상징이었고, 성적 자율성을 주장하는 위험한 모던 걸로 비판되었다.[118]

조선에서 신여성의 내포가 급격하게 확대되고 변화되었던 것과 달리, 소녀의 내포는 사실 취약했다. 그런 중에도 소녀의 신체는 여학교에서의 스포츠 활동을 매개로 사회화되었고 대중 연예 시장에서 상품화되었다. 1920년대 여학교에서는 체조나 테니스, 기타 구기 운동 등이 유행했고, 1930년대에는 하이킹이나 등산, 수영, 댄스 등도 출현했다. 여성용 야구복이나 기계체조복을 입은 여학생들의 단체 사진들이 곧잘 신문에 소개되었고, 댄스 강습회도 자주 열렸다. 학교나 종교 단체가 불우이웃 돕기를 목적으로 내세운 소년회의 가극 공연에서 각종 댄스를 추는 여학생 소녀의 신체는 건강하고 대담한 것으로 장려되었다. 또한 소녀의 신체는 대중연예 시장의 유통체계 속에서 기생조합연주회와 소녀 공연단들을 통해 상품화되기도 했다. 기생이 줄곧 '전통'의 이미지를 고수했다면, 소녀 공연단의 연예인은 박래의 유행 문화를 유통시키며 '비전통'의 이미지를 강조했다.

1930년대 들어, 서구적인 유행 이미지로 상품화된 소녀의 신체는 모던 걸로도 불리게 된 신여성 이미지와 결합되었다. 배구자는 배구자예술연구소의 소녀들이 보통학교를 마쳤거나 고등보통학교를 다닌 소녀들임을 거듭 강조하고 선전했다.[119] 이는 동양극장이 개관 준비를 하면서 극장에서 표 파는 이와 극장 내의 안내자들을 미모와 '고등여학교 2, 3년 정도의 학식'이 있는 20대 여자들로 바꾸고 이를 대대적으로 광고한[120] 것에 상응하는 것이었다. 극장은 교과서도 수업료도 없는 '분 바르고 연지 찍고 다니는' '거리의 녀학교'[121]로 선전되었다.[122] 극장 안에서 교육받은 여성의 신체는 상품으로 전시되며 신여성 이미지를 선정적으로 유통시켰다. "(모던 걸은-필자) 빨간 입술로 눈썹을 가늘게 그리고 윙크를 사방으로 보내며 레뷰식으로 깡충깡충" 걷는다고 묘사될 정도로, 레뷰는 경쾌하면서 선정적인 여성 이미지의 매개가 되었다. 레뷰와 의미 구별 없이 혼용되던 소녀가극을 통해 여성 신체는 감성 서비스를 하는 근대적 소비재가 되었던 것이다.

소녀가극단에서 남자 역을 여자들이 했기 때문에, 연예인으로서의 소녀에게서는 보이시(boyish)한 이미지가 강조되기도 했다. 덴카스이치자에서 조선 소녀 배구자는 〈소공자〉의 주연을 맡아 주목을 받았다.[123] 일본에서 남자 역을 배웠다는 권금성은 삼천가극단이 1930년에 공연한 〈경성 행진곡〉의 남자 주인공 역으로 강한 인상을 남겼다. 〈경성 행진곡〉은 시골에서 올라온 촌노인이 서울의 밤을 구경하려고 카페에 들어가 낮같이 빛나는 전등 아래 '에푸론'을 걸치고 돌아다니는 여급과 이야기도 하고 유성기에서 흘러나오는 재즈를 들으며 신기해 하는 내용이다. 권금성은 이 촌노인 역을 연기했던 것이다. 배구자예술연구소가 1931년 1월에 단성사에서 공연한 〈파계〉(이서구 작, 권일청 연출)의 배역은 일운선사(59세)-권일청, 성심(24세)-강덕월, 오인(11세)-배용자, 요녀(18세)-배구자이다.[124] 오인을 포함한 어린 중들의 노래와 춤으로 극이 시작되고, 봄꽃이 질 무렵 요녀가 성심을 유혹하여 함께 춤을 추는데 일운선사가 나타나자 성심의 눈이 멀게 되는 내용이다. 극의 내용상 오인을 포함한 어린 중과 성심, 일운선사는 남자 역인데, 배우는 일운선사를 한 권일청을 빼면 다 여자이다. 일운선사는 맨 나중에 잠깐 나올 뿐이고, 시작 부분에서 꽤 길게 장면화되는 어린 중들의 노래와 춤은 단체 소속의 10대 소녀들이 했을 테니, 〈파계〉는 시종 소녀 배우들의 남자 역 연기로 이어진다 하겠다. 1936년 낭랑좌를 창립한 박옥초도 도쿄에서는 남자 역을 배웠다고 했다.[125] 낭랑좌가 1936년에 공연한 〈고독의 비가〉(7경)와 〈몽상의 가인〉(8경)에서 박옥초가 남자 역을 했을 것이다.

**사진 22** 배구자악극단. 『동아일보』, 1938. 2. 3.

**사진 23** 배구자악극단. 『동아일보』, 1938. 8. 27.

보이시 이미지는 연기자뿐 아니라 연주자들을 통해서도 강조되었다. 1935년 동양극장에서 배구자악극단은 공연 레퍼토리에 '소녀관현악단의 무대 연주'를 추가했는데, 관악기를 부는 소녀들의 복장과 헤어스타일은 재즈 시대 미국의 플래퍼(flapper) 패션과 잇닿아 있었다. 1920년대 미국에서는 재즈의 붐과 함께 플래퍼 패션이 유행했는데, 이 플래퍼 패션의 직선적인 보이시한 스타일과 헐렁한 배기(baggy) 실루엣은 단순미와 기능미를, 얇게 비치는 소재를 사용한 짧은 치마는 노출미와 율동미를 시각화했다. 플래퍼는 모던 걸의 태도와 경향을 의미하는 용어로 사용되었고, 플래퍼 패션은 당시 재즈 소재의 영화를 통해 활발하게 유통되며 자유와 속도감, 원시성과 천진함 등을 표현했다.[126] 양성공존(androgyne)이라는 새로운 성적 이상에 맞춰 소녀들은 가능한 한 소년처럼 보이기 위해 머리카락을 잘랐고, 일본의 모던 걸 사이에서는 영국학교 이튼(Eton)의 소년들 헤어스타일과 유사한 보이시한 헤어스타일이 '이튼 스타일의 단발'이라고 불리며 유행했다.[127] 플래퍼는 흡연과 음주에 거리낌 없고 남자들과 거침없이 어울리는 "남자같은" 여자들을 의미했다. 소녀가극을 통해 등장한 남자 역을 하는 소녀와 남자 복장을 한 여자에게서 드러나는 보이시 경향은, 모던 걸의 과감한 자유로움을 반영했다. 소녀는 소년도 아니고 여성도 아닌, 그러나 소년답기도 하고 여성일 수도 있는 존재였다. 남자 역을 하는 소녀들과 보이시 패션은 소녀의 이런 경계성을 드러내 주는 표징이었다.[128]

## 5. 나오는 글

식민지조선에서 소녀는 사회적 존재로서 특화되지 않았다. 어린이와 소년을 앞세운 잡지나 조직은 있었지만 소녀가 잡지명이나 사회단체명으로 호명되는 경우는 없었다. 1920~30년대 신여성이나 모던 걸이 근대 조선의 도시 문화를 상징하는 존재로서 구설수에 올랐지만, 신여성이나 모던 걸 담론에서 소녀뻘 여자들이 소녀의 이름으로 논의되지도 않았다. 그런데 소녀는 뜻밖에 다국적 공연단이나 여성 공연단의 일원으로 활동하게 되면서, 그리고 소녀가극을 통해 연예인화되면서 사회적 존재가 되었다. 소녀 연예인의 탄생이다.

조선 소녀 배구자와 권익남은 열 살 전후의 나이에 덴카스이치자와 스즈란자 같은 다국적 공연단에 소속되어 활동하기 시작했다. 그리고 1929년 10대 후반의 나이에 이른 조선 소녀 배구자와 권익남은 독립하여 각각 배구자예술연구소와 금성오페라단(삼천가극단)을 창단했고, 서양과 일본의 대중문화를 흡수하면서, 신무용과 재즈 그리고 가극들을 공연했다. 소녀를 앞세운 가극 공연의 기획은, 동양극장이 신축하면서 꾸준히 확대되었다. 일본 소녀가극의 메카였던 도쿄 다카라즈카극장에 대한 선망 속에서 1935년 경성 서대문 지역에 신축된 동양극장에서는, 전속극단인 호화선의 오페레타뿐 아니라 조선성악연구회의 창극과 여성 공연단의 가극 등 각종 음악극이 활발히 공연되었다. 배구자가 이끈 공연단 이외에도 낭랑좌와 도화원이 동양극장에서 창립 공연을 했고, 이 여성 공연단들에는 소녀들이 대거 참여하고 있었다.

소녀 공연단에서 소녀는 연기와 댄스 그리고 노래를 부르는 연예인의 기능을 주로 담당했다. 소녀 공연단에서도 극작이나 연출, 진행과 음악 연주 등은 남자가 맡았다. 1930년 삼천가극단에서 주간은 김소랑이, 감독은 마호정이, 단장은 권삼천이, 각본부는 신불출이, 연출부는 임생원이 각각 책임을 맡았다.[129] 1936년 창단한 낭랑좌에는 극본을 쓰는 홍계명, 음악 반주하는 8명, 사무를 보는 염중근 등 "열두어분 남자 어른들이 관계"[130]했다. 1938년 창단한 악극단 도원경에서도 연출은 권일청이, 문예는 홍계명이, 고문은 이서구가, 선전은 최일파가

맡았다.[131]

　소녀 공연단의 레퍼토리와 공연형식에서 두드러지는 경향성으로는, 인종과 국가를 선별 전시하는 박람회 문화의 연예물화라는 측면과 보이시함이 강조된 섹슈얼리티를 지적했다. 19세기 후반 폭증했던 박람회를 통해 인종과 젠더의 혼란스런 유형화가 이뤄지고 이국적 스펙터클과 코스모폴리탄적 감수성이 출현했다.[132] 소녀 공연단은 박람회 취향을 연예물화함으로써 당대의 아이콘이 되었다. 일본에서 대대적으로 열린 박람회들처럼, 소녀 공연단은 여러 나라 문화를 전시하며 유행시키는 동시에 자국 고유 문화를 발견하여 홍보하려 했다. 배구자의 신무용과 조선 소재 가극에서 보이는 '조선성'의 발견 역시도 차별 전시하며 과시하는 박람회 취향과 맞닿아 있었다. 한편 소녀가극단은 레뷰와 신무용 그리고 재즈풍 음악을 결합시키거나 나열하는 식으로 공연을 기획했고, 여자의 남성 역 연기를 통해 또는 의상과 머리 모양을 통해 보이시한 취향을 이끌었다. 사회적 실체로서의 소녀는 어린이도 여성도 소년도 아닌 삼중으로 타자화된 존재였지만, 소녀가극은 여성적 섹슈얼리티와 보이시 이미지를 생산하고 소모하는 국제화된 문화상품으로서 인기를 끌었다. 이렇게 코스모폴리탄적 감수성은 소녀 연예인과 소녀가극을 통해 식민지조선에 경쾌하게 퍼져나갔다.

3장

# 남장한 여자들

# 여성국극의 성정치성 (1)

## 1. 들어가는 글

여성국극은 여성들에 의해 공연되는 창극이라고 할 수 있다. 여성 '창극' 대신 여성'국극'이라고 한 것은, 1950년대적 현상이다. 해방 직후, 민속악 아악을 통틀어 국악이라고 했듯이[1] 창극을 국극이라 호칭했다. 1910년대~1920년대에 창극을 구극(舊劇)이나 가극(歌劇)이라 일컬은 것이 다른 극양식의 충격에 대한 반응이라고 한다면, 해방과 더불어 국극이라 부른 것은 우리 문화에 대한 애착과 정통성을 강조한 것이라 할 수 있다.

1950년대는 6·25전쟁과 피난 생활, 수복 후의 경제 재건으로 이어지는 변화와 혼돈의 시기였다. 이 시기 들어 국립극장이 설립되고 신협·민예·신청년 등의 극단이 활동했지만 뚜렷한 공연성과를 내지 못했고, 아랑·황금좌 등의 신파극단 역시 가까스로 그 명맥을 유지했을 뿐이다. 이러한 시기에 여성국극은 수도 서울에서뿐만 아니라 지방 곳곳에서 인기를 끌며 번성했다. 여성국극 〈춘향전〉이 영화로 만들어져 상연되기도 했고,[2] 1955년 잡지 『아리랑』에 춘해 방인근이 〈실명소설 임춘앵〉을, 극작가 박노홍이 김진진과 김경수를 모델로 한 〈무지개〉를 『연합신문』에 연재했으며, 『명랑』, 『야담과 실화』 등의 대중잡지에는 여성국극 배우의 활동내용과 사생활이 단골 메뉴처럼 지면에 올랐다.

이 여성국극에 대한 그간의 연구는 여성국극단체의 대략과 여성국극인으로 활동한 여류명창들의 행적, 여성국극의 작가(김아부, 임운방, 조건, 양백명, 박진, 김향, 이유진, 고려성[3]) 및 연출가(박진, 이진순, 이유진, 박신출, 양백명)들에 대한 자료 소개가 대부분을 차지한다.[4] 여성국극은 흔히 역사의식이나 사회의식 없이, 호화로운 장치와 음악으로 말초적 흥미만을 자극하는 연극으로 평가된다. 여성국극의 의미를 찾거나,[5] 예술양식으로서 여성국극의 특징을 논의할 때도,[6] 연구자들은 여성국극의 대중성과 기형적인 연극양식이라는 점에 초점을 맞추었다. 여성국극은 한국연극계의 치부로 여겨졌으며, 청산하고 극복해야 할 그 무엇으로만 여겨졌다.

지금까지 대중극에 대한 대부분의 연구가 그렇듯이, 대중극으로서 여성국극의 형식적·미학적 특성이 무엇인지를 밝히는 연구는 시도되지 않았다. 여성국극은 멜로드라마적 극적 구성을 근간으로 화려한 무대장치와 의상을 앞세운다는 점에서 여타 대중극과 다를 바 없지만, 여성들에 의해서만 공연되는 연극양식이라는 점, 전통음악어법을 사용한다는 점, 사극류의 작품만을 공연한다는 점 등 여타 대중극과 구별되는 뚜렷한 특징을 지니고 있다. 그렇다면 이러한 양식의 연극이 50년대라는 시기에 결정적으로 부상하게 되는 역사적 계기는 무엇인지, 이러한 양식의 연극적·사회적 효과는 무엇인지 등에 대해 분석적으로 접근할 필요가 있다. 본고는 여성연극단체의 전통이라는 측면에서 본 여성국극단체의 위상, 여자배우에 의한 연극이라는 양식적 특성이 지닌 성정치성, 여성국극의 부상과 쇠퇴에 반영된 사회성이라는 세 측면에서, 여성국극의 특징을 밝혀보려 한다.


## 2. 여성공연단체의 전통과 여성국극의 역사성

### 2.1. 여성공연단체의 전통

한국의 전통극은 서민사회를 기반으로 발전하여 왔던 바, 지배계층이나 지식계층과는 일정한 거리를 유지하고 있었다. 특히 조선시대에는 상풍폐속한다는 유교적 논리에 의해 각종 연희가 금기시 혹은 천시되었다. 그래서 전문적인 희곡의 창작이나 극장 같은 공연문화의 형성은 20세기에 들어서야 가능하게 되었다. 이런 상황에서 한국의 전통극은 광대라고 통칭되는 공연자들에 의해 분화, 세련화되어 왔다. 굿의 례의 일부로 놀아지는 각종 굿놀이와 농악의 잡색놀이, 각 지역에 전승되는 가면극과 남사당의 꼭두각시놀음, 북청 사자놀음과 이동안의 발탈, 진도 다시래기와 판소리 등이 대강의 예이다.

이러한 전통극의 주담당층은 대개 남자광대들이었다. 농악의 잡색놀이나 각종 가면극은 향인광대가 중심이 되었으며, 꼭두각시놀음 등은 유랑광대들에 의해 놀아졌다. 발탈같은 전통극은 궁중광대의 놀이로 개발된 것인 바, 궁중광대들은 이외에도 사회상황을 풍자한 각종 소학지희(笑謔之戱)를 펼치며 극문화를 주도했다. 판소리 창자들도 신재효가 여성명창 진채선을 발굴하기 전까지는 주로 남자들이었다. 이외 솟대장이패, 굿중패, 남사당패 등의 전문연희패들이 유랑하면서 활동했다.[7]

이렇듯 공연집단이 대체로 남성 중심이었지만, 여성공연집단의 전통도 강고했다. 여성공연집단이란 여성들 중심으로 공연을 해온 집단을 의미한다. 한국에서 여성공연집단의 전통은, 다양하거나 견고한 터전을 지니고 있었던 것은 아니지만, 남성중심적 사회문화 속에서 지속적으로 금기시 되어온 그러나 소멸되지 않았던 문화 전통이다. 무속의례 및 굿놀이를 주도한 무당들, 사당패, 관기들, 판소리 창자들, 일제하의 기생조합 소속 기생들이 그 예이다.

여성공연집단의 시작을 무당들에서 찾을 수 있는 것은, 무속의례가 연희적 특성을 강고하게 유지, 발전시켜왔기 때문이다. 무속의례를 주관하는 사람을 흔히 무당이라고 하는데, 무당이란 여자 샤먼(shaman)을 지칭한다. 남자 샤먼은 무격(巫覡)이라고 한다. 한국 무속의 의례는 종교적 의례 기능뿐 아니라, 오락을 제공하는 역할도 하였다. 그래서 굿은 "무당이 노래나 춤을 추며 귀신에게 치성드리는 의식"인 동시에 "연극이나 여러 사람이 모이어 떠드는 볼 만한 구경거리"[8]의 뜻으로도 풀이된다. 특히 굿의례 곳곳에서 펼쳐지는 굿놀이는 남자무당에 의해 놀아지기도 했지만, 대부분 여자무당들에 의해서 실현되었다. 진도 씻김굿을 비롯한 각지의 오구굿이나 배연신굿 등에서는 무당이 연극적 복장을 하고 일정한 소도구 등을 사용하면서 연극적 상황을 연기하는 배우로서 기능했다.

한편, 『조선해어화사(朝鮮解語花史)』에 의하면 19세기 말기까지 여사당패가 남아 있었다. 여사당패라고 했지만, 사실은 남녀혼성단체였다. 여사당패가 남사당패와 다른 점은, 기예를 주로 여사당이 주도했다는 점이다.[9] 남사당 또는 거사라고 불리는 남자들은 연희에 전혀 관계하지 않고, 사당을 업고 다니는 등 갖가지 잔일과 허우채(몸값)의 관리를 맡았다.[10] 여사당패는 몸을 드러내 공연하는 것이 창녀의 폐습으로 여겨지는 사회문화 속에서 그 명맥을 유지했다.

무당과 여사당패의 활동이 근대 이전 시기 여성공연단체의 흔적이라면, 이른바 극장 문화가 형성된 근대 이후에는 각종 기생조합(권번)에 소속된 기생들에 의해 여성연극의 전통이 이어졌다. 1910년대에는 광교기생조합, 다동기생조합, 신창기생조합, 한남기생조합, 평양기생조합 등 다수의 기생조합이 양성화되었으며, 기생조합을 주축으로 공연이 기획되었다. 기생조합 주도의 공연은 흔히 기생조합연주회라고 불렸으며, 춤과 노래, 악기 연주, 연극 한 막으로 구성되어 있었다. 이때의 연극은 〈홍문연연의〉, 〈구운몽연의〉 같은 신작 공연도 있었지만, 대체로 〈춘향전〉, 〈심청전〉 등 판소리 작품을 연극화한 경우가 많았다. 이들 기생조합연주회는 판소리나 고전소설 개작 공연 등을 중심으로 레퍼토리가 짜였고, 전통음악을 중심으로 한 노래가 곁들여졌으며, 기생들이 여배우로서 남자역을 도맡아해, 공연형식의 측면에서 보면 1950년대 여성국극과 거의 다를 바 없었다.[11]

기생조합의 이러한 공연형태는 1920년대 중반까지 지속되었지만, 구체적인 양상은 조금씩 달라지고 있었다. 1910년대까지만 해도 기생조합이 결성되는 데는 엄격한 기준이 있었고 기생조합은 전통연희 전수장 구실을 했다. 그러나 기생조합이 기준 없이 양성화되고 신문화의 유행에 휩쓸리면서, 전통연희 전수기관 및 공연기관으로서의 성격이 점차 퇴색하게 된다. 공연 레퍼토리의 측면에서 기생조합은 판소리 작품이나 고전소설 각색 작품을 공연할 뿐 아니라, 역사극이나 신파극 등도 다양하게 공연하기 시작했다. 또한 1920년대 중반 무렵부터 일본을 통해 서양의 음악 및 연극을 공부하고 돌아온 사람들에 의해 음악계 및 연극계가 새롭게 구축되어가면서, 기생조합이 나서서 연극을 하는 관례는 차츰 사라지게 된다.[12]

이 기생조합의 쇠퇴와 맞물려 등장한 것이 여성가극단이다. 1920년대 후반, 신파극 및 유행가의 인기에 부응해 가극이 새로운 연극양식으로 등장하면서 여성가극단도 출현하게 되었다. 가극은 1920년대 신파극이 널리 유행하면서 공연 도중에 막간을 이용하여 출현 배우들이 짤막한 코미디나 만담, 대중가요 등의 숨은 장기를 보여주는 막간무대로 출발하였다. 토월회는 전문극단으로 전신한 후 첫 공연으로 박승희의 무용가극 〈사랑과 죽음〉을 공연했고, 1926년에는 '세계명작 歌劇技藝週間'이라 하여 〈카르맨〉, 〈곰〉 등을 무대에 올렸다. 그리고 신파극단인 취성좌가 조선극장에서 가극 〈극락조〉(1928. 6)를 공연하기도 했다. 여성가극단으로는 1929년에 권삼천(權三川)의 삼천가극단[13]과 배구자의 소녀가극단이, 1933년에 소녀가극단인 낭랑좌가 조직되었다. 여기서 잠깐 일본의 가극 또는 소녀가극단의 동향을 살펴볼 필요가 있다. 1902년에 가극연구회가 결성되고, 1904년에 쓰보우치 쇼요(坪内逍遙)가 바그너의 영향을 받아 『新樂劇論』을 쓰는 등 가극이 가능하게 되는 토양이 마련되고 있었지만, 일본에서 가극 공연이 구체적으로 가능하게 된 것은 1911년 본격적인 서양풍의 대극장인 데이코쿠(帝國)극장 즉 데이게키(帝劇) 설립 전후이다. 오페라 상연이 설립 목적 중의 하나였던 이 극장은 개장식에서 데이게키 부속 기예학교 출신 여배우들의 서양무용을 선보였고, 이후 '女優劇'이라는 명칭을 내건 몇몇 공연을 했는데, 이것이 공전의 환영을 받자 니시노 게이노스케(西野惠之助)를 중심으로 데이게키 가극부(歌劇部)를 결성하기에 이른다. 대중적인 가극 문화는 이른바 동경부의 아사쿠사(淺草)라는 지역을 중심으로 꽃피게 된다. 1901년에 도미했다가 1905년에 돌아온 쇼쿄쿠사이 덴카쓰(松旭齊天勝)가 단체를 결성해 버라이어티 쇼(각종 기술, 촌극, 무용, 마술, 곡예, 피아노와 바이올린 만돌린 등의 악기 연주)를 공연하여 인기를 끌었으며, 미국에서 발레와 판토마임 등을 배우고 1914년에 돌아온 다카기 도쿠코(高木德子) 역시 단체를 결성해 각종 무용과 〈女軍出征〉 등의 가극을 공연했다. 이 쇼쿄쿠사이 덴카쓰와 다카기 도쿠코는, 비슷한 시기에 활동했던 가와카미 사다얏코(川上貞奴)나 마쓰이 스마코(松井順

磨子)와 더불어 일본 최초의 여우(女優)시대를 열었다. 또한 철도회사의 이사로 있던 고바야시 이치조(小林一三)가 철도 주변을 발전시키기 위해 1913년 다카라즈카창가대를 결성해 소녀배우를 양성하는 한편, 이 소녀배우들을 위한 전용 극장(1919년 공회당극장 낙성, 1924년에는 4000명을 수용하는 다카라즈카대극장 낙성)을 지어 소녀가극을 상시 공연하게 되었다. 이외 일본가극협회, 동경가극좌, 동경소녀가극단, 原信子가극단, 대판송죽소녀가극단 등이 결성되고, 1917년 니혼칸(日本館)이 아사쿠사 최초의 가극 상설관으로 개장하는 등, 가극 및 소녀가극은 전성기를 맞이하게 된다.[14]

이러한 일본의 양상은 한국 여성연극단체의 활동에도 일정한 영향을 끼친 것으로 보인다. 앞서 언급한 권삼천의 삼천가극단과 배구자의 소녀가극단은 일본의 소녀가극단을 모방해, 기생조합연주회가 쇠퇴한 틈을 메우며 여성연극단체의 맥을 이은 경우이다. 권삼천과 배구자는 버라이어티쇼와 가극이 한창 시작되고 있던 1910년대와 1920년대에 일본에서 직접 그 문화를 경험했고, 20년대 후반에 한국에서 활동을 시작했던 것이다. 권삼천은 일본에서 소녀가극단의 일원으로 활동할 때, 남장여배우로 유명했다고 한다.[15] 배정자의 조카딸로 알려진 배구자는 어려서 일본의 유명한 쇼쿄쿠사이 덴카쓰가 이끈 단체에 맡겨져 서양춤과 일본춤을 수련했다. 그녀는 한국으로 돌아와 홍순언과 결혼한 후 1929년, 15세부터 20세까지의 소녀들을 모아 배구자무용연구소를 설립했고, 이 무용연구소를 발판으로 소녀가극단을 창단했다. 배구자의 소녀가극단은 서양의 무용과 집시춤, 아리랑 방아타령 등 우리 민요을 토대로 한 무용, 가극, 촌극 등을 공연했으며, 1930년 이후 일본과 한국을 오가면서 공연을 계속, 대단한 인기를 끌었다.[16]

한편, 일본의 소녀가극단이 내한한 경우도 있었다. 앞서 소개한 보총(寶塚)가극단 즉 다카라즈카가 1940년 4월에 경성 부민관 무대에서

〈花塚열차〉(6경)와 〈빛나는 2천8백년〉을 화려하게 선보인 바 있고,[17] 이어 1942년 10월에는 부민관에서 〈美と力〉(7경), 〈太刀道人〉(1장), 〈奴道成寺〉(1장), 〈寶塚繪卷〉(20경)[18]을 공연한 바 있다.[19] 일본 내에서도 절대적인 인기를 끌고 있는 다카라즈카의 이 1940년대 내한 공연은, 한국 음악극의 레퍼토리나 공연방식에 만만치 않은 영향을 끼친 것으로 보인다.[20] 1940년대 중반에 활동하던 조선악극단이 〈도화선〉이나 〈만리장성〉 등 다카라즈카의 레퍼토리를 개작해 공연하는[21] 한편, 여자배우가 남장을 하고 남자역을 하는 전통이 전통연희를 전수하는 단체에서도 다시 대두했기 때문이다.

## 2.2. 여성국극의 출현

전통연희를 주로 하는 단체에서 여자가 남자 역을 맡아하는 관례가 다시 등장한 것을 1945년 무렵이다. 남녀혼성 창극단인 동일창극단은 박귀희를 남자역 배우로 내세웠던 바, 박귀희는 1944년 7월 〈일목장군〉 공연에서 주인공 일목장군 역을,[22] 1945년 3월 〈춘향전〉 공연에서는 이도령 역을[23] 맡아 열띤 호응을 얻었다.[24] 이어 본격적인 여성국극 단체가 결성되기 시작하는데, 1948년에 결성된 여성국악동호회가 그 처음이다. 여성국악동호회는 당시 국악계의 여류 중진들이 대거 참여해, 회장 - 박녹주, 부회장 - 김연수 임유앵, 총무 - 조유색, 재정외교부 - 박귀희, 연구부 - 김소희 한영숙, 감찰부 - 김농주 외, 서무부 - 성추월 외, 선전부 - 신숙 외 등으로 조직이 짜여져 있었다.[25] 이 여성국악 동호회는 1948년 10월에 〈옥중화〉[26]를, 1949년 2월 11일부터 일주일간 김아부 작 〈햇님달님〉[27]을 공연했는데, 이 〈햇님달님〉이 공전의 히트를 하면서 여성국극이 대중예술로 자리잡았다.

1949년 11월 무렵에는 김주전의 주도 하에 여성국악동호회로부터

**사진 1** 여성국악동호회의 〈햇님달님〉, 『동아일보』, 1949. 2. 11

**사진 2** 여성국극동지사의 〈햇님달님〉, 『동아일보』. 1949. 11. 7.

이탈한 임춘행, 박초월, 임유앵, 조농옥, 한애순, 조금앵 등에 의해 여성국극동지사가 새로이 결성되었다. 이 단체는 11월 9일부터 을지로 4가에 있는 국도극장에서 〈햇님달님〉의 후편인 〈황금돼지〉를 창단작으로 공연했다.

한국 전쟁을 전후해 사단법인 여성국악동호회 아래 햇님국극단이 결성되어 조농옥·조금앵·박보아·박옥진·조순애·고일연·김임수·노신성·김정희·이소자·오수연·변녹수·백숙자·이소은·박송이·이영자·조정례 등이 단원으로 활동했고, 〈은토끼〉, 〈쌍동이왕자〉,[28] 〈옥루(玉淚)〉,[29] 〈이차돈 후편〉[30] 등을 공연했다. 이 햇님국극단의 운영권은 나중에 김경애[31]에게로 넘어갔다. 김경애는 1955년 강한용에게 햇님국극단

**사진 3** 햇님국극단의 〈은토끼〉.

사진 4 〈공주궁의 비밀〉. 『동아일보』, 1952. 7. 6.

을 인계하고 자신도 떠났다.

한편 임춘앵 단장 체제의 여성국극동지사는 광주에서 공연한 〈공주궁의 비밀〉[32]로 인기를 끌었고, 이 작품을 통해 임춘앵의 조카인 김진진이 스타로 부상했다. 한국전쟁 중 피난지인 부산에서 〈반달〉, 〈청실홍실〉,[33] 〈대춘향전〉,[34] 〈바우와 진주목걸이〉,[35] 〈구슬과 공주〉(일명 선화공주) 등을 공연했고, 서울로 돌아와서는 '임춘앵과 그 일행'이라는 이름으로 단체 이름을 바꾼 후 〈산호팔찌〉, 〈여의주〉, 〈백호와 여장부〉, 〈목동과 공주〉 등을 공연했고, 이후 다시 '여성국악단 임춘앵'으로 단체 이름을 바꾼 후 〈무영탑〉, 〈구슬과 공주〉, 〈백년초〉, 〈능수버들〉, 〈춘소몽〉, 〈귀향가〉, 〈열화주〉, 〈견우와 직녀〉,[36] 〈못잊어〉, 〈극락과 지옥〉, 〈먼동은 튼다〉, 〈흑진주〉 등을 공연했다.

임춘앵의 조카인 김진진과 김경수는 1957년 임춘앵의 단체에서 빠져나와 진경여성국극단을 만들었다. 각자 이름의 가운데 자를 따서 진경(眞慶)이라는 이름을 붙였다고 한다. 이 단체는 1960년 무렵까지 계속되었는데, 김경수의 남자역과 김진진의 여자역이 특히 인기를 끌었다. 1957년 11월 13일 〈사랑탑〉 공연을 시작으로, 〈꽃이 지기 전에〉〈차

사진 5 〈무영탑〉. 『동아일보』, 1955. 2. 4.

사진 6 〈무영탑〉의 임춘애, 『동아일보』, 1955. 1. 30.

범석 작), 〈언약〉, 〈기약없는 이별〉, 〈별하나〉를 공연했다. 이외 〈사랑
의 상상봉〉, 〈원정 칠백리〉, 〈사랑도 가지 가지〉, 〈사도세자〉, 〈루루태
자〉, 〈강화도령〉, 〈아 태조 이성계〉 등을 공연했다. 1960년대 초반 김
진진과 김경수가 각자 결혼하게 된 후 쇠퇴했다. 이후 김경수는 1964
년 '김경수와 그 일행'을 창단하고 〈왕자 호동〉으로 당시의 서울 시민
회관에서 공연하기도 했다.

이외 무수한 여성국극단체가 부침을 했는데, 기록을 통해 확인되는
여성국극단의 명칭이나 숫자는 한결같지 않다. 1958년 현재 대한국악
원 산하에, 임춘앵의 여성국악단(혹은 여성국악동지사 또는 임춘앵과 그 일
행이라고도 함), 강숙자의 우리국악단,[37] 김경애의 새한국극단,[38] 강한용
의 햇님국극단, 김진진의 진경국극단, 박만호의 보랑국극단,[39] 김득수
의 예원국극단, 김원술의 대한국극단, 이일파의 낭자국극단,[40] 박후성
의 화랑국극단, 김복술의 삼성국극단[41] 등 11개의 단체가 소속되어 있
었는데,[42] 이중 대한국극단과 예원국극단[43]을 제외한 나머지는 여성국
극단이었다. 이외 조금앵의 신라여성국극단,[44] 박홍도의 화랑여성국

사진 7 삼성국극단의 박보아, 박옥진, 조양금. 『동아일보』, 1954. 1. 7.

극단,[45] 문미나의 송죽여성국극단,[46] 박녹주의 보랑국극단, 김재선의 아리랑여성국극단,[47] 이진순의 동명여성국극단, 박정화의 아랑여성국악단,[48] 동화춘의 신여성국극단, 박미숙과 그 일행, 장월중선의 여성국극협회[49] 등의 여성국극단이 이합집산을 거듭하면서, 창극계를 풍미했다.[50]

여성공연단체의 전통이라는 측면에서 볼 때, 여성국극단은 무당집단과 여사당패 및 1910년대와 1920년대 기생조합의 전통을 잇고 있다. 이들은 한국 전래의 춤이나 노래 등을 연희하는, 여성들만의 단체라는 특징을 공유하고 있다. 서양식 오페라와 뮤지컬, 일본식 가극 등의 다양한 음악극이 소개되는 현실에서, 여성국극단은 공연양식 상 이들로부터 다양한 영향을 받으면서 나름의 양식을 모색했다. 여성국극은 여자배우들이 한국 전래의 춤과 노래를 토대로 연극을 하는 전통에, 신파극 및 외국 가극 형식의 영향이 뒤섞이면서 출현하게 된 것이다.


## 3. 여성국극과 '성정치성'

### 3.1. 낭만적 보상기제로서의 내러티브와 '남성적 응시'

#### 3.1.1. 사랑에 대한 배타적 강조와 멜로드라마적 구조
여성국극의 레퍼토리는, 남녀혼성 창극의 레퍼토리가 그렇듯이, 크게 〈춘향전〉, 〈심청전〉 등의 고전소설군과 야사나 설화를 바탕으로 한 창작사극군으로 나뉜다. 이외 서구의 고전들을 번안한 공연도 있었다. 〈햇님달님〉은 푸치니의 오페라 〈투란도트〉를, 〈청실홍실〉은 〈로미오와 줄리엣〉을, 〈흑진주〉는 〈오셀로〉를, 〈초야에 잃은 님〉은 〈몬테크리스토 백작〉을 각각 번안한 것이다.

여성국극의 레퍼토리를 대표하는 것은 창작사극이다. 창작사극의
번성은 1950년대 연극계의 전반적인 양상이었지만,[51] 특히 여성국극이
사극 위주의 레퍼토리로만 구성되었다는 점은 중요한 특징이라고 할
수 있다. 여성국극이 일본의 소녀가극단인 보총(寶塚) 즉 다카라즈카
와 흔히 비교되면서도,[52] 일본 소녀가극단의 아류라고만은 볼 수 없는
여성국극 고유의 특성이기 때문이다.

여성국극단의 공연이 번성했지만, 공연대본은 거의 남아 있지 않
다.[53] 〈무영탑〉, 〈해님달님〉, 〈사라공주〉, 〈선화공주〉, 〈공주궁의 비
밀〉, 〈바우와 진주목걸이〉, 〈사랑탑〉, 〈열녀화〉, 〈구슬과 공주〉(일명 선
화공주), 〈목동과 공주〉, 〈눈 위에 피는 꽃〉, 〈꽃이 지기 전에〉 등을 공
연했는데, 이들은 제목에서 알 수 있듯 대개 삼국시대의 설화와 야사
를 소재로 한 작품들이었다. 레퍼토리를 제공한 작가들은 조건·김아
부·이운방 등 대중작가들이었고 유치진이 〈가야금의 유래〉를, 차범
석이 〈꽃이 지기 전에〉라는 작품을 제공한 바 있다. 이외 현진건의 소
설 〈무영탑〉이 극화된 적이 있다.

이들 여성국극단의 공연작품들은 대체로 혼사장애와 그 해결이라
는 공식에 의해 진행된다.[54] 주인공 남녀 중의 한 명은 전란이나 권력
다툼 때문에 궁지에 몰려 피난 상태에 처하게 되고, 그런 상태에서 우
연히 상대역인 공주나 왕자를 만나게 된다. 이들의 사랑이 무르익은
상태에서 이들 중의 한 사람을 사랑하는 악한 심성을 가진 사람이 개
입해서 삼각관계로 발전하고, 주인공 남녀가 그들 사랑을 다시 성취하
는 과정에서 이들을 궁지로 내몰던 외적 상황(전란이나 음모)도 해결되
어 행복한 결말을 맞이하게 된다. 혼사장애의 원인은 신분 차이(어느
한쪽은 고귀한 신분인 반면, 어느 한쪽은 천민이거나 사회적 지위를 잃은 상태)
와 정치적 갈등(서로 다른 정치권력에 속해 있음), 제3의 연적 등을 들 수
있다. 혼사장애는 고귀한 신분의 회복, 정치적 갈등의 해결, 제3의 연

적 제거 등이 이루어지면서 해결된다.

여성국극에서 이러한 혼사장애 즉 남녀 간의 애정갈등은 대부분 전쟁상황을 배경으로 이뤄진다. 서로 다른 나라 사이에 일어나는 전쟁이건, 한 나라 안의 권력 갈등에 따른 전쟁이건, 전쟁은 1950년대 관객에게 가상이 아니라 현실이었다. 연극 속의 전쟁이 과거 한반도를 중심으로 발생한 것으로 설정되어 있고 보면, 그 전쟁은 1950년대 현재 한반도에서 겪어야 했던 그 전쟁과 다를 바 없었다. 6·25 전쟁에 대한 기억의 박진감과 현실감이 그만큼 강했기 때문이다. 여성국극은 저 먼 과거의 어느 한때를 극중시간으로 삼았음에도, 전쟁 상황을 배경으로 설정함으로써 1950년대적 현실감을 확보할 수 있었던 것이다.

이렇게 여성국극은 전쟁 상황을 현실감의 매개로 활용하면서, 사랑에 대한 배타적인 강조와 해피엔딩의 공식을 좇아간다. 여성국극에서 전쟁 상황은 남녀 주인공을 곤란에 처하게 하는 외적인 장애로서 작용했을 뿐, 등장인물의 내적 변화를 불러일으키지는 않는다. 극적 세계를 지배하는 것은 남녀 간의 사랑이다. 사랑에 빠진 남녀는 오직 사랑의 확인과 성취에만 혹은 사랑에 따른 불안에만 전념한다. 그래서 여성국극은 당대 현실에 대한 박진감 있는 양식이 아니라, '남녀 간의 처절하고 절박한 사랑'에만 강박적으로 매달리는 양식으로 귀결된다. 또한 여성국극의 극중인물은 악인과 선인으로 뚜렷이 그 성격이 구별되며, 대부분 해피엔딩으로 끝난다. 극의 남녀주인공은 선인으로, 마음이 화합하는 사랑을 존중하며, 권력에 무관심하거나 정당성 있는 권력을 추구하는 인물로 그려진다. 반면 안타고니스트들은 악인으로, 겁탈과 폭행에 가까운 방식으로 사랑을 성취하려 하고, 사리사욕을 채우기 위해 권력을 추종하는 인물로 그려진다. 악인들 때문에 선한 남녀주인공이 곤란에 처하지만, 결국은 선이 승리함으로써 모든 갈등이 해소된다. 여성국극은 '자극-고통-형벌'의 구조로 이루어진 멜로드라

마류의 극적 관습에 충실했던 것이다.[55]

전쟁을 배경으로 남녀 간의 사랑을 배타적으로 강조하며 헤피엔딩으로 끝나는 여성국극의 이러한 특성은, 여성국극을 1950년대에 발표된 다른 연극들과 구별짓는 요소이다. 1950년대에는 6·25전쟁을 배경으로 삼으면서, 전쟁과 연계된 애정갈등을 다룬 작품들이 다수 창작, 발표되었는데,[56] 이들 작품에서 남녀주인공격인 인물들 사이의 사랑은 대부분 반공이데올로기와 연계되고, 따라서 사랑은 반공이데올로기를 돋보이기 위한 부수적 계기 혹은 장치로서만 강조된다. 이는 여성국극이 전쟁을 배경으로 삼으면서 사랑의 곡절을 배타적으로 강조하는 것과 다르다. 한편 1950년대 발표된 남녀 간의 애정 자체를 강조한 작품들은[57] 그 무대배경이 당대의 일반적인 전후 현실이라고 느껴질 수 없을 정도로 서구 취향적인 모습을 띠고 있다. 이는 여성국극이 애정의 문제를 다루되, 한반도의 전통적인 문화를 그 배경으로 강조한다는 점과 다르다. 여성국극은 전쟁을 현실감의 매개로 사용하되, 전통사회를 배경으로 한 남녀의 혼사장애와 그 장애의 해결과정을 통해 '순수하고 절대적인 사랑'에 대한 선망을 모방하고 복제하는 식으로 존재했던 것이다.

이러한 여성국극이 당대 최고의 인기를 누렸다는 것은, 여성국극이 관객에게 '보상'과 '위안'을 제공해주는 극적 형식으로 작용했음을 의미한다. 여성국극은 착한 주인공이 '고통에 비례하는 보상'을 받는 멜로드라마의 관습을 따른다. 이런 연극에서 관객은 극에 몰입하는 만큼 그 허구적 보상을 보장받게 된다. 또한 상고시대 궁전을 배경으로 하는 여성국극은 화려한 복장, 특유한 발성법과 몸동작, 무대장치의 현란함 등을 통해 관객의 감상성과 통속성을 충족시켜줄 수 있었다. 여성국극은 육체적이고 감각적인 자극을 추구하는 관객의 취향에 조응하면서 위안을 제공했던 것이다.

### 3.1.2. '남성적 응시'에 의한 인물 형상화

여성국극의 극중인물 형상화는 철저하게 '남성적 응시'에 따라 이루어져 있다. 여성국극 작품에 등장하는 극중여성들은 권력의 갈등상황에 연루되어 있지만, 권력의 획득이나 확보에는 별 관심이 없다. 이는 남자주인공들이 권력의 확보를 사랑의 획득과 연루시키는 것과 구별된다. 또한 여자주인공들은, 남자주인공을 사랑한다는 점을 빼면, 행동의 주체라기보다는 대상으로서만 그려진다. 〈구슬과 공주〉(일명 선화공주)에서 선화공주는 자신을 연모하는 예부경 석품이라는 인물의 밀고 때문에 귀양을 가게 되고, 백제의 왕이 된 서동왕자 덕분에 구출된다. 〈목동과 공주〉에서 나비공주는 왕위를 탐하는 숙부와 권력을 얻기 위해 구혼하는 장군 때문에 위험에 처하고, 충신의 아들 때문에 그 위험에서 구출된다. 〈눈 위에 피는 꽃〉에서도 왕이 되기 위해 공주에게 구혼하려는 을지용과 그 을지용으로부터 공주와 왕을 구출하려는 계영의 싸움에 의해 극적상황이 전개된다. 이렇듯 여성은 사랑과 권력 갈등의 가운뎃점에, 수동적인 대상으로서 위치하고 있다.

반면 남자주인공은 대체로 전인적인 능력을 지니고 있으며, 불굴의 의지와 자기 확신을 가진 존재이다. 여성국극의 남자 주인공은 온갖 어려움을 겪은 후 국가와 연인을 동시에 구출함으로써, 권력과 사랑을 동시에 쟁취한다. 말 그대로 영웅이다.

보상기제로서 여성국극의 속성은, 여성국극에서 그려지는 영웅적인 남성상을 통해서도 드러난다. 여성국극의 관객들은 이 영웅적인 남자주인공에게 열광했다. 여성관객들이 남자주인공에게 열광했다는 사실은, 작품 내적으로 볼 때, 사랑의 쟁취자이자 권력자인 남성에 대한 선망의 반영이다. 여성관객들은 권력과 사랑을 쟁취하는 것을 남성적인 것의 최상에 놓고, 그러한 남성적인 것에 환호했던 것이다. 사랑과 권력과 질서를 동시에 회복하는 이러한 영웅적인 인간상은, 현실을 일시적으로나마 잊게 해주는, 현실의 문제를 극복할 수 있다는 꿈을 제공해주는 역할을 했던 것이다.

## 3.2. 복장도착의 극형식과 전복적 상상력

근대 이전 시기, 남자배우가 여자역을 하는 것은 세계적으로 보편적인 현상이었다. 일본의 노(能)나 가부키(歌舞伎), 중국의 경극(京劇) 같은 전통극에서는 남자가 여자역을 하는 방식을 양식화하면서 미학적차원으로 끌어올렸으며, 영국의 셰익스피어는 남자배우(특히 소년이나젊은 남자)가 여자역을 하는 전통 속에서, 극중 여자가 남장여역을 하는장면을 활용했다. 한국의 탈춤에서도 미얄이나 소무 등은 다 남자배우에 의해 연기되었다.

남자가 여자역을 하는 것이 여자배우에 대한 사회의 금기가 완강하던 시기의 산물인 반면, 여성국극에서 여자배우가 남자역을 하는 것은 사회의 금기와 무관한 가운데 자연 발생했다. 그렇다면 이 여성국극이 '여성들만의 연극'이기 때문에 갖는 미학적 정치적 효과는 무엇이었을까.

여성국극에서 극중인물의 성격은 '남성적 응시'에 의해 이루어졌지만, 극중인물들은 모두 여배우에 의해 '보여진다'. 여배우에 의해 공연되는 여성국극은, 그 양식상의 특성 때문에 여자를 표현의 주체로 내세운 셈이 된다. 바로 이 지점에서 여성국극은 내적으로 분열하는 양식이 된다. 여성국극은, 여자배우에 의해 연기되는 남자주인공을 통해여성의 남성성을, 여자배우에 의해 연기되는 여자주인공을 통해 여성의 여성성을 강조한다. 여자배우가 남자역을 한다는 것은, 여자가 자신의 남성성을 드러내는 것은, 여성과 남성의 특성을 규격화하는 사회적 관습에 대한 위반이며, 한 사회 혹은 문화가 기대하는 역할의 전도이다. 극의 허구 속에서 경험되는 세계는 남성의 응시에 의해 구조화된 가부장적 질서이지만, 연극적 장치를 통해 경험되는 세계는 남성중심적 가부장제의 금기를 깨뜨리는 일종의 반란이다. 특히 여자가 억압받는 가부장제 사회에서 이런 여성중심성의 확인은, 젠더(gender)와 성(sex)에 대한 개념을 모호하게 흐리면서, 그 자체로 억압으로부터의 탈출이라는 기능을 하게 된다.

관객의 관극과정에서도 이러한 위반이 일어난다. 여성국극은 남녀노소와 관계없이 다양한 관객층을 확보하고 있었지만, 특히 여성관객의 절대적인 환호를 받았다. 여학생들은 국극배우들에게 꽃다발 세례를 퍼부으면서, 때로 혈서를 보내기도 하면서 환호했다. 특히 남자역을 맡은 배우들에 대한 여성관객의 환호는, 어떤 이의 표현을 빌리자면, 환장에[58] 이를 정도였다. 이들 여성관객은 남자 역할을 하는 여배우를 보면서, 여자가 남자역을 하는 데서 오는 대리효과를 얻게 되고, 그 전인적인 남성상을 자신과 같은 여자 속에서 발견하는 경험을 하게 된다.[59] 남자주인공을 맡은 여자배우에게 열광하는 여성관객은, 그 여자배우에 대한 환호 또는 일체감을 통해 남자의 능력과 권위를 대리경험하게 된다.

또한 여성국극은 연극으로서 지니는 현장성과 실제성 때문에, 여성관객에게 에로틱한 동성애적 환상을 불러일으킨다. 여성국극에서 사랑에 빠진 남녀는 '(극중인물의 역할에 따른) 남녀의 관계'를 형상화하는 것이면서 동시에 '(여배우들만의 연극이기에) 여여의 관계'를 형상화한 것이다. 실제로 모든 종류의 복장도착(cross-dressing)은, 그것이 신중한 예술이건 대중예술이건 간에, 남자와 여자 모두에게 성애적 반응을 일으키는 잠재력을 가지고 있다.[60] 서구에서 연극이 교회에 의해 금지 당하던 시기에, 연극은 흔히 부도덕을 조장한다고 여겨졌는데, 그 이유 중의 하나는 여자역을 하는 소년들에 대한 관객의 복잡한 성적 반응과 연계되어 있었다. 여자의 무대 출현이 금지되고 소년이 여자역을 맡아 연기하던 시기에, 여자역을 하는 소년배우에 대한 남자관객의 반응은 대개 동성애를 함축했다. 한편 여자배우들이 무대에 등장하게 되면서 여자배우가 소년역을 하는 관습이 생기기 시작했는데, 19세기 뮤직홀(music hall)의 공연에서 남자역을 했던 여배우 베스타 틸리(Vesta Tilley)에게 쏟아진 여성관객의 반응도 여성의 동성애적 환상을 단적으로 보여준다.[61] 일본 다카라즈카의 10대에서 30대에 이르는 여성팬들도 남자역을 하는 여자배우에게 환호하면서 '전복적인 성애적 잠재력'을 표출했다.[62]

이렇게 여성국극은 극적 관습에 대한 위반이라는 점에서 연극 미학상의 정치성을 띤다. '여성들만의 연극'인 이 여성국극은 남성과 여성의 경계 지점에서 이분법적 성의 굴레에서 벗어나 기존 체제에 의문을 제기하는 한 코드가 되고 있는 것이다. 물론 이 대중예술의 문제 제기가 자각적인 것은 아니었다. 복장전환을 통한 남성성의 확보는, 여성이 정치적 주체가 되지 못하는 현실적 한계 속에서 이루어진 가상적인 것일 뿐이었다. 그러나 현실적 한계가 온존할수록 그 한계로부터의 일탈을 꿈꾸는 욕망 또한 강력할 터였다. 여성국극의 관객들은, 환각적 몰입과 그에 따르는 환호 속에서 타부의 경계를 넘나들며 환호작약할 수 있었던 것이다.


## 4. 여성국극의 번성과 쇠퇴에 반영된 사회성

여성국극은 해방직후부터 1960년대까지 여타의 연극을 고사시킬 정도로 대중의 열광적인 호응을 얻었지만 1960년을 전후하여 급격하게 쇠퇴하게 된다. 여성국극의 쇠퇴 원인으로는 흔히 여성국극단의 레퍼토리가 천편일률적이었다는 점, 국극단이면서도 창이나 무용을 할 수 있는 사람이 절대적으로 부족했다는 점 등의 내적 요인과, 영화의 부흥 및 연극계의 재정비라는 외적 요인이 지적된다. 실제로 여성국극단의 레퍼토리 대부분은 "상고시대의 가상적인 史話나 들춰내어 조락한 낭만세계로 얼버무리는 천편일률적인 내용"[63]을 담고 있었고, 작가의 부족으로 그나마도 여의치 못했다. 또한 여성국극단이 수적으로 증가함에 따라 한 극단에서 전문적으로 소리를 할 수 있는 사람의 수는 점점 적어져, 제대로 된 창극을 할 수 없을 정도였다.[64] 한편 1956년 국산영화 보호 육성이라는 국가적인 지원에 힘입어 국산영화 붐이 형성되면서 여성국극의 경쟁력은 혁격히 약화되었다. 이제 관객들은 영화를 통해 멜로드라마의 환상을 경험하게 된 것이다. 또한 전문연극계의 정열이 재정비됨에 따라 대중연극에 대한 조직적이고 권위적인 차별이 이뤄지기 시작, 여성국극의 활동을 제약하는 분위기가 형성되었다.

여성국극의 쇠퇴원인에 대한 이와 같은 지적은 대체로 타당하다. 그러나 이러한 원인 지적은 대체로 여성국극계 내부의 문제 혹은 연극을 포함한 문화계의 차원에서 그 원인을 찾는다는 점에서 다소 소극적이고 국지적이다. 여성연극은 그 번성의 찬연함과 쇠퇴의 급격함을 고려할 때, 하나의 사회현상이라는 관점을 추가해 살필 필요가 있다. 여기서는 사회문화의 변동과 여성의 사회활동 양상, 여성 및 전통에 대한 의식 변화에 주목하겠다.

## 4.1. 1950년대 사회문화 변동과 여성국극의 성장

1950년대는 한국전쟁과 그것이 야기한 급격한 정치 사회적 변화를 경험한 시기였다. 정치적으로 이 시기는 '민주주의 없는 반공주의'에 기반한 극우반공체제와 친미주의가 형성된 시기였으며, 경제적으로는 '산업화 없는 근대화'가 이루어진 시기였다. 사회적으로는 국민개병제와 의무교육제도가 보통선거제와 함께 종전의 '계급'을 '국민'으로 뒤바꿔놓는 역할을 하면서, '국민'으로서의 정체성을 바탕으로 하는 근대화 토대가 마련되었다. 또한 이 시기는 도시의 조숙한 성장과 농촌의 재전통화가 동시에 진행된 시기였다. 교육의 확대와 전격적인 토지개혁의 실시, 미국문화의 유입 등의 요인에 의해 도시화가 급속하게 이루어진 반면, 농촌은 무기력과 불신 속에서 전래의 생활방식을 유지하는 경향이 짙었다.

이러한 정치 사회의 변화는 이 시기 연극에도 두루 반영되고 있었다. 유치진을 비롯한 중진 극작가들의 작품에서는, 전쟁을 겪으면서 나타난 이념 대립과 전쟁이 준 정신적 육체적 상처 등이 반공이데올로기와 때로 연결되면서 나타났다. 한편 오학영·하유상·이용찬·김자림 등의 신진 극작가들의 작품에서는, 전쟁이 후경화되고 전쟁이 잉태한 전후사회의 빈궁과 가치관의 혼란이 주목을 받았다. 여기서는 도시문화적 감수성을 받아들인 신세대와 농촌문화적 감수성을 완고하게 고집하는 구세대의 갈등이 전통적인 가정의 와해 및 분열상과 함께 그려지고 있다. 또한 이 시기에는 미국연극과의 교섭이 활발했던 바, 유치진의 〈한강은 흐른다〉(1958)는 구미 뮤지컬 기법과, 이용찬의 〈가족〉은 아서 밀러의 〈세일즈맨의 죽음〉과, 임희재의 〈꽃잎을 먹고 사는 기관차〉는 테네시 윌리엄스의 〈욕망이라는 이름의 기차〉와 일정한 영향관계 속에서 창작되었다.

반면 여성국극에는 이러한 정치 사회적 변화가 거의 반영되어 있지 않았다. 여성국극 작품이 전쟁 상황을 배경으로 삼고 있긴 하지만, 그 전쟁이 냉전적 반공주의와 결탁되어 해석될 여지는 거의 없다. 여성국극이 대체로 삼국시대나 혹은 미지의 먼 과거를 시공간으로 삼고 있기 때문에 친미주의나 도시화의 경향이 개입될 여지도 없다. 또한 이 시기 들어 계급의 차이 혹은 차별이 전적으로 해체되고 있었는데, 여성국극은 한결같이 공주나 왕자, 혹은 그에 준하는 봉건적 계급에 속한 인물들의 세계를 다뤘다. 여성국극은 당시 정치 사회의 변화와 유리된 세계에서 존재했던 것이다.

이렇게 당시의 정치 사회의 변화와 유리된 세계를 다룬 여성국극이 대중의 호응을 받았다는 것은, 당시의 정치 사회 변화에 대한 부정 혹은 회피가 대중의 심성을 이루고 있었음을 의미한다. 반공이데올로기와 친미주의, 교육받은 계층을 중심으로 한 개인주의적이고 합리적인 사고의 증대, 급격한 도시화 등이 이 시기 들어 나타나 60년대에도 이어지지만, 그것이 대중의 일상적 감수성을 지배하지는 못했다. 도시의 서민층 혹은 농촌문화의 감수성을 오히려 강화시키고 있던 농촌 거주민들에게, 이 시기의 정치 사회 변화는 영향력을 행사하지 못했거나, 일종의 억압 혹은 '거세하는 힘'으로 작용하고 있었다.[65] 즉 변화는 주로 도시를 중심으로 급진적으로 이루어졌고, 이에 대한 추종과 동경에 못지 않게 이를 거부하는 움직임, 혹은 이에서 소외감을 느끼는 사람들도 증가했으니, 그것이 여성국극에 대한 환호로 나타났다고 해석할 수 있다.

또한 여성들 중심의 연극, 여자배우가 무대를 점유하는 양식인 여성국극이 이 시기에 환호를 받은 것은, 전쟁으로 인한 남자들의 권위 약화 및 여성 지위의 향상과 무관하지 않다. 가부장이었던 남성들이 전쟁에 동원되어 죽거나 부상당하고 징집을 피하려 도피한 현실에서 전쟁미망인이 급증했고, 가부장적 가족 전통은 일시 붕괴의 위기에 처하게 되었다. 이런 현실에서 여성들은 생계 유지를 위해 가정 밖으로 나서야 했던 바, 농촌 여성들은 가사노동 이외의 들일을 했고, 도시 여성들은 행상·노점상 등의 소규모 상업 활동을 하거나 양재·제과·미용·직조 관련 분야로 진출했다. 여성들의 노동과 사회활동의 확대는 사회적 주체로서의 여성의 자의식을 확대하는 계기가 되었으며 동시에 일하는 여성에 대한 사회적 통제가 일어나기도 했다.[66] 여성국극단의 형성도 사회적 주체로서의 여성의 자의식과 무관하지 않다. 최초의 여성국극단이라 할 수 있는 여성국악동호회 결성을 이끈 박록주는 자신의 전기에서 기존의 창극단들이 남자 위주로 운영되는 반면 여자들은 푸대접을 받거나 화초 취급을 받는 데 대한 반발로서 여자들만의 단체를 구상하게 되었다고 밝히고 있다.[67] 여성국악동호회 단원으로 참가한 후 1950년대 여성국극의 대표적 스타로서 군림했던 임춘앵도 남성 위주의 권위가 지배적인 당시 국악인 사회에 대한 강한 불만을 품고 있었던 것으로 보인다.[68]

여자배우가 무대를 점유하고, 여자배우가 남자역을 한다는 것은 남성과 여성의 성 역할의 정체성 혼란을 가져오는 위험한 변화이다. 실제로 서구 연극사에서 복장도착이라는 연극적 형식은, 성 정체성에 대한 태도와 여성의 지위가 도전을 받던 시기—왕정복고 시기(찰스 2세의 왕정복고시대: 1660~85), 산업혁명에 의해 도시생활과 가족생활이 변화되던 19세기, 그리고 현재—에 번성했다.[69] 사회가 변화하는 시기에, 여성과 남성이 어떻게 느끼고 행동하는가에 대한 지배적 통념과 변화하는 삶의 현실 사이에는 일종의 긴장이 형성된다. 복장도착이라는 연극적 형식은 이러한 긴장에 대한 징후이자 반응으로 기능할 수 있었던 것이다.

## 4.2. 1960년대 사회문화 변동과 여성국극의 쇠퇴

그렇다면, 여성국극이 1960년대 들어 왜 급격히 쇠퇴했을까.

우선 이 시기에 급속한 산업화가 진행되면서 공적 영역에서 남성들의 활동이 급증하고, 유교적 가부장주의의 복원이 이뤄지면서 사적영역에서도 남성들의 권위 회복이 진행되었다는 점을 들 수 있다. 1950

년대가 '산업화 없는 근대화'의 시기였다면, 60년대는 산업화를 바탕으로 한 근대화가 진행된 시기였다. 1961년 군사 쿠데타를 통해 집권한 박정희 정권이 경제개발계획에 착수하면서, 한국은 세계사적으로 유례를 찾기 힘든 압축적 산업화를 이루게 된다. 또한 이 시기 국민의 통합 기제로서 확고하게 자리잡아간 민족주의 이념은 충성과 효라는 전통적인 윤리와 연결되어 있었고, 유교적 관습에 입각한 사회 체제 구축은 곧 남성중심적 사회문화구조의 재구축을 의미했다. 그리고 이는 이 시기 들어 전통적 열녀 담론을 계승하면서 현모양처를 목표로 입안된 각종 정책들이 유포·강화되었다는 현실과[70] 표리관계에 있었다. 이렇게 남성은 공적 공간을 여성은 사적 공간을 점유하는 존재로 각각 재편성되는 상황에서 성정체성의 혼란을 반영하는 공연물이 지속적으로 공연될 수 있는 토대는 약해지거나 사라지게 된다.

이 시기 전통문화정책도 여성국극의 쇠퇴와 밀접한 연관성이 있다. 정권의 정통성 강조라는 정치적 필요와 밀접한 관계가 있던 민족주의 이념은 전통문화 정책에 있어 '전통적인 것의 복원'에 치중했다.[71] 60년대 정부는 1958년 이래로 정례적으로 열린 전국민속예술경연대회를 확대 발전시키는 한편, 전통문화 보호를 위한 각종 법령을 제정하고, 1964년 이후 무형문화재를 지정하면서 '전통'에 대한 규범적 판단을 조장했다. 1962년에 국립극장 산하에 국립창극단이 창설되고, 이후 창극정립위원회가 결성되어 창극에 있어서의 판소리의 회복을 강조했던 것도 이러한 맥락에 있었다. 이에 따라 여성국극은 남녀혼성창극의 아류 혹은 변종으로서 취급되기에 이른다.

또한 교육 인구의 증가로 근대의 합리적 가치와 신념을 내면화할 수 있는 가능성과 기회가 생겨났고, 그러한 가치와 신념을 사회 문화 속에서 실현하려는 노력도 나타났다. 4·19가 도시지역을 중심으로, 학생층이 운동의 주도세력이 되어 전개되어갔다는 것은 도시화 및 지식층의 확대라는 사회 변화를 반영하고 있는 것이다. 이러한 정치사회 변화의 여파 속에서 연극계에서도 전문적인, 근대적 정신을 주창하는 이념이 자리잡아갔다. 1950년대 후반 신춘문예의 정비와 각종 희곡 공모 기회의 확대는 희곡의 문학성을 중시하는, 지적인 예술을 지향하는 움직임이 연극계에 자리잡아 갔음을 의미한다. 또한 1962년 드라마센터의 개관과 국립극장의 재발족에서 보듯, 유치진을 중심으로 한 연극 엘리트층이 지도체제를 정비하고 있었다.

이러한 산업화와 유교적 질서관을 바탕으로 한 민족주의 이념의 확대, 교육에 따른 합리적·이성적·친미적 경향의 확대, 전문적인 문학성을 강조하는 연극계의 경향은, 여성국극의 존재 터전을 와해시키거나 재편성되도록 몰고 갔다. 산업화를 바탕으로 한 근대 시기에, 비근대적 세계에 대한 이야기는 그 시효성을 상실할 수밖에 없으며, 남성중심적 충효의 윤리가 국가에 대한 충성과 함께 강조되는 상황에서 여자 배우들만의 무대, 낭만적인 사랑에 대한 강조로 점철되는 여성국극은 시대착오적인 것이 되어버린다. 여성국극은 시대의 변화를 외면하거나 역행하려는 감수성을 자극함으로써 환호의 대상이 되었지만, 시대의 변화가 거스를 수 없는 추세가 되자 자연 그 힘을 잃게 된 것이다.


## 5. 나오는 글

여성국극은 1950년대의 대표적인 연극양식이었지만, 이에 대한 연구는 참으로 빈약하다. 이 시기 여성국극의 일차 자료 확보가 어렵다는 실질적인 이유와, 대중극에 대한 논의를 폄하하는 연구 경향, 여성국극의 특성을 밝힐 수 있는 관점의 미확보 등 여러 문제가 뒤얽혀 있기 때문이다.

본고에서는 1950년대 여성국극의 특성을 크게 세 측면에서 살펴보았다. 여성국극의 역사성 부분에서는, 여성국극단이 무당과 여사당, 기생들의 여성공연 단체 전통 속에서 결성된 한편, 서양의 음악극 양식과 일본의 다카라즈카에서 영향을 받았다는 점을 지적했다. 성정치성을 밝힌 장에서는, 여성국극이 내용층위와 공연층위에서 갈등하는 측면을 주목하였다. 내용층위에서 볼 때 여성국극은 '남성적 응시'를 일관되게 강조하지만, 공연층위에서 볼 때는 그 남성적 응시가 교란된다. 남장을 한 여자배우에 의해 영웅적인 남자역이 연기되고 그 남자역을 향해 여성관객이 환호하는 상황 속에 성을 둘러싼 정치적 행위가 개입되고 있기 때문이다. 사회성을 살핀 장에서는, 여성국극의 번성과 쇠퇴 원인을 사회변화와 연계시켜 밝혔다. 여성국극은 도시화와 미국문화가 비롯된 1950년대에 전통문화에 대한 향수 속에서 강건하게 그 명성을 떨치다가, 이후 도시화 미국문화가 보편화되고, 전통관·여성관·정치관 등이 변화함에 따라 급속하게 쇠퇴했다. 여성국극은 1950년대 문화의 혼란과 격변을 대표하는 코드로 존재하고 있었던 것이다.

여성국극은 전통문화를 활용하는 대중극 양식이다. 여성국극에 대한 연구를 통해 전통성과 대중성, 여성성과 남성성, 멜로드라마적 구조와 각 시대의 상관성, 한국적 대중극의 특성 등에 대한 다양하고 심도있는 논의가 가능하다. 본고는 그 가능성을 구체화하려는 의도로 쓰였지만, 1차 자료의 확보 부족으로 정치한 분석을 곁들일 수 없었다. 이는 앞으로의 과제로 남긴다.

# 여성국극의 성정치성 (2)

## 1. 들어가는 글

1950년대 중반, 영화와 라디오방송극 등이 영향력 있는 대중매체로 등장했다. 〈춘향전〉(1955)과 〈자유부인〉(1956)의 흥행 성공을 매개로 영화 제작이 활성화되었고, KBS 제1방송이 다양한 프로그램을 갖추게 되면서[1] 〈청실홍실〉(1956)을 비롯한 라디오방송극 제작도 활기를 띠게 되었다. 그리고 1950년대적 대중문화 현상으로 지적되는, 서양지향적·이국취향적 분위기, 국제성에 대한 관심, 도시적 생활문화의 이입, 아프레걸과 자유부인을 매개로 문제시된 성 개방 풍토와 가족의 재구축, 전쟁미망인과 상이군인 소재화 등이 확대되어 갔다.

1950년대 중반 이전의 대중문화를 대표한 것은 악극과 여성국극이었다. 악극은 1930년대부터 이미 대중극으로 자리 잡았고, 해방 직후에도 일로 번성했다. 1940년대 후반에 기왕의 남녀혼성창극단이 여성창극단화 하는 식으로 시작된 여성국극은 곧 남녀혼성창극단을 몰아낼 정도로 성장했다.

그런데 여성국극만이 1950년대 전반기의 흥행력을 영화 및 라디오 방송극과 경쟁하게 되는 후반기까지 유지했다. 악극은 전쟁 중 호황을 누렸지만 전후 서울의 극장가로 복귀하는 데 실패한 채 급격히 위축되었다. 악극단들은 희극배우·가수·무용수·악단이 꾸미는 버라이어티 쇼에 비중을 두게 되고 급기야 악극이라는 명칭을 버린 채 '뮤지컬 쇼' '그랜드 쇼' 등이라 일컬어지기에 이른다.[2] 악극의 이러한 부침과 비교한다면, 여성국극은 1950년대 내내 번성한 유일한 대중극인 셈이다.

여성국극 공연은 라디오로 중계되기도 하고 영화로 상연되기도 했다. 1950년대 라디오 중계상황에 대한 기록은 구하기 어렵지만,[3] 1960년 10월 1일부터 1961년 9월 30일 사이의 중계 기록은 남아 있다. 이 1년 동안 총 22회 중계방송을 했는데, 이 중 여성국극 관련 중계는 10여 편에 달한다. '창극 우리국악단공연실황', 여성국악단 송죽의 공연, 국극 〈미풍〉, 교육창극 〈효녀심청〉, 〈사랑도 가지가지〉, 〈연산군〉, 국극단 진경 〈사도세자〉, 햇님국극단 〈꽃등〉, 신숙국극단 〈귀공자〉, 창무극 〈흑진주〉 등이 그것이다.[4] 〈사랑도 가지가지〉와 〈연산군〉은 공연의 형태가 지시되어 있지 않지만, 국극으로 공연된 바 있으니 국극으로 봐도 무방하다. 여성국극은 촬영, 편집되어 상연되기도 했다. 1957년 〈춘향전〉이 씨네코리아극장에서 개봉된 바 있고,[5] 1957년 전주시 백도극장의 운영자이던 김영창이 제작·기획하고, 박귀희가 왕자 역할을 맡은 최성관 감독의 〈선화공주〉(1957)가 제작되기도 했다.[6] 영화와의 만남은 연쇄극식으로도 이뤄졌다. 우리국악단에서는 총천연색 16mm필름으로 〈사랑은 하나〉를 했는데, 남자주인공은 조금앵, 여자주인공은 박미숙, 여자 조연은 신정자가 참가했다.[7]

필자는 1950년대 여성국극에 대한 한 논문에서,[8] 1950년대 사회적 상황과 여성국극 번성의 상관성을 논하면서, 여자배우에 의한 연극이라는 양식적 특성이 지닌 성정치성(sexual politics)을 특별히 강조한 바 있다. 여성국극은 '남성적 응시'에 의해 구조화된 가부장적 질서를 보여주지만, 이것이 여자배우들에 의해 연기됨으로써 남성중심적 가부장제의 금기를 깨뜨리는 효과(여자가 남자가 되는, 그리고 동성애적 환상을 자극하는)를 낸다고 보았다.

본고는 선행 논문에서 제기했던 논지를 보충하는 방향으로 쓰인다. 최근 임춘앵과 조금앵 등 여성국극인들의 자서전이 출간되고 대담 자료들이 축적되는 한편 〈백호와 여장부〉처럼 대본 전체가 공개되기도 해, 한결 구체적인 논의가 가능해졌다.[9] 또한 1950년대 신문소설과 라디오방송극, 악극과 영화의 서사에 대한 연구들이 진행되어, 이들과 비교 대조를 통해 여성국극의 특징을 논할 수 있게 되었다. 이미 논의된 것은 피해가면서, 새롭게 강조하고자 하는 것을 중심으로 여성국극의 대중성과 서사의 특징을 논의하고자 한다.

## 2. 무대에 등장한 남장여자들

### 2.1. '다카라즈카 쇼'의 조선 공연[10]

대판(大阪) 명물 보총(寶塚)소녀가극단 출신을 중심으로 동경 신숙(新宿) 명물 무랑루주 신희극좌(新喜劇座) PCL 등의 일류 멤버를 망라한 호화판인 보총(寶塚) 쇼 일단이 경성에 온다는 뉴쓰가 잇다. 이 일단은 전부 칠십명으로서 레뷰의 선구자 안전진미(岸田辰彌) 씨가 인솔하고 와서 이달 십칠일부터 닷새 동안 시내 부민관 무대에서 공연을 하게 되엿다. 상연 곡목 중의 중심은 오페레타 〈빗나는 이천육백년〉과 〈춘향전〉 십경으로서 거기에 이 일단 특의의 히극 〈신부열차(新婦列車)〉와 보총소녀가극학교 실사를 더해서 보여주리라 한다. 주연배우 중에는 보총소녀가극단의 인끼여우 앵구천사자(櫻丘千紗子) 남부설지(南部雪枝) 월도춘자(月島春子) 어실행자(御室幸子) 백정자(柏正子) 금경자(錦京子) 수상지좌자(水上智佐子) 등을 비롯해서 무랑 루주의 인끼여배우 망월미혜자(望月美惠子)와 유마시마(有馬是馬) 택촌이 기웅(澤村伊紀雄) 등미순(藤尾純) 모리노가지야 신전삼랑(神田三郞) 등 유수한 얼골을 느려노아서 근래에 얼마 구경 못한 본격적 레뷰-를 보여주리라 한다.(「희가극계의 일류 망라 명물 寶塚쇼-來演」, 『조선일보』, 1940. 4. 5)

레뷰계의 호화진 박두한 寶塚 쇼 공연. 동경 대판 등지의 레뷰계에서도 이름을 날리고 잇는 보총(寶塚) 쇼는 희극계의 넘버원을 여기다 더 가입시키어 가지고 이번에 처음으로 조선 방문공연을 하게 되엇다함은 이미 보도한 바와 갓거니와 드디어 이 현황찬란한 스테지는 십칠 일부터 닷샛 동안 주야로 시내 태평동 부민관에서 본사사업부 후원으로 공개된다. 이번 보총쇼는 종래의 보아오던 레뷰나 쇼와는 달라 본격적인 보총가극단의 스테지를 거치어나온 멤버를 망라한 것만큼 내용에 잇서서나 양식에 잇서서나 매우 참신하리라 한다. 특히 본보 독자에게는 할인권을 발행하여 입장료 삼원을 이원으로 할인하게 되엇다. 상연할 예제의 일부분을 소개하면 (1) 희극 〈새색씨列車〉(6경), (2)가극 〈춘향전〉(13경), (3)그랜드 레뷰(18경) 이상과 가트나 특히 그중에도 〈춘향전〉은 소설가 장혁주의 원작으로서 동경에서도 각 방면으로부터 절찬을 바든 것이라 하며 그랜드 레뷰에는 보총쇼에서도 일류만을 선발해서 편성한 호화진이라 한다.(「레뷰계의 호화진. 박두한 보총쇼 공연」, 『조선일보』, 1940. 4. 13)

제국주의 문화상품인 '보총(寶塚) 쇼' 즉 '다카라즈카 쇼'가 1940년 4월 17일부터 21일까지 주야 2회씩(낮 0시 30분부터, 밤 6시 30분부터) 5일 동안 부민관에서 성황리에 공연되었다. 70명으로 구성된 조선방문단이 다카라즈카가극단 소속 배우들로만 이뤄진 건 아니고, 다카라즈카식 공연만 한 것도 아니었다. 위 인용문에서 보듯 조선 방문단은 "대판(大阪) 명물 보총(寶塚)소녀가극단 출신을 중심으로 동경 신숙(新宿) 명물 무랑루주 신희극좌(新喜劇座) PCL 등의 일류 멤버를 망라"했다. 그런데,

**사진 1** 다카라즈카 쇼 댄싱팀. 『조선일보』, 1940. 4. 5.

"레뷰의 선구자 안전진미(岸田辰彌)가 인솔"했다고 강조한 것을 볼 때, 그리고 다카라즈카소녀가극학교의 실사 영화를 상영한다는 걸 볼 때, 일본에서 다카라즈카가극단이 선편을 잡은 스펙터클 레뷰와 소녀가극의 전시 동원에 초점이 있었던 것으로 보인다.

『조선일보』는 4월 2일자에 실린 '4월 중 부민관 메모'에서부터 이 다카라즈카 쇼를 알리고, 4월 5일자에 "희가극계의 일류 망라 명물 보총쇼-來演"이라고 홍보하는 식으로 지상 중계를 시작했다.[11] 식민지조선에 온 이 다카라즈카 쇼의 제국주의적 속성은, 방문단의 일정과 공연 목적, 레퍼토리에서 선명하게 드러난다. "보총쇼 일행"은 16일 밤 8시 40분 차로 경성역에 도착한 후 곧장 버스를 타고 신궁 참배를 하러 갔다.[12] 4월 17일 낮 공연은 출정병사가족위안회임을, 4월 18일 낮 공연은 상병(傷兵)을 위한 공연임을 표방했다. 공연 레퍼토리 중 하나인 "오페레타 〈빛나는 이천육백년〉"은 1940년이 진무천황(神武天皇) 즉위 2600년 되는 해임을 강조한, 천황 이데올로기를 선전하는 공연이었다.

'다카라즈카 쇼' 레퍼토리에 있는 '가극 〈춘향전〉'의 구체적인 실체는 확인하기 어렵다. '다카라즈카 쇼'의 일환으로 공연된 이 〈춘향전〉은 일본인이 일본어로 공연한 일본연극이었고, '가극' 공연이었다. 이

사진2 다카라즈카 쇼 독 자우대권. 『조선일보』, 1940. 4. 16.

사진3 다카라즈카 일행. 『조선일보』. 1940. 4. 17.

공연 이후 '가극' 혹은 '쇼' 식으로 〈춘향전〉을 재현하는 경향이 강화되었다. 1940년까지 다카라즈카가극단의 작가였던 사토 쿠니오(佐藤邦夫)는 남방 전선으로 입영하기 전까지 조선악극단의 총무로 만주 순연을 이끌었다고 한다.[13] 실제로 만주연예협회는 1940년 7월 첫 사업으로 '조선악극단'과 3년간 제휴하여 '민족협화'를 도모하는 공연을[14] 추진했고, 조선악극단은 만주연예협회의 초대로 만주 공연을 마치고 경성으로 돌아온 기념으로 오케그랜드쇼와 합동하여 1940년 9월 15일부터 17일까지 주야 2회로 부민관에서 〈歌ふ춘향전〉(제1부 '예찬하라 興亞' 11경, 제2부 '紅白歌 合戰' 24경, 제3부 '노래하는 춘향전' 16경)[15]을 공연했다. '춘향 레뷰극'[16]으로도 불린 '노래하는 춘향전'은 이렇게 아시아의 부흥을 예찬하며 전쟁 분위기를 합창하는 공연의 미끼가 되었다. 또한 이 무렵 김연실 악극단이 '〈전우〉, 〈청춘호텔〉, 〈가수출정기〉, 희가극 〈신체제 신랑모집〉, 가극 〈청춘의 광란〉, 희가극 〈노래의 세상〉'을 가지고 1941년 3월 한 달간 만선 순연(봉천, 길림, 신경, 하얼빈, 목단강, 임구, 벌리, 녕안, 도문)을 했는데, 이 중 〈청춘의 광란〉은 춘향의 외출로 인해 이도령이 춘향으로, 방자가 이도령으로 대역하여 오리정에서 이별하는 식으로 희극화한 것이다.[17] 춘향전은 '청춘의 광란'을 보이는 타락한 텍

사진 4 다카라즈카 〈춘향전〉 무대. 『조선일보』, 1940. 4. 18.

스트가 되어버렸다.

1940년 '다카라즈카 쇼'가 여러 단체 소속 남녀 배우들로 구성된 방문단에 의해 이뤄진 반면, 1942년에는 다카라즈카가극단이 조선을 방문했다. 만주국 건국 십주년을 기념해 만주국에 갔던 '親喜使節 寶塚歌劇團 일행 팔십여명'이 경축 공연을 마치고 일본으로 돌아가던 중 경성에 들러, 10월 24일부터 5일 간 부민관에서 공연하게 된 것이다. "寶塚가극단 조선서 初공연"이라는 광고에 걸맞게, 다카라즈카가극단 '雪組 花組 月組의 各組에서 우수한 연기자만을 선발해 일행을 짰고, 아마쓰 오토메(天津乙女)가 이끌었다. 아마쓰 오토메는 1918년 다카라즈카소녀가극의 도쿄 진출을 기념하여 뽑은 세 명의 도쿄 출신자 중 한 사람으로, 1938년 다카라즈카가극단이 첫 해외 공연을 할 때 단장인 고바야시를 보좌하고 유럽 공연을 이끌었다. 그리고 1940년 7월 다카라즈카음악무용학교의 전생도가 대일본국방부인회에 입회할 때 국방

부인회 다카라즈카소녀가극단 분회 회장을[18] 맡았다.

> 제1부 〈美と刀〉: 제1경 건국 십주년 찬송의 歌, 제2경 오족협화, 제3경
> 오색의 춤, 제4경 아세아의 여명, 제5경 다섯가지의 旗, 제6경 美
> 와 힘
> 제2부 희가극 〈太刀盜人〉
> 제3부 무용 〈奴道成寺〉 1장
> 제4부 가극 〈寶塚繪卷〉: 제1경 さくらさくら, 제2경 扇舞 그 외 20경

위에 열거한 레퍼토리를 보건대,[19] 다카라즈카가극단의 첫 공연은
합창 장면과 춤 장면 등을 옵니버스 식으로 연결하며 진행되었을 것으
로 보인다. 만주국이 건국되자 소위 5족 협화라는 명목으로 아시아 5
개 민족(일본, 조선, 한족, 만주족, 몽골족)을 상징하는 오색기가 부활했다.
'오색의 춤'이나 '다섯 가지의 旗'는 춤과 깃발로 오족협화를 표현했을
것이다. 〈노도성사(奴道成寺)〉는 가부키 무용 레퍼토리로, 다카라즈카
가극단은 일본 전통 춤을 다카라즈카 식으로 공연해왔다.

1942년 다카라즈카가극단의 조선 공연을 전후해 식민지조선의 음

사진 5 다카라즈카가극단을 이끈 아마쓰 오토메. 『매일신보』, 1942. 10. 13.

악극 공연방식에서 여배우의 남자 역할 연기가 활성화되었다. 1942년 결성된 제일악극단의 〈여자 춘향전〉(성태삼 작 연출, 손목인 작곡, 김일영 장치)에서 김연실은 사또 역을 했다.[20] 남녀혼성 창극단에서 남자 역을 여자 소리꾼이 맡기도 했다. 동일창극단은 1944년 〈일목장군〉(3막 5장, 김아부 작, 김욱 연출, 김정환 장치, 이동백 옹 특별출연)으로 '全滿장기공연'(7월 16일~24일)[21]을 한 후 경성의 동양극장(7월 26일~30일)에서 공연을 했다. 〈일목장군〉은 당나라 군사와 목숨을 내걸고 싸우는 "純忠武人의 숭고하고도 눈물겨운 무용담" "열부 정녀 장사 총각 간첩 간적 노용사 일본군 학자 등 智謀 劍戟 중에 버려진 노래와 춤의 대향연"임을 강조했는데,[22] 이 공연에서 박귀희는 일목장군 역을 했다. 동일창극단의 1945년 3월 〈춘향전〉(김건 각색, 박진 연출, 원우전 장치, 동양극장) 공연에서도 박귀희는 이도령 역을[23] 맡아 열띤 호응을 얻었다. 이 두 작품에서는 주인공 격인 일목장군과 이도령 역만을 여배우가 맡고 그 외 다른 남성 역할은 다 남자배우가 했으니, 해방 이후에 결성된 여성국극단의 공연과는 다르지만, 창극단에서 여자가 남자역을 하는 관행은 해방 전에 이미 시작되었던 것이다.[24]

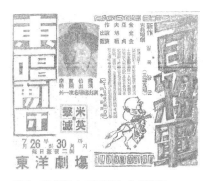

**사진 6** 동일창극단 〈일목장군〉. 『매일신보』, 1944. 7. 26.

**사진 7** 동일창극단 〈춘향전〉. 『매일신보』, 1945. 3. 16.

## 2.2. 1948년 여성국악동호회 결성과 여성국극단의 추이

1948년, 박녹주, 김소희, 박귀희, 박초월 등 국악계의 여류 중진들이 대거 참여한 여성국악동호회가 결성되었다. '회장 - 박녹주, 부회장 - 김연수 임유앵, 총무 - 조유색, 재정외교부 - 박귀희, 연구부 - 김소희 한영숙, 감찰부 - 김농주 외, 서무부 - 성추월 외, 선전부 - 신숙 외'[25]로 조직이 짜인 이 여성국악동호회는 김연수를 빼면 임원 대부분이 여자였다.

여성 중심의 조직이 결성된 데는, 남성 창자들의 위축과 여성 창자들의 약진이라는 인력 수급 상황의 변화가 한 계기로 작용했을 것이다. 1930년대 조선성악연구회를 이끌던 정정렬 · 송만갑은 30년대 말에 각각 서거했고, 이동백은 은퇴공연을 했다. 1940년대 전반기에 신작 판소리 내지 창극 분야에 관심을 보인 조상선 · 박동실 · 정남희 · 오태서 · 긴연수 중 바동실 · 정남희 · 조상선은[26] 6 · 25전쟁을 전후한 시기에 월북했고, 오태석처럼 나이 든 남성 창자들은 지방으로 뿔뿔이 흩어졌다. 반면 1930년대에 10대의 나이로 조선성악연구회의 극장 공연 및 음반 녹음에 참여했던 여성 창자들은, 50년대에 20대 또는 30대의 나이에 이르게 되었고, 소리를 할 뿐 아니라 작곡을 할 수 있을 정도로 그 기량이 난숙했다. 여성국악동호회의 첫 공연 〈옥중화〉의 작곡은 박녹주가 맡았으며, 장월중선은 창작 〈열사가〉를 통해 작곡 능력을 보여주었고, 김옥진은 선일창극단에서 창을 짜기도 했다. 김진진의 증언에 따르면 조상선의 월북 이후 임춘앵은 여러 작품을 작곡했다. 박송희와 조순애에 의하면, 김소희가 〈아라리〉의 곡들을 만들었고, 박초월도 작곡을 한 바 있다.[27]

젊은 전문 여성 창자들의 수적 증가와 전성의 기량은 여성 창자들 자부심의 원천이 되어 그에 상응하는 사회적 위상을 요구했을 것이다.

박녹주는 자신의 전기에서 기존의 창극단들이 남자 위주로 운영되는 반면 여자들은 푸대접을 받거나 화초 취급을 받는 데 대한 반발로서 여자들만의 단체를 구상하게 되었다고 밝히고 있다.[28] 여성국악동호회 단원으로 참가한 후 1950년대 여성국극의 대표적 스타로서 군림했던 임춘앵도 남성 위주의 권위가 지배적인 당시 국악인 사회에 대한 강한 불만을 품고 있었다.[29]

그런데 여성 중심의 공연단이 하필 여자가 남자역도 연기하는 식의 '여성국극' 공연단이 된 데에는 다카라즈카가극단의 직간접적 영향이 있었다. 앞장에서 살폈듯 1940년 다카라즈카 쇼와 1942년 다카라즈카 가극단의 조선 공연을 전후해 박귀희는 남자역 전문 배우로 이름을 얻게 되었다. 6·25 전쟁이 끝나고 서울로 돌아온 임춘앵은 다카라즈 카음악가극학교 같은 국극학교를 꿈꾸며 돈의동 집에서 연구생들을 면담 테스트하여 선발한 후 춤과 노래 등을 연습시켰다. 단원들은 흰 저고리에 검정치마를 입도록 했고, 머리를 양 갈래로 땋아서 늘이고 커다란 리본을 달도록 하는 식으로 엄격한 규율을 내세웠다. 레퍼토리 도 그렇다. 여성국악동호회가 제2회 공연으로 선택한 〈햇님과 달님〉 은 〈투란도트〉를 개작한 것으로 다카라즈카가극단이 서양 문학 작품 이나 영화, 연극 등을 자신의 레퍼토리로 만들어왔다는 것과 상통한 다. 다카라즈카가극단은 서양 문학작품이나 뮤지컬의 다카라즈카화를 강조했고, 〈마농레스코〉(1947), 〈로미오와 줄리엣〉(1950), 〈투란도 트〉(1952), 〈적과 흑〉(1957), 〈오클라호마〉(1967) 공연을 추진했다.[30]

여성국극단은 '여성들만의 코뮌'이 아니었다. '여성' 중심을 내세우 긴 했지만, 공연 조직체제와 인적 구성은 1940년대와 다르지 않았다. 여성국악동호회에서 김주전이 공연 기획과 진행을 맡고, 각본 및 연출 은 김아부가, 무대장치는 원우전이 맡는 식의 팀 구성은,[31] 1940년 전 후에 형성된 창극계의 조직 체제와 인적 구성이 이어지고 있음을 보여준다. 또한 야사 소재극 위주의 공연을 하고, 화려한 무대장치를 추구한 것, 판소리 전문가가 아닌 사람이 작가와 연출을 맡는 경향 역시 1940년대 창극계의 사적 흐름을 잇는 것이었다. 여성국악동호회는 대표와 운영 실무를 여성이 맡았지만 이후의 여성국극단들은 대부분 남자들이 대표와 운영 실무를 맡았다. 여성국극의 배우들은 여자였지만, 기획과 회계 관리 등의 일을 맡는 단체의 대표는 남성들, 특히 여성 배우의 배우자 혹은 남성 가족이 맡았다. 임춘앵의 남편이었던 신대우는 이름을 내걸지는 않았지만 실질적인 역할을 했고, 박만호는 박록주의 동생으로 운영을 맡는 일에 참여했다. 신라여성국극단을 이끈 김원술은 조금앵의 남편이다. 박후성, 이일파, 강한용, 동화춘 등도 대표로서 활동했다. 그리고 1950년대 여성국극 대본은 이익, 박노홍, 조건, 고려성, 김아부, 임서방, 이일파, 이유진 등이, 연출은 이원경, 김향, 이진순, 박진, 양백명, 이우성 등이 주로 맡았다. 이익은 김화랑으로, 유행가 가수 신카나리아의 남편이며, 주로 악극계에서 활동했다. 고려성의 본명은 조경환으로 해방 전까지 주로 대중가요 작사가로 활동했다. 이유진은 월남한 극작가로 여성국극의 대본 창작뿐 아니라 연출도 담당했다. 김향은 악극계에서 주로 활동했는데 박옥진과 결혼하면서 삼성국극단의 대표작가로 활동했다. 여성국극이 여자들만의 연극이었지만, 이 '남장한 여자들'의 활동은 남자에 의해 '대표'되었고, '남장한 여자들'의 서사 역시 남자들이 창작했다. 여성국극단은 여자를 중심으로 한 조직이 아니라, 여자가 남자역을 하는 공연 단체를 의미했다.

여성국극단이 이합집산을 거듭하는 가운데, 여자 배역에 배우의 실제 나이를 맞춰 가는 추세에 따라 배우들의 평균 나이가 급속도로 낮아졌고, 미혼 소녀들의 연극이라는 이미지가 강해졌다.[32] 역할을 둘러싼 갈등과 그에 따른 단체의 분화 과정에서, 젊은 사람들 중심으로 국극계가 재편성되어 갔던 것이다. 박초월의 위상 변화가 대표적인 예이다. 한국전쟁이 끝나지 않았던 1952년, 여성국극동지사는 광주에서 재창단을 기념하며 〈공주궁의 비밀〉을 공연했다. 이때 젊은 왕 역을 임춘앵이 맡고, 버들아기 역을 박초월이, 그리고 시녀 역을 김진진이 맡았다. 그런데 공연 도중 관객석에서 버들아기를 맡은 박초월이 역할에 비해 너무 늙었다는 야유가 터져나왔고, 이후 버들아기 역은 김진진이 맡게 되었다. 1913년 생으로 당시 40대였던 박초월은 이후 젊은 여자 주인공 역은 맡지 못하게 되었고, 결국 창극계와 멀어졌다.[33] 1950년대 중반, 여성국극계의 대표적 인물인 임춘앵은 1924년 생, 김진진은 1933년 생, 김경수는 1937년 생, 조영숙은 1934년 생, 조금앵은 1930년 생, 김정희는 1932년 생, 허숙자는 1940년 생, 이미자는 1945년 생이었다. 1957년 햇님국극단이 〈이차돈〉(후편)을 공연할 때 출연진의 평균 연령은 20대 초반이었다.[34]


## 3. 시청각 표현의 대중적 치장

### 3.1. 판소리로부터의 탈선

여성국극 반주에는 아쟁 · 대금 · 가야금 · 거문고 · 피리(세피리) · 양금 · 단소 · 장고 · 북 등의 악기가 쓰였다. 1950년 이후 임춘앵 단체에서 악사로 활동했던 기악인으로는 태평소에 방태준, 해금과 피리에 지영희, 거문고에 신쾌동, 대금에 한주환, 가야금에 성금연, 장구와 북에 김세준 등이 있었다고 한다.[35] 여성국극에서는 북 반주를 독립적으로 쓰지 않았다. 소리 반주도 주로 장고가 맡았다.[36] 판소리 창법과 북 반주의 결합이라는 판소리판의 음악성 구현의 틀에서 벗어나, 삼현육각 위주의 합주나 독주가 노래와 춤에 딸리며 극의 분위기를 고양시키는 식으로 변화했음을 알 수 있다.

　반주자들이 국악기를 다루는 데 능숙한 전통음악인이었던 반면 여
성국극의 창자들은 그렇지 않았다. 단체의 이합집산이 가속화된 1950
년대 중반 이후에는 한 단체에서 제대로 노래할 수 있는 사람이 별로
없었다.[37] 박초월·김소희·박귀희·박녹주 등은 소리 기량이 뛰어났
고, 임춘앵·박보아·박옥진·박송희·조순애 등은 판소리를 익힌
상태에서 여성국극 공연에 참여했다. 그러나 김진진이나 김경수는 거
의 소리 훈련 안 된 상태에서 연습생으로서 단체 생활을 시작했고, 단
체의 소리 선생에게[38] 소리를 익히는 정도였으니 판소리 발성 및 가창
에 익숙했다고 보기 어렵다. 조금앵도 여성국극단에서 합창을 하며 노
래를 시작했고, 조금앵의 막내여동생인 조산홍은 노래를 못하면서도
여성국극단 활동을 했다.[39] 신옥봉·노신성·이순임·석귀녀·도금
봉·김성호·고선애·지계순 등 연극배우 출신도 많았는데, 이들은
대체로 남자 역을 맡았다.[40]

　여성국극단 여성 배우의 이러한 인적 구성은 작품 전체에서 차지하
는 노래의 비중이 약화하는 결과를 초래했다. 1954년 '임춘앵과 그 일
행'에 의해 초연된 〈백호와 여장부〉에는, 궁녀나 군사 등 익명의 다수
로 출현하는 등장인물들을 제외해도, 약 18명 정도의 등장인물이 나온
다. 이중 한 번이라도 노래를 부르는 사람은 말갈국 공주, 백호, 아례
공주, 덥적쇠, 이쁜이 등 6명으로 제한되며, 노래보다는 대사의 비중이
훨씬 크다. 작품의 시작과 마지막은 합창을 하도록 되어 있고, 극중
역할 비중이 커도 악인인 경우 노래를 부르지 않는다. 1957년 '햇님국
극단'이 공연한 〈옥루〉도 이름과 역할이 분명한 인물은 18명 정도인데,
여기서도 왕, 진달래, 매월, 운정, 양궁 등 제한된 사람만이 노래를 한
다. 여성국극에서 외모와 연기, 춤 능력이 점차 중요해지고, 판소리 창
의 중요성이 상대적으로 약화되었던 것이다.

여성국극의 노랫말은 대개 4 · 4조로 쓰였고, 노랫말이 지어지면 그에 따라 작곡이 이뤄졌다. 여성국극에서 불린 노래는, 기존 판소리와 크게 달랐다. 판소리에 익숙치 않는 관객들도 쉽게 이해할 수 있을 정도로 가볍고 들뜬 듯한 소리 대목이 많은 것, 탁성과 무겁게 내는 발성을 하지 않는 것, 계면조에서 꺾는 소리를 강하게 표현하지 않는 점, 클라이막스 처리가 상당히 많아 선율 진행이 극적이고 다소 선동적인 느낌이 강하다는 점, 길게 끌다가 마지막을 치켜 올려 끝맺는 점 등의 특징이 지적된다.[41] 판소리적이지 않은 곡들이 증가하는 가운데, 단원들 사이에 갈등이 생기기도 했다. 전통 판소리를 하는 사람들 중에는 여성국극의 창을 노랑목으로 얄팍하게 군다 해서 싫어하는 사람이 있었다.[42] 김진진은 1952년 〈공주궁의 비밀〉에서 주인공 역을 맡았던 박초월 씨를 평가하면서 "박초월 씨는 소리는 잘하지만 연기는 조금 서툴렀죠. 그리고 소리도 기교를 많이 넣어서 음악적으로는 좋았지만 무슨 말인지는 알아듣기는 힘들었죠."라고 했다.[43]

이렇게 여성국극에서 판소리적 특징들이 옅어지거나 변화한 것은, 판소리 훈련이 제대로 안 된 창자들이 많아진 극단 내부 상황을 반영하는 것이면서, 또한 판소리의 유통 기반이 약해진 상태 혹은 판소리 수요층이 얇아진 세태의 반영이기도 했다. 음반 발매 현황을 볼 때, 판소리 수요층의 약화는 분명하다. 유성기 노래 음반 발매 현황을 볼 때, 1950년대에는 대중가요의 주도성이 유지되는 가운데, 경음악이 부상하고[44] 전통음악이 축소 재편되었다고 할 수 있다. 전통음악은 경서도 민요가 대부분이었고, 일제시대 전통음악 음반의 주류였던 판소리 단가는 완연한 열세를 보였다. 경서도 민요가 광복 후 인기를 얻은 김옥심 · 이은주 · 이은관 등 소리꾼의 인기에 힘입은 반면, 판소리계는 명창들의 타계와 월북 등으로 주도적 인물이 부재했기 때문 아닌가 생각해 볼 수 있다. 음악극 발매 현황에서도 전통적인 판소리창에 대한 수요가 약화되었음을 알 수 있다. 1930년대 발매된 유성기 창극음 반들은[45] 1950년대 들어 재발매되지 않은 반면, 1942년에 발매된 가요극 〈춘향전〉은[46] 1950년대 들어 여러 차례 재발매되었다. 오케레코드에서 1942년 발간한 이 가요극 〈춘향전〉은 1950년대에 승리레코드, 미미(M.M.)레코드, 킹스타레코드에서 각각 재발간되었다. 또한 1957년 무렵 스켓취 〈춘향전〉이 발매되고, 1950년대 6대 음반회사로 꼽힌 신세기레코드에서는 가극 〈대춘향전〉을 발매했다.[47] 음악문화에 대한 수용자의 감수성 변화는 여성국극이 대중극으로서 살아남기 위해 적응해야할 엄연한 현실이었다. 여성국극의 '가벼운' 노래들은, 판소리 청취 훈련 기회가 없거나 제한되었던 관객들을 끌어들이는 구실을 했을 것이다.

### 3.2. 화려한 장관의 유혹

여성국악동호회는 1회 공연인 〈옥중화〉에서부터 '여성만이 출연하는 대호화극' '민족오페라'라고 광고했다. 1949년 '민족오페라' 〈햇님과 달님 후편〉 공연에서는 "전막보다도 더 자미있는 이야기! 더 호화스러운 무대! 더 찬란스러운 의상! 더 맛이 나는 노래와 춤!"이라고 광고하고 있어, 화려한 시청각적 장관 연출을 향한 여성국극의 지향성을 확인할 수 있다.

기존 창극에 비해 여성국극은 화려한 무대장치와 청각적 효과를 앞세웠다. 〈햇님과 달님〉은 수수께끼를 내는 장면에서 공주가 문제를 내면 천장에서 관중이 볼 수 있게끔 수수께끼를 적은 긴 종이를 천천히 내렸고, 〈황금돼지〉에서는 황금돼지로 분장한 조금앵의 연기가 두고 두고 사람들의 입에서 회자되었다. 〈바우와 진주목걸이〉에서는 지상과 천국을 연결하는 거대한 나무를 무대에 세우고, 이 문을 열면 선녀들이 쏟아져 나와 춤을 추도록 했다. 임춘앵이 말을 타고 나오는 장면은 말 모양의 탈에 사람들이 들어가는 식으로 표현했고, 비와 번개치는 장면도 효과음으로 표현했다. 임춘앵은 무대장치와 의상, 분장, 조명에 아끼지 않고 돈을 썼다.[48]

볼거리의 확대는 대본작업 단계에서부터 고려되었다. 전쟁을 배경으로 하는 경우가 많아 대규모 격투장면이나 칼싸움이 자주 무대 위에서 벌어졌다. 또한 무용수들이 궁녀로서 군무를 추는 경우도 많았다. 여성국극 단체에는 전체 단원 30여명 중 10명 정도의 무용수가 참여할 정도로 집단 무용의 비중이 컸다.[49]

여성국극에서는 남자주인공이 춤으로 여자를 유혹하며 마음을 얻거나 타인의 이목을 현혹케 하는 장면이 많아, 색다른 시청각적 장관을 연출했다. 〈목동과 공주〉에서 마투루와 그의 친구 오목이 나비공주와 분꽃시녀를 만났을 때 각각 춤과 노래로 여자를 유혹하며, 〈열화주〉에서도 사로타 왕자는 춤과 노래로 태수를 몰아지경으로 몰고간 후 그 틈에 태수를 공격하고 사랑하는 진주랑을 구해낸다. 〈귀향가〉에서도 산골총각으로 변장한 왕자 오초는 시골처녀 사수랑을 처음 보자마자 연정을 느껴 춤으로 유혹하고, 사수랑도 몸을 움직여 오초의 춤을 따라간다.

주인공 역 남자는 특히 북춤 솜씨가 탁월하다. 예를 들어 〈백호와 여장부〉에서 백호장군은 악장으로 위장하여 말갈국에 잠입했는데, 입춤과 삼고무를 추며 여장부인 말갈국 공주의 마음을 흔들어놓는다. 압권은 〈흑진주〉이다. 미천한 신분의 흑진주는 멋진 춤과 노래로 다미다루의 마음을 얻는다. 다미다루와 결혼한 후 다른 사람의 꾐에 속아 다미다루의 정조를 의심하며 번민할 때 보이는 흑진주의 분노는 미친 듯 격렬하게 북을 치는 것으로 표현된다. 〈춘소몽〉에서도 달래를 향한 조신의 불타는 열정과 고뇌는 '미친 듯한 춤'으로 표현된다. 이렇게 남

자 주인공들은 예인의 능력으로 여자의 마음을 얻고, 무대는 일순 북
춤의 향연장이 된다.

북춤의 잦은 설정은 스타 시스템의 반영이기도 했다. 남자 주인공
역을 주로 맡았던 임춘앵은 해방 직후부터 요정과 중국요리집 그리고
창경원 야외무대에서 삼고무(三鼓舞)뿐 아니라 구고무(九鼓舞)를 추며
명성을 높였다.[50] 임춘앵이라는 남자역 전문배우의 기량을 최대치로
활용하는 방향에서, 여성국극의 한 특색이 형성되어 갔던 것이다.

## 4. 남장여자들의 서사

### 4.1. 야사극의 비서구적 이국성

1950년대 문화의 키워드를 한국전쟁과 도시문화라 힌다면, 여성국
극은 전혀 1950년대적이지 않았다. 여성국극에는 1950년대 현실에서
도드라진 실체였던 전쟁미망인도 상이군인도 그리고 한국전쟁의 상흔
도 없다. 1950년대 중반 이후에는 미국 대중문화를 중심으로 한 서양
의 도시문화가 활발하게 이입되기 시작했고, 그 양상은 방송극과 악극
그리고 〈자유부인〉과 같은 영화를 통해 표출되었다. 그런데 여성국극
에는 도시적인 볼거리도, 화류계도 창녀촌도 그리고 서양식 생활모습
도 없다.

여성국극의 주요 관심사는 제목에서부터 드러난다. 여성국악동호
회는 〈옥중화〉, 〈햇님달님〉을 공연했고, 임춘앵이 이끄는 여성국극동
지사는 이후 '임춘앵과 그 일행', '여성국악단 임춘앵' 등으로 단체 이
름을 바꾸면서, 〈황금돼지〉(김아부 작·연출, 1949), 〈공주궁의 비밀〉(조
건 작·연출, 1951), 〈반달〉(조건 작·연출, 1952), 〈쌍동이왕자, 구슬공주〉

(김향 연출, 1952), 〈청실홍실〉(이유진 연출, 1952), 〈대춘향전〉(박진 연출, 1952), 〈바우와 진주목걸이〉(고려성 작, 이유진 연출, 1953), 〈산호팔찌〉(김영필 작, 전근영 연출, 1953), 〈백호와 여장부〉(조건 작, 이유진 연출, 1954), 〈목동과 공주〉(박신출 작, 이진순 연출, 1954), 〈무영탑〉(이유진 연출, 1955), 〈구슬과 공주〉(일명 선화공주, 이유진 편극·연출, 1955), 〈백년초〉(이익 작, 이진순 연출, 1956), 〈눈 위에 피는 꽃〉(고려성 작, 이유진 연출, 1956), 〈연정 칠백리〉(조건 작, 이유진 연출, 1957), 〈춘소몽〉(이광수 원작, 고려성 작, 1957), 〈귀향가〉(박신출 작, 이진순 연출, 1957), 〈열화주〉(이진희 작, 홍순랑 기획·연출, 1958), 〈견우와 직녀〉(차범석 작, 백운선 연출, 1959), 〈못 잊어〉(1959), 〈극락과 지옥〉(조건 작, 이지촌 연출, 1960), 〈흑진주〉(조건 편극, 1961) 등을 공연했다. 햇님국극단은 〈쌍동이왕자〉, 〈옥루〉, 〈이차돈 후편〉을, 그리고 진경여성국극단이 〈사랑탑〉, 〈꽃이 지기 전에〉(차범석 작), 〈언약〉, 〈유궁에 오신 님〉, 〈초야에 잃은 님〉, 〈기약없는 이별〉, 〈별하나〉, 〈사랑의 상상봉〉, 〈원정 칠백리〉, 〈사랑도 가지가지〉, 〈유정 천리〉, 〈사도세자〉, 〈루루태자〉, 〈강화도령〉, 〈아 태조 이성계〉 등을, 삼성여성국극단은 〈야광주〉, 〈호동과 꽃신〉, 〈사랑 실은 꽃수레〉, 〈원술화랑〉, 〈두견새 우는 시간〉 등을 공연했다.

사극류에 속하는 이러한 여성국극의 레퍼토리 경향은 1930년대 후반부터 본격화된 사극류 연극의 확대, 사극류 창작창극의 증가와 잇닿아 있다. 해방 이전 뿐 아니라[51] 해방 직후인 1946년에도 황금좌의 〈연산군〉, 예술극장의 〈논개〉와 〈녹두장군〉, 청춘극장의 〈대원군〉이 공연되었고, 1947년에는 유치진 작 〈자명고〉가 공연되고, 〈마의태자〉가 재공연되었다. 1950년 국립극장의 1회 공연이 〈원술랑〉(유치진 작)이었고, 1953년 국립극장 재개관 작 역시 윤백남의 〈야화〉였다. 이외 김경옥의 〈이순신장군〉(1954), 김영수의 〈성웅 이순신〉(1952), 유치진의 〈가야금〉(1952), 〈처용의 노래〉(1953), 〈사육신〉(1955), 〈자명고〉, 윤백남의

〈흥선대원군〉(1953), 이광래 각색의 〈무영탑〉(현진건 원작, 1954)과 〈대수양〉(김동인 원작, 1959)을 주목할 수 있다.[52] 해방 직후 1950년까지 창극계에서도 〈고구려의 혼〉, 〈논개〉, 〈왕자호동〉, 〈임진왜란과 계월향〉, 〈단종과 사육신〉 같은 사극류의 공연이 잦았다.

여성국극은 이미 널리 알려진 설화나 이전에 발표되었던 역사소설, 역사나 설화 소재의 공연물이나 방송물 그리고 영화를 변형시키는 식으로 레퍼토리를 마련했다. 그리고 여성국극 공연은 당대 영화 레퍼토리에 영향을 끼치기도 하면서 1950년대 사극류 드라마의 활황을 주도했다. 예를 들어 여성국극인 〈구슬과 공주〉는 선화공주 설화를, 〈무영탑〉은 동명의 현진건 소설을, 〈춘소몽〉은 이광수의 소설 〈꿈〉을 각색한 것이다. 그런데 신상옥 감독이 영화 〈꿈〉(1955)을 만든 바 있고, 1957년에는 전창근 감독의 〈무영탑〉과 최성관 감독의 〈선화공주〉(1957)가 제작되었으니, 당대 대표적인 대중문화였던 여성국극과 영화는 레퍼토리 선택에 있어 서로 영향을 주고받았던 셈이다.[53] 한편 여성국극 〈공주궁의 비밀〉은 오영진의 〈맹진사댁 경사〉를 연상시키고,[54] 〈꽃이 지기 전에〉[55]에는 호동설화의 흔적이 남아 있다. 〈열화주〉는 당시 라디오드라마로 인기를 끈 작품을 바탕으로 했다. 임춘앵 일행이 1959년 일본 공연작으로 택한 〈견우와 직녀〉는 1941년 라미라 극단이 공연한 가극 〈견우직녀〉와 일정한 관계가 있을 것이다. 라미라 가극단의 〈견우직녀〉는 1942년 일본 도쿄 오사카 교토 등에서 공연된 바 있고, 이후 반도가극단이 이를 수차례 공연했다. 임춘앵의 오빠인 임천수는 1946년 11월 23일 국도극장에서 '임천수씨 발표회'를 개최할 때 '가극 안기영 곡 〈견우직녀〉 중에서' 선택한 노래를 부르기도 했는데, 그 임천수가 여성국극 〈견우와 직녀〉의 각색과 음악을 맡았다.[56]

여성국극 레퍼토리가 기존 사극류를 잇는다 했지만, 차이도 있다. 1930년대 후반부터 40년대 후반까지의 사극류는 대개 역사적 인물을 소재로 하거나 역사적 사건을 앞세웠다. 반면 여성국극에서 '역사'가 의미있게 강조되는 경우는 없다. 고구려, 신라, 백제 등의 나라 이름이 지문에서 명시되는 경우도 있지만, 구체적으로 그 나라의 어느 때 어느 곳인지는 드러나지 않은 채 막연한 상고시대로 설정된다. 〈눈위에 피는 꽃〉에는 고구려왕이 등장하는데 이 왕이 누구인지 밝혀져 있지 않은 채, '미녀를 베개로 삼았다가 움직이면 죽이고 이를 만류하는 신하까지 죽여버리는 병'에 걸린 것으로 설정했다. 〈바우와 진주목걸이〉 에는 고구려 봉상왕이 등장인물로 설정되어 있지만, 봉상왕이 형을 죽이고 즉위했다는 것은 사실과 다르다.

그래서 여성국극 레퍼토리를 사극류에 속한다고 할 때의 사극이란 '과거를 배경으로 하는 극' 일반을 지칭한다. 실제 존재했던 역사적인 인물과 사건을 다루는 것을 정사극이라고 하고, 설화나 야사에 기반하는 것을 야사극, 과거의 가상 인물을 다루는 것을 시대극이라고 한다면, 여성국극은 야사극이고 시대극이다.

여성국극의 시대 배경은 조선 이전의 고대사회이고, 의상이나 소품, 생활공간, 풍속 등이 이국적으로 보일 만큼 낯설다. 〈공주궁의 비밀〉 은 월지국과 고비리국을, 〈여의주〉는 '태고적 불함산성'을, 〈춘소몽〉은 신라의 '나리군'을, 〈귀향가〉는 마리국을, 〈열화주〉는 다수라국을, 〈목동과 공주〉는 아나국을, 〈별하나〉는 사문성을, 〈꽃이 지기 전에〉는 을선국을 각각 배경으로 하고 있다. 생소하고 고색창연한 이름을 한 나라에서, 청사랑과 홍랑(〈청실홍실〉), 봉상왕과 아랑(〈바우와 진주목걸이〉), 불구내 · 둑겁이 · 주랑이 · 해루(〈여의주〉), 가소왕 · 후토왕 · 오초 · 사수랑(〈귀향가〉), 사라구 · 마투루 · 사라대왕(〈목동과 공주〉), 무라도 · 나린공 · 가야공주 · 로미(〈별하나〉), 아메리 공주 · 나달장군 · 사무라 (〈꽃이 지기 전에〉) 등의 이름을 가진 인물들이 사랑하고 갈등한다.

여성국극은 또한 서양 작품을 번안해 공연하기도 했다. 〈햇님과 달님〉은 〈투란도트〉를, 〈청실홍실〉은 〈로미오와 줄리엣〉을, 〈흑진주〉는 〈오셀로〉를 각각 번안한 것이다. 〈햇님과 달님〉은 〈투란도트〉의 시공간을 기원전의 조선으로 바꿨고, 〈청실홍실〉은 〈로미오와 줄리엣〉의 시공간을 950년경 발해로 설정하고, 권력다툼을 하는 좌상과 우상의 자제들이 서로 사랑하는 것으로 바꿨다. 〈흑진주〉는 상고시대로 시공을 바꿨고, 미천한 신분의 흑진주가 백충대감의 딸과 결혼하게 되는 과정, 마로리라는 악인의 꾐에 넘어가 아내를 죽이고 자신도 자결하는 식으로 편극했다. 그리고 〈백호와 여장부〉에서 결혼에 관심 없는 말갈국 공주의 설정은 〈투란도트〉를 연상시킨다.

여성국극에서처럼 서양작품을 원작으로 하면서 극의 시공간과 인물을 적극적으로 바꾸는 식의 번안을 하는 것은 다른 대중매체의 레퍼토리와 비교할 때 이례적이다. 일반적으로는 번역해서 방송하거나 공연하고, 필요한 경우 축약을 하는 식의 개작이 이뤄졌다. 예를 들어 해방후에 활동한 KPK악극단[57]이 〈투란도트〉(1949), 〈칸멘환상곡〉(1950), 〈로미오와 줄리엣〉(서항석 각색·연출, 1950) 등 서양 작품을 개작하여 공연한 바 있다.[58] 또한 전쟁 중이던 1951년 9월, 신협은 〈햄릿〉(한노단 역, 이해랑 연출)을 대구와 부산 등지에서 공연했고, 1952년과 53년에는 〈오셀로〉와 〈맥베스〉를, 1954년에는 〈줄리어스 시저〉를 각각 공연한 바 있다. 이들은 작품 본래의 이름을 살림으로써 서양작품이 원작임을 드러내려 했고, 필요에 따라 개작을 했을 뿐 번안을 하지는 않았다.[59] 이는 무대공연을 라디오로 중계했던 가극 〈오셀로〉(녹음중계, 60. 12. 10)의 경우에서도[60] 확인할 수 있다. 이는 일본 다카라즈카 가극과 비교해도 그렇다. 앞서 예를 들었듯 다카라즈카 가극은 서양문학작품이나 뮤지컬 등을 채택해 공연할 때 원제목을 그대로 사용한다. 1952년 8월에는 다카라즈카 가극의 공연팀인 월조(月組)가 9월에는 성조(星組)가 각각 〈투란도트〉를 공연했는데, 이때 '왕자 칼리프의 모험'이라는 부제를 달

긴 했지만 원제목을 바꾸지는 않았다.

여성국극의 이들 번안 작품은 서양의 시공간을 지우고, 대신 먼 옛날 어느 곳으로 시공간을 바꿔놓는다. 그런데, 그 '먼 옛날 어딘가'가 '한반도의 역사적 시기 언젠가'를 연상시키지는 않는다. 그에 따라 구체적인 역사적 시공 너머의 어딘가, 서양도 아니고 한국도 아닌 이국의 그 어딘가에서 벌어진 이야기가 된다. 다카라즈카 가극이 서구식 스타일을 적극적으로 때로 과장되게 추구했던 반면 여성국극은 서구적 흔적을 지워가는 식으로 정체성을 유지했던 것이다.

그리고 결과적으로 볼 때 여성국극은 '비서구화'(더 나아가 비근대화)를 지향한 양식이었다. 1950년대 한국 대중문화에서 자주 확인되는 '이국성'이 대개 '서양을 상기시키는 것과 달리, 여성국극의 이국성은 '서양이 아닌 그 어떤 곳'을 지향한다. 1950년대 대중가요에서는 일본이나 중국 등 동아시아를 벗어나 이슬람 문화권의 아시아적 분위기를 적극 묘사한다든가 유럽 도시나 개척시대의 미국 서부지역 정서를 묘사하는 등 세계화된 이국풍을 추구하는 노래가 많아졌다.[61] 영화판에서 50년대 중반에 이국적인 사극 제작 붐이 일었지만, 곧 미국 중심의 서양문화에 침윤된 사회상을 담은 영화들이 주류를 이루었다. 여성국극은 오로지 정체불명의 '상고시대' 얘기를 다루는, 비서구적이면서 비근대적인 서사만을 담는 양식으로 존재했다.

비근대적인 경향은 극단의 특징에서도 논의될 수 있다. 여성국극단체는 가족단위의 수공업적 생산체제로 운영되었던 바, 교육 및 생산방식의 측면에서 볼 때 1930년대 조선성악연구회 이전으로 후퇴했다고 할 수 있다. 단체의 구성원들 중에는 가족, 친척 관계에 있는 사람들이 많다. 이를테면 여성국극 배우인 조귀인·조농옥·조농월·조금앵·조산홍은 자매지간이다. 김소희와 김정희, 임유앵과 임춘앵, 박보아와 박옥진, 그리고 김진진·김경수·김혜리(김정자)가 각각 자

매지간이다. 임춘앵은 김진진·김경수 자매의 이모이고, 50년대 중반
에는 임춘앵의 오빠인 임천수도 국극에 참여했다. 조양금은 박보아·
박옥진 자매의 올케이다. 박황과 박후성은 형제지간이며, 김원술 - 조
금앵, 강장원 - 임유앵, 한갑득 - 박보아, 김향 - 박옥진, 홍정택 - 김유
앵, 정철호 - 조애랑은 부부지간이었다. 이 가족 단위의 생산체제는 산
업화에 박차를 가하며 근대를 향해 나아가는 1950년대 이후의 한국
사회에서 더 이상 자생하기 힘들게 되었다.

## 4.2. 환란의 추체험과 해피엔딩의 위안

여성국극은 한국전쟁 직전부터 만들어지기 시작했고, 한국전쟁 직
후부터 활발하게 공연되었다. 그리고 이들 여성국극에서 전쟁의 환란
은 거듭된다. 거란이나 말갈 등의 북방 민족과 영토 전쟁을 벌이기도
하고, 한 민족 혹은 한 나라에서 일어난 권력 암투가 전쟁 상황을 초래
하기도 한다. 여성국극의 거의 모든 작품이 왕조의 존속이 위협받는
환란을 다루며, 국가적 위기 상황을 배경으로 삼는다.

그러나 여성국극에서의 전쟁은 상흔 없이 안전하게 종결된다. 이는
한국전쟁을 소재로 한 소설이나 악극, 방송극 등이 전쟁을 다루는 방
식과 다르다. 일반적으로 전쟁이 주요 배경이 되는 경우, 전쟁으로 인
해 중요한 무언가를 상실한 전쟁미망인이나 상이군인이 등장하며, 여
성 인물은 순결을 빼앗기거나 몸을 팔아야만 하는 상황에 처한다. 그
러나 여성국극에서 전쟁은 인물들을 고난에 처하게 하는 일시적 사고
로 설정될 뿐, 아무런 상처를 남기지 않는다. 그래서 여성국극은 전쟁
의 혼란을 배경으로 하면서도 거침없이 해피엔딩으로 나아간다.

해피엔딩은 여성국극 서사의 절대적 특징이다. 원작이 있는 경우에
도 그 결말을 바꿈으로써 해피엔딩을 견지한다. 예를 들어 호동왕자와

낙랑공주 이야기를 연상시키는 〈꽃이 지기 전에〉에서, 왕자는 적국의 공주를 통해 비밀도감을 훔치고, 전쟁에서 승리한 이후 이 공주와 결혼한다. 자기 나라의 신물을 적국에 넘기게 된 공주가 겪었음직한 갈등 따위는 가볍게 잊힌다. 〈무영탑〉은 아사달이 아사녀를 안고 영지로 들어가 죽지만, 곧 이어 선녀들이 아사달·아사녀·구슬아기를 옹위하고 나와 함께 춤을 추는 장면이 이어지며 막을 내린다.[62] 이 여성국극의 결말은 소설과도 다르고 영화와도 다르다.[63] 여성국극은 죽은 세 사람을 환상적 분위기 속에서 환생시킴으로써, 죽음에 이르는 그들 사랑의 애절함에 대해 서둘러 보상해준다. 이런 구성은 〈산호팔찌〉에서도 확인된다. 을지백의 외동딸 송이와 백오랑이 부부가 되자, 고비룡이 백오랑을 모함하여 생매장시키고, 송이는 왕에게 고비룡의 죄악상을 알린다. 송이가 활로 고비룡을 처형한 후 백오랑의 비석을 안고 울 때 천지가 캄캄해지면서 백오랑이 무덤에서 나와 송이와 함께 승천한다. 죽음에 의한 별리조차 행복한 재회로 마무리되는 것이다.

서양작품의 번안작인 경우도 그렇다. 〈로미오와 줄리엣〉을 번안한 〈청실홍실〉은 젊은 남녀의 사랑 때문에 오래 갈등하던 두 집안이 화해하는 해피엔딩으로 바뀐다. 〈투란도트〉는 칼리프와 투란도트가 마지막에 결혼하게 됨에도, 왕자 칼리프를 지키기 위해 고문 받다 죽어가는 시녀 류의 사랑 때문에 단조로운 해피엔딩으로 귀결되지 않는다. 반면 〈투란도트〉를 번안한 〈햇님과 달님〉은 시녀 류 같은 긍정적 인물을 설정하는 대신 고마불이라는 악인을 설정하여 햇님 왕자가 그를 물리치고 달님 공주와 결혼하는 식으로 바꿔 해피엔딩이 한껏 강조되었다. 〈오셀로〉를 번안한 〈흑진주〉는 흑진주가 아내를 죽이고 스스로 자살한 이후, 다시 천국에서 만나 오해를 풀고 사랑을 확인하는 것으로 끝맺는다.

선악의 대결과 착한 사람이 겪게 되는 우여곡절을 과장되게 강조하는 것은 일제 시대 유행한 대중극과 다를 바 없다. 그런데 화류비련극 등의 대중극들이 대개 주인공의 비참한 파멸로 귀결되어 눈물을 자아냈던 것과 달리, 여성국극은 아슬아슬한 위기 상황을 벗어나 안전하고 편안한 상태를 회복하는 결말을 통해 관객에게 고진감래의 위안을 제공한다. 한편 남녀의 운명적인 사랑을 중심에 놓는다는 점에서는 1950년대 중후반에 발표된 한국영화의 서사와 크게 다르지 않지만, 영화의 서사가 운명적인 사랑의 성취불가능함을 보여주는 반면[64] 여성국극의 운명적인 사랑은 국가 간의 갈등을 해결하고 신분 차이를 너끈히 뛰어넘는 묘약으로 위력을 발휘한다.

### 4.3. 영웅적인 남자의 눈물어린 구애

여성국극에서 해피앤딩의 주체는 주로 왕자(또는 장군)와 공주이다. 결혼이라는 해피앤딩에 이르는 자격을 갖추기 위해 남자들은 자신의 신분을 낮춰서 공주와 마음을 통할 기회를 가지게 되고, 신분이 밝혀짐으로써 공주와의 결혼은 마땅하고 옳은 일로 여겨지게 된다. 〈백호와 여장부〉에서 신라 장군인 백호와 흑표는 말갈국의 지도와 군사기밀을 염탐하여 전쟁에서 승리를 이끌고, 말갈국 공주 및 신라 공주와 각각 결혼하게 된다. 〈목동과 공주〉에서 목동인 마투루는 전란으로 피해 온 나비공주와 산중에서 만나게 되고, 마투루가 충신의 아들이라는 사실이 밝혀지고 나라를 구하는 일을 수행한 후 공주와 결혼한다. 〈구슬과 공주〉에서 서동은 마를 파는 장사꾼처럼 떠돌아다니다 노래로 공주의 마음을 얻고 백제왕자라는 사실이 드러나면서 공주와 결혼하게 된다. 〈별하나〉에서 나린공은 가야공주와 결혼하기 위해 보물을 찾으러 시바성으로 떠난다. 〈꽃이 지기 전에〉에서 을선국에 포로로 끌려온 파불국의 왕자 사무라는 정략결혼을 하게 된 공주를 구하게 되고,

공주를 통해 비밀도감을 빼돌린 후 을선국을 점령한 후 사무라 공주와 결혼한다.

공주가 등장하지 않는 작품도 있지만, 왕자(또는 장군)는 항상 등장한다. 〈바우와 진주목걸이〉에서 왕자 바우의 숙부가 왕을 죽이고 봉상왕이 된 후, 바우는 숨어 살다가 아랑을 사랑하게 된다. 봉상왕이 이 아랑을 탐하나, 결국 바우는 아랑도 구하고 왕위도 되찾는다. 〈귀향가〉도 비슷하다. 왕이 후토왕에게 살해당하자 왕자 오초는 숨어살게 되고, 그러다 사수랑이라는 처자를 사랑하게 되는데, 후토왕이 사수랑을 탐하자, 왕자가 사수랑도 구하고 왕위도 되찾는다.

이렇게 작품의 주도적 역할은 남자의 것이며, 불화를 일으키는 것도 또한 남자이다. 주인공 왕자 또는 장군들은 굳은 신념으로 나라를 구하는 임무를 맡는다. 이 선한 남자들은 광폭한 왕 또는 왕위를 탐하는 사악한 남자 때문에 시련에 처한다. 사악한 남자는 대개 권력과 사랑 두 가지 점에서 장애를 일으킨다. 사악한 남자는 선한 남자에게 보장된 왕위 자리를 탐하며, 사랑을 넘본다. 그러나 선한 남자들인 서동과 마투루, 사무라와 백호는 오롯한 충의와 순결한 사랑으로 사악한 남자를 제거하고 승리의 주인공이 된다.

이들 왕자와 장군들은 지략과 무력으로 위기에 처한 나라를 구한다는 점에서 영웅이지만, 한 여자에 대한 애정이 행동 동기의 최우선에 있다는 점에서 '열렬한 구애자'이다. 〈백호와 여장부〉에서 신라 장군인 백호는 첩자로 말갈국에 들어왔으면서, 말갈국 공주에게 애정을 불어넣는데 주력하고, 〈목동과 공주〉에서 목동인 마투루는 산중에서 만난 나비공주에게 다짜고짜 애정을 표현하고, 〈별하나〉에서 나린공은 가야공주와 결혼하기 위해 보물을 찾으러 시바성으로 떠난다. 〈꽃이 지기 전에〉에서 을선국에 포로로 끌려온 파불국의 왕자 사무라는 정략결혼을 하게 된 공주를 구하는 데 열중한다.

남자주인공의 지략과 무력이 애정 상대를 확인하거나 구하기 위해서만 사용되는 경우도 있다. 〈연정 칠백리〉는 전라도에 사는 향랑이 왕자비로 물망에 올랐다는 전갈을 받고 궁궐로 올라가는 도중에 겪는 풍파를 다룬다. 향랑은 왕자비 자리를 탐하는 사람들이 보낸 자객들 때문에 생명의 위협을 느끼게 되는데, 이 때마다 떠돌이 협객이 나타나 구해주고, 결국에는 협객이 왕자임이 밝혀진다. '연정 칠백리'는 향랑과 왕자가 자신의 애정 대상을 찾기 위해 걸어야 할 긴 여정인 것이다.

　서동은 여성국극이 보여준 남성 구애자의 극단을 보여준다. 〈구슬과 공주〉의 초입에서 서동요를 퍼뜨리며 자기 행동 동기를 분명하게[65] 밝혔던 서동은, 이후 감옥에 갇혔을 때 선화공주가 찾아오자 선화공주에게 속적삼을 청해 받고 울면서 노래한다. "저승길이 있다 하면 이생에서 좋은 세상 다시 만나 본다지만 이생에서 못 이룬 한을 저승이면 풀을손가. 북망산천 멀다 해도 이 한 밤이 지척일세. 이 몸이 죽은 후에 이 산 저 산 해 저물어 두견새가 울거들랑 서동이의 울음인줄 짐작하옵시고, 제가 울든 이 뜰 아래 낙엽소리 들리거든 서동의 발자취줄 혼자 생각하옵시고, 한 평생을 길이 길이 영화롭게 사옵소서."[66] 일반적으로 드라마에서 절박한 애정을 눈물로 호소하는 역할은 여성의 것이다. 서동의 이 '울음'과 다정한 애정 표현은 남녀 역할 전도로 보일 만큼 강하다.

　남자주인공의 이런 눈물어린 구애는 여성국극의 남자주인공들이 그들의 춤 솜씨로 애정 표현을 했다는 점과 부합한다. 여성국극의 남자주인공은 춤과 노래에 능한 예인다운 풍취로 상대 여성의 마음을 움직이는 다감하고 감성적인 사람이며, 그 연장선상에서 사랑 앞에서 눈물을 뿌리는 남자가 될 수 있었던 것이다. 나라를 구하는 영웅이면서 또한 춤과 노래, 눈물어린 구애를 할 줄 아는 감수성의 소유자인 이들 남자주인공들은 남성적 여성적 성역할의 규범들을 깨치는 양성 구유적 속성을 과시한다.

## 4.4. 순종적 여성 역할에의 순응과 거부

여성국극의 공주들은 대개 왕의 유일한 딸이고 왕위 계승이 가능한 남자 형제가 없다. 그래서 공주는 사랑의 대상이면서 동시에 왕위 계승권을 확보하게 해주는 대상이 된다. 그녀들은 정치적 가치와 미모를 타고 났기 때문에, 남성들이 추구하는 가치의 대상으로서 갈등의 한 가운데에 위치한다. 여성국극에서 공주가 아닌 여주인공이 설정되는 경우 미모가 절대로 중요하다. 〈바우와 진주목걸이〉의 아랑과 〈귀향가〉의 사수랑은 피난온 왕자들과 우연 연정을 나누게 되고, 미모 때문에 사악한 남자가 탐내는 대상이 되었다가 왕자에 의해 구제되어 왕자와 결혼하게 된다.

그녀들의 시련은, 왕이 정략적인 차원에서 그녀들이 원치 않는 남자와 결혼시키려 하기 때문에 혹은 사악한 남자가 그녀들이 원하는 남자를 위험에 빠뜨렸기 때문에 생긴다. 〈목동과 공주〉에서 숙부는 나비공주를 차치라는 장군과 혼인시키려 하고, 〈눈 위에 피는 꽃〉에서는 왕이 광폭해지는 병에 걸렸기 때문에 화운공주가 사랑하는 계영장군이 위기에 처하게 되고, 〈별하나〉에서는 무라도라는 악인이 가야공주와 결혼하려고 나린공을 죽이려 한다. 〈꽃이 지기 전에〉에서 약소국을 침략하는 왕과 나달장군이라는 악인 때문에 공주는 사무라라는 적국 왕자의 간청에 넘어간다. 〈백호와 여장부〉에서 신라왕은 큰 공을 세운 사람에게 공주를 결혼시키겠다고 공포하고, 아례공주가 사랑하는 백호장군이 그 공을 흑표장군에게 돌렸기 때문에 공주는 자신이 사랑하는 백호장군의 배우자가 될 수 없다.

한 남자에 대해 애정을 갖고 있다는 점에서, 그녀들은 욕망의 주체라 할 수 있다. 그러나 그녀들은 자신의 욕망 실현을 위해 적극적으로 움직이는 존재가 아니다. 왕이나 권력에 탐욕스런 남자 때문에 그녀들의 애정에 어떤 장애가 생겼을 때, 그녀들은 슬피 울며 처분을 기다릴 뿐이다. 〈백호와 여장부〉의 아례공주는 이렇게 노래한다. "(창) 자고로 규중처녀 / 예절이 있아온데 / 어찌 자기 혼사일에 / 여러 말이 있으리까 / 좋아도 내 팔자라 / 부모께서 정하시면 / 그대로 하오리다"

신분과 미모라는 프리미엄으로 남녀 애정관계에서 승리자가 되는 여성국극의 여자역들은 멜로드라마의 주인공다운 자격을 견지하고 있다. 그녀들은 한 남자에 대한 애정을 지키는 과정에서 비참한 상황에 처하기는 할망정, 두 남자 사이에서 갈등하지 않는다. 가부장적 남녀관을 담고 있는 고전소설의 여주인공들처럼, 그녀들은 흔들림 없이 올곧고 흠집 없이 보호된다. 그녀들은 안전하고 순결한 행복을 차지함으로써 1950년대의 "춘향전이나 임춘앵 창극같은 흥행물로 쏠리는 최하층의 관객과 여기 휩쓸리는 노년층" 그리고 "고무신짝"이라고 불리는 여성들을[67] 사로잡았다.

욕망의 주체다운 여성으로 부각되는 경우로는 〈눈 위에 피는 꽃〉의 송이, 〈별하나〉의 해적 여두목 로미, 〈백호와 여장부〉에서의 말갈국 공주를 예로 들 수 있다. 이들 적극적이고 주체적인 여성들은 죽거나 사라지거나 순치되지만, 이들의 활달함과 육체적 힘 그리고 싸움터에서 보이는 용맹과 지도력은 이들 고유의 성격으로 부각된다.

죽거나 사라지는 경우를 먼저 보자. 〈눈 위에 피는 꽃〉에서 악한 을지용의 여동생 송이는 남자주인공인 계영과 인연을 맺지만, 오빠의 권력욕 때문에 포악한 왕의 노리개감으로 받쳐질 뻔한다. 송이는 위기 상황에서 빠져나와 계영을 찾아 떠나지만, 계영과 오빠인 을지용의 정치적 갈등 때문에 어느 쪽에도 안거할 수 없다. 을지용이 죽게 되고,

계영이 공주와 결혼하게 되었을 때, 송이는 중이 되어 사라진다. 극 내에서 긍정적인 역할을 수행하지만 공주가 아니기 때문에 행복한 결말의 주인공이 되지 못하는 여성이 죽거나 사라져야 한다는 운명은 〈별하나〉의 해적 여두목 로미에게서도 확인할 수 있다. 나린공을 보고 반한 로미는 자신의 애정을 토로하지만, 나린공은 정혼자가 있다며 거절한다. 로미는 죽을 위기에 처한 나린공을 구하고 결국 죽게 된다. 그녀들은 그렇게 자신의 사랑을 지키기 위해 기꺼이 희생한다.

욕망의 주체다운 여성이 죽거나 사라지지 않고 살아남기 위해서는 순치되어야 한다. 〈백호와 여장부〉의 말갈국 공주가 그렇다. 〈백호와 여장부〉의 말갈국 공주는 "갑옷 투구에 쌍검을 차고 손에는 활을 든" 여장부로 등장한다. 공연의 첫 장면은 말갈국 공주가 신라와의 싸움에서 승리하고 돌아오는 것으로 시작하는 바, 서창(序唱)은 이렇게 불린다. "여장부라 여장부라면 여중 호걸 / 키가 커서 여장부냐 / 힘이 세여 여장부냐 / 싸움을 잘해 여장부냐 / 얼굴이 고와 여장분가 / 마음이 억세여 여장분가 / 여장부라니 모를네라 / 천지 조화를 모를네라." 그런데 이 말갈국 공주는 백호장군에 의해 '착한 아내' '사랑을 아는 여자'로 길들여지고, 그 과정에서 힘이 세고 싸움 잘하고 마음이 억센 그의 남성적 특징들을 다 잃어버리게 된다. 백호장군은 "어여뿌신 마음으로 손에 칼을 버리시고 남편을 맞으시면 착한 아내가 되실 것"이라고 어르고, "하로 강아지야 범 무서운 줄 모르니 버릇을 가르쳐 줄 것이고 네 아모리 잘났다고 해도 세상에 너 같이 못난 여자는 세상에 없어 내가 뜯어 고쳐줄 터이니 기다려라"라고 위협하고, "여자 중에 제일 아름다운 여자는 사랑을 가질 수 있는 여자 즉 아내의 사랑 어머니의 사랑 그리고 인류의 사랑"을 가진 사람이라고 유혹하며, "여자가 여자의 걷는 길을 걷는다면 더 맛이 있을 것"이라고 자극한다. 결국 말갈국 공주가 쌍검이 무겁다고 할 지경에 이르자, 백호장군은 "여자에게 검이란 무거운 법이요. 공주 이제야 잊었던 것을 완전히 찾았오이다 그려"라며 공주의 손을 잡아준다. 말갈국 공주는 남자를 사랑하는 연약하고 착한 여자로서 아내 자격을 얻게 됨으로써 해피엔딩의 주인공으로 살아남는 것이다.

죽거나 사라지거나 순치되지 않고, 살아남아 스스로의 존재감을 유지하는 경우도 있다. 〈구슬과 공주〉에서 선화공주가 그렇다. 서동요가 멀리 퍼진 상황에서 서동과 선화는 영흥사 숲길에서 우연 만나게 되어 서로 정표를 교환하게 되는데, 그것이 문제가 되어 서동은 감옥에 갇히게 된다. 감옥에 찾아간 공주는 서동의 진심을 확인한 후 그에게 청을 한다. 자기의 침실에서, 자신이 깔던 호피 위에서 첫닭이 울 때까지 쉬어가라고. 서동은 선화가 누명을 쓰게 될까봐 사양하지만, "아무 말 말고 나 하자는 대로만 하시오."라며 서동을 이끌고 들어간다. 그리고 다음날 선화는 피 묻은 칼을 들고 나와 자신이 서동을 죽였다고 하고, 혼란한 틈에 서동을 도망시키며 "내 걱정은 아예 말고, 어서 가시오. 내 침실에 왔던 나비. 내 나비가 분명하니 한마디로 맹서하고 후일 상봉 지킵시다."라고 다짐한다. 호동을 자신의 침실로 끌어들이는 선화, 호동을 피신시키기 위해 피 묻은 칼을 드는 선화는 참으로 도발적이고 적극적이다.

〈산호팔찌〉의 여주인공 송이는 미망인으로 살아남아 '복수는 나의 것'임을 실현하는 존재이다. 송이는 남편이 생매장 당하게 된 과정을 알아내고, 모든 진실이 밝혀진 후 소원을 들어준다는 임금에게 다음과 같이 말한다. "첫째 남편과 부모의 철천 원수 고비룡을 처형하는 것을 소녀에게 맡기시고, 둘째 백오랑이 충신임을 만민에게 알리시고 만조백관이 삼 년 동안 상복을 입게 하여 주시옵고, 셋째 소녀를 백오랑의 무덤 속에 같이 묻어주옵소서". 이어 송이는 임금에게 활을 받아 복수의 기쁨을 표시하는 춤을 추고 고비룡을 표적으로 삼아 활을 쏜다. 송이의 이 냉혹한 복수는 온화한 용서와 기다림이 미덕으로 여겨지는 여성 이미지에 대한 단호한 반란이다.

자신의 욕망을 힘차게 밀고나가는 이 몇몇 여자주인공들은, 1950년대 영화나 라디오 매체에서 보이는 대중서사들과 달리, 가정윤리와 갈등하지도 않으며, 자유풍조가 만연시킨 전후파적 애정편력을 보이지도 않는다.[68] 이 여주인공들은 한 남자에 대한 애정을 올곧이 지켜나가기 위해 행동하는 인물이라는 점에서 가부장적 남녀관의 틀 안에 있다. 그러나 이들은 또한 칼과 활 그리고 지혜와 언변으로, 자기의 남자를 구하고 지키는 자들이다. 이들 용감한 여성들은 춤과 노래로 그리고 읍소와 살가운 애정표현으로 여성에게 다가가는 남자들과 조응하면서 여성국극 특유의 전복적 세계를 펼쳐주고 있는 것이다.

## 4.5. 성애 표현의 적극성과 일탈적 환상

여성국극에서 남녀는 첫눈에 반하고, 그 첫 순간에 거침없이 애정표현을 쏟아낸다. 불현듯 생긴 애정을 지키기 위한 전력질주. 〈목동과 공주〉의 예를 보자. 목동인 마투루가 피난 온 공주와 우연히 만나 희롱을 하는데, 처음에는 마투루가 '춤으로 애무'하다가 곧이어 공주의 손목을 덥석 잡더니 급기야 와락 껴안기까지 한다. 산골 총각의 우악스러움과 구중궁궐에서 곱게 자란 공주의 순진함이 대비되는 가운데, 애정표현은 자못 노골적으로 그리고 숨 가쁠 정도로 빠르게 이뤄진다.

남자만이 애정 표현의 주도권을 잡고 있는 건 아니다. 〈무영탑〉에서는 여성인 주만이 먼저 감정의 격동을 못 참고 흐느껴 울며 아사달을 야속해하고, 아사달은 급기야 떠나려는 주만의 치맛자락을 붙잡으며 세차게 포옹한다.

그리고 여성국극은 남녀의 성적 접촉을 연상시키는 부분을 즐겨 끼워 넣는다. 〈백호와 여장부〉에서 공주를 위해 부채를 부치며 모기를 쫓아주던 백호가 슬그머니 잠이 들자, 이번에는 공주가 백호를 위해 부채를 부쳐주고 그러다 백호의 자는 몸 우에 쓰러져 잠이 들어버린다. 그런 채로 한밤을 지새우고 깨어나서, 백호는 "공주님, 여자 노릇 하던 그 재미 어떠하더이까"하고 물으며 손을 덥썩 잡고, 공주는 "장군, 이 몸에서 여자의 길을 찾아주신 그 은혜 고맙나이다."라고 다소곳이 대답한다. 앞 장에서 예를 든 것처럼 〈구슬과 공주〉에서는 선화가 서동을 자신의 침실로 끌어들여 하룻밤을 보낸다.

무대 위의 자못 노골적인 이 표현들은 성적 환상을 자극했을 터. 그 환상의 밀도는 어떠했을까. 다음은 관객 반응의 한 예이다.

그리고 한 가지 특별히 변한 것은 희소하던 부인석에 남자석 이상으로 매일 만원인 것이다. 노부인, 여염집 부녀, 기생 그리고 여학생들인데, 진기한 일은 그 중에서 성에 갓 눈뜬 여학생이 반수 이상을 참열한 것이다.

그뿐 아니다. 경악할 일은 키스하는 장면. 그 순간에는 반드시 질식할 듯한 외마디 소리가 부인석에서 의례히 돌발한다. 그런데 부인석 중에도 머리 틀어 얹은 젊은 여인들 모여 앉은 곳에서.(『별건곤』, 1957년 3월호)

여성국극의 세계는 연애과정에 초점을 맞추는 순정한 연애의 세계이다. 여성국극은 도덕적 성적 순결성을 강조하긴 하지만, 성적 관계에 대한 일체의 엄숙함과 조심스러움이 제거되어 있다. 한 대상을 향하니 방종하다고 할 수는 없지만, 연애 감정의 관능을 드러내는 데는 전혀 망설임이 없는 파격적인 세계인 것이다.

여성국극은 이렇게 생생한 성적 자극과 희열이 고조된 분위기 속에 '영웅적인 그리고 열렬한 구애자인 남성에 대한 환상'을 불러일으키고, '다소곳한 미모의 공주와 무력이 뛰어난 여자에 대한 환상'을 자극한다. 영웅적인 남자와 무력이 뛰어난 여자에게서 남성적 이미지를 볼 수 있다면, 열렬한 구애자인 남자와 다소곳한 미모의 공주에게서는 여성적 이미지를 볼 수 있다. 이 환상은, 남녀 모두 남성적이면서 동시에 여성적이라는 점을 일깨운다. 남녀에 대한 사회적 이미지를 반영한 작품과 그 이미지를 뒤바꾼 작품을 함께 생산하는 방식으로 여성국극은 고정적 성역할을 교란시키고 있는 것이다.

그리고 그 환상은 '영웅적 남자역'도 '읍소하며 구애하는 남자역'도 다 여자배우가 맡는다는 여성국극의 극형식을 통해 더욱 증폭된다. 실제로는 여자배우이지만, 극적 환상 속에서 그녀들은 영웅이 되기도 하고 구애자가 되기도 한다. 남자역 여자배우가 상대 여자역의 손을 잡거나 키스할 때, 눈물로서 구애하는 남자역을 맡은 여자배우가 열렬하게 제 감정을 토로할 때 관객의 환상은 다양하게 그리고 강렬하게 타오른다. 또한 여자배우들은 순종적인 여성역도 적극적이고 냉혹한 여성역도 맡는다. 여자 관객의 환상은 남자역과 그 남자를 연기하는 여자배우에 대한 이중 관계 속에서, 그리고 그 남자의 배우자가 되는 여자에 대한 반응을 오가며 증폭된다. 남성적인 여자역과 그 여자가 지키는 남자역을 모두 여자배우가 연기한다는 점을 상기한다면, 여성국극은 이성애와 동성애가 복잡하게 뒤얽힌 일탈적 성적 환상이 분출되는 비사회적인 환상들의 각축장이었던 것이다.


## 5. 나가는 글

1940년대 후반에 시작된 여성국극은 1950년대 대표적인 무대음악극으로 인기를 모았다. 본고는 창극계 변화과정에서 등장한 여성국극이 판소리문화에서 벗어나 젊은 여성 창자들에 의한 연기와 춤 그리고 무대장치 등의 시각적 볼거리를 강화해가는 식으로 특화되어 갔음을 지적했다. 그리고 여성국극의 비서구적 이국성을 강조하는 야사류의 서사들은 전통적인 것과 서구적·도시적인 것이 갈등하는 현실로부터 이탈하는 시공간을 제공했다. 또한 전쟁 상황을 주요 배경으로 한 해피엔딩을 통해 전쟁에 대한 추체험과 안도감을 불러일으켰다. 여성국극에서 남성은 '나라를 구하는 영웅적 남성상'과 '춤추고 읍소하는 열렬한 구애자'의 이미지로 표현되었고, 여성은 '미모의 순종적인 여성상'과 '칼과 활을 든 활발한 여성상'으로 분화되었다. 이러한 이중성은 성역할에 대한 고정관념을 해체했지만 결과적으로는 가부장제로 수렴되는 양상을 만화경처럼 펼쳐보였다.

여성국극이 듣기 편한 감상적 노래와 화려한 춤으로 치장했지만, 그 내용과 형식이 성역할 고정관념을 교란시키는 해방구로 기능했음은 기억할 필요가 있다. 남녀 애정관계를 소재로 한 이들 레퍼토리에서 남성은 영웅이고 여성은 그 영웅이 구출해내는 연약하고 수동적인 귀중품이다. 그러나 이런 스테레오 타입만 있는 것은 아니었다. 남성은 춤과 노래에 능한 애인이 되어 다정한 애정 표현들을 살갑게 쏟아내고, 눈물을 흘리며 열정적으로 구애한다. 반면 여성은 해적 여두목이 되고, 용맹스런 말갈국 최고의 용사가 되며, 남편을 모함한 원수를 활로 쏴 죽여 응징한다. 그리고 여성들은 자신의 침실로 남자를 이끌고 간다. 남자는 이제 남자답지 않고, 여자는 여자답지 않다. 이 혼종성은 여자배우가 모든 역을 다 맡아하는 여성국극 공연 특성 때문에 가능했고 또한 강화되었다. 여자가 남자역을 연기하는 것은 여자가 남자 노릇을 하는 간접 경험의 장이다. 여자가 연기하는 남자역이라면 자연 여자의 특성들이 베어져 나올 터였다. 여성국극의 남자역이 아기자기한 감정 표현에 능숙하고 사랑에 목숨 거는 순정을 갖게 된 것은, 그리고 여성국극에 남성적인 여자역들이 등장한 것은, 역할 전도를 근간으로 하는 여성국극의 극형식에 의해 강화되었을 것이다.

　그러나 이 해방구의 출구는 미래로 열리지 못했다. 필자는 기왕에 발표한 논문에서, 여성국극은 도시화와 미국문화의 영향력이 확대되기 시작하던 1950년대에 전통사회에 대한 향수 속에서 강건하게 그 명성을 떨치다가, 이후 산업화를 바탕으로 한 근대화가 진행되고, 유교적 질서관을 바탕으로 한 민족주의 이념이 확대되면서 양지에서 밀려나게 되었다고 했다. 본고에서는 한 가지 논의를 추가했다. 여성국극은 가내수공업식의 제작방식을 견지하고, 비서구적 비현재적인 이야기에 몰입하며 산업화 시대를 거스르고 있었고, 결과적으로 비서구화(비근대화)의 전형으로서 시대착오적 공연양식이 되어버렸다.

## 출처

「1950년대 여성국극의 성정치성」, 『한국극예술연구』 12, 한국극예술학회, 2000.

「1950년대 여성국극의 성정치성2」, 『대중서사연구』 18, 대중서사학회, 2007.

「어트렉션의 몽타주와 모더니티」, 『한국극예술연구』 32, 한국극예술학회, 2010.

「소녀 연예인과 소녀가극 취미」, 『한국극예술연구』 35, 한국극예술학회, 2012.

「신파, '비절쾌절' 극의 탄생」, 『국어국문학』 164, 국어국문학회, 2013.

「번역된 서양의 연애/극」, 『이화어문논집』 35, 이화어문학회, 2015.

「1930년대 기생-가정극 연구 - 〈사랑에 속고 돈에 울고〉와 〈어머니의 힘〉을 중심으로」, 『대중서사연구』 21권 1호, 2015.

□ 주

# 1장 연애극과 가정극, 그리고 여자

## 신파, '비절쾌절' 가정극의 탄생

1 양승국, 「1910년대 한국 신파극의 레퍼토리 연구」, 『한국극예술연구』 8, 1998, 45~59쪽.

2 1910년까지 발간된 신소설의 수가 19편임에 반하여 그 이후 작품이 111편에 이른다. 특히 1912년에서 1914년까지 83편이 나왔는데, 이는 신소설 발표기(1907~1919) 전체의 약 64%를 점유한다. 한기형, 『한국 근대 소설사의 시각』, 소명출판, 1999, 224쪽.

3 조중환과 이상협이 쓴 신소설 중 〈국의 향〉, 〈비봉담〉, 〈속편 장한몽〉, 〈무궁화〉, 〈해왕성〉은 신파극으로 공연되지 않았다.

4 1910년대 신파극 레퍼터리 중 신소설과 관련된 작품들 수는 대략 15편인데, 『매일신보』에 연재되지 않은 채 공연된 신소설은 〈봉선화〉(이해조 작), 〈우중행인〉(이해조 작), 〈은세계〉(이인직 작), 〈귀의 성〉(이인직 작)과 번안작인 〈불여귀〉, 〈재봉춘〉 등의 6편이다.

5 박진영, 「일재 조중환과 번안소설의 시대」, 『민족문학사연구』 26, 2004, 208쪽.

6 우수진은 신파극의 눈물과 동정의 메커니즘을 지적하면서, 신파극 레퍼토리는 고결한 미덕을 지닌 주인공이 극 중 악인을 도덕적으로 감화, 개과천선시킴으로써 해피엔딩을 맞이하는 구조라고 했다(우수진, 『한국 근대연극의 형성』, 푸른사상, 2011, 221쪽). 사회화된 감정 차원에서 눈물과 동정의 의미를 밝힌 점은 본고에 많은 시사를 주었지만, 신파극 레퍼토리의 구조를 줄곧 멜로드라마와 연결시킴으로써 신파극의 재현적 특성을 멜로드라마적 특성으로 환원한 것은 문제이다.

7 신파성을 전 문예 영역과 관련된 양식으로 본 연구는 다음과 같다. 강영희, 「일제강점기 신파양식에 관한 연구」, 서울대학교 석사학위논문, 1989. 이영미, 「신파양식의, 세상에 대한 태도」, 『대중서사연구』 9, 2003. 이호걸, 「신파성이란 무엇인가?」, 『영상예술연구』 9, 2006. 이승희는 신파를 시대양식으로 보는 데 따른 문제점을 지적하며, 신파성을 식민지 시대의 인식과 정서가 특징적으로 응축된 미적 특질로서 접근할 필요성을 제기했다. 이승희, 「기표로서의 신파, 그 역사성의 지형」, 『한국극예술연구』 23, 2006.

8 일본 신파극과 한국 신파극의 비교 연구를 대표하는 성과는 김재석의 다음 논문 참고. 김재석, 「근대극 전환기 한일 신파극의 근대성에 대한 비교연극학적 연구」, 『한국극예술연구』 17, 2003. 김재석, 「〈금색야차〉와 〈장한몽〉의 변이에 나타난 한일 신파극의 대중성 비교연구」, 『어문학』 84, 2004. 한편, 1910년대 조중환과 이상협을 매개로 발표된 가정소설 및 번안소설에 대한 연구가 최근 활성화되었

다. 박진영, 「"이수일과 심순애 이야기"의 대중문예적 성격과 계보 - 〈장한몽〉 연구」, 『현대문학의 연구』 23, 2004. 박진영, 「일재 조중환과 번안소설의 시대」, 『민족문학사연구』 26, 2004. 권용선, 「번안과 번역 사이 혹은 이야기에서 소설로 가는 길 - 이상협의 〈명부원〉을 중심으로」, 『한국근대문학연구』 5, 2004. 박진영, 「1910년대 번안소설과 정탐소설의 매혹 - 하몽 이상협의 〈貞婦怨〉」, 『대동문화연구』 52, 2005. 김석봉, 「근대 초기 문화의 생산/수용에 관한 연구」, 『한국현대문학연구』 18, 2005. 권보드래, 「죄, 눈물, 회개 - 1910년대 번안소설의 감성구조와 서사형식」, 『한국근대문학연구』 16, 2007. 이들 연구에서도 번안 가정소설이 신파극으로 공연되었다는 점을 주목하지만, 논의 초점이 소설사의 맥락에서 번안 가정소설의 위상을 밝히는 데 있어 신파성에 대한 논의를 전면화하지는 않았다.

9 전광용 외 편, 『한국신소설전집』 10권(을유문화사, 1968)에 실린 〈눈물〉을 분석 텍스트로 삼았다. 이하에서 소설 인용 시 쪽수만 명시하겠다. 이 책에 실린 〈눈물〉은 영창서관 본(1917년 1월 31일 초판, 1923년 5월 10일 4판)이다.

10 조중환이 〈쌍옥루〉 연재(『매일신보』, 1912. 7. 17~1913. 2. 4)와 〈장한몽〉 연재(『매일신보』, 1913. 5. 13~10. 1)로 큰 인기를 끌었다. 이상협의 〈눈물〉이 『매일신보』 1쪽에 연재되던 당시 〈장한몽〉은 『매일신보』 4쪽에 연재되었다.

11 최태원의 「일재 조중환의 번안소설 연구」(서울대학교 박사학위논문, 2010, 130~147쪽)에서, 이상협의 〈눈물〉이 와타나베 가테이(渡辺霞亭)가 쓴 〈기치죠지(吉丁字)〉의 번안작으로 논의되었다. 필자는 이 논의를 참고하지 못한 채 논문을 발표했고, 그래서 발표된 논문에서는 〈눈물〉을 '창작' 가정소설이라고 했다. 이번에 책을 내면서 이를 수정한다.

12 "저녁볕은 서산에 지고, 열흘 지난 밝은 달은 동편 하늘에 뚜렷이 솟았고, 서늘한 바람이 연못 위로 지나가매, 가는 물결은 달빛을 받아 은빛 물결을 일으키며 연흥사 호적소리가 사람의 귀를 어지럽게 할 때"(198)

13 『매일신보』, 1913. 10. 28.

14 「눈물 演劇을 見흔 內地婦人의 感想」이라는 제목의 글이 『매일신보』에 1914년 6월 26일부터 28일까지 3일 동안 실렸다. 경성 일본인 유치원에 근무하는 부인 河村若草가 1914년 혁신단이 연흥사에서 공연한 연극을 보고 동경 박물관에서 발행하는 부녀잡지 『女學世界』에 발표했던 글을 번역하여 재수록한 것이다.

15 물론 소설과 연극의 내러티브가 일치하지는 않았다. 1914년 혁신단의 공연에 대해 〈눈물〉의 작가 이상협은 불만을 표하기도 했고, 문수성이 공연할 때는 내용 '변개'를 홍보(『매일신보』, 1914. 4. 29) 하기도 했다. 그러나 일본인 부인의 관람기에 언급된 장의 내용들을 볼 때 큰 틀은 다르지 않았다.

16 김석봉의 『신소설의 대중성 연구』(역락, 2005, 202~223쪽)와 권보드래의 「죄, 눈물, 회개」는 신소설 중의 하나로 〈눈물〉을 언급했다. 〈눈물〉에 대한 개별 논문은 두 편이 있는데, 본고의 논의 방향과는 크게 다르다. 강금숙, 「신소설 〈눈물〉 연구」, 『이화어문논집』 7, 1984. 윤성중, 「기독교 수용의 신소설 연구: 이상협의 〈눈물〉을 중심으로」, 성균관대학교 석사학위논문, 1995.

17 "사동 연흥사에서 연일 흥힝ᄒᄂ 눈물 연극은 비졀쾌졀흔 진료와 한숙한 비우들

의 기예로 일반 관람쟈의 대환영을 밧는 즁…." 『매일신보』, 1914. 5. 2.

**18** 문학 작품에서의 동정 담론은 1910년대 번안 가정소설 및 신파극을 매개로 시작되었다. '동정'은 『매일신보』의 번안 가정소설 및 신파극 소개 기사에서 집요하게 선전되었던 사회적 감정이었고 1930년대 초반까지 지식인-문인의 학술적 문학적 글쓰기의 핵심이었다. 이에 대해서는 손유경, 『고통과 동정』, 역사비평사, 2008. 이희정, 『한국 근대소설의 형성과 매일신보』, 소명출판, 2008. 참고.

**19** 권보드래, 앞의 논문, 12쪽.

**20** "독자 제군 중, 진정 연애라는 것을 경력치 못한 청년 남녀는 조필환이가 일개 빈천한 서생으로 주인집 규수를 사모하며, 양가의 처자로 규중에 있는 몸이 외람히 청년남자를 사모함이 각기 품행에 온당치 못한 일이라고 반드시 타매하리로다. 그러나 빈부의 관계와 귀천의 차별은 있을망정 사람의 정은 일반이오 특히 청년 남녀 사이에는 연애라 하는 정이 극히 강하므로 그 정이 한 번 향하는 곳은 산과 물로도 능히 막지 못하는 바요, 명예와 재산, 심지어 생명으로도 능히 이기지 못하는 바이라."(102)

**21** 부모가 주체가 되는 전통적 혼인 관습을 탈피하여 혼인 당사자의 자유로운 선택을 강조하는 자유연애의 이념이 도입된 것은 1910년대 말이라고 한다. 자유 연애는 근대 교육을 받은 남녀 사이에 퍼졌고, 조혼한 아내는 자유 연애 풍속의 희생자가 되기 일쑤였다. 권보드래, 『연애의 시대』, 현실문화연구, 2003. 김지영, 『연애라는 표상: 한국 근대소설의 형성과 사랑』, 소명, 2007 참조. 그런데 1913년 작품인 〈눈물〉에서는 유교식 교육을 받은 집안이 좋은 여자와 신교육을 받은 가난한 집안의 남자가 '연애'의 주체가 되고 있으니, 특이하다.

**22** 「눈물연극을 見흔 內地婦人의 감상(2)」, 『매일신보』, 1914. 6. 27.

**23** 〈쌍옥루〉, 〈속 장한몽〉, 〈단장록〉, 〈청춘〉이 그 예이다. 이에 대해서는 권보드래, 앞의 논문, 33쪽.

**24** 남씨는 양모 노릇을 한 셈인데, 번안 가정소설에는 양모가 자주 등장한다. 이에 대해서는 권보드래, 앞의 논문, 31~34쪽.

**25** 경성 북부 벽동에 사는 한승지는 바둑으로 소일하며, 궁교빈족과 기타 불쌍한 사람 구제에 열심인 사람이다. 19세 된 손자는 동경에 유학 보내고 부인(이참장 누이)과 원앙처럼 지낸다. 삼청동에 사는 이참장은 '7~8년 전까지는 육군 참장의 화려한 복장으로 몸을 장식하고 원수부 ○○국장의 작위를 지녔던 사람'이라고 소개되었으니, 종2품 무관인 육군 참장 벼슬을 하고, 한말의 최고 군통수 기구인 원수부에서 국장을 역임하다 1905년(광무 9) 원수부가 폐지됨에 따라 관직에서 물러났다고 할 수 있다.

**26** 「눈물연극을 見흔 內地婦人의 감상(2)」, 『매일신보』, 1914. 6. 27.

**27** "살같이 부인의 머리채를 끌고 새장지를 밀치며 나와 안방 북창문을 열어젖뜨리고 돌팔매질하듯이 부인을 북창 밖으로 내어던지고 급히 북창 겉문을 거는데, 방안에서 벌써부터 깨었던 봉남이는 어머니를 부르고 방안으로 돌아다니며 슬피 울더라."(115)

**28** 평양집이 조필환에게 한 대사 중에 "앙얼을 입든지 대명을 가든지"(220)라는 대목

이 있다.

29 조필환의 혼잣말 중에 "악독하고 음탕한 남녀의 죄악을 도와주는 것이니까 그 남녀가 또 나와 같이 이런 형벌을 받을 때에는 여러 사람에게도 그 침책이 돌아가나니"(222)라는 대목이 있다.

30 「눈물연극을 見흔 內地婦人의 감상(3)」, 『매일신보』, 1914. 6. 28.

31 「눈물연극을 見흔 內地婦人의 감상(3)」, 『매일신보』, 1914. 6. 28.

32 「눈물연극을 見흔 內地婦人의 감상(3)」, 『매일신보』, 1914. 6. 28.

33 "참 마음대로 전일의 죄과를 깊이 후회하는 조필환의 눈에는 눈물이 가득하다."(196)

34 "이치 있는 그 교훈이 간곡히 봉남이에게 감동되었든지, 어린 마음에도 저의 허물을 깨달았든지 두 손으로 들고 있는 과자 위에 맑은 눈물이 방울방울 떨어질 뿐이라."(202~203)

35 서씨부인이 그 말소리를 들으며 그 외모를 자세히 살피더니 별안간 눈물이 펑펑 솔아지며 와락 그 사람 앞으로 달려들어 그 손목을 붙들 듯이 서서 눈에서는 눈물이 흐르며 입모습에는 웃는 기색을 띄우고"(121)

36 "조필환의 집 안방에서 술향기 끊어질 때는 있어도 조필환의 눈에 후회 고통 원한 분노 질투의 눈물은 그칠 때가 없다."(212)

37 "악독하고 인정없는 평양집의 눈에도 어쩐 눈물이 있든지 미리 예비한 듯이 구슬 같은 눈물이 방울방울 떨어지며 천연 조필환의 마음을 황홀케 하고자 하나, 조필환은 다시 아무 말 아니하고 외면을 한다."(195)

38 "두 뺨으로 흘러내리는 눈물을 씻으려 하지도 아니하며 부인에게 애걸하는 듯이"(130)

39 (봉남이 남씨와 서씨를 두 어머니라고 부르면서 - 필자) "나는 싫어 어머니도 이 어머니 집으로 같이 가. 어머니도 우리 어머니고, 저 어머니도 우리 어머니야. 우리도 이 어머니하고 날마다 같이 자고 있어, 응? 저 어머니 집으로 가, 어서. 나는 두 어머니하고 다 같이 아니 살면 울 테야, 응? 어머니"(212)

40 "여보시오, 인제는 누님이 진정으로 죄악을 고치는 것이오. 지금 누님의 우는 그 눈물은 이전의 간사한 눈물이 아니라 참 마음으로 하나님을 의지하고 이전 죄악을 회개하는 착한 눈물이오."(238)

41 "슬프다, 무죄한 이 몸이 薄命한 소치로 부모와 자식을 다시 대면치 못하게 되니……슬픈 회포가 가슴에 넘치어 이와 같은 한탄이 입에서 저절로 나오며, 두 눈에서 뜨거운 눈물이 소낙비같이 쏟아지며 간간이 느끼는 소리에 목이 메이니 눈물은 눈물이 아니라 뼈끝에서 솟아나는 피눈물이오, 이 느낌은 느낌이 아니라 창자가 끊어지는 슬픈 소리라. 이때 서씨 부인의 정경을 생각할진대 뉘가 능히 동정의 눈물을 흘리지 아니하리오."(116)

42 서씨의 어머니가 서씨 고생하는 꿈을 꾸고 김영환을 경성에 보낸 것이고, 서씨가 계동 집에 불 나는 꿈을 꿨기에 계동 집에 갔다가 김영환을 만난 것이다.

43 "사동 연흥사에서 문수성 일행이 흥행하는 눈물 연극은……석양 때부터 사람이 문 앞에 많이 모이어 들며 장고 호적 소리에 눈물이 스스로 흐르는듯 눈물극이

과연 사람의 눈물을 자아내여 권선징악에 확실한 효과가 있겠다더라." 『매일신보』, 1914. 5. 1.

44 『매일신보』, 1914. 5. 2.

45 『매일신보』, 1915. 12. 19.

46 권보드래, 앞의 논문, 8~15쪽.

47 「눈물연극을 見흔 內地婦人의 감상(3)」, 『매일신보』, 1914. 6. 28.

48 권보드래, 앞의 책, 25~39쪽.

49 「눈물연극을 見흔 內地婦人의 감상(3)」, 『매일신보』, 1914. 6. 28.

50 1897년 창립된 한성은행은 민간인에 대한 환전 및 금융업무를 목표로 영업을 시작하였으나 뜻대로 되지 않아 영업목표를 황실 및 정부재산의 관리와 금융으로 전환했다. 1903년 합자회사 공립한성은행으로 개편하면서 은행장에는 황실 측근인 이재완, 부은행장에 김종한, 실무책임자인 우총무에는 한상룡이 취임하였다. 1905년 금융공황이 닥쳐오자 자본금 15만원의 주식회사 공립한성은행으로 변경했고, 일본 다이이치은행(第一銀行)의 융자를 받아 위기를 극복하면서 일제의 자본과 경영인들이 참여하게 되었다. 1906년 주식회사 한성은행이 되었다. 이석륜, 「1910년대(年代) 한국(韓國)의 일반은행(一般銀行)」, 『경제사연구(經濟史研究)』 1, 1985. 정태헌, 「식민지하 전후 보통은행의 경영추이와 이원적 감독체제」, 『역사문제연구』 5, 2000.

51 김종한은 1905년 을사조약을 전후한 시점에 관직을 사하고 물러났다가 한일합방이 논의될 무렵 경성에 와 정우회 총재로서 합방에 협력, 합방 후 남작의 작위를 받았다. 조기준, 『한국기업가사』, 박영사, 1973, 108~139쪽.

52 "救世軍駐屯 今番日本에서 渡韓흔 救世軍大佐호쓰까도 氏와 小佐브우잇구 氏가 昨日內部松井警務局長을 訪見ㅎ고 韓國에서 該軍의 事業을 開始홀터이 卽相當히 便宜케 助力홈을 希望ㅎ얏더니 該局長이 該事業에 拾分便宜케홀 意로 回答ㅎ얏ᄂᆞᆫᄃᆡ 該軍의 一行은 西大門外에 駐屯흔다더라." 『황성신문』, 1908. 10. 20.

53 "救世軍正領演說 救世軍本營이 西大門內夜珠峴前競賣所洋屋內로 完定ㅎ고 來 (日曜) 陽二拾二日上午十時半과 下午二時半과 同七時에 救援會를 開ㅎ고 救世軍正領許嘉斗氏가 演說흔다더라.' 『황성신문』, 1908. 11. 20.

54 "統監寄付 救世軍正領許可キ氏ᄂᆞᆫ 今番에 曾繭統監의 協贊을 得ㅎ야 實業學校를 設ㅎ기로 決定ㅎ얏ᄂᆞᆫᄃᆡ 校舍ᄂᆞᆫ 新門外平洞에 新築ㅎ기로ㅎ고 經費及設立費ᄂᆞᆫ 寄附金及軍費金으로ㅎᄂᆞᆫᄃᆡ 會繭統監은 此에 對ㅎ야 二千四百圜을 寄附ㅎ얏다더라." 『황성신문』, 1910. 4. 5. "婦人大學計劃 夜珠峴에 新建築ㅎᄂᆞᆫ 救世軍營內에 將次大學校를 設立ㅎ고 女學徒를 募集敎授홀터이라더라." 『황성신문』, 1910. 4. 27.

55 "救世營落成式 西部夜珠峴等地에 新建築ㅎᄂᆞᆫ 救世軍營은 漸次竣工되는 故로 來十九日에 落成式을 擧行ㅎ기로 預定ㅎ얏더라." 『황성신문』, 1910. 6. 8.

56 허가두는 영국 주재 일본대사의 소개장을 가지고 이토오 통감을 만나 구세군은 정치에 관여하지 않겠다는 의사를 전달하고 구세군의 사회복지 활동을 위한 인프라 제공을 요청했다. 환등기를 이용해 예수 일생을 보여주고 악대가 연주하며

행진하는 등의 구세군 교육 방식이 새롭게 받아들여졌다. 이를 바탕으로 허가두는 조선에 온 지 2년 만에 21명의 목회자를 양성하여 전국 각지로 파견했고, 허가두가 8년 간의 선교활동을 마치고 돌아간 1916년에는 목회자가 87명, 집회 장소가 78개, 신자가 1201명에 이르렀다. 김준철, 『한국구세군 100년사』, 구세군출판부, 2008. 83~98쪽.

57 "무대에 나올 인물로 변장한 배우가 붉고 흰 굵은 줄에 눈물이라 연극 제목을 쓴 휘장—『매일신보』에서 단장 임성구에게 준—을 들치고 나와 첫막의 대강을 말하였습니다. 그 말하는 모양이 활동사진의 변사같었습니다." 「눈물 演劇을 見흔 內地婦人의 감상」, 『매일신보』, 1914. 6. 26.

58 1900년대 신소설의 정치소설적 특성에 대한 논의는 권보드래, 앞의 논문, 8~12쪽.


## 번역된 서양의 연애/극

1 〈홍루〉와 〈해당화〉는 번안에서 번역으로 전환하는 과도기 양상을 보인다. 〈홍루〉는 번안소설인 〈정부원〉처럼 외국(〈홍루〉의 경우는 프랑스) 지명을 유지하면서 조선인 이름을 사용했다. 〈해당화〉는, 〈홍루〉와 달리, 지명과 인명을 원작대로 했다. '해당화'라는 번안식 제목은 곧 '부활'로 대체되었다.

2 "소설 〈홍루〉는 불란서에 일흠놉흔 소설가 듀마 씨의 걸작으로 세계 여러 나라 말로 번역되여 수빅만 남녀의 눈물을 흘니게 흔 유명흔 소셜이라" 『매일신보』, 1917. 9. 14.

3 신문관은 출판물 광고에서 "톨쓰토이 원저, 박현환 사역"이라고 밝혔다. 박진영 엮음, 『신문관 번역 소설 전집』, 소명출판, 2010, 545쪽. 예성좌도 〈카추샤〉 공연 광고를 내면서 "로서아에 유명흔 문학가로 쏘는 쇼셜가로 일셰에 일흠이 놉히 낫던 톨스토이 션싱의 져작"(『매일신보』, 1916. 4. 23)이라고 밝혔다.

4 『매일신보』, 1915. 10. 13.

5 『동아일보』, 1924. 6. 30.

6 『매일신보』, 1913. 5. 21.

7 『매일신보』, 1913. 7. 23.

8 유흥식, 「독자의 聲」(홍루 87회), 『매일신보』, 1918. 1. 16.

9 "내류덕은 아직 십구세 되는 청년이라, 음란흔 바람부는 모스크바에서 싱장을 흐엿스나 당당흔 대학교 삼년성으로 련이라 흐는 문데에는 마음을 두어본 적이 업섯다가 이제 비로소 이에 마음이 팔리게 되니 막을 수 업시 열렬흐다" 〈해당화〉(신문관) 13쪽.

10 "조선극단의 여왕 복혜숙 양 등의 단상의 칼맨 극 불갓치 타는 사랑을 피로서 그려논 연애비극 무대를 스페인에 南國 정조가 농후한 가운데 전개되는 칼맨의 血淚는 觀者의 心軸에 숨여들고야 말 것이다" 『매일신보』, 1926. 10. 16.

11 1920년대에는 작품 명 앞에 사회극, 비극, 희극, 정희극, 비활극 등의 명칭을 붙였

는데, '연애극'이라는 용어도 사용했다. 1927년 5월 4일 『매일신보』에 실린 조선극장에서의 청춘좌 공연 예제에 '연애극 〈매몰된 사랑〉(전1막)'이 포함되어 있다.

12 권보드래의 『연애의 시대』(현실문화연구, 2003)와 김지영의 『연애라는 표상』(소명출판, 2007)은, 신문자료와 광고, 소설들을 망라하는 광범위한 자료를 바탕으로, 1910년대 말에서 1920년대 전반까지 식민지 조선사회를 휩쓴 연애 열풍을 흥미롭게 논의했다.

13 김지영, 위의 책, 57쪽. 권보드래도 톨스토이의 〈카추샤〉와 투르게네프의 〈그 전날 밤〉을 언급했다. 권보드래, 위의 책, 99~100쪽.

14 투르게네프와 다눈치오의 소설은 연극으로 공연되었다. 이기세와 윤백남이 1920년에 조직한 예술협회가 창립공연으로 〈운명〉(윤백남 작), 〈희망의 눈물〉(이기세 작)과 〈情痴三昧〉(김영보 작)를 공연했는데, 현철은 〈희망의 눈물〉이나 〈정치삼매〉가 각각 투르게네프의 〈격야〉와 슈니츨러의 〈연애삼매〉를 모방했다고 지적한 바 있다(현철, 「예술협회극단의 제1회 개벽을 보고」, 『개벽』 17, 1921. 11). 현철의 글에서 언급된 〈격야〉는 투르게네프의 소설을 구스야마 마사오(楠山正雄)가 희곡으로 각색한 것으로, 게이주쓰자가 1914년 4월 제5회 공연으로 〈살로메〉와 함께 공연했고, 극중 삽입곡인 '곤도라의 노래(ゴンドラの唄)'가 인기를 끌었다. 현철이 〈격야〉를 번역 발표하고 자신이 운영한 예술학원에서 〈격야(그 전날 밤)〉를 상연했지만(「이 땅 연극의 조류4」, 『동아일보』, 1939. 3. 16) 이후의 공연은 찾아보기 어렵다. 토월회가 1925년에 공연한 〈犧牲하는 날 밤〉은 다눈치오의 소설 〈일 트리옹포 델라 마르테Il trionfo della morte〉를 번안한 것으로, "사랑을 기생에게서 차즈라다가 무참한 절망을 하고 맛츰내 그 기생을 죽여버리는 요사히 조선화류계를 대조 삼은 현대극"(『동아일보』, 1925. 5. 23)으로 광고되었다.

15 전은경, 「〈춘희〉의 번역과 식민지 조선의 연애 - 진학문의 〈홍루〉를 중심으로」, 『한국언어문학』 39, 2009. 전은경, 「근대계몽기 번역문학과 독자층 연구 - 〈춘희〉 번역을 둘러싼 한중일 독자 경향 비교」, 『우리말 글』 56, 2012. 윤민주, 「극단 예성좌의 〈카추샤〉 공연 연구」, 『한국극예술연구』 38, 2012. 우수진, 「무대에 선 카추샤와 번역극의 등장 - 〈부활〉 연극의 수용 경로와 그 문화계보학」, 『한국근대문학연구』 28, 2013. 우수진, 「카추샤 이야기 - 〈부활〉의 대중서사와 그 문화변용」, 『한국학연구』 32, 2014. 홍선영, 「제국의 문화영위와 외지 순행 - 天勝一座의 〈살로메〉 경복궁 공연을 중심으로」, 『일본근대학연구』 33, 2011. 홍선영, 「藝術座의 만선순업과 그 문화적 파장 - 시마무라 호게쓰의 신극론과 관련하여」, 『한림일본학』 15, 한림대 일본학연구소, 2009.

16 공연 단체의 유사성과 대중성을 고려할 때 〈산송장〉도 함께 다룰 만하지만, 〈산송장〉은 '연애'에 초점이 맞춰지지 않았다. 1917년 10월 게이주쓰자가 메이지자에서 공연한 〈산송장〉(톨스토이 작, 시마무라 호게쓰 · 가와무라 가로 번역 보완)과 극중 삽입가인 'さすらいの唄'가 큰 인기를 끌었다. 식민지조선에서는 이 노래가 '표박가(漂迫歌)'로 불렸고, 방정환의 소설 〈그날 밤(續)〉(『개벽』 7, 1921. 160쪽)에서 인용되기도 했다. 1924년 3월 조명희 번역으로 평문관에서 단행본으로 출판되었고 4월에는 토월회가 〈카추샤〉의 자매편이라는 식으로 선전하며 공연했다.

페쟈와 그의 부인 리사, 리사의 둘째 남편 카레닌의 삼각관계를 다루는 〈산송장〉에서 자신을 희생하는 존재는 남성인물 페쟈이고, '산송장'이라는 제목은 리사의 새로운 결혼을 위해 위장 자살을 한 페쟈를 은유한다. 리사는 페쟈의 결단에 힘입어 카레닌과 재혼하는데 이 이혼과 재혼의 과정에서 부각되는 것은 연애가 아니라 결혼이라는 사회 제도이다. 토월회는 〈산송장〉을 "思想脚本"(『동아일보』, 1924. 4. 17)이라고 광고하기도 했다. 김미연, 「조명희의 〈산송장〉 번역」, 『민족문학사연구』 52, 2013, 416~421쪽. 김재석, 「토월회 연극의 근대성과 전근대성」, 『한국극예술연구』 36, 2011, 13~47쪽 참고.

17 "영국 유미주의자 와일드의 작으로 세계적 찬양을 밧는 희곡 〈사로메〉를 얻게 되얏다. 이에 대하야 원문 그대로 조곰도 닷침이 업시 번역한 역자 회월군의 노력에 대하야 만흔 감사을 드린다", 「육호잡지」, 『백조』 1, 문화사, 1922, 141쪽.

18 오자사 요시오, 명진숙·이혜정·박태규 역, 『일본현대연극사 명치대정편』, 연극과인간, 2012, 94쪽, 104쪽.

19 오자사 요시오, 위의 책, 164~167쪽.

20 오자사 요시오, 위의 책, 94쪽.

21 오자사 요시오, 명진숙·이혜정 역, 『일본현대연극사 대정소화초기편』, 연극과인간, 2013, 32쪽.

22 오자사 요시오, 위의 책, 56쪽.

23 해산 후 다시 결성된 제2차 게이주쓰자는 1925년 2월, 아사쿠사의 쇼치쿠자에서 마쓰이 스마코의 7주기 추도공연으로 〈살로메〉를 공연했다. 살로메 역을 했던 미즈타니 야에코(水谷八重子)는 훗날 "〈살로메〉에서 극적인 장면은 베일을 한 장씩 벗으면서 육체의 아름다움을 보이는 장면"이라고 했다.

24 자세한 공연 목록은 홍선영(2011), 앞의 논문, 338~339쪽.

25 게이주쓰자는 1915년 9월 말부터 대만·조선·중국 동북부(만주)·블라디보스톡을 거쳐서 12월 25일 일본으로 되돌아갔다. 오자사 요시오(2012), 앞의 책, 110쪽.

26 『매일신보』, 1915. 11. 9.

27 게이주쓰자의 내선 공연에 대해서는 홍선영(2009), 앞의 논문, 179쪽. "스마코의 살로메는 요코하마에서 연극을 좋아하는 서양인 관객들 사이에서도 호평"(「美しいサロメ」, 『京城日報』, 1915. 11. 14) 받은 작품으로 홍보되고, "무대장치 배경 대사 등 전적으로 원작에 의거하여 앞서 덴카쓰가 연기한 것과는 전혀 다른 느낌이 나서 대단한 호평"(「今夜は京城券番サロメ総見」, 『京城日報』, 1915. 11. 15)을 받았다고 했다.

28 「六號雜記」, 『백조』 1, 문화사, 1922. 1. 141쪽.

29 김병철, 『서양문학번역론저년표』, 을유문화사, 1977, 25쪽.

30 이두현, 『한국신극사연구』, 서울대학교출판부, 1971, 97쪽.

31 김병철, 앞의 책, 40쪽.

32 이조영, 「탐미파의 사도 오스카 와일드1-4」, 『중외일보』, 1930. 8. 8~12.

33 우수진, 앞의 논문, 2013, 425~426쪽.

34 1904년 아뉘(Cesare Hanau) 대본을 바탕으로 알파노(Franco Alfano)가 작곡한

4막의 오페라 〈부활〉이 이탈리아 뚜린(Turin)에서 공연되었다.

35 오자사 요시오(2012), 앞의 책, 105~113쪽. 이외에도 〈부활〉 공연 사례는 다양했다. 1915년 1월 〈살로메〉(니시모노 아사하루 안무)를 공연한 아사쿠사의 인기 스타였던 기무라 고마코는 아사쿠사 긴류칸에서 3장으로 된 아사쿠사판 〈부활〉을 공연했다. 신분게이교카이新文藝協會)는 1923년 8월 아사쿠사 고엔극장에서, 신코쿠게키(新國劇)는 1928년 11월 신바시엔부조에서 각각 〈부활〉을 공연했다. 1934년 1월 비주쓰자(美術座) 제1회 공연작인 〈부활〉(4막12장, 쓰키지소극장)은 게이주쓰자의 〈부활〉 대본에 가부키극적 기교를 도입해 일본적으로 만들었다고 평가된다. 오자사 요시오(2012), 앞의 책, 149쪽. 오자사 요시오(2013), 앞의 책, 54쪽. 倉林誠一郎, 『新劇年代記 戰中編』, 白水社, 1972, 11~13쪽 참고.

36 오자사 요시오(2012), 앞의 책, 107쪽.

37 『매일신보』, 1915. 11. 9.

38 긴다이게키교카이(近代劇協會)가 해외 순회공연 시 〈부활〉을 공연한 사실을 안 호게쓰는 소진을 상대로 공연권 침해 고소사건을 일으켰다. 오자사 요시오 (2012), 앞의 책, 163쪽.

39 「예성좌의 근대극」, 『매일신보』, 1916. 4. 23.

40 전기응용 신파극에 대해서는 우수진의 「연쇄극의 근대연극사적 의의」(『상허학보』 20, 2007) 참고.

41 박진영, 「한국에 온 톨스토이」, 『한국근대문학연구』 23, 2011, 208쪽.

42 김기진, 「〈海棠花〉를 읽고서」, 『매일신보』, 1935. 11. 20.

43 『해당화』, 신문관, 1918, 133~134쪽.

44 춘계생은 이광수 부인이자 개업의였던 허영숙의 필명으로 추정된다. 1920년대 초반 한글 필명 춘계생 또는 한자 필명 춘계(春溪)를 사용하며 『동아일보』의 부인란에 글을 기고했다. 이광수가 춘계생의 필명을 빌려 『매일신보』에 연재했을 가능성도 있다. 박진영, 앞의 책, 480~483쪽.

45 '소설 예고', 『매일신보』, 1922. 7. 11~12.

46 그 외 「〈부활〉의 一節」이 번역자를 밝히지 않은 채 『실생활』(1933. 1. 10)에, 그리고 임지호 번역으로 『실생활』(1933. 11. 1)에 실린 적이 있다. 김병철(1977), 앞의 책, 80쪽, 112쪽, 114쪽 참고.

47 「우미관에서 카추샤 상연」, 『매일신보』, 1914. 3. 19.

48 『조선일보』, 1923. 9. 22.

49 토월회는 1932년 태양극장으로 개명하여 활동한 이력까지 포함해 총 111편의 희곡 작품을 공연했는데 그 중 번역극이 22편을 차지한다. 번역극 중 〈부활(카추샤)〉 공연은 제2회(1923. 9. 18~24), 제4회 (우미관, 1924. 2. 21~29), 제5회 (1924. 4. 23~26), 제6회(3막, 1924. 6. 30~7. 1), 제13회(4막, 1925. 5. 11~15), 제32회(4막, 1925. 9. 24~29), 태양극장 제2회(3막, 1925. 12. 8~12), 제3회 (1929. 12. 13~18), 제4회(3막, 1932. 2. 17~20) 등 총 9회에 이른다. 윤민주, 앞의 논문, 37쪽.

50 에드윈 카류가 감독한 무성영화 〈부활〉(1927)은 1929년 경성에서 세 차례 상영된

다. 이호걸, 「식민지 조선의 외국영화 - 1920년대 경성의 조선인 영화관에서의 외화 상영」, 『대동문화연구』 72, 2010, 98쪽.

51 『매일신보』, 1929. 8. 6.

52 한국음반아카이브연구단 엮음, 『한국유성기음반 2권』, 한걸음 더, 2011, 189~191쪽.

53 『조선일보』, 1934. 3. 27.

54 한국음반아카이브연구단 엮음, 『한국유성기음반 4권』, 한걸음 더, 2011, 702~704쪽.

55 『조선일보』, 1937. 11. 13.

56 트라비아타(traviata)는 '길을 잘못 들다'라는 동사인 트라비아레(traviare)에서 나온 말로 부정적인 의미가 강조되고 있다. 〈라 트라비아타〉의 여주인공 이름 비올레타는 제비꽃이라는 의미도 있지만 이 단어와 연관된 이탈리아 단어 violare와 프랑스 단어 violer는 '위반하다, 잘못을 저지르다'의 의미도 지녔을 뿐만 아니라 '강간하다'라는 의미도 있다. 허영한, 『오페라이야기』 1, 심설당, 2002, 184쪽.

57 〈동백꽃 여인La Dame aux Camélias〉의 번역은 일본에서보다 중국에서 먼저 이뤄졌다. 1899년 린수(林紓)가 렁홍성(冷紅生)이라는 필명으로 〈巴黎茶花女遺事〉를 출판했다. 징징, 『근대 중국과 연애의 발견』, 임수빈 역, 소나무, 2007, 88~111쪽.

58 오자사 요시오(2012), 앞의 책, 415쪽.

59 오자사 요시오, 위의 책, 374~375쪽.

60 이 공연 직후 로열관은 폐쇄했고, 로시는 영국으로 떠났다. 오자사 요시오(2013), 앞의 책, 33쪽.

61 倉林誠一郎, 『新劇年代記 戰中編』, 白水社, 1969, 19~20쪽, 237~238쪽.

62 전은경, 「〈춘희〉의 번역과 식민지조선의 연애 - 진학문의 〈홍루〉를 중심으로」, 『한국언어문학』 39, 2009, 61~64쪽.

63 1927년 7월 라빈(羅彬) 번역의 〈동백꽃〉이 조도(朝圖)에서 출간되었고 1933년에 춘희의 내용을 요약한 〈춘희(梗)〉가 『신가정』 1호(1933. 3. 1)와 『신여성』 (1933. 12. 1)에 실렸다. 김병철, 앞의 책, 114쪽.

64 「작년 1년 간의 조선영화계」, 『시대일보』, 1926. 1. 3.

65 『매일신보』, 1928. 8. 14.

66 이 음반은 이경설 사후 발매되었다. 보급판으로 음반극 〈춘희〉(음반번호 Polydor X575. 고 이경설, 왕평, 신은봉)도 제작 판매되었다.

67 서재길, 앞의 논문, 148쪽. 극예술연구회는 1934년 〈춘희〉를 음반 녹음했고, 1935년 2월 중순 제8회 공연작으로 〈춘희〉(이헌구 각색)를 준비하다가 "장소 관계 기타"(『극예술』 3, 5쪽)의 이유로 공연은 못한 채 4월에 라디오 방송을 했다.

68 "술집의 여자 춘홍은 그의 정인 정환을 전에 업시 냉대하야 돌녀보낸다. 남자는 변심한 여자를 쑤짓고 도라갓다, 그러나 그것은 춘홍의 본심은 아니엿다. 남자가 발길을 돌니고 문밧글 나가자마자 그의 일흠을 부르고 우러쓰러지는 彼女이엿다……극계의 인기자 서일홍, 신은봉 양씨 공연의 모던 춘희의 비련극." 한국음

반아카이브연구단, 『한국유성기음반 2권』, 966~967쪽.

69 『동아일보』, 1937. 12. 2. 〈춘희〉의 경개가 실림.

70 『매일신보』, 1938. 7. 1.

71 오자사 요시오(2013), 앞의 책, 53~54쪽.

72 오자사 요시오(2012), 앞의 책, 58쪽.

73 오자사 요시오, 위의 책, 68쪽.

74 오자사 요시오(2013), 앞의 책, 130~131쪽.

75 『동아일보』, 1924. 6. 7.

76 둘째 막 "투우장의 문압과 카르멘이란 악독한 여자의 익숙한 솜씨"를 보인 공연 사진이 실림. 『동아일보』, 1924. 7. 3.

77 『동아일보』, 1926. 2. 13.

78 「신극60년 증언」, 『경향신문』, 1968. 8. 3.

79 『동아일보』, 1926. 2. 13.

80 「불운한 반도극단 혈루 중 신생 光 조선극우회를 보고」, 『매일신보』 1926. 10. 19. 조선극우회는 1928년 1월에 원산관 낙성축하공연 예제로 〈칼멘〉과 〈춘희〉를 선택했다. 「극우회 회원 30여명 원산관 낙성축하공연차 출발」, 『동아일보』, 1928. 1. 18.

81 『매일신보』, 1928. 8. 20.

82 『매일신보』, 1929. 7. 21.

83 『동아일보』, 1929. 11. 1.

84 『매일신보』, 1930. 6. 14.

85 「작년 1년간의 조선영화계」, 『시대일보』, 1926. 1. 3.

86 『매일신보』, 1928. 3. 14.

87 『동아일보』, 1930. 3. 31.(유성기 음반 신보 소개)

88 김병철, 앞의 책, 730쪽.

89 「중앙무대 칼멘을 상연」, 『동아일보』, 1938. 8. 30.

90 김수향, 「삐제-와 카르멘 그의 탄생 백년제를 앞두고」(상, 중, 하)가 『동아일보』, 1938. 10. 23/26/27에 실림. 오페라 〈카르멘〉의 유명 아리아 '하바네라의 노래'(음반번호 C.40592. 김동진 작사, 비제 작곡, 奧山貞吉 편곡, 소프라노 독창 박경희, 반주 일본신교향악단, 1935년 2월 20일 발행)도 음반 녹음되었다.

91 1933년 발매된 가극 〈배반당한 그 남자는?〉(음반번호 Polydor 19054A. 김광 작사 김용환 작곡, 김용환 전옥, 반주 포리도 - 루짜즈밴드)은 남자가 "간음한 년! 배반한 년!"이라고 질타하며 여자를 죽이는 과정을 짧게 실었다. 한국음반아카이브연구단, 『한국유성기음반 4권』, 427쪽.

92 극예술연구회 발행, 『극예술』 2, 1934. 12. 48~49쪽.

93 『이태준문학전집8 화관』, 서음출판사, 1988, 73쪽.

94 『동아일보』, 1939. 3. 30.

95 『동아일보』, 1924. 6. 30.

96 『매일신보』, 1926. 10. 16.

97 중앙무대가 부민관에서 〈칼멘〉(1938년 8월 29일부터 3일 간)을 공연했다. "스테이지 위에 전개되는 춤과 노래와 애욕의 트리오로써 투우의 나라 서반아— 오늘은 내란으로 헤어날 수 업는 도탄에 빠진 이 나라의 옛 면모를 엿보여 넉넉하였다."(『조선일보』, 1938. 9. 1)고 광고되었다.

98 「정열 편 〈카르멘〉」, 『중외일보』, 1928. 3. 14.

99 「매춘가에 애인 두고 젊은 인쇄공 범죄 - 칼멘을 밤마다 만나보고저」, 『조선중앙일보』, 1935. 5. 20.

100 「변심한 안해의 양안을 刺傷」, 『동아일보』, 1933. 10. 23. 경기도 연천에서 일어난 사건 기사인데, 변심한 '카르맨' 아내를 산으로 데리고 가서 칼로 찌른 '돈 호세'라고 표현했다.

101 "평양에서 자기를 천하다 하여 헌신짝같이 차버린 남자의 가슴에 칼을 꽂은 칼멘같이 열정적인 한 기생의 재판이 공개" 「조선의 칼멘 - 변심한 남자 가슴에 칼을 꽂은 열정녀」, 『조선중앙일보』, 1934. 3. 10.

102 연애(혹은 애) 관련 용어들이 유행어로 등장했고, 용어의 개념은 분방하게 바뀌었다. 유행어('자유연애', '신성한 연애', '영육의 일치' 등)들의 개념 변화에 대해서는, 김지영, 앞의 책, 56~70쪽 참고.

103 문일 편, 영화소설 〈아리랑〉, 박문서관, 1929, 24쪽.

104 『동아일보』, 1928. 6. 15.

105 김만수·최동현, 『일제강점기 유성기음반 속의 극 영화』, 태학사, 1998, 230~233쪽.

106 1934년 극예술연구회가 녹음한 〈춘희〉(음반번호 Columbia 40715, Columbia 40724)'에는 아르망이 마르그리트에게 꽃을 바치는 장면과 마르그리트가 죽음을 맞는 장면이 발췌 녹음되어 있어, '아르망의 부'는 등장하지 않는다.(한국음반아카이브연구단, 『한국유성기음반 1권』, 804~806쪽, 814~816쪽) 극예술연구회의 라디오 방송 안내에서도 '아르망 - 이헌구'는 밝혔지만 '아르망의 부'를 밝히지 않았으니, 극예술연구회에서는 아르망과 마르그리트의 관계에 초점을 맞추어 〈춘희〉를 공연한 것으로 보인다.

107 "소설 〈홍루〉는 불란서에 일흠 놉흔 소설가 듀마 씨의 걸작으로 세계 여러나라 말로 번역되여 수빅만 남녀의 눈물을 흘니게 흔 유명흔 소설이라 딸곳고 꼿곳흔 곽미경(郭梅卿)의 다정다한(多情多恨)흔 일싱의 긔록을 보고 누구라셔 어엽부다고 칭찬흥지 안이ᄒ며 가엽다고 눈물을 흘니지 안이ᄒ리오 ᄌ고로 미인은 박명흔다 ᄒ지만은 미경이쳐럼 박명흔 사름은 셰샹에도 드믈리라 그 고은 얼골에 그 조흔 지조에 그 조흔 명셩에 텬하사름의 ᄉ랑을 한 몸에 모흐면서 ᄉ랑ᄒ는 남자를 위ᄒ야 가진 고락을 다 격다가 맛참비 이역에 원혼이 되니 그의 남긴 칙 한 권만 그의 긔념이 되여 ᄉ랑ᄒ던 남ᄌ의 아홉구비 창ᄌ를 끈토다" 『매일신보』, 1917. 9. 14.

108 희생에 대한 자의식은 손쉽게 신세 한탄으로 이어졌다. 〈홍루〉를 연재하던 『매일신보』는, 곽매경이 사랑 때문에 갖은 고통을 당하며 죽게 된다고 내용을 소개하며, 이 재주 있고 명성 있는 미인의 인생사를 보며, 어여쁘다 칭찬하고 가엾다고 눈물

262

을 흘리게 되리라고 독자 반응을 예상하며 유도했다.(『매일신보』, 1917. 9. 14)
모던 춘희라고 선전한 음반극 〈비련〉(1936)은 남자로부터 버림받은 신세를 탄식
하며 속절없이 우는 모습을 강조한다.

109 오페라 〈카르멘〉에는 소설과 달리 고고학자라는 시점인물도, 집시들에 대한 고고
학적 성찰 등도 다 빠진다. 또한 오페라 〈카르멘〉은 메리메의 원작에서 관객의
반감을 불러올 요소들을 제거하고 조율했다. 카르멘의 성격을 부드럽게 하고, 집
시들과 밀수업자들의 성격에 희극적인 면을 부여하고 이를 위해 난폭하고 잔인하
기 이를 데 없는 카르멘의 남편 가르시아를 등장인물에서 삭제하고, 주인공이 죽
는 장면은 맨 마지막에 넣었다. 김은년, 「〈카르멘〉의 역설 - 비극적 소설과 오페라
코미크 사이」, 『프랑스문화예술연구』 26, 2008, 11쪽.

110 희곡화 과정에서, 소설이 제기한 현실 비판을 한 계급적 문제, 윤리적 지향 등은
제거되었고, 카추샤와 네플류도프의 복잡한 내면 갈등도 사라졌다. 바타이유의
〈부활〉도 시마무라 호게쓰의 〈부활〉도 네플류도프와 카추샤의 연애 이야기에 초
점을 두었다. 박진영, 앞의 논문, 272~273쪽. 〈부활〉의 공연본 각색에 대한 심층
적 논의는 우수진, 앞의 논문(2013), 420~427쪽 참고.

111 카추샤와 여배우 부상의 상관성에 대해서는 이화진, 「여배우의 등장: 근대 극장의
신체와 섹슈얼리티」, 『여성문화연구』 28, 2012. 참고.

112 이월화의 사망 후, 名優情話 〈月華의 上海行〉(음반번호 Chieron 175. 이고범 작
사, 김영환 해설, 시에론관현악단)도 발매되었다. 『동아일보』, 1934. 4. 13.

113 「미인박명애사 - 비련의 갓쥬사 이월화」, 『삼천리』, 1935년 1월호.

114 「조선의 칼멘 이월화 영면」, 『동아일보』, 1933. 7. 19.

115 「이월화 객사」, 『매일신보』, 1933. 7. 19.

116 「흐르는 꽃은 결국 화류의 향」, 『매일신보』, 1927. 7. 4.

117 『매일신보』, 1926. 10. 19.

118 「명우와 무대7 복혜숙 양의 카쥬샤」, 『삼천리』, 1933년 5월호, 11쪽.

119 『조선일보』, 1934. 3. 27.

120 「우리들의 카쥬사 복혜숙 양」, 『삼천리』, 1933년 2월호, 71~73쪽.

121 『매일신보』, 1929. 7. 21.

122 우수진(2014), 앞의 논문, 227~228쪽.

123 '유행소곡 카페의 노래'(음반번호 Victor 49095-A. 독창 이애리수, 반주 빅타-관현
악단) "쨘스하야 볼거나 도램프 쎄여 볼거나/라란라라 라란라 란라라/새빨간 술이
라도 먹어나볼까//피아노 쳐 볼거나 피리나 불어 볼거나/라란라라 라란라 란라라/
새빨간 달 쓰거나 기대려볼가//마-장하야 볼거나 류성긔 트러볼거나/라란라라 라
란라 란라라/새빨건 입살에다 키쓰나할가//다마나 쳐볼거나 술 내기하여 볼거나/
라란라라 라란라 란라라/새빨간 심장까지 취해나볼까//자 그만 도라갈까요 쏘다
시 마셔볼까나/라란라라 라란라 란라라/어엿분 그대갓치 소리나할가" 한국음반아
카이브연구단, 『한국유성기음반 2권』, 693쪽.

124 한국음반아카이브연구단, 『한국유성기음반 4권』, 541쪽.

125 이경설 사후에 음반극 〈망향비곡〉(음반번호 Polydor 19189. 이경설 작. 고 이경설

왕평)과 음반극 〈名優의 哀話(고 이경설 양의 추억담)〉'(음반번호 Polydor 19283. 전옥 왕평)가 발매되기도 했다.

126 오자사 요시오(2012), 앞의 책, 96~124쪽.
127 〈코르시카의 형제〉는 프랑스 남부 코르시카 섬을 배경으로 옥동규와 정동환 형제의 활약상을 다룬다, "원수를 갚는 연극으로 나중이 무우 통쾌"하다고 광고했다. 『매일신보』, 1916. 3. 26.
128 『매일신보』, 1916. 4. 23.
129 『동아일보』, 1926. 2. 13.
130 조선극우회가 1926년 10월 16일 창립 기념작으로 단성사에서 비극 〈신 칼멘〉(2막, 김호은 각색)을 공연하고, 1928년 1월에 원산관 낙성축하공연 예제로 〈칼멘〉과 〈춘희〉를 선택한 것도 이런 분위기에서 가능했다.
131 이화여자고등보통학교를 졸업한 김정순은 도쿄 무사시노(武藏野) 음악학교 피아노과를 졸업하고 귀국해 1932년 대동음악협회를 차린 후 삼천리 기자와 인터뷰를 했다. 기자는 인터뷰 기사 제목을 "춘향가로 오페라 만들면 춘희, 칼멘보다 낫게 된다."(『삼천리』, 1932년 4월호. 224쪽)라고 뽑았다. 춘희와 카르멘은 오페라의 대명사였다.
132 「극연 16회 공연 카츄샤 평」, 『매일신보』, 1937. 4. 14.
133 극예술연구회는 1934년 2월 〈부활〉을 라디오 방송했고, 제8회 공연작으로 〈춘희〉를 선정했다가 무산되자 1935년 4월 〈춘희〉를 라디오 방송했다. 제14회 공연으로 〈포-기〉(1937년 1월)를, 제16회 공연으로 〈카츄샤〉(1937년 4월)를, 제22회 공연으로 〈부활〉(1939년 1월)을 선택했다.
극예술연구회가 공연한 〈포-기〉는 오페라본이 아니라 소설 각색본이었지만, 노래와 춤이 많이 들어가 있었다. 일본에서 신협극단이 공연하는 〈포-기ポーギイ〉을 봤던 유치진은 극연의 공연 전에 "드라마투르기에 있어서 재래의 자연주의적 작풍과는 경향이 달러서 장면의 구성과 인물 배치 등이 참신하고 또 명일의 연극이 응당 가저야 할 시각적 요소(무용)와 청각적 요소(음악) 등을 충분히 내포"하고 있다고 소개했다. 유치진, 「극연 신춘공연 흑인극 〈포-기〉를 압두고」, 『조선일보』, 1937. 1. 20~21. 「극단과 희곡계 연구극의 동정」, 『동아일보』, 1937. 12. 25.
134 오자사 요시오(2012), 앞의 책, 106쪽. 게이주쓰자의 아사쿠사 공연을 '俗衆'과의 타협이라고 비판했던 오사나이는, 1927년 4월 고리키의 〈밤의 여인숙〉을 아사쿠사 마츠다케자에서 공연했다. 효도 히로미, 문경연 · 김주현 역, 『연기된 근대』, 연극과인간, 2007, 301쪽.
135 茨木憲, 『增補日本新劇小史』, 未來社, 1989, 34~35쪽.
136 倉林誠一郎, 『新劇年代記 戰中編』, 白水社, 1969, 237~238쪽.
137 박승희, 「토월회 이야기」, 『사상계』, 1963. 5, 341쪽.
138 홍해성 · 김우진, 「우리 신극운동의 첫길」, 『조선일보』, 1926. 7. 25. 인용한 부분은 "신극운동이니 무대미술이니 날뛰다가 만…某 會"에 대한 것인데, '某 會'를 토월회를 일컫는다고 해석했고, 인용한 부분은 특히 토월회의 서양발 연애극 공연에 대한 지적이라고 보았다.

139 「극연 16회 공연 카츄샤 평」, 『매일신보』, 1937. 4. 14.

140 중앙무대는 1937년 청춘좌와 극예술연구회를 탈퇴한 배우들의 조직으로 시작했고, 1937년 6월 6일 『매일신보』에 창단선언과 진용을 공표했다. 여기서 실천 강령으로 창작극의 상연, 문예작품의 연극화, 외국극의 소개를 내세웠고, 신극과 흥행극의 중간 형태인 '중간극'을 표방했다.

141 이서향, 「연극계의 일년 총결산」, 『조광』, 1938. 12, 73~74쪽.

142 박향민, 「극단 일년간의 회고」, 『비판』, 1938. 12, 90쪽.


## 기생-가정극이라는 돌연변이

1 1910년대 소설에서 보이는 기생의 양상은 훨씬 다양하다. 이상협의 〈무궁화〉(『매일신보』1918. 1. 25~7. 27, 122회 연재)에서 기생 무궁화는 옥정과 진국의 연애 협조자 역할을 한다. 이광수의 〈무정〉(1917)에 나오는 영채는 기생이면서 주체자가 된 경우이지만, 영채 역시 '팔려간 딸로서 가정 밖 존재였고, 끝내 신가정의 주인공은 되지 못했다.

2 권보드래, 『연애의 시대』, 현실문화연구, 2008.

3 화류비련극은 1910년대 후반부터 있었다. 『매일신보』에 연재된 유지영의 희곡 〈戀과 罪〉(『매일신보』, 1919. 9. 22~26)는 창현의 후견인인 곽윤오가 창현과 연애하는 기생 화심을 모욕하자 창현과 곽윤오가 몸싸움을 하고 그러다 곽윤오가 벼랑에 떨어져 죽게 된다. 탐정이 창현을 잡아가자 화심은 좌절하여 자살한다. 한편 20년대 후반 기생 창기 여급 등이 사회구조적인 모순에 분노하거나 계급적 자각을 하는 데 초점을 둔 작품들이 등장했지만, 본고는 대중 서사의 변이에 주목하기 위해 이를 논외로 한다. 1930년대 중후반에는 비대중적 문예물에서도 기생이 사회구조적인 시각에서 다루어지지 않는다. 이에 대한 자세한 논의는 이승희, 「한국사실주의 희곡에 나타난 성의 정치학 1910~1945」, 『한국극예술연구』 17, 2003. 참고.

4 화류비련극과 서양발 연애극은 둘 다 연애극이지만, 화류비련극은 여성의 순결 훼손에 따른 불화와 그로 인한 불행을 강조함으로써 '순결과 가족주의'에 대한 집착을 보이는 반면 서양발 연애극은 '순결과 가족주의에 강박되지 않는 연애'를 보인다는 점에서 크게 다르다. 화류비련극에서 순결 훼손을 부각한 것은 조선시대 '기녀신분갈등형' 애정소설들이 기생을 '순결을 지키는 정절녀'로 형상화하는 경향이 강했던 것과 동궤에 있다.

5 화류비련극의 남녀 신분은, 기녀가 자신보다 높은 신분의 남자를 사랑하면서 겪는 수난을 그리는 '기녀신분갈등형' 애정소설의 전통을 잇는다. 그런데 '기녀신분갈등형' 애정소설에 속하는 구활자본 〈부용상사곡〉, 〈채봉감별곡〉 등이 해피엔딩인 반면, 화류비련극은 비해피엔딩인 경우가 많다. '기녀신분갈등형' 애정소설에 대해서는 박일용, 『조선시대의 애정소설』, 집문당, 1993, 219~370쪽 참고.

6 백현미는 「번역된 서양의 연애/극」(『이화어문논집』 35, 2015)에서 〈살로메〉, 〈카

르멘), 〈부활〉, 〈춘희〉를 '서양발 연애극'으로 명명하며 1920~30년대 서양발 연
애극의 수용 경로와 서사의 특징을 밝혔다.

7 『동아일보』, 1925. 5. 23. 1920년대 외국 작품의 번안 각색 과정에서 여성인물의
신분은 자주 기생으로 바뀌었다. 토월회는 일본 영화 〈籠の鳥〉(1924)의 상황 설
정을 가져와 〈롱속에 든 새〉(1925)를 연극으로 공연할 때, "사랑에 살려하는 젊고
어엽분 평양기생 란향과 그의 애인인 대학생 경식의 부자유한 처지에 잇는 젊은
청춘의 눈물겨운 사랑"(『동아일보』, 1925. 7. 25)을 그리는 식으로 각색했다. 일
본 영화 〈籠の鳥〉의 여주인공은 여대생이다. 김재석, 「토월회의 번역극 공연인식
과 그 의미」, 『국어국문학』 168, 2014, 314~320쪽 참고.

8 김만수는 1920년대 후반에서 1940년대 초반에 발매된 음반극을 내용별로 분류할
때 사회극, 가정극, 낭만극(여류비극)으로 나누며, 〈사랑에―〉와 〈어머니의 힘〉
을 가정극으로 보았다. 김만수, 「일제강점기 SP음반에 나타난 대중극에 관한 연
구」, 『일제강점기 유성기음반 속의 극・영화』, 태학사, 1998, 26~45쪽.

9 백문임은 〈사랑에―〉를 〈춘향전〉의 후일담으로, 식민지조선의 화류비련극을 대
표하는 작품으로 보았고, 전통적 가치를 체현한 여성들의 가련한 운명은 민족
알레고리 기능을 수행한다고 했다. 백문임, 『춘향의 딸들』, 책세상, 2001, 49쪽.
최은옥은 〈사랑에―〉를 애정서사와 가정서사가 합쳐진 것으로 보고, 〈옥중화〉,
〈사씨남정기〉와 같은 구소설과의 상호연관성을 추적했다. 최은옥, 「한국근대 대
중극과 대중서사의 관련 연구」, 고려대학교 박사학위논문, 2005, 67쪽.

10 이승희는 〈사랑에―〉와 〈어머니의 힘〉을 1910년대 신파극의 전통 속에서 이해될
멜로드라마로 보며, 두 작품의 멜로드라마적 특성에 배태된 가부장제 이데올로기
를 들춰내고 그것을 식민화된 한국에 대한 남성적 주체의 전도된 욕망의 산물로
해석했다(이승희, 「멜로드라마의 이율배반적 운명 - 〈사랑에 속고 돈에 울고〉와
〈어머니의 힘〉을 중심으로」, 『민족문학사연구』 20, 2004. 232~234쪽). 두 작품
의 멜로드라마성과 문화사적 해석에 대체로 동의하나, 기생이 여주인공인 작품
전반에 대한 논의로 일반화되고 1910년대 신파극과의 변별성이 고려되지 않아,
1930년대 기생-가정극다운 특성은 충분히 부각되지 않았다. 김유미는 〈장한몽〉
과 〈사랑에―〉를 통해 '신파극 혹은 멜로드라마'가 1910년대부터 1930년대까지
지속된 양상을 확인했다(김유미, 「신파극 혹은 멜로드라마의 지속성 연구 - 관객
의 입장에서 본 〈장한몽〉과 〈사랑에 속고 돈에 울고〉」, 『한국연극학』 28, 2006).
본고는 1910년대 신파 가정극과 구별되는 1930년대 가정극의 특성을 밝히고자
한다.

11 이영미는 〈사랑에―〉를 〈낙화유수〉의 화류비련 화소와 〈며느리의 죽음〉의 며느
리 수난담 화소가 조합한 작품으로 읽어내고, 이를 바탕으로 1920년대부터 1950
년대까지의 신파적 극예술의 경향이 화류비련에서 가정비극으로 점차 옮아갔다
고 했다(이영미, 「화류비련담과 며느리 수난담의 조합 - 〈사랑에 속고 돈에 울고〉
의 서사구조」, 『한국극예술연구』 27, 2008). 1930년대 대중 서사에서 며느리 수
난 화소가 부각되었다는 지적에는 동의하지만, 대중 서사의 흐름을 '화류비련에
서 가정비극으로' 변했다고 조망한 것은 1910년대 신파 가정극을 간과한 것이다.

영화계에서는 모성멜로가 50~60년대 세를 이뤘다고 보는 게 일반적인데, 〈어머니의 힘〉이 1960년에야 영화로 제작되었고, 〈미워도 다시 한번〉(1968) 같은 영화가 공전의 히트를 했음을 고려할 때, 그럼직하다. 그러나 연애와 여성을 키워드로 한 대중 서사의 큰 흐름을 논할 때는, 포괄적으로 파악할 필요가 있다.

12 『매일신보』, 1938. 6. 5.

13 〈사랑에 속고 돈에 울고〉는 『한국현대대표희곡선집』 1(한국극예술학회 편, 태학사, 1996)에, 〈어머니의 힘〉은 『한국희곡전집』 5(서연호 편, 태학사, 1996)에 실린 것을 텍스트로 삼았다.

14 1939년에 음반극 〈사랑에―〉와 〈어머니의 힘〉이 발매되었고, 주제가 음반도 별매되었다. 관련 정보는 논의 과정에서 밝히겠다.

15 〈눈물〉은 『매일신보』(1913. 7. 16~1914. 1. 21)에 연재되었고 연재와 더불어 연흥사 혁신단 문수성 등의 신파극단이 앞다투어 공연했다. 그 열기는 1920, 30년대에도 이어졌다. 취성좌는 1929년 10월 〈눈물〉(3막)을 『매일신보』, 1929. 10. 24) 공연했고, 조선연극사는 1930년 2월 〈경성야화〉, 〈코스모스 호텔〉과 함께 〈눈물〉을 공연했다(『매일신보』, 1930. 2. 28). 단성사에서도 공연(1930년 2월, 1931년 7월)되었고, 동양극장 전속극단인 호화선도 공연(1938년 2월)했다. 최근 '한국연극 100년 재발견 시리즈 다섯 번째 작품으로 이상협 소설을 각색한 〈눈물〉(최용훈·임형택 연출, 아르코예술극장 소극장, 2014. 10. 29~11. 6)이 공연되었다.

16 텍스트로 삼은 〈장한몽〉, 〈쌍옥루〉, 〈눈물〉의 출판본은 다음과 같다. 〈장한몽〉은 『신소설전집』 11(계명문화사, 1977), 〈쌍옥루〉는 『쌍옥루』(박진영 편, 현실문화, 2007), 〈눈물〉은 『한국신소설전집』 10권(전광룡 외 편, 을유문화사, 1968) 소재본.

17 1935년 발매된 영화설명 〈며느리의 죽음〉(Regal C293)도 30년대 들어 대중 서사에서 부각된 '며느리 화소'를 흥미롭게 보여준다. 1936년 딱지본 희곡 〈며누리 죽엄〉도 출판되었는데 이에 대한 자세한 논의는, 이영미, 앞의 논문, 108~110쪽 참고.

18 신파 서사에서 모자이합은 중요한 화소였다. 〈쌍옥루〉에서는 경자가 혼전에 출산한 아이와 이별하고, 〈속 장한몽〉에서는 순애가 딸을 남겨둔 채 집을 떠나며, 〈단장록〉의 기생 정자는 아이를 남자에게 맡기고 미국 유학길에 오른다. 권보드래, 「죄, 눈물, 회개―1910년대 번안소설의 감성구조와 서사형식」, 『한국근대문학연구』, 16, 2007, 28~36쪽.

19 화류비련극에서 기생이 아이를 빼앗기는 상황이 설정된 경우가 있지만, 이는 기생 연애의 비참함을 강조하는 식으로 기능할 뿐, 시댁과의 관계나 가족 내부의 지속적인 문제와 연결되지 않는다. 1927년의 영화극 〈낙화유수〉(음반번호 Victor 49017) 상편은 춘홍이 오빠 도영의 격려를 받으며 아이와 함께 서울로 갔는데, 성원(부잣집 아들, 미술가)에게 의심을 사 실성하는 모습을, 후편은 강에 빠진 춘홍이 오빠와 성원의 품에서 죽는 모습을 그렸다. 1934년 음반극 〈한 많은 신세〉(Regal C214)는 창호가 돈 있는 놈의 첩으로 갔다고 옥란을 질타하며 옥란의

아이마저 빼앗는다. 〈눈물 젖은 자장가〉(Regal C281)에서 영애는 아내가 있다는 한호의 고백을 들으며 '뱃속에 잠자는 사랑의 씨'를 한탄한다.

20 음반극 〈모성애〉(Regal C264, C271)는 아들 수동이가 중학입학시험에 합격해 기뻐하는 매화한테 종로 무역상 손노인이 찾아오는 장면에서 시작한다. 손노인은 손자가 죽고 며느리가 아퍼서 다시 손주를 보기 어려운데, 아들에게서 수동이 얘기를 들었다며, 수동이를 데려가 공부시키겠다고 한다. 수동이가 거절하자, 노인은 매화가 훌륭한 교육을 시킨 현모라고 인정하며 생활 보장을 해주겠다고 잘 키우라고 한다. 어머니 되기를 며느리 되기의 문제와 분리한 경우이다.

21 화류비련극에서는, 남자의 의심과 변심 때문에 여성인물이 고통을 당하는 상황을 다룬다. 음반극 〈애화 한 많은 신세〉(Regal C214), 〈마지막 편지〉(Regal C242), 〈무엇이 숙자를 죽였나〉(Regal C280)는 남자의 의심을, 〈항구의 일야〉(Polydor 19062), 〈못 잊을 설움〉(Regal C276) 등은 남자의 변심을 다뤘다.

22 로버트 B. 헤일만, 「비극과 멜로드라마: 발생론적 형식에 관한 고찰」, 송옥 외 역, 『비극과 형식, 그 의미와 형식』, 고려대학교출판부, 1995, 55~80쪽.

23 백현미, 「신파, 비절쾌절 극의 탄생 - 이상협의 〈눈물〉을 중심으로」, 『국어국문학』 164, 2013. 8. 31.

24 피터 브룩스, 이승희·이혜령·최승연 역, 『멜로드라마적 상상력』, 소명출판, 2013, 25~57쪽.

25 사회적 감정에 대한 논의는, 안토니오 다마지오, 임지원 역, 『스피노자의 뇌』, 사이언스북스, 2007, 56~67쪽 참고.

26 남일연 노래, 이고범 작시, 김준영 작곡, 奧山貞吉 편곡, 남일연, 반주 콜롬비아관현악단. 1939년 4월 신보. 한국음반아카이브연구단 엮음, 『한국유성기음반 1권』, 한걸음 더, 2011, 998쪽.

27 이고범 시, 김준영 작편곡, 남일연, 반주 콜롬비아관현악단. 1939년 4월 신보. 한국음반아카이브연구단 엮음, 위의 책, 1020쪽.

28 〈사랑에-〉에서 철수와 홍도의 혈연지정에 대해서는 다음 글에서 언급된 바 있다. 김유미, 「신파극 혹은 멜로드라마의 지속성 연구 - 관객의 입장에서 본 〈장한몽〉과 〈사랑에 속고 돈에 울고〉」, 『한국연극학』 28, 2006, 182쪽.

29 백문임은, 식민지조선의 대중 서사에서 오빠나 남편으로 표상되는 가부장-민족국가는 강한 배신과 경멸로 딸을 내친다고 했고, 이 점을 〈사랑에-〉에서도 강조했다.(백문임, 앞의 책, 95~96쪽) 그런데 〈사랑에-〉에서 오빠는 배신하지도 경멸하지도 않는다.

30 각색 이서구. 극단 청춘좌. 황철, 차홍녀, 한일송, 김선초, 이동호 출연. 한국음반아카이브연구단 엮음, 『한국유성기음반 2권』, 한걸음 더, 2011, 532~540쪽. 1939년에는 음반극 〈사랑에 속고 돈에 울고(전편)〉(음반번호 Polidor X555. 왕평 문예봉 독은린 출연)과 음반극 〈사랑에 속고 돈에 울고(후편)〉(음반번호 Polidor X556. 전옥 왕평 출연)도 발간되었다. 『동아일보』 1939. 5. 23.(폴리돌 6월 신보)

31 珊瑚岩 시, 魚龍岩 곡, 天池芳雄 편곡, 南一鷰 반주, 콜럼비아관현악단. 한국음반아카이브연구단 엮음, 『한국유성기음반 2권』, 한걸음 더, 2011, 581쪽.

하로아츰 거미줄에 얽힌 홍도는 참사랑에 벌을받는 화류의 나비
차라리 내청춘은 차라리 내청춘은 저바릴망정 오빠의 진정만은
아 오빠 오빠 믿고살아요
검은머리 흘으러진 벼개를안고 그짓없는 원망속에 흐득이는몸
신명도 야속스런 신명도 야속스런 운명일망정 오빠에 가슴에서
아 오빠 오빠 웃고살이오
주름잡힌 양단치마 서름이많고 뜬사랑에 눈이멀어 눈물도많어
애당초 진흙속의 애당초 진흙속의 연꽃일망정 오빠여 내마음엔
아 오빠 오빠 죄가없어요

**32** 이서구 연출. 극단 호화선. 이백작 - 서일성, 그 아들 용규 - 장진, 민옥엽 - 지경순, 옥엽모 - 김소조, 유모 - 박영신, 김감역 - 양백명, 이영구 - 엄미화. 음악효과 피아노 - 김준영, 빠이오린 - 김생려. 한국음반아카이브연구단, 『한국유성기음반 2권』, 한걸음 더, 2011, 541~548쪽.

**33** 김영춘 노래, 이고범 작시, 김준영 작곡, 天池芳雄 편곡, 김영춘, 반주 콜럼비아관현악단. 한국음반아카이브연구단 엮음, 『한국유성기음반 1권』, 한걸음 더, 2011, 998쪽.

**34** 이고범 시, 김준영 작편곡, 엄미화, 반주 콜롬비아관현악단. 한국음반아카이브연구단, 위의 책, 1020쪽.

**35** 연애의 파탄을 그리는 소설들에서, 신여성은 성 욕망과 물질 욕망의 체현자로 여겨져 비판되었고, 근대 여성에 대한 적대감과 혐오감을 낳았다. 김지영, 앞의 책, 2007, 243~245쪽.

**36** 권보드래, 앞의 책, 67~82쪽.

**37** 백현미(2015), 앞의 논문, 124쪽.


## 2장 레뷰와 가극, 그리고 소녀 연예인

### 경성의 레뷰, 어트랙션의 몽타주와 모더니티

**1** 서구 도시의 유원지, 보드빌극장, 아케이드 등의 자극적이거나 신기한 볼거리를 담은 실사 영화.

**2** 유민영은 1927년 무렵 취성좌가 막간을 최초로 공연했다고 한다(유민영, 『한국근 대연극사』, 단국대학교출판부, 1996, 328쪽). 그러나 구체적 실체는 제시되지 않았다. 고설봉은 '막간'이 비극(소위 말하는 정극, 2시간)과 희극(30~40분) 사이에 편성되어 다른 예제 사이의 공백을 메우는 연예물로 공급되었다고 하며, 막간 여흥을 강조한 극단들(황금좌, 신무대, 예원좌)을 거명했다(고설봉, 『연극마당 배우세상』, 이가책, 1996, 38~39쪽). 그런데 이런 설명은 장막극이 일반화된 1930년대 초중반 상황에 보다 적절하여, 1920년대 '막간'의 특징은 잘 설명되지 않는다. 이외, 양승국이 「1930년대 대중극의 구조와 특성」(『울산어문논집』 12, 울산

대 국어국문학과, 1997)의 한 장에서 '막간의 성행'을 다뤘다.

3 최승연, 「악극 성립에 관한 연구」, 『어문논집』 49, 민족어문학회, 2004.

4 박노홍, 「종합무대로 일컬어진 악극의 발자취」, 『한국연극』, 1978년 6월, 63쪽.

5 박명진, 「한국연극의 근대성 재론 - 20세기 초의 극장 공간과 관객의 욕망을 중심
으로」, 『한국연극학』 14, 2000; 박노현, 「극장의 탄생」, 『한국극예술연구』 19,
2004; 유선영, 「극장구경과 활동사진 보기」, 『역사비평』 64, 2003년 가을; 윤금선,
「경성의 극장만담」, 연극과인간, 2005; 이종대, 「근대의 헤테로토피아, 극장」, 『
상허학보』 16, 2006.

6 이승희, 「프로-소인극, 정치적 수행성과 그 기억」, 『대동문화연구』 64, 2008; 이민
영, 「카프의 연극대중화론과 정치연극의 대중적 형식」, 『한국극예술연구』 31,
2010.

7 『동아일보』, 1928. 9. 1.

8 단성사의 공연 광고(『조선일보』, 1929. 5. 27)에서 처음 '몬 파리'라고 했고 당대의
다른 지면에서도 그렇게 읽어서 표기한 경우도 있지만, 본고에서는 영화 제목을
〈몽 파리〉라고 쓴다.

9 스케치(sketch)란, 복잡한 사건 전개나 심오한 성격 부여 없이, 소수의 연기자들에
의해 연기되는, 희극적인 상황을 제시하는 짧은 장면. 스케치의 풍자는, 잘 알려
진 텍스트나 유명 인사를 소재로 삼는 문학적 풍자도 있고, 현대생활에 대한 기괴
하고 우스꽝스러운 풍자도 있다. 빠트리스 파비스, 신현숙·윤학로 역, 『연극학
사전』, 현대미학사, 1999, 243쪽.

10 Richard Kislan, *The Musical*, New York·London: Applause Books, 1995, pp.82
~95 참고.

11 레뷰, 코믹 오페라, 오페레타와 뮤지컬의 상호 연관성에 대한 설명은, Richard
Kislan, ibid., pp.59~110 참고.

12 *Cinema Year by Year 1894-2005*, DK, 2005, p.190, p.200.

13 폴리스(folies)는 레뷰쇼 자체 또는 레뷰걸을 의미.

14 Jennifer Robertson, *Takarazuka-Sexual Politics and Popular Culture in Modern
Japan*, University of California Press, 1998, pp.106~111.

15 나라 미야코(奈良美也子)가 부른 주제가 레코드가 약 10만부나 팔렸다. 한편,
이 레뷰의 성공에 고무된 다카라즈카는 1930년 '대형 레뷰(大レビュー)' 〈파리제
트(パリゼット)〉를 공연했는데, 상송으로 불리던 독일 영화 주제가에 시라이 테
쓰조(白井鐵造)가 일본어 가사를 붙여 만든 주제가 '제비꽃 필 무렵(すみれの花
咲く頃)'이 폭발적인 인기를 끌었다.

16 倉橋健 竹內敏晴 監修, 『演劇映畵舞踊テレビ·オパラ百科』, 平凡社, 1983,
pp.485~486.

17 1929년 5월 27일자 『조선일보』에 게재된 단성사 광고. 광고 문안 중 '스타 필님
에테이슌'은 제작사 '스타 필름 에디시옹 Star Film Edition スタ-フィルムエディ
シオン.

18 레뷰의 유행을 보여주는 예. "시집만 가면 먼저 남편부터 들복는 모던-껄이 만타.

악을 고래고래 질러 동내방내 떠들썩하야 밤에 잠을 못이루게 하나니 만약 '녀성 푸로파간다·시대가 오면' 유리집을 짓고 남편을 들복는 광경을 오는 사람 가는 사람에게 보이는 때가 올지도 모른다. 동포끼리야 둘러 보는 이도 잇겟지만 이것이 일종 〈몽파리〉나 〈무란두쥬〉 모양으로 세계에 소개되는 때는 퍽 자미잇는 새로운 레뷰-가 될 모양!" 「여성선전시대가 오면(4)」, 『조선일보』, 1930. 1. 15.

19 "파리짠들의 자랑 레뷰가 영화의 삽입한 것은 저번 말한 E·A·쓔-폰의 〈무란루주〉에 잇서서 初對面을 한 것이나 그것은 다만 극의 일부분을 구성한 데 지내지 안는다. 그러나 우리는 〈몬 파리〉에서 그 原名이 말하는 바와갓흔 레뷰 중의 레뷰를 딕우나 파리짠들이 세계의 자랑하는 흑인의 짠사로 그 일흠이 세계를 席捲하는 쏘세핀 쎄-카의 원시적 율동과 파리짠만이 보고 향락하는 뮤직홀의 絢爛極한 무대를 極彩色 그대로 우리들은 바로 그 압 의자의 안즌 것가티 눈압헤 볼 수가 잇는 것이.……딕우나 그 종목은 유명한 포리 베제(폴리베르제르Folies Bergère라는 프랑스 뮤직홀 - 필자)의 名狂言 〈환락의 물결〉, 〈사계의 풍경〉, 〈킹쓰·케키딴쓰〉, 〈촤아 딴쓰〉, 〈다이아몬드 딴쓰〉 등 만가지 꽃이 일시에 피는 것 같은 歡美의 絶對境일 것이다." 「新映畵 REVIEW 春文幻醉 몬·파리와 機械都市 메트로포리쓰」, 『조선문예』 1, 1929. 5.

20 1925년 2월 우미관에서 부분 발성인 다큐멘터리가 선보인 바 있지만, 본격적인 발성영화의 첫 상영은 1930년 1월 단성사에서 이뤄졌다. 브라이언 이시스, 「1926년과 1939년 사이에 식민지 조선에 도래한 발성영화」, 『한국영화의 미학과 역사적 상상력』, 도서출판 소도, 2006, 133~137쪽.

21 「시내에 출현한 발성영화, 단성사에서 말하는 활동사진」, 『조선일보』, 1930. 1. 27.

22 배선애, 「1920년대 준극장기관과 주체 형성의 양상 - 소년회 활동을 중심으로」, 성균관대학교 대동문화연구원 학술발표회('근대 미디어로서의 극장과 식민지시대 문화 장의 동학') 발표문, 2009. 5. 16.

23 동경소녀가극단은 1924년 8월 경성극장에서, 대련(大蓮)소녀가극단은 1924년 9월에 조선극장에서 공연했다. 대련소녀가극단은 타카미(高見)의 공연을 선전했다. 타카미는 일본에서 찰리 채플린 흉내로 인기를 얻어 '동양의 잡후린'으로 불렸는데, 막대한 출연료를 지불하고 초빙했다고 했다. 『매일신보』, 1924. 9. 4.

24 "시내 조선극장은 종래도 차영호 씨가 단독으로 경영하야 오는 터이엇는데 금번에 조선극단의 선진 현철 씨와 김영식 씨가 새로이 가입하야 가지고 전긔 삼씨가 협력하야 경영방침을 근본덕으로부터 개혁하고 자금을 증가하는 동시에 종래의 현철 씨의 경영이든 조선배우학교를 연예학교라고 개명하야 조선극장 안에 두고 매주 토요일에는 예술선전일로 하고 각 방면의 예술가의 강연과 쏘는 연극을 피로하며 일방으로는 연극과 영화에 관한 월간잡지를 발행하야 예술선전일의 회원에게는 무료로 잡지를 배부하며 연예학교에서는 무대배우와 활동배우를 양성하리라는데 계획의 발전에 달해서 소녀가극단도 설치하고 크게 활약하리라더라." 「조선극장 내용확장, 삼씨 협력경영, 연극학교도 설치」, 『중외일보』, 1927. 6. 2.

25 "영화와 영화 사이에 실연=가극 혹은 무도가튼 간단한 여흥덕 행연 잇는 것이 필요하겟다는 생각으로 경영주인 현철씨는 본래 사계에 만흔 경험을 가지고 잇는 터이라 소녀가극단가튼 것을 하나 조직하기로 되엿다는데 그를 실현케 함에는 남들이 하는 것을 견학할 필요가 잇다고 하여 십수명의 조선소녀를 모집하여 가지고 일본 보총에 가서 일 개월 동안 견습을 식혀가지고 도라오리라고 한다……" 「朝劇開館遲延」, 『동아일보』, 1927. 7. 17.

26 "그동안 극장주와 경영자의 사이에 복잡한 문뎨로 폐장까지 하엿든 조선극장은……<u>조선에서는 새로운 시험 레뷰를 시작하게 되어 십여명의 레뷰걸을 량성중이며 쌔쓰 쌘드를 됴직중이엇섯는데 試演까지 하얏다.</u> 레뷰에 대하여서는 아즉 시일 문뎨로 미숙한 점이 잇고 의상이 조화되지 안흔 점이 잇스나 음악은 조선에 극장이 잇슨 뒤에 처음이라고 할만치 숙련된 점이 잇더라." 『조선일보』, 1929. 9. 11.

27 『매일신보』의 1929년 9월 25일, 9월 30일, 10월 9일의 연극 광고 참고.

28 『중외일보』, 1928. 7. 14.

29 『매일신보』, 1929. 9. 16.

30 『매일신보』, 1929. 7. 6.

31 취성좌의 가극 공연 제목과 공연 일자는, 최승연, 앞의 글, 405~409쪽.

32 『매일신보』, 1929. 7. 6.

33 "취성좌 김소랑 일행 歸演 각본 김희향 작 마호정 주연 희극 〈그림엽서〉(1막) 舞踏 찰스톤 안세민 지휘" 『매일신보』, 1929. 7. 26.

34 박승희, 「신극운동 7년(15)」, 『조선일보』, 1929. 11. 21.

35 『동아일보』, 1929. 11. 1.

36 "11월 1일부터 조선극장 토월회 공연주간. 토월회 부흥 공연 1일부터 조극에서. 그 동안 소식이 끈치엇든 신극운동단체 토월회에서는 시내 조선극장과 제휴하야 11월 1일부터 부흥 공연을 하게 되엿는데 금번 뎨일회 예제는 악극 〈초생달〉(전1막), 희가극 〈질거운 일생〉(전1막)의 두 가지로 연출은 역시 박승희씨이요 출연배우는 리백수, 리소연, 박제행, 서일성, 윤정섭의 제우와 석금성, 강석연, 강석재의 꼿 가튼 녀우가 출연하는 외에 <u>조극 레뷰단의 소녀들까지 조연 출연케 되엇다</u>는데 특히 조택원씨도 토월회의 무용부의 지도자로 노력케 되엇다 한다." 『조선일보』, 1929. 11. 1.

37 박승희, 「신극운동 7년(15)」, 『조선일보』, 1929. 11. 21.

38 유민영, 「토월회 연극을 풍성케 했던 신무용 개척자」, 『한국인물연극사』, 태학사, 2006, 311~312쪽.

39 『매일신보』, 1930. 2. 21. 취성좌가 1929년 11월에 공연한 〈경성 행진곡〉(신불출작, 1막2장)과 작가(또는 각색자) 이름이 다르다. 『매일신보』, 1929. 11. 27.

40 『매일신보』, 1930. 12. 21. 1931년 지방 공연 때는 30여명이 참가했다. 『매일신보』, 1931. 6. 1.

41 조선연극사에는 남자부, 여자부, 연출부, 각본부, 그리고 음악부가 있었다. 음악부에는 김교성, 한욱동, 나봉옥, 전소린, 노동파, 김개성, 정락한 등이 소속되었

다. 『매일신보』, 1930. 8. 12.

42 『매일신보』, 1930. 2. 26.

43 정병호, 『춤추는 최승희』, 뿌리깊은나무, 1995, 27~56쪽.

44 당시의 신문 광고의 예. "天勝一行京劇興行 일본 송욱재텬승(松旭齋天勝) 일행은 금 십삼일밤부터 시내 수뎡(壽町) 경성극장(京城劇場)에서 행연한다는데 작년에 동 일행이 미국에 가서 순연을 하야 적지 안이한 환영도 바덧스며 더욱이 그 순연중에 여러 가지 새로운 긔마술재료와 연극 각본 등도 만히 어덧스며 미국인 여자 세명과 남자 일곱명을 동 단에 가입식히어가지고 음악은 순전히 미국인들이 마터하게 되엇스며 동 미국녀자 중에는 짠스 혹은 독창으로 미국에서도 상당한 인긔를 가진 사람도 잇다하며 (중략) 경성극장 흥행은 열흘동안인바 그 흥행을 마치고는 조선사람 관객 중심으로 북촌에 와서도 흥행을 하랴고 한다더라." 『동아일보』, 1926. 5. 13.

45 『매일신보』, 1929. 11. 15.

46 황문평, 『한국대중연예사』, 도서출판 부르칸모로, 1989, 253쪽.

47 "금성오페라단 창립 권금성 양은 일즉이 일본에 건너가, 성악, 무용, 연극, 가극 등을 연구하고 귀국하야 조선극장의 레뷰에 나선 일도 잇섯든바 이번에는 신진 남녀 배우 이십여 명을 모집하야 금성오페라단을 조직하고 무용, 음악, 가극, 연극 등을 십이월 중순에 시내 우미관에서 첫 공연을 하게 되었다더라" 『동아일보』, 1929. 12. 14.

48 『매일신보』, 1930. 6. 14. 가극 〈크른다이크 칼멘〉(1경), 중국가극 〈뭇는 그림〉(1경), 희가극 〈돈과 벙거지〉(1경)

49 『매일신보』, 1930. 6. 19.

50 〈헷소문〉(권삼천 작), 〈亂舞曲〉(권삼천 작, 1막), 〈평화〉(김조성 작), 〈온천장의 一夜〉(1막), 〈딴 요프강〉(1막), 〈마귀 할미〉(1막2장), 〈병처〉(김희향 작, 1막), 〈경성 행진곡〉(신불출 작, 1막2장), 〈돈과 벙거지〉(1막), 〈여배우〉(문수일 작, 1막), 〈부자와 양반〉(김영환 작, 1막), 〈아버지와 딸〉(김희향 작, 1막). 구체적인 공연 제목은 최승연, 앞의 글, 416~417쪽 참고. 〈평화〉를 쓴 김조성과 〈부자와 양반〉을 쓴 김영환은 무성영화 변사였다.

51 김남석, 「배우 석금성의 연기 변모 양상 연구」, 『한국극예술연구』 22, 2005, 126 ~129쪽.

52 〈하차〉는 1930년 보성전문대 연극부 제1회 공연, 메카폰 제1회 공연 등 다수의 공연에서 각본으로 채택된, 1929년부터 1930년대 초반의 대표적인 프로극 레퍼토리. 이민영, 「박영희의 번역희곡과 '네이션-스테이트'의 기획」, 『어문학』 107, 2010. 三・一극장이 1932년 2월 국제 연극데이 '일본프롤레타리아극장동맹(프로트)' 동경 지방 소속 극단 경연대회에 참가작으로 공연하기도 했다. 양승국, 『한국근대연극비평사연구』, 태학사, 1996, 76쪽.

53 박영정, 『한국 근대연극과 재일본 조선인 연극운동』, 연극과인간, 2007, 29~41쪽.

54 취성좌가 1929년에 공연한 '희가극 레뷰극 〈부세(浮世) 행진곡〉'에서 浮世라는

용어를 따왔다.

55 레뷰 영화라 할 수 있는 발터 루트맨(Walter Ruttmann)의 〈베를린 대도시 교향곡〉(1927), 지가 베르토프(Dziga Vertov)의 〈카메라를 든 남자〉(1929) 등은 베를린 같은 대도시의 근대적 단면들을 이어 붙였다. 일본에서는 〈제국 수도 부흥 심포니〉(1929), 〈필름 레뷰 대도쿄〉(1932) 등의 도시영화가 제국 수도의 표층에 넘치는 모더니즘의 단면을 보여주었다. 도쿄역 앞에서 마루노우치까지의 오피스 거리, 왕래가 활발한 길거리와 시가지 전차, 히비야 공원, 백화점이 늘어선 긴자, 그리고 우에노 공원이나 스미다가와 연안이 영화라는 미디어의 눈을 통해 도쿄의 새로운 지형도가 되었다. 요시미 순야, 「제국 수도 도쿄와 모더니티의 문화정치」, 『확장하는 모더니티』, 소명, 2007, 29쪽.

56 이 표현은 최승일의 「대경성 파노라마」(『조선문예』 1, 1929. 5)에서 따왔다. 이 글에서 최승일은 극장과 종로 등을 돌며 "조선 젊은이의 레뷰식 광란장"을 소묘적으로 기술하고 있다.

57 『매일신보』, 1930. 2. 26.

58 「여성선전시대가 오면(6)」, 『조선일보』, 1930. 1. 19.

59 옛날이 그리워라, 긴자의 버드나무야 / 한물 간 여인을 그 누가 알아주랴? / 재즈로 춤추고 리큐어로 밤이 깊어가 / 날이 새면 댄서의 눈물이 비가 되어 내리네. // 사랑의 마루 [마루노우치] 빌딩, 저 창가에는 / 울며 편지를 쓰는 사람도 있네 / 러시아워에 주워든 장미꽃을 / 아쉬운 대로 그 아가씨의 추억으로 삼자 // 넓은 도쿄이지만 사랑 때문에 좁아라 / 멋진 아사쿠사에서 남몰래 서로 만나 / 당신은 전철, 저는 버스에요 / 사랑의 스톱은 생각대로 안 되네 // 시네마를 볼래요? 차를 마실래요? / 차라리 오다큐[전철] 타고서 도망갈래요? / 변하는 신주쿠, 저 무사시노의 / 달도 백화점의 머리 위에 떴네" 미나미 히로시, 정대성 역, 『다이쇼 문화』, 제이앤씨, 2007, 495~496쪽.

60 Alan Filewod, *Modernism and Genocide*, Modern Drama, Spring, 2001, p.94.

61 「新映畵 REVIEW 春文幻醉 몬·파리와 機械都市 메트로포리쓰」, 『조선문예』 1, 1929. 5.

62 「1931년이 오면(2)」, 『조선일보』, 1930. 11. 20.

63 이서구, 「서울 맛 서울 정조 - 경성의 쌰쓰」, 『별건곤』, 1929년 9월호.

64 이 〈몽 파리〉는 여성들 옷차림에도 영향을 미쳤다. 그해 여름 모던걸들은 "쏫일, 불란사, 은조사, 아사, 당황라 등 거미줄보다도 설핏한" 얇은 옷감 사이로 '모던-쌀'들의 '몸둥아리'가 전부 내비쳐서 "큰길거리를 쌜거버슨 몸으로" 나다니는 것 같았다. 안석영, 「몽파리 裸女」, 『조선일보』, 1929. 7. 27. 그 외 〈몽 파리〉와 관련된 유행은 신명직, 『모던쏫이 경성을 거닐다』, 현실문화연구, 2003, 132~156쪽 참고.

65 『조선일보』, 1929. 11. 1.

66 그램 질로크, 노명우 역, 『발터 벤야민과 메트로폴리스』, 효형출판, 2005, 189~260쪽.

67 "세상은 시각으로 가속도에 또 속도를 더하고 잇는 동시에 사람의 오락에 대한

욕구도 찰나적 향락을 찾게 되고 또 그것을 조화하게 되엿다. 이 현상이 구체화하여 생겨난 것이 레뷰-라는 쇼의 한 형식이다.…… Revue의 어원은 이러한 사실을 第三者의 눈으로 비판적으로 본다는 데에서 시작된 것가트나 그러나 寸劇으로만은 관객에게 흥미를 주기가 곤란함으로 보-트빌 쇼 중에 무용적 분자를 농후히 하야서 사이사히 이 풍자촌극을 집어 끼히는 형식을 취한 것이다. 이것이 소위 요새 말하는 레뷰-라는 元形式이다. 다음에 米國 P와일드의 소위 레뷰-를 몃편 소개하나 이것이 진정한 의미의 레뷰-인지 요사히 유행하는 挑發的 刺戟性을 가진 半裸의 미녀의 궁둥이가 정말 레뷰-인지는 모르거니와.」「레뷰의 근대성」, 『별건곤』 제23호, 1929. 9. 27.

68 "장소는 창경원- 시간은 삼일 밤 아홉시 십일초-(…)나막신 친구의 고든 혀를 통하야 외치는 소리가 끗나자 소위 쪼꼬망의 아라사 춤이 끗나고 겨우 가리울 데만 얄팍하게 가리운 굴직굴직한 여자들의 다리춤이 시작된 때는 어느 틈엔지 연구장에는 펭귄이란 새떼가티 군중이 모혀 드럿다. '저 다리! 저 다리!' 이것은 군중의 외침이고, 나의 외침은 '저 눈! 저 눈! 정열에 타는 십뻘건 저 눈들!' 이리하야 1930년식 '레뷰'는 어시호 이곳에서 그 본보기를 보여주엇다. 창경원 야앵(夜櫻) 레뷰-만세-다. 이리하야 광란의 봄은 레뷰-껄의 다리를 지나간다." 「다리! 다리! 눈눈눈! - 1930년 夜櫻 레뷰」, 『조선일보』, 1930. 4. 15.

69 E. 사이덴스티커, 허호 역, 『도쿄이야기』, 이산, 1997, 312~313쪽.

70 그렇다고 노래와 춤이 조장하는 분위기에 호의적이었던 것은 아니다. 심훈은 "그야말로 만인좌중에 나와서 일본의 漫才식으로 남녀가 주고받는 말, 더구나 반주로 맞추어가며 부르는 독창, 레뷰 등속 그 猥褻, 醜雜한 것은 붓으로 옴겨놀 수가 없다. 참아 바로 볼 수도 없거니와 귀로 들을 수도 없다."고 했다. 심훈, 「연예계 산보」, 『동광』, 1932. 10. 74~76쪽.

71 심훈, 「토월회에 일언함」, 『조선일보』, 1929. 11. 5~6.

72 윤갑용, 「토월회의 아리랑고개를 중심삼고(중)」, 『동아일보』, 1929. 11. 30.

73 윤갑용, 「토월회의 아리랑고개를 중심삼고(하)」, 『동아일보』, 1929. 12. 1.

74 민병휘, 「최근국제연극소식(4) - 그 단편적 소식의 數節」, 『조선일보』, 1930. 9. 28.

75 미래주의자들은 1913년에 이미 바리에테와 레뷰에서 기존의 문화적 관습을 넘어서는 새로운 연극의 모범을 발견했다. Manfred Brauneck, 김미혜·이경미 역, 『20세기 연극』, 연극과인간, 2000, 298~299쪽.

76 아지프로의 방법론들은 초기 소비에트 미장센의 구조주의와 바이마르 공화국의 연극적 표현주의와 연관된다. Alan Filewod, Modernism and Genocide, *Modern Drama*, Spring, 2001. p.94.

77 마리네띠는 놀라움과 자극의 미학을 찬양했고, 동적인 관객상의 창조를 찬양했다. 마리네띠와 아이젠스타인은 대중예술에서 인위적 자극을 빌리려 했고, 극장에 주입해 급진적 목적을 위한 대중 에너지를 조직하려 했다. Tom Gunning, The Cinema of Attractions: Early Film, Its Spectator, and the Avant-Garde, Robert Knopf ed., *Theater and Film-A Comparative Anthology*, Yale University

Press, 2005. pp.37~45.

**78** 김팔봉, 「예술의 대중화에 대하야(五) - 이 문제의 해결을 요구」, 『조선일보』, 1930. 1. 8.

**79** "대중과 접근성이 가장 풍부한 예술은 음악이다. 여기에 전투적인 소설과 감정적인 시와 그로테스크한 포스타를 들고 노동자의 생활을 노래한 자연발생적인 민요곡과 비견하여 그 어느 것이 더 많이 대중을 포착하고 더 많이 대중과 접근되며 더 많이 대중화 되겠는가를 생각해보자. 음악에 있어 백퍼센트의 확실성을 가지고 있다 해도 과언이 아닐 것이다. ……우리에게 대중적 오케스트라를 조직할 자원이 없는 만큼(이것은 망상으로 취급하라) 우리가 이천원짜리 피아노를 살 수 없는 만큼 또 그러한 전문적 기술을 전공할 여유가 없는 만큼 우리에게 시의 음악화(즉 시를 작곡하며 민요를 작곡화하며 공장가를 작곡하며 노동가를 작곡하여 성악화)가 얼마나 중대한 의무를 띄고 있는지 알 수 없다. 이것은 시의 대중화 문제와 관련한 문제이며 음악의 대중화도 될 수 있다." 신고송, 「음악과 대중」, 『음악과 시』 1권 1호, 1930, 22~23쪽.

**80** 민병휘, 「無題錄 - 연출자의 苦言」, 『동광』 36, 1932. 8, 89쪽.

**81** 『매일신보』, 1930. 9. 24.

**82** 박영희는 토월회 제1회 공연 멤버로 연극과 인연을 맺었고, 오스카 와일드(Oscar Wilde)의 〈사로메〉(『백조』 1~2호, 1922. 1~1922. 5), 카렐 차페크(Karel apek)의 〈人造勞動者〉(『개벽』 56~59호, 1925. 2~5), 웃토 뮤라의 〈荷車〉(『조선지광』 92호, 1930. 8) 3편의 희곡을 번역했다. 최승일과 배제고보 동창인 박영희가 최승희와 안막의 중매인 역할을 했고, 1931년 5월 최승희와 결혼한 안막은 이후 사회주의 문예운동보다 최승희의 메니저 역할에 더욱 열심이었다.

**83** 최승일은 공용성 있는 극장을 짓고, 민중의 이익을 위한 연극 체제를 도입하는 것이 필요하다고 하기도 했다. 최승일, 「'지식'과 '돈'이 잇는 흥행가가 잇스면」, 『조선일보』, 1932. 6. 27.

**84** 박영희가 번역한 〈荷車〉는, 프롤레타리아트의 계급적 단결, 노동조합의 가능성을 보여준다. 주인공인 하차꾼A는, '코딱지만한 논 때문에' 주인이 시키는 일은 소처럼 아무 저항 없이 일해야 하는 노동자이며, A가 언덕길에서 만나는 귀부인, 목사, 교수, 중학생 등은 허위와 가식에 찬 부르주아 계급이다(이민영, 「박영희의 번역희곡과 '네이션=스테이트'의 기획」, 『어문학』 107, 2010). 이 공연에 출연한 석금성은 "화차를 상연할 때에 제 역은 설른 '쁘르조아'의 역이었지만 로동자의 힘이 상대역인 저 때문에 그 효과가 있으며 그리로부터 일반 관객이 크게 긴장하고 보아준 일이"(「조선극게의 화형 - 여우 석금성」, 『중앙일보』, 1932. 1. 3) 있다고 했다.

**85** 안막, 「朝鮮プロレタリア藝術運動略史」, 『사상월보』 1권 10호, 1932. 1, 182쪽.

**86** 박영희, 「1930년 조선프로예술운동 - 극히 간단한 보고로서」, 『조선지광』 94, 1931. 1. 안막도 이 공연이 '조선프롤레타리아 예술운동의 일대 전진이다.'(「朝鮮に於ける プロレタリア 藝術運動の現狀」 『ナップ』, 1931. 3)고 했다. 양승국, 앞의 책, 88쪽에서 재인용.

**87** 민병휘, 「연극비판에 대한 태도 - 이계혁군에게 與함(1)」, 『조선일보』, 1931. 3. 14.

**88** 신고송, 「일본프로극장동맹(1) - 제삼회전국대회방청기」, 『조선일보』, 1931. 5. 27.

**89** 극단 연극시장의 광고 글에서처럼 레뷰는 '넌센스' 등의 신흥 외래어와 조합되기도 하고 관형사처럼 사용되기도 한다. "개막은 6월 4일부터 단성사에서 20일 동안 장기 흥행을 할 것이라 하며 첫 프로는 〈동백꽃〉이라는 눈물겨운 향토극과 〈너는 사공의 딸이다〉는 비극, 〈도회 광상곡〉이라는 풍자와 넌센쓰를 맞드린 촌극집이며 넌센쓰 영화 풍경으로 된 레뷰-식으로 된 우슴거리 가극 〈결혼전선 이상업다〉 다섯 장면이 있다 한다."(『매일신보』, 1931. 5. 31) 1931년 연극시장은 고속도레뷰희극가극 〈처녀 구락부〉를 신무대도 레뷰 〈처녀 행진곡〉을 공연했다. 아예 '레뷰단'을 표방한 경우도 있었다. 한성레뷰단(1933. 12)도 생겼고, 낭랑좌는 '대레뷰 악극단 娘子軍'이라고 선전되었다(『삼천리』, 1936. 6). 1937년에는 단성사 극장이 연극과 레뷰를 상설하게 될 거라는 풍문이 돌기도 했다(「단성사, 북촌 일의 영화전당 연극 레뷰로 전환? 일부에는 팔린다는 소문까지 잇다」, 『동아일보』, 1937. 6. 19).

**90** 1929년 조선의 마지막 황제 순종의 장례식이 있었고, 1930년 일본 다이쇼 시기가 끝났다. 1931년 만주사변 이후 전시체제로 재편되었다.

**91** 1930년 단성사에서 처음으로 토키영화가 소개되긴 했지만, 본격화된 것은 1932년 천연색 토키인 〈킹 오브 쩨즈〉의 상영 이후이다. 「단성사에도 발성영화 19일 낫부터 〈킹 어프 쩨스〉 상영」, 『조선일보』, 1932. 3. 19.

## 소녀 연예인과 소녀가극 취미

**1** 소녀 혹은 소녀 시기라는 개념이 19세기 영국에 등장한 정황에 대해서는 다음의 논의를 참고. Sally Mitchell, *The New Girl: Girls' Culture in England, 1880-1915*, New York: Columbia University Press, 1995.

**2** 10대 여성에 대한 논의는 이른바 '모던 걸' 담론과 기생에 대한 논의를 통해 이뤄졌다. 김진송, 『서울에 댄스홀을 허하라』, 현실문화연구, 1999. 김경일, 『여성의 근대, 근대의 여성』, 푸른역사, 2004. 근대 초기 공적인 활동을 하는 10대 집단은 특수계층으로서 소녀 공동체라기보다 신지식층에 해당하는 여학생 공동체였다. 김복순, 「소녀의 탄생과 반공주의 서사의 계보」, 『한국근대문학연구』 18, 2008, 206쪽.

**3** 『소년 한반도』(1906), 『소년』(1908), 『신소년』(1923), 『소년세계』(1929), 『소년중앙』(1935), 『아이들보이』(1913), 『청춘』(1914), 『청년』(1921) 『어린이』(1923), 『아이생활』(1926), 『아이동무』(1933), 『아동세계』(1934), 『학우』(1919), 『학생계』(1920), 『학생』(1929), 『신여자』(1920), 『여자계』(1917), 『신여성』(1923), 『여성』(1934) 등 근대 초기에 조선에서 발간된 잡지명에 소년, 여자, 학생, 어린이는

등장했지만 '소녀'는 부재한다. 반면 일본에서는 부인, 여자 명칭의 잡지 외에『少女界』(1902), 『少女世界』(1906), 『少女の友』(1908), 『少女俱樂部』(1923) 등 소녀 명칭의 다양한 잡지가 발간된다. 김복순은 조선에 실질적인 여학생 집단이 부재했기 때문에 '취학기에서부터 여학교 졸업까지의 연령대 여성'을 일컫는 소녀가 개별적으로 인식되지 못하다가 건국 이후 1950년대 여학생 계층의 확산과 더불어 소녀가 탄생했다고 본다. 김복순, 앞의 논문, 204~207쪽.

4 『매일신보』는 1914년 1월 28일부터 6월 11일까지 '예단일백인藝壇一百人'을 선정해 그 약력을 소개하는데, 이 100명 중 8명만이 남자이고 나머지는 거의 기생이다. 기생들의 나이는 대개 10대 초반이었다.

5 배선애, 「근대 미디어로서의 극장과 식민지시대 문학 장의 동학 : 1920년대(年代) 준극장기관과 주체 형성의 양상 - 소년회 활동을 중심으로」, 『대동문화연구』 69, 2010.

6 본고에서 언급하는 소녀 연예인은 기생조합에 속해 있던 기생이 아니다. 기생들은 대개 10대 초반이었고 1920~30년대 기생조합연주회에서는 전통 춤뿐 아니라 서구식 댄스 등도 공연했으니, 연령대와 활동의 외연으로 기생과 소녀 연예인을 구별하기는 어렵다. 기생이 기생조합에 소속된 존재로서 전통적 춤과 음악 등을 전수하며 기생 고유의 업무에 더하여 공연 활동을 했다면, 소녀 연예인은 '박래' 문화로서 등장했고 연예 활동을 본업무로 했다는 점이 다르다. 본고는 기생과 구별되는 소녀 연예인의 등장과 활동에 주목함으로써 대중 연예계에서 기생과 소녀 연예인이 공존하게 되는 양상을 드러내고자 한다.

7 서양 미학에서처럼 '미적 감식안이나 미적 능력'을 의미하기도 한다. 천정환, 「근대적 대중문화의 발전과 취미」, 『민족문학사연구』 30, 2006, 2~4쪽. 문경연, 「근대 취미 개념의 형성과 전유 양상 고찰」, 『어문연구』 35, 2007, 345쪽. 이경돈, 「취미라는 사적 취향과 문화주체 대중」, 『대동문화연구』 57, 2007.

8 필자는 「1950년대 여성국극의 성정치성」(『한국극예술연구』 12, 2000)의 '2. 여성공연단체의 전통과 여성국극의 역사성'에서 여성공연집단의 전통을 잇는 단체로서 기생조합을 강조하는 한편 1920년대 여성가극단이 출현하여 인기를 끈 정황을 언급했다. 본고는 여성가극단이 '소녀'를 내세웠다는 점에 착안하여, 조선에서 소녀 연예인과 소녀가극의 출현과 활동에 주목하며 논의를 확대한다.

9 본고의 논의와 관련된 최근의 연구에는, 이대범의 「배구자 연구」(『어문연구』 36권 1호, 2008)와 김영희의 「일제강점기 레뷰춤 연구」(『한국무용사학』 9, 2008) 등이 있다. 이들 연구의 일정 부분은 본고의 논점과 겹치지만, 소녀 연예인 및 소녀가극에 초점을 맞춘 경우는 없다.

10 필자는 「어트렉션의 몽타주와 모더니티」(『한국극예술연구』 32, 2010)에서 1930년대 들어 레뷰가 급속도로 쇠퇴했다고 했다. 본고는 필자의 선행 연구를 일부 수정하면서 연계시킨 것이다.

11 정통 오페라에서 잡다한 오페레타, 나아가서는 단순한 레뷰에 이르기까지, 아사쿠사를 무대로 전개된 각양각색의 음악극을 통칭하는 용어이다. 아사쿠사 오페라는 서양식이면서 동시에 아주 개방적이어서, 레뷰 댄서들이 큰 인기를 끌었다.

E. 사이덴스티커, 허호 역, 『도쿄이야기』, 이산, 1997, 310~313쪽.

**12** 1881~1944. 여자 기술사. 본명 中井かつ. 동경 출생. 쇼쿄쿠사이 덴이치(松旭齊天一) 문하생이 되었고, 1911년 쇼쿄쿠사이 덴이치가 은퇴한 후 독립하여 텐카스이치자(天勝一座)를 이끔. 신기한 서양 기술의 다이나믹한 매력으로 인기를 넓힘. 유라쿠자(有樂座)에서 〈살로메サロメ〉를 연기. 여러 차례 해외로 진출해 화제를 일으킴. 倉橋健·竹內敏晴 監修, 『演劇映畫舞踊テレビ·オパラ百科』, 平凡社, 1983, 222쪽. 쇼쿄쿠사이 덴이치(1853~1912)는 1878년 경 상해에서 처음 서양 마술을 접했고, 1890년 전후 그가 이끈 '天一座'가 도쿄 아사쿠사에서 무대 마술을 선보이며 이름을 알렸다.

**13** 조선에서 쇼치쿠 악극단의 정황에 관한 기사가 실리기도 했다. 1933년에는 쇼치쿠좌 '레뷰 껄'의 파업 기사가 실렸고(「흥행 중 파업, 대우개선과 부장배척결의, 松竹 레뷰 껄들이(東京)」, 『동아일보』, 1933. 6. 14. 「도화 쟁의 확대, 사방에서 호응, 松竹 레뷰 껄 쟁의」, 『동아일보』, 1933. 6. 22), 1936년에는 쇼치쿠가 남성도 가입하는 악극단 조직을 추진하고 있음이 기사화된다. 『동아일보』, 1937. 10. 14.

**14** 쇼쿄쿠사이 덴카쓰 관련 기사 : 「기술사의 대마술 세상에 유명한 기술사가 10일부터 수좌에서 흥행」(『매일신보』 1913. 11. 8), 「만장경탄 - 천승출연의 첫날 연예관의 대성황」(『매일신보』, 1915. 10. 12), 「축 공진회 성공 천승고별기부흥행은 3시간 30분 공연」(『매일신보』, 1915. 11. 9), 「천승일행의 개연 - 이일 입경 삼일 개연」(『매일신보』 1916. 9. 5), 「宗家 천승일행 입성 明夜부터 대흥행. 화려한 레뷰 기마술」(『매일신보』, 1934. 3. 17).
쇼쿄쿠사이 덴카(松旭齊天華) 관련 기사 : 「천화 초일 성황」(『매일신보』, 1919. 6. 1), 「광고 송욱제천화양 일행 래도」(『매일신보』, 1922. 4. 16), 「금일 입경의 천화 일행 - 경주에서 개막」(『매일신보』, 1925. 9. 8), 「마술 기술과 짜즈딴스의 풍부한 프로그램과 스피드의 무대회전으로 일찍이 명성을 가진 천화일행」(『동아일보』, 1931. 6. 13).

**15** 「일본소녀가극단의 조종 동경소녀가극단 - 칠십여 명의 단체로 8월 3일부터 개막해」, 『매일신보』, 1924. 8. 1. 「금일의 경성극장에 동경가극 상연 - 70여 명의 큰 단체로 유명한 여우가 30명」, 『매일신보』, 1924. 8. 3.

**16** 「東京少女歌劇團일행, 大連 撫順 등지에서 흥행 」, 『동아일보』, 1925. 11. 19.

**17** 배구자의 덴카스이치자 입단 경위는 크게 둘로 나뉜다. 배구자가 조선에 공연 온 덴카쓰에게 찾아가 입단했다는 설(『매일신보』, 1918. 5. 14, 『매일신보』, 1921. 5. 22)과 배구자가 8세 무렵 일가친척을 따라 동경으로 건너갔는데 삼촌되는 이가 동경에서 연극이나 오페라극단 사람들과 접촉이 있었고 덴카쓰와 가까웠기 때문에 13세에 "丸之內 삘딩 안에 있던 天勝씨가 하는 有樂座"의 一員이 되었다는 설(배구자, 「무대생활이십년」, 『삼천리』, 1935년 12월호)이 그것이다. 이에 대한 자세한 논의는 이대범의 앞의 논문 참고.
배구자가 조선에 공연 온 덴카쓰를 찾아갔다고 쓴 두 기사에서 배구자의 입단 나이가 현격히 다르다. 한 기사"재작년에 천승일행이 경성 왔을 때에 당년 열한 살 된 계집애가 천승이 머물러 있는 산본여관을 가서 제자되기를 간청하는고로 천승도······그 일좌에 들게 하였더라. 그 뒤로 삼 년 동안 공부를 시켜서 지금은 재주도 한두 가지 배운고로 조선에 나와 첫무대를 치르게 할터이라는데······"『매일신보』, 1918. 5. 14)는 11세라 하고, 다른 한 기사("천승일행이 처음으로 조선에 건너왔던 대정3년도 공진회 때에 그 아주머니 되는 배정자의 부탁으로 비로소 천승일행에 가입하게 되었는 바 그 당시에는 구자의 나이는 아홉 살이었다."『매일신보』, 1921. 5. 22)는 9세라 한다.

18 『매일신보』, 1918. 5. 25.

19 「배구자 양의 묘기, 턴승 일행 중에 화형이다」, 『매일신보』, 1921. 5. 22.

20 「광고 마기술계 권위 松旭齊天勝一座 15일부터 5일 간 어 조선극장 好評如湧의 松旭齊龜子 출연」, 『매일신보』, 1923. 6. 12.

21 스즈랑(鈴蘭)은 은방울꽃이다. 1910년대 후반 일본에서 스즈랑은 요시다 노부코 (吉屋信子, 1896~1973)의 소녀소설『花物語』를 통해 소녀를 상징하는 대표적인 꽃이 되었다. 요시다 노부코는 1918년『少女畵報』에 〈스즈랑〉을 투고한 이후 총 52편의 단편을 발표했고, 이 단편 연작 52편을 묶어 1920년『花物語』라는 제명의 단행본을 落陽堂에서 출간했다.

22 「朝鮮少女 8명, 가극단 鈴蘭座 今十日부터 朝劇에서」, 『동아일보』, 1925. 10. 10. 「鈴蘭座 소녀가극 조선극장」, 『동아일보』, 1925. 11. 29.

23 「鈴蘭座 가극배우 朝鮮少女 8명 權益男 白福童 金淑才 金少君 金玉順 金王熙 朴順子 徐福順」, 『동아일보』, 1925. 10. 11.

24 「동서연극연구소 여자 지원자 모집」, 『조선일보』, 1921. 11. 16. 1922년에 설립한 예술학원은 "露國 彼得" 대학 예술과를 졸업하고 귀국한 김동한이 김영환 현희운 등과 함께 러시아 공사관이 있던 죽첨정의 일정목 사십번지에 설립한 학교이다. 이 학교의 설립 목표는 연극 음악 무도를 가르치는 것이었고, 학생을 공개 모집해 무도음악회를 개최했고, 무도대회와 여자댄스강습회를 했다. 1923년에는 연극반 이 단성사에서 안톤 체홉의 〈곰〉과 〈결혼 신청〉을 공연하기도 했고, "동경에서 다년 음악을 연구하던 교사를" 초빙하여 음악반 활성화를 꾀했으며, 무도반에는 특히 '소녀반'을 두고 약 오십 명의 소녀를 모집해 무료로 교수할 계획을 세운다.

25 『동아일보』, 1922. 4. 20.

26 「여자가 남자로 분장, 녀자東光團의 신파」, 『동아일보』, 1921. 12. 28.

27 「여자신극단 東光團 來 평양, 歌舞技座에서 흥행」, 『동아일보』, 1921. 12. 9.

28 여자동광단은 대전 해주 평양 등지를 돌며 흥행했고, 1922년에는 경성에서 〈一女 兩婿〉 등을 공연하며 수입의 일부를 고학생 갈돕회에 기부하기도 한다. 김춘교를 비롯한 '청년여자들'이 남자로도 분장하여 공연하는 것은 1910년대 기생조합 연 주회에서 선보인 공연 관습(남형여우)이, '청년여자들'이라는 사회교육적 함의를 띤 언어를 내세운 신생 여자 집단에 의해 새롭게 이어지고 있음을 보여준다. 예 술협회와 극문회 그리고 여자동광단 관련 사항에 대한 논의는 유현주의 「1920년 대 연극문화와 신여성의 형성」(동국대학교 대학원 석사학위논문, 2004, 22~34 쪽)에서 다뤄진 바 있다.

**29** 『조선문예』 1(1929. 5)에 실린 영화 소개 글(「신영화 REVIEW 春文幻醉 몬·파리와 기계도시 메트로포리쓰」)의 표지 이미지는 영화 〈몽 파리〉와 무관한 가십성 글의 표지 이미지로 거듭 사용되었다. 이 표지 이미지가 『삼천리』에 사용된 경우도 상당하다. '애인과 안해'를 소재로 한 이광수, 염상섭, 현진건, 최학송 등의 글 모음 앞에(1929. 12), '내 소설과 모델'을 소재로 한 이광수, 염상섭, 현진건, 이익상, 최서해의 글 모음 앞에(1930. 5), '예술가의 처녀작'이라는 제목으로 최승희의 대구 부산 평양 무용 공연을 소개한 곳에(1930. 7), '러부렛타-의 고백'을 소재로 한 최린 등의 글 모음 앞에(1930. 10), 그리고 '이처지지 안는 외국의 묘령 여성'을 소재로 쓴 이정섭, 문일평 등의 글 모음 앞에(1931. 4) 거듭 사용되었다.

**30** 이서구는 「1929년의 영화와 극단의 회고(4), 附 레뷰! 무용」(『중외일보』, 1930. 1. 6)에서, 조선 신무용계 5인으로, 토월회 무용부 조택원, 배구자무용소 배구자, 금성오페라단 권금성, 조선연극사 무용부 안세민, 최승희무용단 최승희를 소개했다.

**31** "연예관 안의 각 권번 흥행이 거의 댄스로 짰었고, 배구자양의 공연, 김복랑일좌의 댄스소녀반, 조선극장의 레뷰단, 권금성의 가극단 등 일일이 손을 꼽아 끼일 수 없을 만큼……" 「1930년 무용계의 3년 전망」, 『매일신보』, 1930. 2. 21.

**32** 「평양기생학교생 가극, 레뷰 등 공연 - 14일부터 3일간 시내 수은동 단성사」(『동아일보』, 1932. 3. 16). 1933년 한성레뷰단이 12월 7일부터 도화관에서, 〈갱춘〉(이일포), 〈넙적이〉(이일포), 〈해적〉(이일포), 〈결혼을 하려면〉(막간 여흥), 〈울퉁불퉁〉 등을 공연했다. (『매일신보』, 1933. 12. 7). 1938년 『매일신보』사가 주최한 운동회의 여흥 프로그램에는 종로권번 레뷰부가 출연한다.(『매일신보』, 1938. 5. 14).

**33** 『매일신보』, 1926. 6. 7. 덴카스이치자에서 벗어나려는 배구자의 시도는 이전에도 있었다. 「天勝一行의 花形인 배구자 양 탈퇴 - 배정자가 찾아다가 조선가극단을 만들고져」, 『매일신보』, 1921. 6. 2.

**34** 「天勝에서 이름난 배구자도 나오는 근화 후원 연극, 십팔 십구 양일간」, 『시대일보』, 1926. 6. 18.

**35** 「은퇴하였던 배구자 양 극단에 재현」, 『동아일보』, 1927. 4. 17. 「소생하는 듯한 의기로 독창무대 - 백장미사 주최로 21일 야. 불원간 미국으로 공부하러 가는 배구자 양 담」, 『중외일보』, 1927. 4. 17. 「백장미사 주최로 배구자 독연대회 - 배구자 양이 처음으로 나온다 도미 고별차로 출연」, 『매일신보』, 1927. 4. 18. 「태서의 명곡과 아리랑의 무용화 만도가 기대하는 배구자의 묘기」, 『중외일보』, 1927. 4. 20. 「배구자 양의 음악무용회 - 21일 장곡천정 공회당에서」, 『동아일보』, 1927. 4. 21.

**36** 「배구자무용연구소 제1회 공연 19일 中央館에서」, 『동아일보』, 1929. 9. 18. 「배구자일행 평양에서 공연」, 『동아일보』, 1929. 10. 5. 「배구자일좌 인천에서 공연」, 『동아일보』, 1929. 10. 24. 「배구자일행 대구에서 공연」, 『동아일보』, 1929. 11. 9.

**37** 「배구자 공연을 보고」, 『동아일보』, 1929. 11. 25.

38 「배구자 일행이 구주 순회 여행」, 『중외일보』, 1930. 3. 26.

39 「일본 순회를 마치고온 배구자 무용 공연, 신작 무용을 만히 발표할터」, 『동아일보』, 1930. 10. 31. 「가두의 예술가 규수무용가 승희양 근영, 朝劇무대 상 배구자 여사」, 『삼천리』, 1931년 1월호.

40 「배구자 나운규 〈십년〉을 촬영 중순경 단성사 개봉」, 『동아일보』, 1931. 5. 6.

41 「이방의 청춘극단에서 춤추는 두 白衣 舞姬」 사진, 『삼천리』, 1932년 9월호. 「배구자 〈동경〉, 〈추억〉, 〈아리랑〉, 최승희 〈승무〉」 사진, 『삼천리』, 1934년 9월호. 「청춘의 피를 뛰게 하는 兩무용가, 조택원, 배구자 〈춘앵무〉, 〈방아타령〉, 〈나의 비애〉, 〈추심가〉 공연」 사진, 『삼천리』, 1935년 10월호.

42 이서구, 「가극단 여왕의 사」, 『만국부인』, 1932. 10.

43 「鈴蘭座 가극배우 朝鮮 少女 8명 權益男 白福童 金淑才 金少君 金玉順 金王熙 朴順子 徐福順」, 『동아일보』, 1925. 10. 11.

44 금성오페라단은 권금성이 취성좌 단원들과 합작하는 식으로 이뤄졌을 가능성이 있다. 금성오페라단의 창립을 알리는 기사가 난 1929년 12월 14일은 취성좌가 해체된 날이다. 권금성은 취성좌 단장인 김소랑의 처 마호정의 친척이다.(『동아일보』, 1929. 12. 14) 이서구는 「1929년의 영화와 극단 회고(3)」(『중외일보』, 1930. 1. 4)에서 금성오페라단이 "김소랑 씨에게 남아 잇는 0순자 이하 수명의 녀배우를 망라하야 신영0군의 지휘 하에" 결성되었다고 했다.

45 『매일신보』, 1929. 12. 21.

46 「오십여 소녀로 조직된 삼천소녀가극」, 『매일신보』, 1930. 6. 14.

47 『중외일보』, 1930. 8. 4.

48 8월의 공연 제목은, 최승연, 「악극 성립에 관한 연구」, 『어문논집』 49, 민족어문학회, 2004, 416~417쪽 참고.

49 「무용수업 10년만에 錦還한 金小君 金綾子孃 자매 卅一日 朝劇에 데뷔」, 『동아일보』, 1933. 7. 27.

50 김능자가 스즈란자에 소속해 활동했는지는 알 수 없다. 김능자는 1930년대에 OK악단에서 탭댄스를 추었고, 그 후신인 조선악극단에서 보컬 그룹 '저고리 시스터즈' 일원으로 활동했다. 「조선악극단에서 노래 부르는 최초의 보컬 그룹 저고리 시스터즈」, 『동아일보』, 1973. 3. 21.

51 1930년 8월 오양(五洋)가극단이 〈경성 행진곡〉 2막인 카페 장면을 할 무렵 사진사가 마그네슘을 터뜨려서 불난 줄 알고 관객석에서 소동이 벌어지기도 했다. 「가극단 흥행 중 장내의 헛불 소동, 중상 2명, 경상 6명」, 『중외일보』, 1930. 8. 20. 1932년에 이월화의 집안 사정으로 최수미례를 단장으로 추천했는데, 일본에서 오랫동안 연극과 가극 등을 연구한 최수미례는 레뷰를 중심 삼아 일신할 계획을 세운다. 「오양극단 경성에서 망년흥행 준비」, 『중앙일보』, 1932. 12. 17.

52 「해송소녀가극단」, 『중외일보』, 1930. 9. 20.

53 조선 명창들의 조선 구가요와 무용 가극 등 신구예술을 두루 공연했고(「조선여류가극단 인천에서 공연」, 『조선중앙일보』, 1934. 6. 20), 여류명창 박록주의 노래와 인기배우들의 레뷰를 선전하기도 했다. 「여류가극단, 제일일 성황」, 『조선중

앙일보』, 1934. 6. 25.

**54** 레뷰가 원래 불어로는 '시사를 풍자하는 촌극'을 뜻하는데 근대에 와서 '무용을 중심으로 독창, 합창을 뒤섞어서 100퍼센트의 에로'를 발산하는 구경거리를 의미한다고 했다. 세계적인 레뷰 연출가로 미국의 플로렌즈 지그펠드를 거론했다. 『신여성』, 1931년 5월호, 52쪽.

**55** "경성 시대에 조선인 관객을 위한 극장이 조선극장 단성사 우미관 3관밖에 없고 이것도 모다 중앙지에 집중되어 불편을 느끼는 관객이 만었든바 금번 시내 서부에 새로히 문명극장이 생기게 되어 구서대문 바로 아래 길 동편에 건축되게 되어 이미 정초식을 거행하였는데 낙성되는 때는 영화와 극을 올리리라 한다"「서대문통에 극장 文明館 건축 중」, 『동아일보』, 1934. 11. 2.

**56** 「동양극장 신축개장과 배구자 고토 방문공연 前文明館을 개칭」, 『동아일보』, 1935. 11. 3.

**57** 고설봉, 『증언연극사』, 도서출판 진양, 1990, 34쪽.

**58** 「예술호화판, 오만원의 동양극장 조선사람 손으로 된 신극장」, 『삼천리』, 1935년 11월호.

**59** 안창모, 「대한제국의 원공간 정동과 덕수궁」, 국립고궁박물관 엮음, 『대한제국』, 민속원, 2010, 305~346쪽.

**60** 에이다 루이즈 헉스터블, 이종인 역, 『프랭크 로이드 라이트』, 을유문화사, 2008, 97~105쪽.

**61** 라이트는 다이쇼 시대 비즈니스로 일본에 온 외국인 중에서 가장 유명한 사람이었다. E. 사이덴스티커, 허호 역, 앞의 책, 317쪽.

**62** 김정동, 「건축제도와 기술」, 서울특별시사편찬위원회 편, 『서울건축사』, 서울시, 1999, 597쪽.

**63** 예술가로서 세계에 나가면 무엇을 보고 돌아올까라는 질문에 대한 대답으로, 홍순언은 宝塚극장을 보고, 송죽의 白井회장을 만나서 일본 흥행계의 선구자 또는 개척자로서의 신고담을 듣고, 그 다음으로는 宝塚의 小林사장을 만나서 일본 흥행계에 대한 명일의 포부를 듣고 싶다고 한다. 『삼천리』, 1936년 1월호.

**64** 최독견, 「낭만시대 36」, 『조선일보』, 1965. 1. 31.

**65** 유민영, 『한국극장사』, 한길사, 1982, 70쪽.

**66** 고설봉, 앞의 책, 48쪽.

**67** 박진, 『세세년년』, 경화출판사, 1966, 131쪽.

**68** 「寶塚歌劇團은 오는가」, 『삼천리』, 1935년 12월호, 21쪽.

**69** 「일본 전국 다섯 대도시 순회 공연 차 단원들을 데리고 떠날 예정」, 『삼천리』, 1935년 12월호.

**70** "신축낙성 개관 피로 호화진, 동양극장 十日月一日부터 배구자악극단의 향토방문대공연과 대작영화 동시 封切을 감행하는 레뷰, 연극, 영화의 삼중주적 특별대흥행은 사계 만도인사의 절대 기대에 奉副할 것을 자신한다.-(하략)" 『매일신보』, 1935. 10. 30.

**71** "11월 8일부터 12일 배구자악극단 석별흥행주간-(하략)" 『매일신보』, 1935. 11.

11.

72 「소녀악극단 娘娘座 창립, 4월 초순경에 제1회 공연 예정」, 『동아일보』, 1936. 3. 11.

73 「임술학원 기금모집, 명곡연극대회」, 『조선중앙일보』, 1933. 3. 26. 한편, 나선교 는 1940년 11월 14일에는 나쯔메 후미꼬(夏日芙美子)라는 예명으로 아사쿠사 전 기관에서 '군국가요곡 대회'에 출연했다. 안동림 저, 박찬호 역, 『한국가요사』, 현암사, 1992, 465~466쪽.

74 「태양극단 공연」, 『조선중앙일보』 1934. 1. 28. 태양극장이 조선극장에서 공연하 는데, 이때 "최승희 무용단에 있는 김소과 이정자 양의 무용과 콜럼비아 전속가수 김선초 양의 독창이며 임생원 신카나리아 양의 독특한 넌센스도" 있다고 소개됨.

75 「신춘대중연예대회」(『동아일보』, 1938. 4. 12)에 무용가 조영숙 참가. "일즉이 최승희 여사의 수제자로 잇엇고 C.M.C.무용단의 중견이다. 동경 공연에서는 내 지의 예술가로서도 도저히 모방할 수 없을만치 훌륭한 무용가라는 비평가들의 절찬을 받은 명수이다. 금번 공연에는 그의 신작인 〈라모나〉와 박력잇는 무대를 보히리라 한다." 「신춘독자위안회」, 『동아일보』, 1940. 3. 31.

76 「악극단 낭랑좌 안동 공연」, 『동아일보』, 1938. 2. 23.

77 박옥초는 낭랑좌가 1회 공연 후 해산하자 동양극장의 전속극단인 호화선과 청춘 좌에 소속되어 활동한다. 권서추도 낭랑좌 해산 후 1941년 전후해서는 청춘좌의 단원이 되었다. 「청춘좌, 조선대표극단 종합판」, 『삼천리』, 1941년 3월호.

78 「〈아리랑〉을 PCL에서 영화로」, 『동아일보』, 1936. 4. 4.

79 「배구자 공연 5일부터 東劇에서, 악극과 연극의 밤」, 『동아일보』, 1936. 5. 1.

80 「본보 애독자를 위하여 배구자 악극단의 특별 흥행」, 『조선중앙일보』, 1936. 5. 17.

81 「동아일보 신경지국 후원으로 만주에서 공연. 6월 9일 10일 양일간 배구자일행 공연」, 『동아일보』, 1936. 6. 11.

82 『매일신보』, 1936. 6. 15.

83 「동아일보 지국 후원으로 김천 청진에서 공연」, 『동아일보』, 1936. 7. 7과 7. 18. 「성진, 배구자무용단 독자우대권 / 함흥, 배구자악극단연주회 애독자우대권 행사 」, 『조선중앙일보』, 1936. 7. 17.

84 고설봉, 앞의 책, 40~41쪽.

85 청춘좌 개선 제1주 공연 중 '주간 조선권번 연예부 출연-쑈, 막간, 레뷰' 공연이 있다고 광고됨. 『매일신보』, 1937. 9. 22~9. 27.

86 동양극장은 시가 25만원 정도되고, 극장 건축 당시 分島 명의였는데, 1936년 1월 부터 홍순언 명의로 바뀌었다. 배구자는 악극단을 이끌고 일본에 갔다. 「동양극 장주인 洪氏 서거 후 팔린다니 정말인가 배구자씨의 거취는 어찌 될고 - 지배인 최상덕씨 담」, 『동아일보』, 1937. 6. 16.

87 『삼천리』, 1937년 1월호.

88 「백팔염주 만지는 배구자 여사」, 『삼천리』, 1940년 5월호, 180쪽.

89 조선은행회사조합요록(1939년판). 한국사데이터베이스 검색 자료에 의거했다. 「

여사장 배구자 등장, 東劇의 신춘활약은 엇더할고」(『삼천리』, 1938년 1월호)에 '1937년 8월에 배구자 홍석태 배정자 최상덕씨 등이 10만원의 거금을 모아 합명회사를 만들고 그 사 대표로 배구자 여사를 추천했고, 영화 상영에 주력하는 한편 청춘좌와 호화선 외에 배구자악극단을 직접 경영할 작정을 한다'는 내용이 실린 바 있다.

90 「장막 뒤의 東劇 內爭 내막 폭로의 선풍」(『동아일보』, 1938. 1. 21)에도 관련 내용.

91 1938년 8월 최독견 동극 경영 중단 선언. 9월 김태윤이 경영 재개.

92 「배구자극단 개성서 개연」, 『동아일보』, 1938. 3. 3.

93 「재동경 조선인 활약 전모」, 『동아일보』, 1938. 8. 27.

94 「비밀실」, 『삼천리』, 1938년 8월호.

95 『매일신보』, 1938. 5. 17.

96 동양극장에서 공연하지는 않았지만, 1938년 창립한 화랑악극단도 여자 중심의 악극단이었다. '단성사 직속 화랑악극단'은 1938년 4월 1일부터 창립공연으로 〈사랑은 특급을 타고〉(홍토무 작) 6경, 〈바라에테〉 16경, 〈禁制無用〉(박영 작) 2경을 공연했다. 이 단체의 조직은 娘子軍 20명과, 밴드 8명, 연출 - 박영 이영일, 진행 - 전일, 장치 - 이순길, 조명 - 이영화로 구성되었다. 『매일신보』, 1938. 4. 3.

97 일본 소녀가극단들은 동양극장 이외에 조선 각지에서 자주 공연했다. 「소녀가극단(馬山)」(『동아일보』, 1936. 3. 28)에 따르면 동경소녀가극단 일행 60여명이 철도국 후원으로 남조선 지방을 순회하는 중인데, 4월 1일부터 2일간 마산의 극장 앵관에서 공연했다. 「부정 입장하엿다고 소학생을 작당 구타 소녀가극단 폭행에 개성서서 엄벌」(『동아일보』, 1940. 6. 17)에 따르면 일본 소녀가극단이 6월 14일 개성서 흥행을 하고 다음날 천안 방면으로 이동했다.

98 "天勝一行 京劇 흥행 일본 송욱재텬승(松旭齋天勝) 일행은 금 십삼일 밤부터 시내 수뎡(壽町) 경성극장에서 행연한다는데 작년에 동 일행이 미국에 가서 순연을 하야 적지 안이한 환영도 바덧스며 더욱이 그 순연중에 여러 가지 새로운 긔마술 재료와 연극 각본 등도 만히 어덧스며 미국인 여자 세 명과 남자 일곱 명을 동단에 가입식히어가지고 음악은 순전히 미국인들이 마터하게 되엇스며 동 미국녀자 중에는 댄스 혹은 독창으로 미국에서도 상당한 인긔를 가진 사람도 잇다하며 (중략) 경성극장 흥행은 열흘 동안인바 그 흥행을 마치고는 조선사람 관객 중심으로 북촌에 와서도 흥행을 하랴고 한다더라." 『동아일보』, 1926. 5. 13.

99 포천레뷰단도 일본인 중심인데 '조선 여아'가 참가했었던 것으로 보인다. 「魔의 마술단, 양명이 또 燒死, 1월엔 조선여아 2명, 10일엔 일인 부인 2인」(『조선중앙일보』, 1933. 3. 12)에는, 포천레뷰단이라는 마술단이 대전에서 흥행하는 중 조선 소녀 2명이 불에 타서 1인은 바로 죽고 1인은 불구자가 되었는데, 또 다시 10일 새벽에 일인 부인이 불에 타죽었다는 기사를 실었다.

100 「무용수업 10년만에 錦還한 김소군 김능자양 자매 卅一日 朝劇에 데뷔」, 『동아일보』, 1933. 7. 27.

101 「김능자 양 포즈」, 『동아일보』, 1938. 4. 21.

102 「소녀악극단 娘娘座 창립, 4월 초순경에 제1회 공연 예정」, 『동아일보』, 1936. 3. 11.

103 "내지에서 조선가극단을 모집하러 왔을 때 그때 마음속에 내지로 가 열심이 가극을 배워 우리 고향에도 소녀가극을 맨드러 볼 욕심에 2년간은 있는 힘을 다하여 가진 고생을 다하며 東京에서 저는 남자역을 배웠었고, 어느 동무는 춤과 노래 이같이 고생하고 배우는 동무 7인이 그 후 2년 후에 귀향하여 소녀가극단을 우리 7인이 맨드러 보겟다는 욕망을 갖고서 지금으로부터 5년 전 봄 3월에 귀향했었음니다. 경성에 와 몃몃 선생님들이 힘써 주시여 북한산 밑 사과밭 있는 집 한 채를 어더주시여 娘娘座라는 이름으로 純少女樂劇團을 조직했었음니다." 「배우 수기, 조선대표극단 종합판」, 『삼천리』, 1941년 3월호.

104 요시미 순야, 이태문 역, 『박람회』, 논형, 2004, 23~46쪽.

105 이각규, 『한국의 근대박람회』, 커뮤니케이션북스, 2010, 125쪽.

106 미드웨이는 시카고박람회의 발명품이었다. 미드웨이를 따라 전통적인 독일마을, 오스트리아의 도시, 무어족 궁전, 불교사원, 아프리카 원주민 전사들과 그들의 오두막, 각종 동물과 사람의 쇼를 구경할 수 있었다. 미드웨이는 훗날 등장하는 테마파크와 어드벤처 파크의 원조격이었다. 찰스 패너티, 이용웅 역, 『문화와 유행상품의 역사』 1, 자작나무, 1997, 78~83쪽.

107 「서선공진회와 기생단」, 『매일신보』, 1913. 11. 8.

108 이각규, 앞의 책, 263~287쪽.

109 「기술사의 대마술」, 『매일신보』, 1913. 11. 8.

110 "천승일행은 금 10일 오전 10시에 남대문역 전으로부터 40대의 차를 聯하고 旗 30소와 악대를 선두에 立하고 市町을 순회할 터인데 천승의 승용한 마차는 제국 장식회사에서 장식한 者이라는데 남대문통으로부터 본정에 止하여 황금정 종로통을 經하야 12시반에 공진회 정문으로 入하야 오후1시로부터 경회루 상에서 협찬회 기타 관계와 신문통신기자와의 피로연을 개할터이오 연예관에 출연은 오후 7시부터" 「天勝의 市町 巡廻」, 『매일신보』, 1915. 10. 10. 그 외, 「만장경탄 - 천승출연의 첫날 연예관의 대성황」(『매일신보』, 1915. 10. 12), 「축 공진회 성공 천승고별기부흥행은 3시간 30분 공연」(『매일신보』, 1915. 11. 9).

111 〈조선 10경〉은 '가. 부산 부두의 해돋이, 나. 조선 신궁의 여름 새벽, 다. 의주 통군정의 원망, 라. 인천 월미도의 저녁 달, 마. 경주 불국사의 회고, 바. 평양 모란대의 환상, 사. 북한산의 설경, 아. 조선박람회의 盛觀, 자. 금강산의 가을 단풍, 아. 경성 창경원의 꽃'이라는 제목을 단 10편의 무용극으로 구성되었다. 이각규, 앞의 책, 462~466쪽.
〈조선 10경〉이 공연되던 즈음, 1929년 6월에 창간한 『삼천리』는 창간 이벤트로 '반도팔경' 프로젝트를 추진했다. 『삼천리』는 조선 문사들이 공천하여 선정한 반도팔경을 발표하며 추천인의 답변도 상세하게 소개했다. 반도팔경의 선정 기준은 논란거리였고, 답사 추진은 재차 지체되었다. 반도팔경의 선정이 지니는 정치적 의미에 대해서는 다음의 글 참고. 박용재, 「삼천리의 미디어 이벤트와 재가공된 조선 - 반도팔경을 중심으로」, 『국어문학』 48, 2010.

112 아시아와 유럽을 여행하고 돌아온 기시다 다쓰야(岸田辰彌)가 자신의 경험을 바탕으로 쓴 이 작품은, 백 명을 넘는 배우가 출연해 1시간 30분 지속하는, 대계단을 이용한 스펙터클과 라인댄스를 호화롭게 선보인, 다카라즈카 레뷰의 기념비적 공연이었다. 백현미, 「어트랙션의 몽타주와 모더니티」, 『한국극예술연구』 32, 2010, 87쪽.

113 「배구자 공연을 보고」, 『동아일보』, 1929. 11. 25.

114 "신당리 문화촌에 배구자무용연구소 개설. "일본의 藤間靜江이 고유의 일본 무용에다가 서양댄스를 가미하여 새로운 춤을 지어내지 안었서요 그 모양으로 저도 조선춤에다가 양식을 조곰 집어너허서 빗든 그 조선예술을 시대적으로 부흥식히고 십답니다……우리 민요에 웨요 염불곡이란 것이 잇지 안어요 바로 이거야요 (하며 산념불곡을 축음기에 너허 튼다) 이것을 제목을 〈기도〉 혹은 〈침묵〉이라고 곤치어서 새 무용을 하나 만들어 보려고 하는데요……처음에 天勝의 곡예단을 따라 미국 뉴-욕에 갓다가 그곳에서 약 석달 동안을 전문으로 배윗소 일본 와서는 高田雅夫와 石井漠에게서 좀 배윗서요 그러치만 저는 클라식한 石井漠의 무용보다는 좀 밝고 자유스러운 高田雅夫의 춤이 조와요 石井이나 高田씨도 모다 동경 제국극장의 교사로 나와 잇든 영국사람 로시에게서 배윗지만 개성의 차이로 결국 그러케 달러지두구만요", 「배구자의 무용전당 - 신당리 문화촌의 무용연구소 방문기」, 『삼천리』, 1929년 9월호.

115 "배구자예술연구소는 얼마 전에 가무극부를 새로 설치하는 동시에 연구생을 대중모집하고서 조선민요를 무용화하야……조선민요를 무용화한 것 20여종의 신작무용 외에 가무극으로는 〈복수의 검〉 두 막과 〈파계〉 한 막은 순조선 정조를 표현하는 새 선물로 노래와 춤과 연극의 종합 작품" 「배구자예술연구소 혁신 제1회 공연 23일부터 4일간 단성사에서」, 『동아일보』, 1931. 1. 17.
"작년 가을 집을 떠나 건너온 후 발서 일년이 갓가워옵니다……이곳에서 공연하는 종목은 대별하면 아래와 갓습니다. 조선민요무용 조선동요무용 조선표현의 신무용 서양무용 외 스켓취 등이올시다……각지에서 듯는 평을 총괄적으로 보면 다음과 갓습니다. 민요아리랑은 그 사람들 귀에 멜로듸가 애연스럽고 자미잇게 들린다고 하야 공연을 마치고 나면 반다시 류행이 되는 것을 봅니다. 그리고 동요 박꽃아가씨와 양산도 도라지타령과 잔도토리와 타령 등 곡조에 맞추어 추는 춤은 조선의 정조일듯한 새맛시 드러난다고 하야 새것을 조와하는 절문사람들 사이에서는 매우 환영을 합니다." 「대판공연기 - 대판서 배구자」, 『삼천리』, 1932년 10월호, 66쪽.

116 "처음이니 만치 別로 신신하답니다……저 〈고성의 비가〉란 것 하고 또 〈처녀행진곡〉하고 극으로는 이러케 두 개 뿐이고 그 박게는 모다 노래와 춤으로 된 짤막짤막한 것들이지요. 극이라고 해도 악극이니만치 노래와 춤으로 거지반 진행되고 쎄리푸라고는 別로히 업서요……그런데 이것들은 모다 현대의 새로운 맛이 나는 것뿐인데 우리는 좀 더 조선의 고전예술을 캐어내여 이것을 악극화하고 십어요. 가령 〈춘향전〉이나 〈방아타령〉 같은 것 말입니다." 「남인금단의 낭랑좌」, 『삼천리』, 1936년 6월호.

117 강상훈, 「근대의 환상, 신문물 축제의 향연」, 우동선·박성진 외, 『궁궐의 눈물, 백년의 침묵』, 효형출판, 2009, 304쪽.

118 일본에서 1911년에 일본 최초의 여성잡지인 『靑鞜』이 발간되고 이 잡지를 중심으로 페미니즘적 논의와 '새로운 여자'로서의 신여성이 등장했다면, 모던 걸은 1924년 『女性』지에서 언급된 이래 널리 대중화되었고 "숍걸 따위보다 조금 지적이고 파충류적으로 총명한……돌연변이의 퇴행적 변종"(安成二朗)이라고 묘사되었다. 신여성과 모던 걸이 시차를 두고 등장했던 일본과 달리, 식민지조선에서는 1920년대 전반기에 신여성이, 1920년대 후반에 모던 걸이 도시 지식인 사회에서 대중화되었다. 김경일, 『여성의 근대, 근대의 여성』, 푸른역사, 2004, 22~30쪽.

119 "십여명. 오기는 퍽 만히 왓서요. 저 대구에서도 평양에서도 얼골도 얌전하고 공부도 착실히 한 여학생들이 그러고 뻐스껄이나 여교원들까지도…" 「배구자의 무용전당, 신당리 문화촌의 무용연구소」, 『삼천리』, 1929년 9월호. "강덕자 같은 사람은 상당한 가정의 따님이고 또한 여자고등학부까지 나온 여자", 「배구자 만히 웃고, 만히 울든 지난날의 회상, 무대생활 2」, 『삼천리』, 1935년 12월호.

120 "이 동양극장은 특수한 조직 한 가지를 가지고 잇스니 관원을 조직함에 잇서 인테리 묘령 녀성을 중심 잡고 함이라. 즉 관주 홍순언씨 밋해 표파는 이나 까이드(案內者)나 문위(門衛)나 모다 20남짓한 녀성으로써 조직한다 한다. 10월 23일 응모 여성 70명의 선발시험을 보엿는데 이 조건은 첫재 미모요 둘재 고등여학교 2, 3년 정도의 학식 잇는 이들이라. 그네들의 써-비스는 또한 이채를 발할 것으로 지금부터 예상된다." 「예술호화판, 오만원의 동양극장」, 『삼천리』, 1935년 11월호.

121 "교과서가 업는 녀학교! 수업료를 도로 밧는 녀학교! 분 바르고 연지 찍고 다니는 녀학교! 이러한 녀학교가 서울에는 여러 곳이 잇다. 그는 어듸고 하면 첫재 종로네거리 화신백화점 안에 잇는 화신녀학교요, 둘재는 동대문 안 訓練院에 잇는 버스녀학교요 셋재는 서대문 밧 專賣局 안에 잇는 연초녀학교 넷째는 영화전당 동양극장의 극장녀학교라." 「거리의 여학교를 차저서」, 『삼천리』, 1935년 11월호.

122 동양극장은 극장의 선전을 위해 '미남미희'를 동원했다. "(홍순언 왈) 연극이나 영화를 선전하는 비결은 萬目이 다 뜨이게 하여 오는 노릇이니까 여러분께서도 대강 짐작하시겟지요. 첫째는 실물선전인데 가령 극단이 하나 서울바닥에 나타나면 거기 엉설마진 녀석과 미남미희로 꾸민 일행을 인력거에 실어 악대를 선두로 하여 붕바라붕바라 소리치며 도라다니는데 이것이 제일 효과가 잇더군요." 「일류상가의 치부비결, 제일차 공개 - 선전과 광고술」, 『삼천리』, 1935년 12월호.

123 「배구자 양의 묘기, 텬승 일행 중에 화형이다」, 『매일신보』, 1921. 5. 22.

124 〈파계〉의 대본은 『삼천리』, 1935년 2월호. 550~555쪽에 실렸다. 요녀와 성심이 각각 독창을 부른다. 이외 무대 뒤에서 불리는 합창이 2회 배치되어 있고, 전주로 노래가 불리기도 하여 가무극 대본다운 모습을 보여준다.

125 「배우 수기, 조선대표극단 종합판」, 『삼천리』, 1941년 3월호.

126 박혜원, 「플래퍼 패션 디자인 연구 - 미국 재즈시대를 중심으로」, 이화여자대학교 박사학위논문, 1998.

127 요시미 순야, 「제국 수도 도쿄와 모더니티의 문화정치」, 요시미 순야 외, 『확장하

는 모더니티』, 소명출판, 2007, 31쪽.

128 여자의 남자 역 연기는 종종 비판되었다. 이기세는 「화려찬란한 동경신극운동」(『삼천리』, 1935년 7월호, 103쪽)에서, 1934년 가을 도쿄 다카라즈카의 〈햄릿〉에서 미즈타니 야에코(水谷八重子)가 햄릿 역을 한 것을 비판했다.

129 『매일신보』, 1930. 6. 14.

130 「남인금단의 낭랑좌」, 『삼천리』, 1936년 6월호, 88~92쪽.

131 「악극단 桃源境 탄생」, 『동아일보』, 1938. 5. 17.

132 Meg Armstrong, "A Jumble of Foreignness: The Sublime Musayums of Nineteenth-Century Fairs and Expositions", *Cultural Critique*, 23(1992~1993), pp.199~250.

## 3장 남장한 여자들

### 여성국극의 성정치성 (1)

1 송방송, 『한국음악통사』, 일조각, 1984, 516~524쪽. 국악사와 국악사장이라는 관직명에서 유래된 국악이란 명칭이 1907년에 처음으로 나타났다가 4년만에 사라지고, 해방이 되자 현행 전통음악을 포괄하는 용어로 다시 사용되었다.

2 여성국극단의 〈춘향전〉 공연을 그대로 필름에 옮긴 영화가 1957년 2월 16일 씨네코리아극장에서 개봉된 바 있다. 김향이 제작, 각본, 감독을, 강영화가 기획, 촬영, 편집을 맡았으며, 박옥진과 박옥란이 주인공을 맡았다. 35mm 9권 분량, 제작비 약 1500만원이 든 흑백 영화였다. 전범성 외, 『한국영화총서』, 한국영화진흥조합, 1972.

3 본명 조경환.

4 오영미, 『한국전후연극의 형성과 전개』, 태학사, 1996, 40~50쪽. 김병철, 「한국여성국극사 연구」, 동국대학교 석사학위논문, 1997. 그외 송송이의 논문 「여성국극 발전을 위한 교육 방안」(서강대학교 언론대학원 석사학위논문, 2001)은 '교육 방안'을 특화시켜 논의하고 있다.
한편 여성국극인의 전기가 최근 두 권 발행되었다. 조영숙, 『무대를 베고 누운 자유인』, 명상, 2000. 반재식·김은신, 『여성국극왕자 임춘앵 전기』, 백중당, 2002.

5 "대중은 달콤하면서도 감상적인 것을 좋아하며 이를 통해 현실도피를 꾀하려 든다. 그런 측면에서 보았을 때 여성국극은 너무나 적합한 예술양식이다. 왜냐하면 한이 굽이굽이 서린 창의 애련한 가락과 멋스런 춤이 있으며, 환상적이면서도 센치멘탈한 사랑이 주제인 데다가 현란한 의상과 웅장한 무대장치는 연극성으로 조화를 이뤄주었기 때문이다. 이런 고전적이면서 종합예술적이며 환상적인 여성국극은 전쟁과 가난에 시달린 대중의 시름을 충분히 달래주고도 남음이 있었다." 유민영, 『우리시대 연극운동사』, 단국대학교출판부, 1990, 285쪽.

6 백현미, 「해방기 및 1950년대의 창극」, 『한국창극사 연구』, 태학사, 1997, 333~
356쪽.

7 서연호, 『한국전승연희의 원리와 방법』, 집문당, 1997.

8 이희승 편, 『국어대사전』, 민중서관, 1961, 368쪽.

9 이능화 저, 이재곤 역, 『조선해어화사』, 동문선, 1992, 444~445쪽.

10 심우성, 『남사당패 연구』, 동문선, 1989, 27~28쪽. 송석하, 「사당고」(1940), 『한
국민속고』, 일신사, 1959, 101~112쪽.

11 이 시기 기생조합연주회의 공연상황을 대표적으로 보여주는 기사 한 편을 소개하
면 다음과 같다. "단성사에서 한남권번기생의 춘계연주회가 열렸는데……맨 나
중에 춘향연의를 시작하는데 남수라는 기생의 방자노릇은 진경이 근사하였으나
조금 서투른 곳이 있었고 때때로 황금란과 김산옥의 창 내는 소리에는 실로 감흥
이 깨지 않게 잘 하였다. 이도령을 분장한 기생은 그 표정과 기거동작이 조금
어울리지 않았으나 과히 서투르지는 않았다. 그 중에 볼 만한 것은 방자와 춘향
노릇하는 기생의 표정이라 하겠고 더욱 창 대는 기생의 태도와 동작이 수백 관객
의 갈채를 받았다.……"『매일신보』, 1919. 11. 20.

12 기생조합의 활동 및 그 의미에 대해서는, 백현미, 『한국창극사연구』, 태학사,
1997, 110~293쪽 참고.

13 삼천가극단의 주역은 권삼천이었지만, 취성좌를 이끌던 김소랑과 마호정이 극단
을 해산하고 악극단 조직에 참여했기 때문에, 실질적으로는 취성좌가 악극단화한
것이라고 할 수 있다. (유민영, 『한국근대연극사』, 단국대학교출판부, 1996, 419
쪽) 이 단체는 1부에서는 희가극이라 불리는 코믹터치의 가벼운 연극에 노래를
끼워넣어 음악적 효과를 가미했고, 2부에서는 여성들의 라인댄스 팀이 등장했다.
박노홍, 「종합무대로 일컬어진 악극의 발자취」, 『한국연극』, 1978년 6월호~1979
년 4월호.

14 大笹吉雄, 『日本現代演劇史, 大正・昭和 初期篇』, 白水社, 1986, 13~116쪽.

15 황문평, 「흥행에 성공했던 30년대 무대공연단체」, 『음악동아』, 1985년 7월.

16 유민영(1990), 앞의 책, 128~134쪽.

17 황문평, 「에피소드로 본 한국 가요사⑤」, 『음악동아』, 1985. 7.

18 『매일신보』, 1942. 10. 24. 유민영(1996), 앞의 책, 424쪽.

19 한 연구에 따르면, 다카라즈카는 1942년과 1943년에 한국에서 공연했다고 한다.
Berlin Zeke, *Takarazuka: A history and descriptive analysis of the all-female
Japanese performance company*, Ph. D. dissertation, New York University,
1988, p.311, p.107. Andrew P. Killick, *The Invention of Traditional Korean
Opera and the Problem of the Traditionesque: Changguk and its Relation to
Pansori Narratives*, Ph. D. dissertation, University of Washington, 1998, p.229
에서 참고.

20 다카라즈카는 일본제국주의가 아시아에서 한참 맹위를 떨치던 1940년대 전반기
에 한국, 타이완, 중국 등지를 순회공연 한다. 이러한 공연에 반영된 제국주의적
속성은 다음 글을 참고. Jennifer Robertson, *Takarazuka: Sexual Politics and*

*Popular Culture in Modern Japan*, University of California Press, 1998, pp.89~138.

21 황문평, 『한국대중연예사』, 부루칸모로, 1989, 325~326쪽.

22 반재식 · 김은신, 앞의 책, 67쪽.

23 『매일신보』, 1945. 3. 16.

24 해방 후 조선창극단 공연에서 여배우가 남자역을 했다. 임춘앵은 1924년 광주에서 출생, 광주국악원을 졸업하고 1943년부터 조선창극단 단원으로 활약했다. 해방 후 조선창극단에서 공연한 〈춘향전〉에서 이도령을 맡아 최초의 남자역을 해내고 이름을 날리기 시작했다. 당시 춘향역은 김소희 씨가, 방자역은 김경희 씨(김소희의 친동생)가 맡았다. 『한국일보』, 1975. 3. 18.

25 성경린, 「현대창극사」, 『국립극장 30년』, 국립극장, 1980, 341쪽.

26 김아부 작, 박록주 곡, 김소희 안무, 원우전 장치, 김주전 진행. 이몽령 역은 임춘앵이, 성춘향 역은 김소희, 변사또 역은 정유색이 맡음. 반재식 · 김은신, 앞의 책, 88쪽.

27 〈햇님달님〉은 김주전과 김아부가 동경에서 본 푸치니의 오페라 〈투란도트〉의 스토리를 이용해 만든 작품이라 한다. 각본 및 연출 - 김아부, 진행 - 김주전, 무대장치 - 원우전, 미술 - 김정항, 작곡 - 조상선, 편곡 - 김성옥, 여왕 - 정유색, 햇님 - 박귀희, 달님 - 김소희, 준왕 - 박록주, 달이네 - 김정수, 진달래 - 임소석, 부루내 - 김경홍, 오사마 - 조농월 외 40명. 반재식 · 김은신, 앞의 책, 102쪽.
여성국악동호회 주최, 유엔 한위 환영위원회 후원으로 '민족 오페라 햇님과 달님'이라고 광고되면서 공연되었고, 1949년 2월 17일 저녁에는 시공관에서 유엔 한국대표단을 초대한 가운데 공연되었다. 이에 대해서는 『동아일보』, 1949. 2. 20.

28 1952년 작. 부산극장에서 공연. 김주전 작, 김향 연출 및 각색, 김소희 편곡, 김두황 김소희 고일연 안무, 정왕선 장치. 김병철, 앞의 논문, 54~55쪽.

29 1957년 4월 11일 시립극장에서 공연. 조건 작, 이진순 연출, 박동진 작곡, 김정환 미술, 원우전 홍종인이 장치. 김소희의 동생 김정희와 오정숙, 이소자 등이 출연. 김병철, 앞의 논문, 57쪽.

30 1957년 7월 17일 시공관에서 공연. 이광수 원작, 조건 각색, 이진순 연출, 박동진 작곡, 김수영 안무, 홍종인 원우전 장치, 미술 김정환. 김정희 · 오정숙 · 이소자 · 문미나 · 김경숙 등 출연.

31 김경애는 1953년 무렵 여성국극동지사에서 햇님국극단으로 옮겼다. 이후 극작가 이원경과 결혼했고, 세종문화회관 인근에서 '경애 다방'을 운영했다.

32 1952년 공연. 조건 작. 월지국왕 - 임춘앵, 버들아기 - 박초월, 왕의 여동생 - 김진진 등.

33 1952년 11월 부산극장에서 공연. 이유진 작, 김정환 미술, 이영일 조명, 원우전 홍종인 장치, 박귀연 의상, 강장원 편곡, 임춘앵 안무. 연극배우 고선애, 노신성, 신옥봉이 특별 출연.

34 1952년 12월 5일부터 7일 동안, 매일 하루에 3회씩 공연. 연출 박진, 편곡 김소희, 안무 임춘앵, 장치 원우전 홍종인 임명선, 의상 박귀연, 조명 이영일. 배역: 이도

령 - 임춘앵, 춘향 - 신숙, 월매 - 박초월, 방자 - 김경애, 향단 - 김진진.

35 1953년 공연. 고려성 작, 이유진 연출, 김준섭 편곡, 원우전 장치. 배역: 바우 - 임 춘앵, 아랑 - 정애란, 재모 - 조영숙 등.

36 1958년 작. 일본 공연. 차범석 작, 각색과 음악은 임천수, 연출은 백운선.

37 강숙자의 우리국악단은 김연수의 우리국극단에서 발전한 것이다. 김연수의 1951 년 김연수창극단 때의 단원을 모아 전남 고흥에서 우리국악단을 조직했다. 이 우리국악단은 1955년 봄에 극단 명칭은 그대로 둔 채 여성국극단으로 바뀌었다.

38 새한국극단은 1955년 햇님국극단을 강한용에게 인계한 김경애가, 함께 햇님국극 단을 탈퇴한 박송이 · 지수복 · 정춘혜 · 박옥화 · 유춘하 · 신옥 · 김희자 등과 인 원을 보강해 만든 극단이다. 1961년 해산.

39 보랑국극단은 1958년 박녹주가 해산한 재건국극사의 여단원과 제자들로 조직한 단체. 운영은 박녹주의 동생인 박만호가 맡았다. 이름 없는 신예들로 구성되었기 때문에 도시에서는 극장을 빌리지 못하고 지방의 창고나 공회당을 빌려서 공연 했다고 한다. 〈천리연정〉 한 작품만 공연하고 해산했다.

40 낭자국악단은 이일파가 1956년 신진 소녀들만으로 구성하여 만든 여성국극단. 이일파는 손수 창극 각본을 쓰고 작곡 안무 연출까지 혼자 담당했다고 한다. 애 띤 소녀들의 소리와 연기가 미숙하여 호평을 받지 못한 채 1960년대 말 해산.

41 삼성국극단은 1958년 햇님국극단에서 이탈한 박보아 박옥진 자매와 그들의 올케 인 조양금을 중심으로 창단되었다. 악극계에 몸담고 있던 김향이 박옥진과 결혼 하면서, 이 단체의 대표 작가로서 활동했다. 〈꽃과 나비〉, 〈옥가락지〉, 〈사랑 실 은 꽃수레〉, 〈바보온달〉, 〈춘향전〉, 〈옥자와 두 공주〉 등을 공연했다. 임춘앵의 여성국극동지사나 조금앵의 신라여성국극단과 어깨를 겨룰 정도로 인기를 얻었 으나, 〈원술랑〉의 실패와 영화 〈춘향전〉 제작으로 빚을 지게 되면서 기울어지기 시작, 1960년을 전후하여 해산했다.

42 「쇠퇴해가는 창극」, 『서울신문』, 1958. 3. 2.

43 예원국극단은 1956년 8월 박해일이 이은관 · 박천복 · 장소팔 · 고춘자 · 김득수 · 허희 등과 만든 창극단. 1959년 해산.

44 신라여성국극단은 전주 출신의 김원술(조금앵의 남편)이 1956년 5월 조금앵 · 조 농선 · 조농옥 · 조농월 · 조정례 등 다섯 자매와 함께 조직한 창극단. 〈옥퉁수〉, 〈비취거울〉, 〈꽃은 새벽에 지다〉 등으로 순회공연을 하다가 1966년 해산.

45 화랑여성국극단은 1957년 박후성이 조직. 최초로 총천연색 이중연쇄극 〈쌍무덤〉 을 상연하여 인기를 모았다. 〈나의 잊지 못할 사랑〉을 시네마스코프로 제작하였 으나 주인공인 박홍도가 병석에 눕게 되어 상연하지 못하고 해산했다.

46 송죽여성국극단은 1958년 햇님국극단에서 악인 역만 맡아 출연했던 문미나가 삼 류급 여성만을 규합하여 조직한 단체. 공연물은 창극도 아니고 신파도 아닌 어중 간한 것으로 부녀층과 여학생에게도 지지를 받지 못하여 몇 달 만에 해산했다.

47 아리랑여성국극단은 1957년 김재선이 청주국악원의 어린 학생들을 중심으로 만 든 창극단. 무용의 기본동작도 익히지 못한 소녀들로 구성되어 처음부터 난관에 빠졌다.

48 아랑여성국극단은 1959년 창극인 박정화가 만든 단체.

49 여성국극협회는 1956년 장월중선이 설립한 단체. 1960년 해산.

50 여성국극단에 대한 위의 정보는, 박황의 『창극사연구』(1976, 백록출판사), 오영미
(1996), 김병철(1997)의 글을 참고했다.

51 해방 직후 사극은 연극계의 지배적 공연물이었다. 이태우는 「신파와 사극의 유행」
(『경향신문』, 1946. 12. 12)에서 "역사극의 유행에 있어서는 이것이 문화적 유사
의 정당한 계승을 위하려는 양심적 의도가 보이지 않고, 상업주의적 영합에 끌리
는 경향이 있음을 통탄하지 않을 수 없다. 예를 들면 비교적 기술적으로 우수하였
고 양심적인 안영일 연출의 〈논개〉를 비롯하여 김태진 연출의 〈이순신〉, 안종화
연출의 〈미륵왕자〉 등이 모두 그러한 범주에 속한다. 특히 한심한 것은 우리의
의열사를 모독하면서까지 매물(賣物)로 한 〈안중근사기〉, 〈김상옥〉 등의 상연이
다"라고 지적하고 있다.

52 다카라즈카와 여성국극의 영향관계에 대한 언급은 다음과 같다. 이원경의 증언에
따르면, 박귀희가 일본에서 소녀가극단을 보고 힌트를 얻어 김소희와 함께 햇님
달님여성국극단을 창립했으며, 이 단체의 연출은 이진순과 이유진이 주로 담당했
다. 이진순은 일본예술대학 연극학과를 나와 창에 대해 모르니까 일본에서 봤던
일본연극을 그대로 꾸며 극을 만들었던 바, 일본의 소녀가극단이 파리 물랭루즈
의 레뷰를 모방했다면 우리나라 여성국극은 일본의 소녀가극을 모방한 것이다.
이원경 증언, 「국립창극단 창단의 뜻을 잊지 말아야」, 『춤』, 2001. 11. 81쪽. 한편,
임춘행이 이끈 여성국악동지사의 50년대 작품인 〈목동과 공주〉 팸플릿 중에서,
연출가 이진순은 다음과 같이 말했다. "나는 언제나 일본의 소녀가극과 결부하여
생각해보곤 한다. 역시 여성국극도 '민족적인 음률'과 '역사적 내용의 재재'를 빼
어놓으면 소녀가극과 조금도 다를 바 없을 것이다. 여성이 남성으로 분장한다는
것은 쉬운 듯 하면서도 대단히 어려운 일이다. 일본 소녀가극이 20여 년의 역사
를 가진데 비해 불과 5,6년의 나이밖에 안 먹은 우리 여성들의 남장연극이 그래도
오늘 대중예술로서 그 어떤 부분보다 흥행적으로 리드하고 있다는 것은 오늘의
관중심리에 변태적인 호기심 외에 반드시 대중예술로서 능히 생존할 수 있는 권
리가 있다는 것을 증명해주는 것 같다." 김병철, 앞의 논문, 51쪽에서 재인용.

53 학계의 한 분이 여성국극 대본을 다수 소장한 것으로 알려져 있지만, 그 대본들이
공개되지는 않았다. 『여성국극왕자 임춘앵 전기』에는 작품에 따라 두어 페이지
정도씩 인용되어 있을 뿐이다. 김병철의 논문(1997)에는, 1950년대 공연작품인
〈구슬과 공주〉, 〈눈 위에 피는 꽃〉, 〈목동과 공주〉의 내용이 요약되어 있다. 여성
국극의 공연 작품 내용은 박황의 『창극사연구』(백록출판사, 1976)에서도 참고할
수 있다. 그 외 1970년대와 1980년대 국극 공연대본은 문예진흥원 자료실에 다수
남아 있다. 필자는 1950년대 여성국극 대본을 구할 수 없었기 때문에, 김병철의
논문에 실린 1950년대 공연작품에 대한 내용 요약을 참고했다.

54 물론 남녀 간의 혼사장애를 다룬 작품들만 있는 것은 아니다. 〈옥루〉 같은 작품은
두 후궁의 암투를 그리고 있고, 〈이차돈 후편〉 같은 작품은 이차돈의 애국심 및
충심을 다루고 있다.

55 여성국극이 해피엔딩으로 끝난다는 점은 신파극의 전통과 대비되는 여성국극의 특징이라 할 수 있다. 1910년대의 〈장한몽〉에서 1930년의 〈사랑에 속고 돈에 울고〉에 이르기까지 한국의 대중극 작품 대부분은 비극적 결말로 끝났다. 반면, 여성국극에서는 주인공이 죽으면 재수가 없어 흥행에 실패한다는 '묘한 믿음' 때문에 해피엔딩이 강고하게 유지되었던 바, 번안극인 〈청실홍실〉(〈로미오와 줄리엣〉 번안)·〈흑진주〉(〈오델로〉 번안)에서조차 로미오와 줄리엣, 오델로와 데스데모나가 천사들의 영휘 아래 넋이나마 행복한 결합을 한다는 식으로 결말이 처리되었다. 이에 대해서는 「충실하느냐, 거스르느냐 그것이 문제로다 - 희곡번역가 신정옥」(『한국연극』, 1999. 4) 참고.

56 유치진의 작품들이 그 대표적 경우이다. 〈원술랑〉(1950)·〈가야금의 유래〉(1954)·〈청춘은 조국과 더불어〉(1955) 등은 애국심을 고취했고, 〈통곡〉(1952)·〈나도 인간이 되련다〉(1953)·〈청춘은 조국과 더불어〉(1955)는 한국전쟁을 소재로 했으며, 〈자매〉(1955)·〈푸른 성인〉(1955)·〈한강이 흐른다〉(1958)는 전쟁의 상처 속에서 파괴되어 가는 인간성의 문제와 현실의 갈등을 다뤘다.

57 오학영의 〈심연의 다리〉, 하유상의 〈젊은 세대의 백서〉와 〈딸들 자유연애를 구가하다〉, 김상민의 〈비오는 성좌〉와 〈벼랑에 선 집〉, 김자림의 〈돌개바람〉 등.

58 "당시 많은 여학생들의 '용필이 오빠'격 스타는 여성국극에서 왕자역을 맡았던 남장여배우이었다. 어쩌다 적국의 왕자를 사랑하게 된 비련의 공주, 이를 안 국왕의 진노, 옥에 갇힌 공주의 꿈에 어리는 왕자의 모습, 이에 터져나오는 명주를 찢는 듯한 애절한 가락의 창, 대개 비슷비슷한 소재의 여성국극이었지만 관객들은 박수를 아끼지 않았다.……6·25가 나던 해 봄, 이모 임춘앵의 '여성국악단'에 들어가 프리마돈나로 활약했고 동생 김경수와 '진경'을 이끌었던 왕년의 국극스타 김진진 여사를 만나 화려한 시절의 얘기를 들어보았다.……"대단했지요. 시공관 같은 데서 공연할 때는 라디오에서 꼭 중계방송을 해주었고 12시부터 공연되는 입장권을 사려고 새벽부터 줄서는 것은 예사였습니다. 팬들의 꽃다발로 온통 무대가 묻힐 지경이었지요. 극성스러운 팬들은 더러 혈서를 보내기도 했고…… 그때 왕자역을 맡았던 진수는 여학생들이 환장하게 좋아했습니다." 이광훈, 「여성국극의 맥」, 『경향신문』, 1984. 11. 21.

59 "임춘앵에게는 반지나 팔찌, 목걸이 같은 패물이 정성스럽게 포장되어 꽃으로 장식한 선물로 들어왔다. 모두 누런 금으로 만든 것이었다. 누가 보낸 것인 줄은 모르겠으나 전해주는 사업부 직원의 말을 들으면 대개가 가정주부로 보이는 여인들이라고 했다.……사람들은, 특히 가정에 있는 여인들은 임춘앵의 여성국극을 보고 생애 최고의 감격을 누리고 있는 것이었다. 여인들은 억눌려 있었다 .……스스로 해보려고 하면 우선 남편이 윽박질러서 오금을 펼 수 없었다. 살림이나 할 것이지, 여자가 뭘 안다고, 얻어맞지 않으면 다행이었다. 그러면서 대책 없이 애들은 늘어나고 시름은 더해갔으며, 속앓이는 체념으로 이어졌다. 그런데 임춘앵이라는 여인이 그런 심정을 밑바닥부터 뒤집어 엎어 다시 본래의 나를 느끼도록 해주었다. 여자라는데 여자같지가 않았다. 그 여자가 남성이 되어 하는 연기를 보면 왠지 힘이 솟구치고, 공연히 눈물이 났다. 마구 소리를 지르고 싶고, 뭔가

294

새로운 것을 찾아낼 수 있을 것만 같아 어디론가 뛰쳐나가고 싶은 충동을 느끼기도 했다. 어떤 여인은 뭐가 뭔지 모르지만 억울해서 미칠 것 같았고, 여지껏 산 세월이 모두 남편에게 무시당하고 산 세월인 것만 같아 며칠씩 잠을 이룰 수 없었다. 임춘앵 그 여자에겐 뭐든 주어도 아깝지가 않았다." (밑줄 필자) 반재식 · 김은신, 앞의 책, 205~206쪽.

60 "임춘앵이 무대에 서면 저게 정말 임춘앵 맞냐는 말이 여기저기서 터져 나왔다. 키는 훨씬 커 보이는데 백옥 같은 얼굴에 눈썹이 마치 굵은 붓으로 크게 휘둘러 그려 놓은 듯하고, 서글서글한 눈은 사람을 압도하는 듯했다. 거기다 우뚝한 콧날 아래 붉은 입술은 마치 천상에서 내려온 귀공자같고, 서늘한 눈매와 맑은 미소는 다정다감하기 그지없었다. 넓은 가슴으로 연약한 공주를 안아주듯하며 사랑하는 사람들만이 느낄 수 있는 눈길로 은밀하게 감정을 토해내는 임춘앵의 연기는 여성관객에게 깊은 인상을 주었다.…… 특히 애정 표현 장면에서 그랬다. 왕자와 공주가 단 둘이 거닐기만 해도 여기저기에서 탄성이 터져 나왔다. 손이라도 잡을라치면 쥐 죽은 듯이 조용한 극장 안 곳곳에서 숨죽이며 내뱉는 소리가 무대에까지 들려왔다. 그러다가 공주를 포옹하자 소리를 지르며 얼굴을 가리는 소녀들도 있었다. 그들의 관심은 포옹 그 자체에 있는 것이 아니라 포옹해주는 왕자님, 임춘앵에게 있었다." 반재식 · 김은신, 앞의 책, 133~135쪽.

"항상 남자 주역만 해오는 앵(임춘앵 - 필자)은 자기 자신도 남자로 착각을 일으킬 때가 적지 않다는데 여학생 팬이 가끔 화장실(化粧室)을 찾을 때면 정말 자기는 남성의 입장에서 이성에 대하는 느낌이 날 때가 많다고 한다." (『신태양』, 1952년 10월호), 반재식 · 김은신, 앞의 책, 216쪽에서 재인용.

61 베스타 틸리는 "내가 젊은 남자로서 무대에 나타났을 때, 나에 대해 찬탄하는 대부분의 사람들은 여성이었다. 대부분의 여성들은 내가 극장에 들어오고 나오는 것을 보기 위해 무리를 이루고 있었으며, 사랑의 감정을 담은 편지들이 쇄도했다."라며, 자신이 여성팬들에게 불러일으켰을지도 모르는 환상에 대해 언급했다. Michelene Wandor, *Carry On, Understudies-Theatre & Sexual Politics*, Routledge & Kegan Paul, London and New York, 1986, pp.20~25.

62 Jennifer Robertson, 1998, pp.139~207.

63 『서울신문』, 1959. 6. 11.

64 아래의 글들은 당시의 상황을 적나라하게 보여준다.

"국극을 쓸 때 언제나 마음에 걸리는 것이 있다. 노래 즉 창이다. 무대에 오르는 연기자 전원이 모두 노래를 부를 줄 안다면 지금의 국극의 형태가 이 모양으로 되지는 않았을 것이다. 불행히도 여성국극 한 단체 안에 노래를 부를 사람이 몇 명뿐인 형편인즉 꼭 노래로 해야만 할 곳에서 그것을 못하게 되니 이런 답답할 때가 다시없다. 기껏 노래로 써놓은 곳이 삭제나 보통언어로 변해버릴 때 작자로써 그 심정은 말할 수 없이 낙망된다. 그러므로 대개는 사전에 작품에서 미리 적당히 요리해버린다. 그러자니 창극이 아니요 뒤범벅이 되고 만다. 그래서 이번엔 과거의 수법을 버리고 극을 요소 구별해서 어느 한 대목만이라도 창극다운 창극을 해보리라고 노래와 극을 편중해서 썼다. 과연 어떠한 결과를 가져올지 연출을 담당한 이진순 동지는 이 심정을 알 것이며 거기에 따르는 적절한 수법이 또 하나 새로 발견되리라고 믿는 바이다." 햇님국극단의 〈이차돈〉(1957년 7월 27일 공연) 팸플릿 중 각색자 조건의 말. 김병철, 앞의 논문, 63쪽에서 재인용. "오히려 그들은 요즘 국극무대의 내용이 전통적인 민속예술의 스타일에서 멋대로 멀어져 변질되었으며 각본, 연기자의 빈곤 때문에 자꾸만 저하해간다고 걱정하고 있었다. 이 원인은 첫째 국극무대를 이을만한 신인양성기관이나 제도가 전혀 없고 청중들도 나날이 일부세대에 국한되어가고 있기 때문이라고 말한다. 사실상 현재 솜씨있는 국극배우들은 絶孫되기만 하고 이들의 연기를 이을만한 신인들을 양성하지 못하고 있는 실정이다." 『동아일보』, 1961. 9. 10.

65 1930년대 이루어진 식민지 공업화 정책에도 불구하고 1940년 5만 이상의 인구를 가진 도시의 인구비율은 전체인구의 11.2%에 불과했다. 그러던 것이 1955년 25.3%, 1960년에는 28.5%로 증가했다. 이렇듯 50년대 초 한국이 경험한 도시화의 속도는 우리가 알고 있는 것 이상으로 급속한 것이었다. 그러나 전체 인구비율에 비할 때 도시화율은 아직 절반에도 미치지 못하는 것이었다. 오유석, 「전쟁, 토지개혁, 도시화⋯ '한국적 근대' 기틀 형성」, 『교수신문』, 2000. 6. 5.

66 이임화, 「여성은 가정으로」, 『여성, 전쟁을 넘어 일어서다』, 서해문집, 2004, 248~269쪽.

67 박녹주, 「나의 이력서 24」, 『한국일보』, 1974. 2. 12.

68 "스승은 마치 절대 권력자처럼 군림했고, 여성들은 뒷바라지나 해주어야 했다. 심지어 스승이 원하면 잠자리도 같이 해야 했는데 그것이 싫으면 인연을 끊어야 했다. 특히 금전적인 면에서 여성은 항상 박대를 받았다. 기획도, 진행도 남성 위주이다 보니 돈이 생기는 일에 여성이 속속들이 관여한다는 것은 거의 불가능한 일이었다.⋯⋯오로지 생존하기 위해 눈물을 흘리며 소리를 하고, 춤을 추어야 하는 여성들의 비애는 누구보다 남성 국악인들이 잘 알고 있었던 것이다. 그러면서도 그런 여성들을 자기 수입원으로 삼는 남성들이 수두룩했던 것이 다름아닌 당시의 국악인 사회였다. 그런데 그런 풍토에 반기를 들고 여자들이 나선 것이다." 반재식 · 김은신, 앞의 책, 83~83쪽.

69 Michelene Wandor, ibid., p. 25.

70 황정미, 「개별국가의 여성정책에 관한 연구 - 1960~70년대 한국 부녀행정을 중심으로」, 서울대학교 박사학위논문, 2001, 9~10쪽.

71 백현미, 「1950 · 60년대 한국연극사의 전통담론 연구」, 『한국연극학』 14, 2000, 45~85쪽.


## 여성국극의 성정치성 (2)

1 1954년 최초의 민간방송국인 CBS가 개국했다. 그리고 1956년 최초의 텔레비전 방송국 KOCAD텔레비전이 개관함으로써 초보적인 텔레비전 방송극이 시작되었다. 방송극에 대한 이상의 내용은, 이영미, 「1950년대 방송극 - 연속극의 본격적

시작」, 『대중서사연구』 17, 2007, 108~110쪽 참고.

2 이화진, 「노스텔지어의 흥행사」, 『대중서사연구』 17, 2007, 59~63쪽.

3 국보오페라학원과 여성국극단이 합작한 〈춘향전〉(1956)이 실황중계되었고 〈연정 칠백리〉(1957)도 전국에 중계되었다. 반재식·김은신, 『여성국극왕자 임춘앵 전기』, 백중당, 2002, 457쪽과 490쪽.

4 이외, 가극으로는 〈콩쥐팥쥐〉와 〈오셀로〉가 중계되었고, '전국 아마추어 톱 싱거 경연대회', '8·15경축음악회', '그랜드 쇼' 등은 음악극 및 음악회 중계라 할 수 있다. 〈껍질이 쩨지는 아픔 없이는〉처럼 일반 무대극의 중계도 있고 '재건의 메아리'처럼 제목만 봐서는 어떤 공연인지 명확하지 않은 경우들도 있다. KBS연감편찬위원회, 「무대중계일람표」, 『KBS연감 1962』, 한국방송문화협회, 1961, 432쪽 ~433쪽 사이에 낀 별지.

5 여성국극단의 〈춘향전〉 공연을 그대로 필름에 옮긴 영화이다. 1957년 2월 16일 씨네코리아극장에서 개봉. 김향이 제작·각본·감독을, 강영화가 기획·촬영·편집을 맡았으며, 박옥진과 박옥란이 주인공을 맡았다. 제작비 약 1500만원이 든 흑백 영화였다. 전범성 외, 『한국영화총서』, 한국영화진흥조합, 1972.

6 박귀희의 남편이 "내가 돈을 낼 테니 우리 안사람을 영화에 주인공으로 써달라"고 한 부탁이 받아들여져 제작되었다고 한다. 탁광 저, 『전북영화이면사』, 도서출판 탐진, 1995, 141쪽. 위경혜, 『호남의 극장문화사』, 다홀미디어, 2007, 52쪽에서 재인용.

7 서대석·손태도·정충권, 「면담자료 - 조금앵」, 『전통구비문학과 근대공연예술 Ⅲ』, 서울대학교 출판부, 2006, 75쪽.

8 백현미, 「1950년대 여성국극의 성정치성」, 『한국극예술연구』 12, 2000.

9 〈백호와 여장부〉와 〈무영탑〉 대본은 서대석·손태도·정충권의 책(앞의 책, 258 ~309쪽)에 실렸다. 그 외 〈공주궁의 비밀〉, 〈반달〉, 〈청실홍실〉, 〈바우와 진주목걸이〉, 〈여의주〉, 〈백년초〉, 〈연정칠백리〉, 〈춘소몽〉, 〈귀향가〉, 〈열화주〉, 〈구슬과 공주〉, 〈목동과 공주〉, 〈무영탑〉, 〈눈 위에 피는 꽃〉, 〈산호팔찌〉, 〈별하나〉, 〈꽃이 지기 전에〉는 반재식·김은신의 책(앞의 책)에 자세히 그 내용이 요약되어 있고, 대본의 일부분이 인용되어 있다. 본고의 분석 작품은 이 두 출처에 의지한다.

10 2.1의 내용은, 백현미의 「민족 전통과 '국민극'으로의 호명」(『한국극예술연구』 52, 2016)에서 발췌한 것임.

11 「노래와 춤의 정예부대. 드디어 명일 개막」, 『조선일보』, 1940. 4. 16.

12 「보총쇼 일행 입경. 오늘부터 열리는 그랜드 레뷰 호화의 무대 보총쇼」, 『조선일보』, 1940. 4. 17. 공연이 진행 중이던 4월 18일과 20일에는 『조선일보』에 보총쇼 관련 기사 없이 사진이 실렸다.

13 다테노 아키라, 오정환 이정환 역, 『그때 그 일본인들』, 한길사, 2006, 448~449면.

14 「조선악극단 만주연예협회와 제휴」, 『매일신보』, 1940. 7. 13.

15 「노래하는 춘향. 조선악극단 특별공연」, 『매일신보』, 1940. 9. 16. 남인수가 이도령, 이난영이 성춘향 역을 했다. 박시춘 연출, 손목인 작곡, 김민자 안무, 김정환

장치.

**16** "1940년 9월 15일부터 춘향전을 레뷰극으로 상연하는 조선악극단에서는 11일부터 15일까지 三越갸라리에서 동 레뷰극의 의상, 사진전을 여럿는데 대단한 인기를 올니고 잇다고 한다." 「春香레뷰劇展」, 『매일신보』, 1940. 9. 13.

**17** 1941년 2월 25일, 28일 양일간 『만선일보』는 '김연실 악극단'의 공연 일정과 장소 및 레퍼토리를 매우 상세하게 기재했다. 〈전우〉, 〈가수출정기〉, 〈신체제 신랑모집〉, 〈청춘의 광란〉의 대략은 이복실의 앞의 논문 참고. 『매일신보』 1943년 8월 8일자에 따르면, 만주국개척총국과 만주연예협회 주최, 조선연극문화협회의 후원, 조선군보도부 추천으로 만주개척위문연예대가 파견되어(李福本隊長, 金運實, 高雲峰池, 田一男 참여) 紙芝居 경연극 경음악을 공연했다.

**18** 玉岡かおる, 『タカラジェンヌの 太平洋戰爭』, 新潮社, 2004. 111쪽.

**19** 「寶塚가극단 조선서 初공연」, 『매일신보』, 1942. 10. 13.

**20** 박노홍, 「한국악극사4」, 『한국연극』 1978년 7월호.

**21** 『매일신보』, 1944. 7. 24.

**22** 『매일신보』, 1944. 7. 26.

**23** 『매일신보』, 1945. 3. 16.

**24** 남성역 중 일부만을 여자배우가 하는 과도기적 양상은 여성국악동호회가 생긴 이후에도 있었다. 1950년 대한국악원이 〈대춘향전〉을 공연할 때, 대체로 남자역은 남자배우가 여자역은 여자배우가 맡았지만(춘향은 신숙이, 월매는 임유앵이, 방자는 오태석이, 변사또는 조상선이 맡았다), 이몽룡 역만은 여자인 임춘앵이 맡았다.

**25** 성경린, 「현대창극사」, 『국립극장 30년』, 국립극장, 1980, 341쪽.

**26** 박동실은 화랑창극단(박동실 편곡으로 〈봉덕사의 종소리〉, 〈팔담춘몽〉 등을 공연)의 창작 창극의 음악 구성에 많이 참가했으며, (강한영, 「판소리 창극」, 『국악연감』, 한국문화예술진흥원, 1976, 274쪽) 한때 조선창극단을 이끌기도 했다. 조상선은 정정렬의 수제자로 창작 창극 구성에 관여했으며, 창극 〈논개전〉을 작곡하기도 했다. 성기련, 「1940~50년대의 판소리 음악문화 연구」, 『판소리연구』 22, 2006, 239~241쪽.

**27** 2004. 10월 14일 박송희 조순애 대담, 김진진, 2006 4월 2일 대담. 성기련, 「1940~50년대의 판소리 음악문화 연구」, 『판소리연구』 22, 2006, 254쪽에서 재인용.

**28** 박녹주, 「나의 이력서 24」, 『한국일보』, 1974. 2. 12.

**29** "스승은 마치 절대 권력자처럼 군림했고, 여성들은 뒷바라지나 해주어야 했다. 심지어 스승이 원하면 잠자리도 같이 해야 했는데 그것이 싫으면 인연을 끊어야 했다. 특히 금전적인 면에서 여성은 항상 박대를 받았다. 기획도, 진행도 남성 위주이다 보니 돈이 생기는 일에 여성이 속속들이 관여한다는 것은 거의 불가능한 일이었다.……오로지 생존하기 위해 눈물을 흘리며 소리를 하고, 춤을 추어야 하는 여성들의 비애는 누구보다 남성 국악인들이 잘 알고 있었던 것이다. 그러면서도 그런 여성들을 자기 수입원으로 삼는 남성들이 수두룩했던 것이 다름아닌 당시의 국악인 사회였다. 그런데 그런 풍토에 반기를 들고 여자들이 나선 것이

다.” 반재식 · 김은선, 앞의 책, 83~83쪽.

30 〈투란도트〉의 공연에 대한 사실은 http://www.takarazuka-revue.net(2007. 11. 08)에서, 나머지는 Takarazuka Revue Company(Takrazuka City, 1992)에서 확인.

31 첫 공연인 〈옥중화〉(1948년 10월)의 제작팀은 진행 - 김주전, 작 - 김아부, 곡 - 박록주, 안무 - 김소희, 장치 - 원우전으로 구성되었고, 〈햇님달님〉(1949년 2월) 제작팀은 진행 - 김주전, 각본 및 연출 - 김아부, 무대장치 - 원우전, 미술 - 김정환, 작곡 - 조상선, 편곡 - 김성옥으로 구성되었다.

32 “첫째, 출연배우들이 대부분 여성이고 특히 소녀층이 많다. 둘째, 레파토리의 내용이 평이해서 파악하기 쉽다. 셋째, 노인층은 그들의 회고심리에서 파악하기 쉽다. 넷째, 여성이 남장하는데 특이한 매력이 있다. 다섯째, 과거 전성하던 연극단체가 쇠퇴하여 재미있는 연극이 적다.” 「창극의 인기는 무엇」, 『서울신문』, 1956. 10. 10.

33 반재식 · 김은신, 앞의 책, 196~197쪽.

34 김병철, 「한국여성국극사 연구」, 동국대학교 석사학위논문, 1997, 59~60쪽.

35 새한여성국극단의 경우 거문고와 피리는 원광호가, 대금은 한주환이 연주했고, 가야금은 서공철이 잠깐 함께 했다. 이 단체에도 가야금 거문고 대금 피리 아쟁 연주자가 있었으나 해금 연주자는 없었다고 한다. 50년대 후기에는 윤윤석과 이생강도 각각 아쟁과 대금 반주자로 참여했다. 성기련, 앞의 논문, 255쪽.

36 서대석 · 손태도 · 정충권, 앞의 책, 111~112쪽.

37 국극단 작품의 대표 각색자였던 조건은 “불행히도 여성국극 한 단체 안에 노래를 부를 사람이 몇 명 뿐인 형편인즉 꼭 노래로 해야만 할 곳에서 그것을 못하게 되니 이런 답답할 때가 다시 없다. 기껏 노래로 써놓은 곳이 삭제나 보통언어로 변해버릴 때 작자로써 그 심정은 말할 수 없이 낙망된다. 그러므로 대개는 사전에 작품에서 미리 적당히 요리해버린다.” 햇님국극단의 〈이차돈 후편〉(1957년 7월 27일 시공관 공연)의 팸플릿. 김병철, 앞의 논문, 63쪽.

38 남성 창자들은 여성국극단에 소리 선생으로 관여하곤 했다. 조몽실은 임춘앵 극단에서 소리 선생을 했다.

39 서대석 · 손태도 · 정충권, 앞의 책, 76~77쪽.

40 서대석 · 손태도 · 정충권, 위의 책, 5쪽.

41 성기련은 정창관 국악녹음집의 일환으로 발매된 박보아 · 박옥진의 「박보아 · 박옥진 자매의 국악세계」와 김진진이 낸 음반 「여성국극의 여왕 김진진」 수록 곡들을 분석했다. 김진진 음반에 수록된 곡 중 임춘앵 작곡인 〈산천아 잘있더냐〉와 〈꽃잎의 이슬〉은 판소리와 유사한 곡조로 되어 있지만, 그렇지 않은 곡들도 여럿 있다고 지적했다. 특히 임춘앵과 신숙이 작곡한 여성국극의 삽입곡 3곡을 분석했다. 성기련, 앞의 논문, 257~258쪽.

42 반재식 · 김은신, 앞의 책, 399쪽. 김유앵은 “창극 소리는 무게가 없이 얍삽해요”라고 표현한 바 있다. 서대석 · 손태도 · 정충권, 앞의 책, 44쪽.

43 서대석 · 손태도 · 정충권, 앞의 책, 110쪽.

44 1959년 신문기사에 따르면 당시 전체 음반 발매종수에서 경음악(가수의 노래가

없는 대중음악 연주곡, 국내외 곡 망라, 전통음악을 대중음악식으로 편곡해 대중음악 관현악단 또는 韓洋 합주로 연주된 것도 포함)이 차지하는 비중이 약 30%에 이르렀다고 한다. 「국산레코드의 현황」, 『조선일보』, 1959. 5. 14.

45 1934년부터 1937년 사이 창극 〈춘향전〉이 유성기 음반으로 4종 발행되었다. 〈춘향전〉(이화중선, 김창룡, 오비취, 권금주, 북 한성준. 콜롬비아레코드 40540-40557, 1934), 〈춘향전전집〉(김정문, 신금홍, 심영, 남궁선, 반주 신태준, 시에론레코드 501-512, 1934), 〈춘향전전편〉(정정렬, 이화중선, 박녹주, 임방울, 김소희, 북 한성준. 빅타레코드 KJ1111-KJ1129. 1937), 창극 〈춘향전〉(임방울, 이화중선, 정정렬, 김소희, 신숙 외 명창 총망라. 오케레코드 12018-12037, 1937). 이외에 1920년대에도 〈춘향전〉 창극 음반이 1종 발간되었다. 고대소설극 〈춘향전〉(이동백·김추월·신금홍 , 장고 이흥원. 일축레코드 K594-K61). 한편, 대사 녹음이 주가 되고 판소리가 부분적으로 곁들여진 연극 음반도 나왔다. 극〈춘향전〉(김영환, 이애리스, 윤혁, 박녹주. 콜롬비아레코드 40146-40147, 1931), 창극 〈춘향전〉(박춘강 각색·지휘, 태양극장 일동, 창 김남수, 태평레코드 8053-8057, 1933). 태평레코드의 창극 〈춘향전〉은 이후 두 차례 재발매되었다. (기린레코드 C215-C217, 태평레코드 3023-3027). 이준희, 「가요극 〈춘향전〉의 음반사적 의미」, 『한국음반학』 15, 2005, 129쪽 참고.

46 가요극 〈춘향전〉(조명암 원작·각색, 박창환 유계선 강정애. 설명 이백수. 주제가 남인수 이화자. 오케레코드 31116-31120, 1942). 가요극 음반이 처음 등장한 것은 1941년으로, 현재 확인되는 것은 〈역마차〉, 〈남매〉, 〈어머님前上白〉, 〈모자상봉〉과 〈춘향전〉, 〈장화홍련전〉 등 6편이다. 이중 창작극인 〈남매〉, 〈어머님前上白〉, 〈모자상봉〉은 군국주의적 색채가 짙고, 〈역마차〉는 전시체제에 맞지 않는다는 이유로 발매된 지 반년만에 발매 금지되었다. 이준희, 위의 논문, 127~128쪽.

47 이준희, 앞의 논문, 134~137쪽 참고.

48 반재식·김은신, 앞의 책, 264쪽.

49 서대석·손태도·정충권, 앞의 책, 76쪽.

50 반재식·김은신, 앞의 책, 71~72쪽.

51 1930년대 후반부터 해방 직전까지의 역사극 관련 사항은 다음의 글 참고. 서연호, 「역사극의 의미와 시대적 요청」, 『한국연극사 - 근대편』, 연극과인간, 2003, 329~346쪽, 윤석진, 「전시 총동원 체제기의 역사극 고찰 - 송영과 함세덕의 공연희곡을 중심으로」, 이재명 외 저, 『해방전 공연희곡과 상영 시나리오의 이해』, 평민사, 2005, 197~220쪽. 사극류 창작창극에 대해서는 백현미, 『한국창극사연구』, 태학사, 1997, 199~244쪽, 303~329쪽 참고.

52 오영미, 『한국전후연극의 형성과 전개』, 태학사, 1996, 307~348쪽.

53 이른바 사극영화들은 한국전쟁이 끝나고 극영화가 본격적으로 생산되기 시작한 1955년 이후에 대거 제작되었다. 〈춘향전〉(이규환, 1955)의 성공 이후, 1955년~1956년 사이에 신상옥 감독의 〈젊은 그들〉, 〈꿈〉, 〈무영탑〉, 김성민 감독의 〈망나니 비사〉, 전창근 감독의 〈단종애사〉, 〈마의태자〉, 윤봉춘 감독의 〈처녀별〉 등 사극영화가 대거 제작되었다. 1957년 권영순 감독이 〈옥단춘〉을 만들기도 했지

만, 전반적으로는 부진했다(김종원·정중헌, 『우리 영화 100년』, 현암사, 244~ 246쪽). 그런데 여성국극이 활발했던 시기가 1950년 직전부터 1955~56년 무렵 이니, 선후관계로 따지면 여성국극의 사극류 공연이 사극영화에 선행한다. 라디 오에서 야담프로를 상시 운영했으니, 이와의 연관성도 생각해볼 수 있다(『KBS연 감 1962』, 175쪽). 1958년부터는 라디오방송극을 바탕으로 한 영화, 악극의 영화 화, 연극 혹은 외국 소설이나 외국영화를 번안한 영화가 제작되었다. 소설, 라디 오드라마, 영화, 악극, 그리고 여성국극은 이렇게 서사를 공유했다(이길성, 「1950 년대 후반기 신문소설의 각색과 멜로드라마의 분화」, 『영화연구』, 한국영화학회, 2006, 196쪽).

54 정략결혼을 하게 된 상황에서 시녀가 공주를 대신했는데 그 시녀가 결국 주인공 과 결혼하게 된다는 설정.

55 첩자로 상대국에 들어간 왕자가 공주와 사랑하게 되고, 이 공주에게 그 나라를 지키는 신물을 훔쳐오게 한다는 설정.

56 반재식·김은신, 앞의 책, 74쪽.

57 해방 전 오케레코드사의 조선악극단 소속으로 활동한 김해송 백은선 김정환 등이 해방 후에 결성.

58 白破, 「악극의 재인식 - 도란도도가 제기한 제문제」, 『태양신문』, 1949년 12월 12 일자. 김호연, 「한국근대악극연구」, 동국대학교 박사학위논문, 2003, 112~117쪽, 125~128쪽에서 재인용.
1953년 악극단 희망이 〈앤토니와 클레오파트라〉를 각색한 〈여왕 클레오파트라〉 를 공연했고, 1954년에 KPK가 〈로미오와 줄리엣〉(이봉용 윤색·음악, 이난인 연 출)을 재공연했다. 신정옥, 「영국연극」, 『한국에서의 서양연극』, 소화, 1999, 56 ~57쪽.

59 1950년 3월 극단 청춘극장이 세계 문호 서거 334주년 기념 대공연으로 〈햄릿〉을 각색한 신파극 〈하멸왕자전〉(한노단 번역·각색, 박상진 연출)을 공연했다고 한 다. '하멸왕자'라고 했지만, 이는 햄릿이 덴마크왕자임을 강조한 것으로, 번안을 강조한다고 보기는 어렵다.

60 KBS연감편찬위원회, 앞의 책, 432쪽과 433쪽 사이의 별지.

61 이소영, 「1950년대 한국 대중음악의 이국성」, 『대중서사학회 제 29차 학술대회 발표문』, 2007. 10. 27, 17쪽.

62 이 내용은, 1955년 최초 공연에 출연했던 사람들이 기억을 되살려 구성하고 김혜 리가 보완해 1987년에 공연한 대본(서대석·손태도·정충권, 앞의 책)에 따른다. 1955년 작품을 요약한 글(반재식·김은신, 앞의 책, 363~364쪽)에 따르면, 주만 은 아사달과의 관계가 드러나 아버지의 명에 의해 화형에 처해지고, 아사달은 영지로 가 간신히 아내를 구해낸다고 한다. 이 요약한 글이 정확하다면, 해피엔딩 경향은 더욱 자명하다.

63 소설에서는 경신이 구슬아기를 지켜주는 반면 아사녀의 죽음을 알게 된 아사달이 넋이 나간 사람처럼 돌에 부처의 형상을 새긴 후 물에 뛰어들어 자살하는 것으로 암시된다. 영화에서는 아사녀와 아사달 구슬아기 세 인물이 모두 극적인 죽음에

이르게 된다. 소설과 영화의 결말 비교는 다음의 글 참고, 박유희, 「1950년대 역사영화에 나타난 역사소설의 수용」, 『대중서사학회 제29차 정기학술대회 - 1950년대 대중예술의 쟁점들』, 2007. 10. 27. 12~13쪽.

64 적국의 왕자를 사랑하는 공주가 등장하는 〈왕자호동과 낙랑공주〉(김소동, 1956), 원수 자제 간의 사랑을 다룬 〈처녀별〉(윤봉춘, 1956), 서로 다른 신분 간의 사랑을 다룬 〈꿈〉(신상옥, 1955) 등. 이호걸, 「1950년대 사극영화와 과거재현의 의미」, 『매혹과 혼돈의 시대』, 도서출판 소도, 2003, 177쪽.

65 마을 아이들에게 서동요를 퍼뜨리라고 하며, "호피자리 나는 싫고 은그릇도 나는 싫네. 금의옥식 내사 싫고 감자 먹고 물 마시고 님과 닐과 살고지고 어리렁성 다리렁질경……서라벌 공주님께 어서 가세"라고 노래한다.

66 반재식 · 김은신, 앞의 책, 396쪽.

67 「제언: 한국영화의 위기 - 기획의 혁신을 위하여」, 『영화세계』, 1957년 8 · 9월호. 백문임, 「1950년대 후반 문예로서 시나리오의 의미」, 『매혹과 혼돈의 시대』, 도서출판 소도, 2003, 214쪽에서 재인용.

68 여성국극은 남녀애정지사를 주로 다룬다. 아들의 엄마 찾기 얘기를 다룬 〈백년초〉는 정말 예외적인 작품이다.

# 참고문헌

## 1장 연애극과 가정극, 그리고 여자

### 신파, '비절쾌절' 가정극의 탄생

강영희, 「일제강점기 신파양식에 관한 연구」, 서울대학교 석사학위논문, 1989.

권보드래, 『연애의 시대』, 현실문화연구, 2003.

권보드래, 「죄 눈물 회개 - 1910년대 번안소설의 감성구조와 서사형식」, 『한국근대문학연구』 16, 2007.

권용선, 「번안과 번역 사이 혹은 이야기에서 소설로 가는 길」, 『한국근대문학연구』 5, 2004.

김석봉, 「근대 초기 문화의 생산/수용에 관한 연구」, 『한국현대문학연구』 18, 2005.

김석봉, 『신소설의 대중성 연구』, 도서출판 역락, 2005.

김용수, 『한국연극 해석의 새로운 지평』, 서강대학교출판부, 1999.

김재석, 「근대극 전환기 한일 신파극의 근대성에 대한 비교연극학적 연구」, 『한국극예술연구』 17, 2003.

김재석, 「〈금색야차〉와 〈장한몽〉의 변이에 나타난 한일 신파극의 대중성 비교연구」, 『어문학』 84, 2004.

김지영, 『연애라는 표상: 한국 근대소설의 형성과 사랑』, 소명출판, 2007.

김현주, 「1910년대 개인, 민족의 구성과 감정정치학」, 『현대문학의 연구』 22, 2004.

박진영, 「이수일과 심순애 이야기의 대중문예적 성격과 계보」, 『현대문학의 연구』 23, 2004.

박진영, 「일재 조중환과 번안소설의 시대」, 『민족문학사연구』 26, 2004.

박진영, 「1910년대 번안소설과 정탐소설의 매혹 - 하몽 이상협의 〈貞婦怨〉」, 『대동문화연구』 52, 2005.

박천홍, 『매혹의 질주, 근대의 횡단』, 산처럼, 2003.

손유경, 『고통과 동정』, 역사비평사, 2008.

송옥 외, 『비극과 희극 그 의미와 형식』, 고려대학교출판부, 1995.

양승국, 「한국 최초의 신파극 공연에 대한 재론」, 『한국극예술연구』 4, 1994.

양승국, 「1910년대 한국 신파극의 레퍼터리 연구」, 『한국극예술연구』 8, 1998.

양승국, 「한국 근대문학 형성에 미친 일본 신파극의 영향에 대한 연구」, 『한국극
        예술연구』 14, 2001.

우수진, 『한국 근대연극의 형성 - 공공극장과 신파극의 대중적 문화지형』, 푸른
        사상, 2011.

이승희, 「멜로드라마의 근대적 상상력」, 『한국극예술연구』 15, 2002.

이승희, 「여성 수난 서사와 가부장제 이데올로기 - 1910년대 멜로드라마를 중심
        으로」, 『상허학보』 10, 2003.

이승희, 「기표로서의 신파, 그 역사성의 지형」, 『한국극예술연구』 23, 2006.

이영미, 「신파 양식의, 세상에 대한 태도」, 『대중서사연구』 9, 2003.

이은주, 『디드로 사상과 문학』, 건국대학교출판부, 1997.

이호걸, 「신파성이란 무엇인가?」, 『영상예술연구』 9, 2006.

이희정, 『한국근대소설의 형성과 매일신보』, 소명출판, 2008.

임철규, 『그리스 비극』, 한길사, 2007.

전광룡 외 편, 『한국신소설전집』 10권, 을유문화사, 1968.

한기형, 『한국 근대 소설사의 시각』, 소명출판, 1999.

리타 펠스키, 김영찬·심진경 역, 『근대성의 젠더』, 자음과모음, 2001.

발터 벤야민, 최성만·김유동 역, 『독일 비애극의 원천』, 한길사, 2009.

안 뱅상 뷔포, 이자경 역, 『눈물의 역사 - 18세기~19세기』, 동문선, 2000.

**번역된 서양의 연애/극**

1. 자료

뒤마 피스, 양원달 역, 『춘희』, 신원문화사, 2004.

아베 프레보, 이경석 역, 『마농레스코』, 홍신문화사, 1996.

오스카 와일드, 권오숙 역, 『살로메』, 기린원, 2008.

톨스토이, 박형규 역, 『부활』, 민음사, 2005.

P.메리메, 이휘영 역, 『카르멘』, 정음사, 1974.

문일 편, 『영화소설 아리랑』, 박문서관, 1929.

이태준, 『이태준문학전집 8 - 〈화관〉』, 서음출판사, 1988.

한국음반아카이브연구단, 『한국유성기음반 1권』, 한걸음 더, 2011.

한국음반아카이브연구단, 『한국유성기음반 2권』, 한걸음 더, 2011.

한국음반아카이브연구단, 『한국유성기음반 3권』, 한걸음 더, 2011.

한국음반아카이브연구단, 『한국유성기음반 4권』, 한걸음 더, 2011.

한국정신문화연구원, 『한국유성기음반총목록』, 민속원, 1998.


## 2. 논문과 단행본

구인모, 「유성기음반과 변사의 구연」, 『한국학연구』 46, 2013.

구인모, 「근대기 멜로드라마 서사 형성의 한 장면: 영화와 영화설명 〈동도〉를
　　　중심으로」, 『한국민족문화』 48, 2013.

권보드래, 『연애의 시대』, 현실문화연구, 2003.

김남석, 『조선의 여배우들』, 국학자료원, 2006.

김만수·최동현, 『일제강점기 유성기음반 속의 극 영화』, 태학사, 1998.

김미연, 「조명희의 〈산송장〉 번역」, 『민족문학사연구』 52, 2013.

김은년, 「〈카르멘〉의 역설 - 비극적 소설과 오페라 코미크 사이」, 『프랑스문화예
　　　술연구』 26, 2008.

김재석, 「토월회 연극의 근대성과 전근대성」, 『한국극예술연구』 34, 2011.

김재석, 「극예술연구회 제2기의 번역극 공연에 대한 연구」, 『한국극예술연구』
　　　46, 2014.

김지영, 『연애라는 표상』, 소명출판, 2007.

박진영, 『신문관번역소설전집』, 소명출판, 2010.

박진영, 「한국에 온 톨스토이」, 『한국근대문학연구』 23, 2011.

박진영, 『번역과 번안의 시대』, 소명출판, 2011.

서재길, 「드라마, 라디오, 레코드」, 『한국극예술연구』 26, 2007.

우수진, 「연쇄극의 근대연극사적 의의」, 『상허학보』 20, 2007.

우수진, 「무대에 선 카추샤와 번역극의 등장 - 〈부활〉 연극의 수용 경로와 그

　　　文化계보학」, 『한국근대문학연구』 28, 2013.

우수진, 「카추샤 이야기 - 〈부활〉의 대중서사와 그 문화 변용」, 『한국학연구』 32, 2014.

윤민주, 「극단 예성좌의 〈카추샤〉 공연 연구」, 『한국극예술연구』 38, 2012.

이호걸, 「식민지 조선의 외국영화 - 1920년대 경성의 조선인 영화관에서의 외화 상영」, 『대동문화연구』 72, 2010.

이화진, 「여배우의 등장: 근대 극장의 신체와 섹슈얼리티」, 『여성문화연구』 28, 2012.

전은경, 「〈춘희〉의 번역과 식민지 조선의 연애 - 진학문의 〈홍루〉를 중심으로」, 『한국언어문학』 39, 2009.

전은경, 「근대계몽기 번역문학과 독자층 연구 - 〈춘희〉 번역을 둘러싼 한중일 독자 경향 비교」, 『우리말 글』 56, 2012.

허영한, 『오페라 이야기』 1, 심설당, 2002.

홍선영, 「藝術座의 만선순업과 그 문화적 파장 - 시마무라 호게쓰의 신극론과 관련하여」, 『한림일본학』 15, 2009.

홍선영, 「제국의 문화영위와 외지 순행 - 天勝一座의 〈살로메〉 경복궁 공연을 중심으로」, 『일본근대학연구』 33, 2011.

홍선영, 「식민지의 할리우드 멜로드라마, 〈동도〉의 전복적 전유와 징후적 영화 경험」, 『미디어, 젠더 & 문화』 26, 2013.

오자사 요시오, 명진숙 · 이혜정 · 박태규 역, 『일본현대연극사 명치대정편』, 연극과인간, 2012.

오자사 요시오, 명진숙 · 이혜정 역, 『일본현대연극사 대정소화초기편』, 연극과인간, 2013.

징징, 임수빈 역, 『근대 중국과 연애의 발견』, 소나무, 2007.

茨木憲, 『增補日本新劇小史』, 未來社, 1989.

倉林誠一郎, 『新劇年代記 戰中編』, 白水社, 1969.

## 기생-가정극이라는 돌연변이

### 1. 자료

박진영 편, 『쌍옥루』, 현실문화, 2007.

서연호 편, 『한국희곡전집』 5, 태학사, 1996.

전광룡 외 편, 『한국신소설전집 10권』, 을유문화사, 1968.

한국극예술학회 편, 『한국현대대표희곡선집』, 태학사, 1996.

한국음반아카이브연구단 엮음, 『한국유성기음반』 1권~4권, 한걸음 더, 2011.

### 2. 논문과 단행본

권보드래, 「죄, 눈물, 회개 - 1910년대 번안소설의 감성구조와 서사형식」, 『한국
　　　근대문학연구』 16, 2007.

권보드래, 『연애의 시대』, 현실문화연구, 2008.

김만수·최동현, 『일제강점기 유성기음반 속의 극·영화』, 태학사, 1998.

김유미, 「신파극 혹은 멜로드라마의 지속성 연구 - 관객의 입장에서 본 〈장한몽〉
　　　과 〈사랑에 속고 돈에 울고〉」, 『한국연극학』 28, 2006.

김재석, 「토월회의 번역극 공연인식과 그 의미」, 『국어국문학』 168, 2014.

박일용, 『조선시대의 애정소설』, 집문당, 1993.

백문임, 『춘향의 딸들, 한국 여성의 반쪽짜리 계보학』, 책세상, 2001.

백현미, 「신파, 비절쾌절 극의 탄생」, 『국어국문학』 164, 2013.

백현미, 「번역된 서양의 연애/극」, 『이화어문논집』 35, 2015.

양승국, 「1930년대 대중극의 구조와 특성」, 『울산어문논집』 12, 1997.

우수진, 「멜로드라마, 그 근대적인 모럴의 형식」, 『한국연극학』 49, 2013.

윤민주, 「가정비극류 신파극에 나타나는 멜로드라마적 과잉에 대한 연구 - 1910
　　　년대 초기 번안소설 각색 신파극을 중심으로」, 『어문론총』 55, 2011.

이승희, 「한국 사실주의 희곡에 나타난 성의 정치학: 1910~1945」, 『한국극예술
　　　연구』 17, 2003.

이승희, 「멜로드라마의 이율배반적 운명 - 〈사랑에 속고 돈에 울고〉 와 〈어머니
　　　의 힘〉을 중심으로」, 『민족문학사연구』 20, 2004.

이영미, 「화류비련담과 며느리 수난담의 조합 - 〈사랑에 속고 돈에 울고〉 의 서사

구조」, 『한국극예술연구』 27, 2008.

최은옥, 「한국근대 대중극과 대중서사의 관련 연구」, 고려대학교 박사학위논문, 2005.

로버트 B. 헤일만, 「비극과 멜로드라마: 발생론적 형식에 관한 고찰」, 송옥 외 역, 『비극과 형식, 그 의미와 형식』, 고려대학교출판부, 1995.

피터 브룩스, 이승희 · 이혜령 · 최승연 역, 『멜로드라마적 상상력』, 소명출판, 2013.

## 2장 레뷰와 가극, 그리고 소녀 연예인

### 경성의 레뷰, 어트랙션의 몽타주와 모더니티

김남석, 『조선의 대중극단들』, 푸른사상, 2010.

김만수, 최동현, 『일제강점기 유성기 음반 속의 대중희극』, 태학사, 1997.

박노현, 「극장의 탄생」, 『한국극예술연구』 19, 한국극예술학회, 2004.

박명진, 「한국연극의 근대성 재론 - 20세기 초의 극장 공간과 관객의 욕망을 중심으로」, 『한국연극학』 14, 2000.

박영정, 『한국 근대연극과 재일본 조선인 연극운동』, 연극과인간, 2007.

배선애, 「근대 미디어로서의 극장과 식민지시대 문학 장의 동학: 1920년대(年代) 준극장기관(準劇場機關)과 주체 형성의 양상 - 소년회 활동을 중심으로」, 『대동문화연구』 69, 2010.

신명직, 『모던뽀이 경성을 거닐다』, 현실문화연구, 2003.

양승국, 『한국근대연극비평사연구』, 태학사, 1996.

유민영, 『한국근대연극사』, 단국대학교출판부, 1996.

유민영, 『한국인물연극사』, 태학사, 2006.

유선영, 「극장구경과 활동사진 보기」, 『역사비평』 64, 2003년 가을.

윤금선, 「경성의 극장만담」, 연극과인간, 2005.

이민영, 「박영희의 번역희곡과 '네이션-스테이트'의 기획」, 『어문학』 107, 2010.

이민영, 「카프의 연극대중화론과 정치연극의 대중적 형식」, 『한국극예술연구』

31, 2010.

이승희, 「프로-소인극, 정치적 수행성과 그 기억」, 『대동문화연구』 64, 2008.

이종대, 「근대의 헤테로토피아, 극장」, 『상허학보』 16, 2006.

정병호, 『춤추는 최승희』, 뿌리깊은나무, 1995.

최승연, 「악극 성립에 관한 연구」, 『어문논집』 49, 2004.

황문평, 『한국대중연예사』, 도서출판 부르칸모로, 1989.

미나미 히로시, 정대성 역, 『다이쇼 문화』, 제이앤씨, 2007.

그램 질로크, 노명우 역, 『발터 벤야민과 메트로폴리스』, 효형출판, 2005.

브라이언 이시스, 「1926년과 1939년 사이에 식민지 조선에 도래한 발성영화」,
        『한국영화의 미학과 역사적 상상력』, 도서출판 소도, 2006.

Manfred Brauneck, 『20세기 연극』, 연극과인간, 2000.

Alan Filewod, "Modernism and Genocide", *Modern Drama*, Spring, 2001.

Richard Kislan, *The Musical*, New York · London : Applause Books, 1995.

Jennifer Robertson, *Takarazuka-Sexual Politics and Popular Culture in Modern
        Japan*, University of California Press, 1998.

Tom Gunning, "The Cinema of Attractions: Early Film, Its Spectator, and the
        Avant-Garde", Robert Knopf ed., *Theater and Film-A Comparative
        Anthology*, Yale University Press, 2005.

倉橋健 · 竹内敏晴 監修, 『演劇映畵舞踊テレビ · オパラ百科』, 平凡社, 1983.

## 소녀 연예인과 소녀가극 취미

강상훈, 「근대의 환상, 신문물 축제의 향연」, 우동선 박성진 외, 『궁궐의 눈물,
        백년의 침묵』, 효형출판, 2009.

고설봉, 『증언연극사』, 도서출판 진양, 1990.

김경일, 『여성의 근대, 근대의 여성』, 푸른역사, 2004.

김복순, 「소녀의 탄생과 반공주의 서사의 계보」, 『한국근대문학연구』 18, 2008.

김영희, 「일제강점기 레뷰춤 연구」, 『한국무용사학』 9, 2008.

김진송, 『서울에 댄스홀을 허하라』, 현실문화연구, 1999.

문경연, 「근대 취미 개념의 형성과 전유 양상 고찰」, 『어문연구』 35, 2007.

박용재, 「삼천리의 미디어 이벤트와 재가공된 조선 - 반도팔경을 중심으로」, 『국
　　　어문학』 48, 2010.

박　진, 『세세년년』, 경화출판사, 1966.

배선애, 「근대 미디어로서의 극장과 식민지시대 문학 장의 동학 : 1920년대 준극
　　　장기관과 주체 형성의 양상 - 소년회 활동을 중심으로」, 『대동문화연
　　　구』 69, 2010.

백현미, 「1950년대 여성국극의 성정치성」, 『한국극예술연구』 12, 2000.

＿＿＿, 「어트렉션의 몽타주와 모더니티」, 『한국극예술연구』 32, 2010.

손정목, 『일제 강점기 도시사회상 연구』, 일지사, 1996.

안창모, 「대한제국의 원공간 정동과 덕수궁」, 국립고궁박물관 엮음, 『대한제국』,
　　　민속원, 2010.

유민영, 『한국극장사』, 한길사, 1982.

유현주, 「1920년대 연극문화와 신여성의 형성」, 동국대학교 석사학위논문, 2004.

이각규, 『한국의 근대박람회』, 커뮤니케이션북스, 2010.

이대범, 「배구자 연구」, 『어문연구』 36권 1호, 2008.

천정환, 「근대적 대중문화의 발전과 취미」, 『민족문학사연구』 30, 2006.

최승연, 「악극 성립에 관한 연구」, 『어문논집』 49, 2004.

에이다 루이즈 헉스터블, 이종인 역, 『프랭크 로이드 라이트』, 을유문화사, 2008.

요시미 순야, 이태문 역, 『박람회』, 논형, 2004.

요시미 순야 외, 『확장하는 모더니티』, 소명출판, 2007.

찰스 패너티, 이용웅 역, 『문화와 유행상품의 역사』 1, 자작나무, 1997.

E. 사이덴스티커, 허호 역, 『도쿄이야기』, 이산, 1997.

倉橋健・竹内敏晴 監修, 『演劇映畫舞踊テレビ・オパラ百科』, 平凡社, 1983.

大笹吉雄, 『日本現代演劇史 昭和戰中篇 Ⅲ』, 白水社, 1995.

Sally Mitchell, *The New Girl: Girls' Culture in England*, 1880-1915, New York:
　　　Columbia University Press, 1995.

Meg Armstrong, "A Jumble of Foreignness: The Sublime Musayums of
　　　Nineteenth-Century Fairs and Expositions", *Cultural Critique*,
　　　23(1992-1993).

# 3장 남장한 여자들

## 여성국극의 성정치성 (1)

김미도, 「1950년대 희곡의 실험적 성과」, 『어문논집』 32, 고대국어국문학연구회, 1993.

김병철, 「한국여성국극사 연구」, 동국대학교 석사학위논문, 1997.

박 황, 『창극사연구』, 백록출판사, 1976.

반재식 · 김은신, 『여성국극왕자 임춘앵 전기』, 백중당, 2002.

백현미, 『한국창극사 연구』, 태학사, 1997.

_____, 「1950 · 60년대 한국연극사의 전통담론 연구」, 『한국연극학』 14, 2000.

서연호, 『한국전승연희의 원리와 방법』, 집문당, 1997.

성경린, 「현대창극사」, 『국립극장30년』, 국립극장, 1980.

송방송, 『한국음악통사』, 일조각, 1984.

송석하, 『한국민속고』, 일신사, 1959.

심우성, 『남사당패 연구』, 동문선, 1989.

오영미, 『한국전후연극의 형성과 전개』, 태학사, 1996.

유민영, 『우리시대 연극운동사』, 단국대학교 출판부, 1990.

_____, 『한국근대연극사』, 단국대학교 출판부, 1996.

윤석진, 「1930년대 한국 멜로드라마 연구」, 서강대학교 석사학위논문, 1996.

조영숙, 『무대를 베고 누운 자유인』, 명상, 2000.

황문평, 『한국대중연예사』, 부루칸모로, 1989.

大笹吉雄, 『日本現代演劇史, 大正 · 昭和 初期篇』, 일본:白水社, 1986.

Alisa Solomon, *Re-Dressing the Canon: Essays on Theater and Gender*, Routledge, London and New York, 1997.

Andrew P. Killick, *The Invention of Traditional Korean Opera and the Problem of the Traditionesque: Changguk and its Relation to Pansori Narratives*, Ph.D. dissertation, University of Washington, 1998.

Jennifer Robertson, *Takarazuka: Sexual Politics and Popular Culture in Modern Japan*, University of California Press, 1998.

Michelene Wandor, *Carry On, Understudies-Theatre & Sexual Politics*,

Routledge & Kegan Paul, London and New York, 1986.

## 여성국극의 성정치성 (2)

김병철, 「한국여성국극사 연구」, 동국대학교 문화예술대학원 석사학위논문, 1997.

김호연, 「한국근대악극연구」, 동국대학교 박사학위논문, 2003.

박명진, 「연극」, 『한국현대예술사대계Ⅱ』, 시공사, 2000.

박유희, 「1950년대 역사영화에 나타난 역사소설의 수용」, 『대중서사학회 제29차 정기학술대회 - 1950년대 대중예술의 쟁점들』, 2007. 10. 27.

백문임, 「1950년대 후반 문예로서 시나리오의 의미」, 『매혹과 혼돈의 시대 - 1950년대 한국영화』, 도서출판 소도, 2003.

백현미, 「1950년대 여성국극의 성정치성」, 『한국극예술연구』 12, 2000.

서연호, 「역사극의 의미와 시대적 요청」, 『한국연극사 - 근대편』, 연극과인간, 2003.

성경린, 「현대창극사」, 『국립극장 30년』, 국립극장, 1980.

성기련, 「1940~50년대의 판소리 음악문화 연구」, 『판소리연구』 22, 2006.

신정옥, 「영국연극」, 『한국에서의 서양연극』, 소화, 1999.

윤석진, 「전시 총동원 체제기의 역사극 고찰 - 송영과 함세덕의 공연희곡을 중심으로」, 이재명 외 저, 『해방전 공연희곡과 상영 시나리오의 이해』, 평민사, 2005.

이길성, 「1950년대 후반기 신문소설의 각색과 멜로드라마의 분화」, 『영화연구』 30, 2006.

이소영, 「1950년대 대중음악의 이국성」, 『대중서사학회 제29차 정기학술대회 - 1950년대 대중예술의 쟁점들』, 2007.

이영미, 「1950년대 방송극 - 연속극의 본격적 시작」, 『대중서사연구』 17, 2007.

이준희, 「가요극 〈춘향전〉의 음반사적 의미」, 『한국음반학』 15, 2005.

이준희, 「1950년대 유성기음반사 연구」, 『한국음반학』 16, 2006.

이호걸, 「1950년대 사극영화와 과거재현의 의미」, 『매혹과 혼돈의 시대』, 도서출판 소도, 2003.

이화진, 「노스텔지어의 흥행사」, 『대중서사연구』 17, 2007.

반재식 · 김은신, 『여성국극의 왕자 임춘앵 전기』, 백중당, 2002.

백현미, 『한국창극사연구』, 태학사, 1997.

오영미, 『한국전후연극의 형성과 전개』, 태학사, 1996.

위경혜, 『호남의 극장문화사』, 다홀미디어, 2007.

전범성 외, 『한국영화총서』, 한국영화진흥조합, 1972.

황문평, 『한국대중연예사』, 부루칸모로, 1989.

KBS연감편찬위원회, 『KBS연감 1962』, 한국방송문화협회, 1961.

Jennifer Robertson, *Takarazuka: Sexual Politics and Popular Culture in Modern Japan*, University of California Press, 1998.

# 근대 극장의 여자들

**초판 1쇄 인쇄**  2016년 12월 23일
**초판 1쇄 발행**  2016년 12월 30일

**지은이**    백현미
**펴낸이**    박성복
**펴낸곳**    도서출판 연극과인간
**주소**     01047 서울특별시 강북구 노해로25길 61
**등록**     2000년 2월 7일 제6-0480호
**전화**     (02) 912-5000
**팩스**     (02) 900-5036
**홈페이지**  www.worin.net
**전자우편**  worinnet@hanmail.net

ISBN 978-89-5786-599-6  93680

값은 뒤표지에 있습니다.